skandinavisches design

skandinavisches design

Charlotte & Peter Fiell

„Schlicht ohne Verzicht"

JENS QUISTGAARD

TASCHEN

inhalt

einleitung	skandinavisches design	6
	design in dänemark	18
	design in finnland	28
	design in island	38
	design in norwegen	44
	design in schweden	52
designer & firmen	a–z	64
anhang	zeittafel	490
	register	500
	bibliografie	507
	dank	509
	abbildungsnachweis	510

Finn Juhl,
Chieftain Sofa für
Niels Vodder, 1949

Gegenüber: Alvar
Aalto, *Modell Nr.
3031 Savoy*-Vase
für Karhula, 1936

skandinavisches design

Skandinavien – das ist eine Collage aus fünf nordeuropäischen Staaten mit kultureller und regionaler Einheit, die sich deutlich vom übrigen Europa abhebt. Die fünf Länder haben gemeinsame historische, kulturelle und (bis auf Finnland) auch gemeinsame sprachliche Wurzeln. Dabei besitzt jedes der skandinavischen Länder einen eigenständigen Charakter – ein Spiegel seiner jeweiligen geografischen Lage und topografischen Beschaffenheit. Mehr als anderswo auf der Welt haben die Kunsthandwerker und Designer in Skandinavien einen demokratischen Gestaltungsansatz entwickelt und gepflegt, der nach sozialer Vollkommenheit strebt und die Lebensqualität durch angemessene und bezahlbare Technologien und Produkte zu verbessern sucht. Seit dem Entstehen des Berufszweigs des Industriedesigners um 1920 folgen die Designer der Region einem Ethos der Humanität, das auf den Protestantismus lutherischer Prägung zurückgeht, die Staatsreligion aller skandinavischen Länder, die größten Wert auf Wahrhaftigkeit und Vernunft legt und lehrt, dass der Mensch sein Heil durch ehrliche, den Mitmenschen nützende Arbeit erringen kann. Dieser Glaube an sittlich-soziale Imperative bildet die geistige Grundlage für die Entwicklung und den wirtschaftlichen Erfolg des skandinavischen Wohn- und Industriedesigns.

Mit „Skandinavien" wird zwar üblicherweise das Dänemark, Finnland, Island, Norwegen und Schweden umfassende Gebiet bezeichnet, nur die beiden Letzteren liegen jedoch auf der eigentlich skandinavischen Halbinsel. Für die Skandinavier selbst ist ihre Region schlicht „Norden". Wenn man von Island absieht, der einsam gelegenen Exklave im Nordatlantik, so bilden die vier anderen Länder ein Gesamtgebiet, das sich über 1900 Kilometer von der dänisch-deutschen Grenze bis zum Nordkap in Norwegen erstreckt. Es umfasst rund 1 165 000 Quadratkilometer und ist somit größer als Großbritannien, Frankreich und Spanien zusammen. Die Größenverhältnisse ändern sich jedoch drastisch, wenn man sie in Menschen und nicht in Flächenmaßen zählt: Schier endlose Gebiete im Norden Finnlands, Norwegens und Schwedens werden nur von Bergen und Wäldern eingenommen, und der größte Teil der Vulkaninsel Island ist vollkommen unbewohnbar. Die knapp über 27 Millionen Bewohner Skandinaviens leben vorwiegend an den Küsten oder in den fruchtbaren

ländlichen Gegenden im Süden, wo auch fast alle größeren Städte liegen.

Jedes skandinavische Land blickt auf eine lange nationale und nationalstaatliche Geschichte zurück, besitzt ein tief verwurzeltes Nationalbewusstsein und pflegt seine geschichtliche Überlieferung, seine Mythen und Kultur, die die Menschen seit Jahrhunderten inspiriert und beflügelt haben. Während die Region in früheren Jahrhunderten zahlreiche Kriege und Konflikte durchmachte, haben die skandinavischen Länder in den letzten knapp 200 Jahren in dauerndem Frieden miteinander gelebt. Trotz einiger Unterschiede haben die skandinavischen Länder doch viele Gemeinsamkeiten und besitzen in ethnischer und religiöser Hinsicht eine bemerkenswert homogene Bevölkerung. Ihre Rechtssysteme entstammen den gleichen Ursprüngen und sind getragen von der gleichen Denkweise und Rechtsauffassung (viele moderne Sozialgesetze werden sogar gemeinsam ausgearbeitet). Trotz der vielen Ähnlichkeiten und engen Verbindungen zwischen den fünf Staaten bestehen aber auch deutliche Unterschiede, was ihren Einrichtungs- und Produktdesignstil angeht, und zwar nicht nur aufgrund ihrer jeweils anderen industriellen, politischen, wirtschaftlichen und sozialen Situation, sondern auch infolge unterschiedlicher Charaktereigenschaften und Temperamente. Die Designkritikerin Anne Stenros drückte es so aus: „Auf der emotionalen Ebene: Die Dänen sind ein bisschen ‚südlicher', die Finnen ein bisschen ‚östlicher', die Norweger ein bisschen ‚nördlicher', und die Schweden halten sich an die goldene Mitte. Die Isländer besitzen robuste eigene Wurzeln." Diese Unterschiede im Nationalcharakter haben natürlich auch zu verschiedenen Ansätzen und Ergebnissen in der angewandten Kunst und zu zeitlich versetzten Blütezeiten des Kunsthandwerks und der industriellen Formgebung geführt.

Der bedeutendste für die Einheit Skandinaviens wirksame Faktor ist in den letzten 500 Jahren die Abkehr von der Tyrannei und die Hinwendung zu einer Gesellschaftsform gewesen, in der die Stimme, die Wünsche und der Einsatz des einzelnen Bürgers eine immer wichtigere Rolle gespielt haben und spielen, in der die Erhaltung einer prosperierenden modernen demokratischen Nation an erster Stelle steht. Während die gemeinsamen Ideale auf der Grundlage des Individualismus sich jeweils in Abwandlungen

Søren Sass,
Teeservice aus
Silber und Teakholz
für A. Michelsen,
1954/55

Gegenüber:
Jens Quistgaard,
Stokke (Stock)
Klubsessel aus
Rosenholz, Stahl
und Leder für
Nissen, 1965

Seite 10: Finn Juhl,
Teakholzschalen,
ausgeführt von der
Werkstatt Kay
Bojesen, 1950

im „angewandten Sozialismus" der skandinavischen Länder niederschlagen, gehören die nordischen Staaten zu den wohlhabendsten, gerechtesten, menschlichsten und demokratischsten der Welt. Die hervorstechende Eigenschaft der Skandinavier ist jedoch ihr ausgeprägter Sinn für alles Praktische, der in keinem Bereich größere Wirkung gezeigt hat als in der Entwicklung des modernen Möbel- und Produktdesigns.

Jahrhundertelang waren die eigenen vier Wände der Lebensmittelpunkt aller Skandinavier, da sie nicht nur Schutz vor den zum Teil lebensfeindlichen Wetterverhältnissen boten, sondern auch dem Familienleben Halt und Rahmen gaben. Diese alte „Haushaltskultur" wurde noch dadurch gefördert, dass in abgeschiedenen ländlichen Gegenden die Selbstversorgung mit Nahrung und anderen Dingen des täglichen Lebens überlebensnotwendig war. Kein Wunder also, dass die skandinavischen Handwerker und Formgestalter sich seit jeher auf die Herstellung praktischer und dabei schöner Haushaltsgegenstände konzentriert haben. Diese zeugen von der Geschicklichkeit und Kunstfertigkeit des Handwerkers und den wesentlichen Prinzipien, die jahrhundertelang die Herstellung von Werkzeugen, Waffen und häuslichen Gerätschaften bestimmten. Für die Skandinavier ist gutes Design selbstverständlich, weil ihr ganz auf Gemeinsinn und die Sozialgemeinschaft aller Bürger ausgerichtetes Leben von der Idee „guter Gestaltung" durchdrungen ist. Angefeuert von den Forderungen Ellen Keys nach „Skönhet åt alla" (Schönheit für alle) und Gregor Paulssons Motto „Vackrare Vardagsvara" (Schönere Gegenstände des täglichen Gebrauchs), das sich der Svenska Slöjdföreningen (Schwedischer Kunstgewerbeverband) zu eigen machte, sind schwedische Gestalter von jeher von einer humanistischen Interpretation der formalen, technischen und ästhetischen Lehrsätze der Moderne ausgegangen.

Für die meisten Skandinavier sind Designerzeugnisse nicht nur ein wesentlicher Bestandteil des täglichen Lebens, sondern auch ein Mittel zur gesellschaftlichen Veränderung. Schon früher hat es Designer in Skandinavien gegeben, die mit ihren Arbeiten eine optimale Ausgewogenheit zwischen Menschenwerk und Naturwerk anstrebten. Die klimatischen Verhältnisse im hohen Norden – im Extremfall neun kalte, dunkle Wintermonate und drei Sommermonate

mit nie untergehender Sonne – haben dazu geführt, dass die skandinavischen Designer aller Epochen so viele erfreuliche Anblicke wie möglich aus ihrer natürlichen Umwelt einzufangen und nachzuempfinden versuchten. Von alters her mussten sich die Skandinavier auf ihre Fantasie und Erfindungskraft verlassen, um zu überleben, und haben es immer verstanden, die ihnen begrenzt zur Verfügung stehenden Werkstoffe äußerst geschickt und effizient zu nutzen. Infolge ihrer existenziellen Abhängigkeit von der eigenen Gestaltungskraft betrachten sie diese Kunst als wichtige Voraussetzung für ihr kulturelles, soziales und wirtschaftliches Wohlergehen. Obwohl die meisten skandinavischen Länder auf eine lange, hervorragende kunsthandwerkliche und industriegestalterische Tradition zurückblicken können, wurde das „skandinavische Design" einem breiteren Publikum erst durch eine Reihe von Ausstellungen bekannt, etwa die bahnbrechende Wanderausstellung „Design in Scandinavia", die von 1954 bis 1957 in den USA und Kanada gezeigt wurde.

    Die Geografie und das harte Klima des Nordens haben nicht nur den Sinn der Menschen für die Behaglichkeit ihrer häuslichen Umgebung geweckt, sondern auch ihre tiefe Achtung vor der Natur. Mit ihr sind die Skandinavier in der Regel sehr vertraut und wissen daher die Eigenschaften der natürlichen Rohstoffe – vor allem in ihrer unmittelbaren Umgebung – besonders zu schätzen. Die lange Geschichte der angewandten Kunst in allen fünf Ländern Skandinaviens belegt nicht nur ein sensibles Materialverständnis, sondern auch das Bemühen der Handwerker, Künstler und Designer, auch die alltäglichen Gebrauchsgegenstände in natürliche, schlichte Schönheit zu kleiden. Verglichen mit den übrigen westeuropäischen Ländern und den Vereinigten Staaten, wurden die skandinavischen Länder erst spät industrialisiert, weshalb sich die handwerklichen Traditionen dort wesentlich stärker und reiner erhalten haben als anderswo. Indem sie uralte Handwerkskunst mit modernen Verfahren und Ausdrucksformen verbanden, gelang es vielen skandinavischen Designern, qualitativ hochwertige Objekte zu schaffen, die sich ideal für die industrielle Produktion eigneten. Der schon immer von Materialknappheit erzwungene, auf das Wesentliche zielende Designansatz der nordischen Gestalter, d. h. die logische Anordnung nur derjenigen Komponenten, die zur Erfüllung des

jeweiligen Zwecks absolut unerlässlich sind, wurde zum zentralen Prinzip des skandinavischen Designs erhoben. In der Neuzeit entsprach dies der optimalen Ausrichtung auf die industriellen Produktionsverfahren. Im 20. Jahrhundert wurden die handwerklichen Fertigkeiten und der Gestaltungsstil der Skandinavier zum beherrschenden Einfluss auf die Entwicklung der modernen Möbel- und Produktgestaltung und schließlich zum Inbegriff für „gutes Design".

Ein Hauptmerkmal der Handwerkskunst und Formgebung des europäischen Nordens war und ist die Abneigung gegen jede Mittelmäßigkeit. Weithin herrscht die Überzeugung, dass die Gestaltung eines Objekts auch die Gefühle ansprechen sollte, gleichgültig, ob es sich um einen Stuhl, eine Vase, eine Kaffeekanne oder ein Vorratsglas handelt, um Handarbeit oder ein Industrieprodukt, um ein teures oder preiswertes Stück. Das liegt daran, dass in ganz Skandinavien gut gestaltete und gefertigte Artikel als entscheidende Bereicherung des Alltagslebens gelten und weniger als Statussymbole. Im Allgemeinen sind die Designer sich dort bewusst, dass es durch die harmonische Verbindung künstlerischer Formen und bedarfsgerechter Funktion möglich ist, eine wahrhaft nutzbringende „Brukskunst", wörtlich Gebrauchskunst, zu schaffen. Das skandinavische Wohn- und Produktdesign ist geprägt vom Hauptprinzip der Moderne: Die optimale Ausgewogenheit zwischen Form, Funktion, Farbe, Textur, Haltbarkeit und Kosten soll demokratische Designlösungen ermöglichen. Die Gestalter des Nordens wissen aber auch seit Langem, dass eine allzu offensichtliche Maschinenästhetik entfremdend wirken kann, und haben sich daher bemüht, Produkte zu entwickeln, die den Menschen in den Mittelpunkt rücken. Obwohl die meisten Designer der Region sich um derartige „demokratische" Entwicklungen bemüht haben, gibt es auch viele Beispiele exklusiver Designobjekte voller kunsthandwerklicher Raffinesse. Alle skandinavischen Erzeugnisse – ob Massenartikel aus der Fabrik oder liebevoll handgefertigte Unikate aus Ateliers und Werkstätten – sind Ausdruck des dänischen Worts „hygge", das besonderen Charme sowie ein gewisses zärtlich-wohliges, heimeliges Gefühl impliziert und damit der Bedeutung von „Gemütlichkeit" entspricht. Es ist auf Menschen, Dinge oder Umgebungen anwendbar, die Freude, Wärme und Wohlbefinden ausstrahlen.

Seite 11:
Tapio Wirkkala,
Vase *Pollo* für
Rosenthal, 1970

Kaj Franck, Teekanne *Teema* für Arabia, 1977–1980

Gegenüber:
Hermann Bongard,
À la Carte
Geschirr für
Figgjo Fajanse AS,
ca. 1960

Die fünf skandinavischen Länder haben über Jahrhunderte eine regionale Einheit aufgebaut, die überwiegend auf Kooperation (und mitunter auch auf Beherrschung) beruhte. Daneben hat jedes Land aber auch seine eigenständige Geschichte, hat seine eigenen politischen Ziele verfolgt und soziale Aufgaben erfüllt. Diese charakteristischen Aspekte haben dazu geführt, dass auch die Designkultur jedes Landes sich stilistisch deutlich von der seiner Nachbarn abhebt. Fernöstliche Keramiken, englische Regency-Möbel und amerikanische Shaker-Stühle haben zum Beispiel das dänische Design geprägt, das noch heute von der jahrhundertealten Seefahrertradition des Landes zeugt, während die speziell für Behinderte entwickelten Artikel und Hilfsmittel schwedischer Produktentwickler deren starkes soziales Engagement reflektieren. Island indessen kann aufgrund seines Mangels an Rohstoffen auf eine lange Tradition der grafischen Kunst zurückblicken, die dank der Computertechnologie in den letzten Jahrzehnten eine Blütezeit erlebt hat. Trotz dieser regional unterschiedlichen Schwerpunkte teilen die fünf Länder eine ähnliche Ästhetik und Kultur, die aus vergleichbaren gesellschaftlichen Idealen erwachsen ist.

Das Leben in diesen weitab vom Zentrum des europäischen Geschehens gelegenen Ländern mit ihren begrenzten Rohstoffen ist seit jeher ein Kampf gewesen. Die Umwelt- und Lebensbedingungen machten den verantwortungsvollen und sparsamen Umgang mit allen Materialien erforderlich – das Ergebnis ist eine von gesundem Menschenverstand getragene, aufs Praktische ausgerichtete Designkultur. Das theoretische Wissen und die handwerkliche Geschicklichkeit bei der Verarbeitung der lokal und regional leicht zugänglichen Werkstoffe – zum Beispiel Holz aus den dichten Wäldern Schwedens, Norwegens und Finnlands – wurden von Generation zu Generation weitergegeben. Eileene Harrison Beer schreibt hierzu: „Die fantastische Naturlandschaft in ihrer Umgebung lieferte die Gestaltungsmotive und vermittelte ihnen die Erkenntnis, dass die wechselhafte Schönheit der Natur mit ihren Formen und Farben die beste und beständigste Quelle dauerhafter Freuden bildet." Natürlich sind viele von der Flora und Fauna inspirierte skandinavische Muster seit Jahrhunderten zur Dekoration aller möglichen Dinge verwendet worden, und es verwundert daher nicht, dass die Mehrheit der Designer aus dem

europäischen Norden – von **Alvar Aalto** und **Arne Jacobsen** bis **Jens Quistgaard** und **Tapio Wirkkala** – sich von der Natur inspirieren ließen und damit als Pioniere der Organischen Moderne gewirkt haben.

Schon immer ist es den Skandinaviern beim Erwerb von Gebrauchsgegenständen oder Einrichtungsstücken mehr um die Freude am Schönen gegangen als um das Ansammeln von Statussymbolen. Aus diesem Grund wirken skandinavische Interieurs eher gemütlich und wie Sammelsurien aus Alt und Neu. Man pflegt die Abneigung gegen übertriebene Prachtentfaltung und zieht schlichte Bequemlichkeit und wohnliche Räume vor – eingerichtet wie die Zimmer in Carl und Karin Larssons Haus in Sundborn oder wie die in IKEA-Katalogen abgebildeten hellen, einladenden Wohnzimmer. Die skandinavische Designkultur ist durchdrungen von Gemeinschaftssinn – erschwingliche, praktische und dabei auch noch schöne Dinge für alle. Das will nicht heißen, dass schöpferische Individualität dem Massenstandard geopfert wird, sondern nur, dass die Designer häufig ganz originelle eigene Lösungen für eine bestimmte Problemstellung entwickeln.

Obwohl das Konzept der „Brukskunst" tief verwurzelt ist und weithin akzeptiert wird, findet man in Skandinavien auch viele Beispiele der „Kunst um der Kunst willen" – Objekte, die keinen anderen Zweck erfüllen, als das Leben zu verschönern. Ihre Schöpfer arbeiten als Industriedesigner und schaffen nebenher häufig Gestaltungskunstobjekte, deren Bearbeitung handwerkliche Fähigkeiten erfordert. Die kunsthandwerklichen Wurzeln des skandinavischen Produktdesigns haben dank der traditionellen „Kunstförderung" durch die Industrie überlebt. Viele große Glashütten und Keramikhersteller wie Arabia und Iittala unterhalten auch heute noch Studios, in denen experimentelle Unikate oder kleine Serien gefertigt werden. Hier werden sogar oft auch in Handarbeit die ersten Arbeitsmodelle von Massenprodukten erstellt. Die Studiotradition hat dafür gesorgt, dass das Ideal der Materialtreue nicht verloren gegangen ist. Die Studios führen eine Arbeitsweise fort, welche die einzigartigen Eigenschaften von Holz, Glas, Tonerde und anderen Werkstoffen besonders hervorhebt und Ornamente normalerweise nur einsetzt, um diese Qualitäten zu akzentuieren. Das Festhalten an „ehrlichen", ungeschminkten Formen ist wohl das

Hans Wegner,
Kuhhorn-Stuhl für
Johannes Hansen,
1952

Gegenüber:
Poul Henningsen,
Artischocken-
Lampe für Louis
Poulsen, 1957

hervorstechendste Merkmal der skandinavischen Industrieerzeugnisse – vom Volvo bis zur Kettensäge von Husqvarna –, die darüber hinaus aufgrund ihrer funktionalen Logik, reduzierten Ästhetik, hervorragenden Dauerhaftigkeit und Spitzenqualität geschätzt werden.

Im Laufe ihrer wechselvollen Geschichte haben die Skandinavier fremde kulturelle Einflüsse assimiliert und in „typisch skandinavische" Merkmale verwandelt. So wurden ihre Handwerkskunst und ihr künstlerisch-gestalterisches Empfinden zur führenden Kraft in der Entwicklung des internationalen Modernen Designs. Diese Publikation stellt die Gestalter, Designergruppen und Firmen vor, die maßgeblich zur Entwicklung des modernen skandinavischen Designs beigetragen haben, und präsentiert Beispiele aus den Bereichen Möbel-, Glas-, Keramik-, Schmuck-, Textil- und Lichtdesign sowie Industriegüter. Auf die Essays zu jedem Land folgt der lexikalische Teil, der alphabetisch geordnet und mit zahlreichen fett gedruckten Querverweisen ausgestattet wurde, um die vielen aufschlussreichen Wechselbeziehungen aufzuzeigen, die zwischen den Designern und designorientierten Herstellern bestanden und noch bestehen. Eine Zeittafel erlaubt den Vergleich zwischen den Entwicklungen in den fünf Ländern im Kontext soziopolitischer Ereignisse. Des Weiteren zeigt dieses Buch die Ähnlichkeiten und Unterschiede in der Designkultur der fünf Länder auf und gibt damit einen umfassenden Überblick über das Thema, um die internationalen Kooperationen, die Ideale, das soziale Gewissen, die praktische Funktion, die hervorragende handwerkliche Verarbeitung und die natürliche künstlerische Vollendung zu feiern, die heute als die Kennzeichen des Designs aus Skandinavien gelten.

Es ist vor allem die Förderung einer organischen Formgebung in den nordischen Ländern, die in den letzten 50 Jahren den stärksten Einfluss auf das moderne Design ausgeübt hat. Mit ihrer Konzentration auf die Maschinenästhetik konnte die klassische Moderne in Skandinavien nie wirklich Fuß fassen, obwohl die Designer der Region sich durchaus deren grundlegenden Zielsetzungen anschlossen – einschließlich des Bestrebens, schöne und hochwertige Gebrauchsgegenstände für jedermann zu schaffen. Die strenge, reduzierte Sachlichkeit der aus dem Bauhaus hervorgegangenen Entwürfe ließ die

Piet Hein und Bruno Mathsson, Tisch *Superellipse*, Fritz Hansen, 1964 / Arne Jacobsen, Serie 7, Stühle *Modell Nr. 3107*, Fritz Hansen, 1955

Gegenüber: Tapio Wirkkala, Kollier mit Anhänger *Pirun pää* (Teufelskopf) aus Gold, ausgeführt von Nils Westerback, 1966

menschliche Wärme vermissen, die so charakteristisch für das skandinavische Design war und ist. Es ist daher verständlich, dass die Skandinavier der Welt als Erste zugänglichere, weniger „doktrinäre" moderne Formen – weicher modelliert und aus natürlichen Materialien – anboten. Indem sie die Anforderungen der Maschine mit den Bedürfnissen der Menschen in Einklang brachten, brachen skandinavische Designer keineswegs mit der Vergangenheit, im Gegenteil – sie lernten aus ihr. In ihrem Ringen um formale Schönheit und praktische Schlichtheit hauchten sie der modernen Produktgestaltung das gewisse Etwas ein, das man nur als Seele bezeichnen kann.

Die der skandinavischen Designkultur zugrunde liegende Humanität und Konzentration auf das Wesentliche ist auch heute noch Ausdruck eines sozial gesinnten demokratischen Liberalismus und beruht auf dem zentralen Grundsatz, dass gutes Design zum Geburtsrecht jeder Bürgerin und jedes Bürgers gehört, unabhängig von Besitzstand, Geschlecht, Alter oder mentalen und körperlichen Fähigkeiten. Am meisten trägt der Gedanke, dass „Schönere Gegenstände des täglichen Gebrauchs" das Leben erleichtern und verschönern, dazu bei, das international anerkannte Phänomen „Skandinavisches Design" am Leben zu erhalten. Mit der zunehmenden Komplexität und Beschleunigung des modernen Lebens bietet die skandinavische Wohn- und Produktkultur auch heute noch einen Zufluchtsort voller zeitloser Einfachheit, körperlichem Wohlbefinden und emotionaler Ruhe, während sie zugleich ein Designethos verkörpert, das mit den immer größere Besorgnis erregenden Umweltproblemen und gesellschaftlichen Herausforderungen der Zukunft aktueller denn je ist. Motiviert von sozialen Idealen, haben skandinavische Gestalter stets zufriedenstellende Designlösungen geliefert, die alle praktischen und ästhetischen Wünsche erfüllen und greifbare Manifestationen des utopischen Traums darstellen, den alle fünf Länder allein für sich und gemeinsam träumen.

Kay Fisker,
gusseiserner Ofen
für Støbejern,
ca. 1920

Gegenüber:
Jørgen Høvelskov,
Stuhl *Harfe* für
Christensen &
Larsen, 1968

design in dänemark

Obwohl Dänemark flächenmäßig und im Hinblick auf seine Bevölkerungszahl ein kleines Land ist, hat es den Rest der Welt dennoch in kultureller Hinsicht zweimal entscheidend beeinflusst. Vor 1000 Jahren beherrschten die Dänen zusammen mit anderen Skandinaviern weite Gebiete in Europa, als nämlich die Wikinger den Kontinent plündernd und Handel treibend durchstreiften und Kolonien gründeten. Mitte des 20. Jahrhunderts dagegen eroberte Dänemark sich in vielen Ländern des Westens eine gestalterische Vorrangstellung, als Moderne dänische Designer international Furore machten und schlagartig berühmt wurden. Während das Seefahrervolk der Dänen es aufgrund seiner jahrhundertealten Handelsverbindungen mit Nord- und Westeuropa, Amerika und dem Fernen Osten von jeher verstand, bestimmte Elemente seiner Kultur zu exportieren, war es andererseits aber auch stets offen für neue Ideen und Impulse aus ebendiesen fremden Ländern. Von der Wikingerzeit bis heute haben die Dänen sich die Gabe bewahrt, funktionale und ästhetische Anleihen bei Vorbildern aus fremden Quellen zu machen und sie dann mit hoher Kunst- und Handfertigkeit in etwas „Dänisches", den härteren Bedingungen des Nordens Angepasstes, umzumodeln. Dies hat in der Entwicklungsgeschichte der angewandten und dekorativen Kunst Dänemarks eine Schlüsselrolle gespielt.

Die handwerklich-kunsthandwerkliche Tradition, für die das Land so berühmt ist, erwuchs gleichermaßen aus der Armut und dem Mangel an Bodenschätzen des Landes einerseits und der engen Naturverbundenheit der Bevölkerung andererseits. Notgedrungen erwarben sich die Dänen über Jahrhunderte hinweg gründliche Kenntnisse der vorhandenen natürlichen Rohstoffe – von Steinen und Tonerde bis zu Leder und Holz – und lernten sie so effizient wie möglich zu nutzen. Ökonomische Einschränkungen machten es sowohl beim Bauen als auch beim Anfertigen von Möbeln und Geräten notwendig, der Zweckdienlichkeit und Dauerhaftigkeit den Vorrang vor der Verzierung der Oberflächen einzuräumen. Dieser Ansatz führte mit der Zeit zu der Art von Schlichtheit, Materialtreue und Beachtung der Funktionalität, die schließlich als die typischen Merkmale des dänischen Designs gelten sollten.

Bis in die 1950er Jahre waren Landwirtschaft und Handwerk die Hauptwirtschaftssektoren

Kay Fisker,
Silberkanne für
A. Michelsen,
ca. 1952

Dänemarks und nicht die Industrie. Die herkömmlichen handwerklichen Produktionsweisen blieben daher in Dänemark viel länger erhalten als anderswo in Europa. Als das Land jedoch nach dem Zweiten Weltkrieg seine Fabriken auf moderne technische Produktionsverfahren umstellte, wurden die traditionelle Wertschätzung für solide Verarbeitung und die Kultur der hohen handwerklichen Qualität auch auf die Gestaltung und Herstellung von Industriegütern übertragen.

Die handwerkliche Tradition der Dänen maß der Werkzeugherstellung großen Wert bei und beruhte zudem auf einem leidenschaftlichen Interesse an der Erkundung organischer Formen sowie am funktionalen und ästhetischen Wesen der Dinge. Es verwundert daher nicht, dass zahlreiche dänische Designer, besonders im 20. Jahrhundert, sich von japanischen Kunstgegenständen und amerikanischen Shaker-Möbeln mit ihrer ganz auf das Wesentliche konzentrierten, fast schon vergeistigten Anmutung anregen ließen. Von **Axel Saltos** Experimenten mit Keramikformen und Glasuren im fernöstlichen Stil bis zu den ungewöhnlich raffinierten Möbelstücken von **Hans Wegner** und **Børge Mogensen** hat die Suche nach der essenziellen oder idealen Form das dänische Design tief greifend geprägt.

Die dänische Designgeschichte setzte Ende des 18. Jahrhunderts mit dem Beginn der (begrenzten) Industrialisierung des Landes ein, als die Produkte nicht länger von der Aufnahme der Arbeit bis zur Fertigstellung von einem einzigen Handwerker angefertigt wurden, sondern in separaten Schritten von mehreren Fabrikarbeitern. Diese Arbeitsteilung führte zum Berufszweig des Formgestalters (Produktdesigners), und die ersten dänischen Designer gingen mit der Gründung der Porzellanmanufaktur **Royal Copenhagen** in Kopenhagen im Jahr 1775 in die Industrie. Diese „Industriekünstler" gestalteten zunächst im damals gängigen Rokokostil, der zu Beginn des 19. Jahrhunderts vom Neoklassizismus abgelöst wurde. Die dänische Form des neo-klassizistischen Stils war einerseits zwar stark von den Entwicklungen in Frankreich und Deutschland geprägt, zeichnete sich aber andererseits durch eine grundlegende formale Schlichtheit und sozusagen bürgerliche Zweckdienlichkeit aus. Gustav Friedrich Hetsch (1788–1864) war der Architekt und Designer, der in den 1820er Jahren den Empire-Stil bei Royal Copenhagen einführte. Er erklärte: „Alle großen oder kleinen Bemühungen im Bereich der Innenausstattung und der Baukunst müssen das Ziel verfolgen, ihrer Gebrauchsbestimmung gerecht zu werden und zwei Hauptvoraussetzungen zu erfüllen: Nützlichkeit und praktische Handhabbarkeit. Schönheit muss sich stets nach der Zweckmäßigkeit richten, ohne die weder Auge noch Geist Zufriedenheit erlangen können." Dieses Streben nach geeigneten, zweckdienlichen und dennoch attraktiven

Arne Jacobsen, *Rathausuhr* für Louis Poulsen, 1955, ursprünglich entworfen für das Rathaus von Rødovre (später Georg Christensen für Mawa Design)

Gegenständen und Geräten, bei deren Entwurf der Nutzer im Mittelpunkt steht, wurde zum wichtigen Erkennungsmerkmal des dänischen Designs.

In den Jahren von 1860 bis 1870 wurde der Neoklassizismus in Dänemark von der Neo-Romantik verdrängt, die sich aus verschiedenen Quellen speiste. **Arnold Krog** zum Beispiel verwendete japanische Motive zur Dekoration seiner Keramiken, und **Georg Jensen** stellte Schmuck und Tafelsilber im Stil der britischen Arts-&-Crafts-Bewegung her. Die Designer dieser neuen Richtung lehnten den eklektischen Historismus ab und legten größten Wert auf eine hervorragende Ausarbeitung der Details, die den Eigenschaften des Materials Rechnung trug. Die für das dänische Design so typische meisterhafte Verarbeitung der Werkstoffe entwickelte sich aus den reichen kunsthandwerklichen Traditionen des Landes, die vielfach über Generationen hinweg in familieneigenen Werkstätten oder in Kunsthandwerkergilden weitergegeben und weiterentwickelt wurden. Seit dem 19. Jahrhundert werden Qualität und besonders materialgerechte Fertigung dänischer Erzeugnisse vor allem von einer Reihe inspirierter Künstler und Designer sichergestellt, welche die alte Tradition der engen Zusammenarbeit von Gestalter und Hersteller fortführen. Die Pioniere dieser Arbeitsweise begründeten das künstlerisch-qualitative Ethos, das noch heute für den Erfolg moderner dänischer Designobjekte verantwortlich ist.

Die ersten Forschungen von **Kaare Klint** in den 1920er und 1930er Jahren auf dem Gebiet der Anthropometrie (der systematischen Messung und Korrelation von menschlichen Körpermaßen) übten gleichfalls einen entscheidenden Einfluss auf die Entwicklung des dänischen Designs aus. In seinen detaillierten Untersuchungen der Proportionen des menschlichen Körpers erweckte Klint nicht nur die praxisbezogenen Ideale des Klassizismus zu neuem Leben, sondern etablierte auch einen Gestaltungsansatz, bei dem der Mensch im Mittelpunkt steht. Indem er Durchschnittsmaße ermittelte, die auf den tatsächlichen menschlichen Proportionen basierten, und diese beim Entwurf von Möbeln berücksichtigte, wollte **Klint** zeitlose ideale Lösungen schaffen. In ihrem Bemühen um das Wesentliche untersuchten Klint und seine Studenten außerdem mit großer Sorgfalt die Abmessungen verschiedener weitverbreiteter historischer Möbeltypen. In Verbindung mit seinen anthropometrischen Daten veranlassten die Ergebnisse dieser Studien ihn dazu, zahlreiche moderne Neuinterpretationen historischer Vorläufer zu entwerfen, etwa die Stühle *Safari* und *Deck* (1933). Außer einem Stuhl, den Klint für seine Grundtvigskirche in Kopenhagen entwarf, wurden seine Möbel nie industriell produziert, denn ihre Herstellung erforderte altbewährte handwerkliche Fertigkeiten. Stärker als in irgendeinem anderen skandinavischen Land führte man in Dänemark die

Mogens Lassen (zugeschr.), Sessel aus Eiche und Schafsfell, ca. 1935 – einem anderen Entwurf von Lassens Bruder Flemming sehr ähnlich, bekannt als *Tired Man's Chair*

stolzen nationalen Traditionen der Möbeltischlerei auch in der Zeit zwischen den beiden Weltkriegen nutzbringend fort und stellte einfache, dabei aber elegante Massivholzmöbel her. Vom Ende der 1920er Jahre bis etwa 1940 indessen geriet Klints Gestaltungsansatz, der auf den Kenntnissen und Fertigkeiten der Handwerker in spezialisierten Werkstätten beruhte, immer mehr in Konflikt mit dem ganz realen Massenbedarf an modernen Einrichtungsgegenständen zu niedrigen Preisen.

In der Zeit zwischen den Weltkriegen setzten sich dänische Designer wie **Poul Henningsen** für die verstärkte Ausrichtung von Möbel- und Produktgestaltungen auf die industrielle Fertigung ein, um damit die in diesen Bereichen dringenden Versorgungsprobleme zu lösen. Als Chefredakteur der einflussreichen „Kritisk Revy" forderte Henningsen in dieser Zeitschrift die dänischen Designer zu neuer Objektivität auf und erklärte, ihr Ziel müsse es sein, das Entwerfen von Bauten und Produkten in Übereinstimmung mit den besten sozialen, wirtschaftlichen und technischen Leistungen der modernen Kultur zu bringen. Die Zeitschrift prangerte nicht nur die unpassende Ästhetik vergangener Stilepochen an, die von vielen Herstellern noch bevorzugt wurde, sondern wandte sich auch gegen die Bauhaus-Moderne, welche alles Herkömmliche ablehnte und der Avantgarde (von De Stijl bis zum russischen Konstruktivismus) folgte, die im Leben der meisten Menschen allerdings kaum von Bedeutung waren. Stattdessen forderten Henningsen und andere Designer wie **Kay Bojesen** Gebrauchsgegenstände des täglichen Bedarfs, die ebenso schlicht wie benutzerfreundlich waren. Ein Beispiel hierfür war Bojesens Essbesteck *Bestik,* das er für die Firma Raadvad entwarf (1938). Dieser Wunsch nach preiswerten praktischen Haushaltsgeräten beseelte auch die Aussteller der wegweisenden Messe der Kopenhagener Möbeltischlergilde von 1930, auf der eine komplett eingerichtete Zweizimmerwohnung als Modell für die erforderliche sozial motivierte Gestaltung von Innenausstattungen gezeigt wurde. Das in diese Richtung zielende Wirken der mit der Gilde verbundenen Architekten und qualifizierten Möbeltischler war zweifellos nötig, und zwar infolge des allgemeinen Desinteresses der dänischen Möbelindustrie an der Produktion hochwertiger, dabei aber preisgünstiger moderner Einrichtungen für den Massenbedarf.

Grete Jalk, *Bow Chairs* aus laminiertem Teakholz für P. Jeppesen, 1963 (später Lange Production)

Seite 24:
Nanna Ditzel, Schreibtisch für Søren Willadsen Møbelfabrik, 1955

Es gab allerdings auch Ausnahmen, allen voran den Hersteller **Fritz Hansen**, der in den 1930er Jahren voluminöse, aufgrund ihrer progressiven Ästhetik und schlichten Form bemerkenswerte Möbel produzierte.

Dänische Designer stellten ihre Objekte nicht nur auf den jährlichen Messen der Möbeltischlergilde aus, sondern vertrieben sie auch über Den Permanente, eine von Kay Bojesen 1931 gegründete Kooperative. Obwohl Den Permanente die Stücke in ihren Räumen nur ausstellte und nicht verkaufte, war allein schon deren Präsentation ein wichtiges Forum für zeitgenössisches dänisches Design. Anders als ihre schwedischen Kollegen, die in den 1930er Jahren für kurze Zeit in den Bann der Neuen Sachlichkeit gerieten, blieben die dänischen Designer nahezu unberührt vom Einfluss etwa des Bauhauses. Ihr Schaffen reflektierte vielmehr den in Dänemark allgemein akzeptierten Grundsatz der Zweckdienlichkeit, der seit jeher die angewandte Kunst bestimmt hatte, und daraus folgend die Entwicklung der Möbel- und Produktgestaltung mit evolutionären statt revolutionären Mitteln.

Die Designer der nächsten Generation, darunter Børge Mogensen und Hans Wegner, verfolgten auch weiterhin Kaare Klints Prinzip der idealen Möbelformen und schufen ebenfalls moderne Versionen herkömmlich-volkstümlicher Möbel. Mogensens *Shaker*-Stuhl (1944) sowie Wegners Stühle *China* und *Pfau* (1943, 1947) verkörperten diesen „typisch dänischen" Designansatz. Indem sie die wesentlichen Merkmale von Vorläufermodellen analysierten und sie in moderner Form neu erschufen, präsentierten die Dänen eine weniger doktrinäre, zugänglichere Moderne des Möbeldesigns. Ihre Erzeugnisse mit abgerundeten Kanten vermittelten eine ruhige Zwanglosigkeit und häusliche Geborgenheit und wurden in den 1950er und 1960er Jahren daher zu den Lieblingen von Trendsettern und Eigenheimbauern in vielen Ländern Europas und in den Vereinigten Staaten.

In der Nachkriegszeit konzentrierte man sich stärker auf die Produktion kleinerer, preiswerterer Möbel, Haushaltsgeräte und Wohnaccessoires, die für kleinere Wohnungen gestaltet und auch für die Durchschnittsfamilie erschwinglich waren. Die dänische Moderne vertrat eine qualitativ hochwertige handwerkliche und maschinelle Verarbeitung und stand für „gutes Design". Mit der Zeit bedeutete

dieser Begriff auch „guter Geschmack". Deutlich an Profil gewann das dänische Design durch eine Reihe von einflussreichen Ausstellungen in Amerika und Großbritannien, so dass schon Mitte des 20. Jahrhunderts „Design aus Dänemark" international Aufsehen erregte.

Ein Faktor, der den bemerkenswerten Aufstieg des dänischen Designs ab Anfang der 1950er Jahre begünstigte, war die Einfuhr von Teakholz aus den Philippinen für die Möbelherstellung. Während des Zweiten Weltkriegs waren dort wegen kriegsnotwendiger Baumaßnahmen (z. B. für Straßen) große Teakwaldflächen abgeholzt worden, so dass das Land die Überschüsse zu erschwinglichen Preisen verkaufte. Dieses hochwertige und äußerst beliebte Hartholz wurde von dänischen Möbelgestaltern wie **Finn Juhl**, **Hans Wegner** und **Peter Hvidt** in einem solchen Umfang eingesetzt, dass sich daraus der Begriff „Teakholzstil" zur Bezeichnung ihrer Arbeiten ableitete. Die Teakmode führte dazu, dass aus diesem Holz auch ein breites Angebot an Haushaltsgegenständen und Wohnaccessoires produziert wurde; am bekanntesten sind der Eisbehälter von **Jens Quistgaard** für Dansk International Designs und **Kay Bojesens** zweigeteilte große Salatschüssel mit dazugehörigen Schälchen.

Andere Möbelgestalter, die für den Massenmarkt arbeiteten, untersuchten die Möglichkeiten des Sperrholzes, allen voran **Arne Jacobsen**, dessen bemerkenswerter Stuhl *Modell Nr. 3107* aus der *Serie 7* (1955) nicht nur zum meistverkauften Stuhl aller Zeiten wurde, sondern auch zu einem der bedeutendsten Kultobjekte des dänischen Einrichtungsdesigns. Jacobsens *Serie 7* und sein Stuhl *Myren* (Ameise) von 1951/52 stellten einen radikalen Bruch mit der bisherigen evolutionären Designphilosophie dar und gehörten somit zu den ersten Beispielen wahrhaft moderner Möbel aus Dänemark. Arne Jacobsens *Cylinda*-Programm (Kannen) von 1967 für **Stelton** war ähnlich modern und propagierte ebenfalls sehr erfolgreich die Reputation der Dänen für zeitlose, elegante und funktionelle Gebrauchsgegenstände und Möbel.

Erst Ende der 1950er Jahre begannen dänische Designer, neue Kunststoffe wie Glasfasermaterialien und Latexschaum im Möbelbau einzusetzen. Arne Jacobsens revolutionäre Entwürfe für die Stühle *Svanen* (Schwan) und *Ægget* (Ei, beide 1957)

für das SAS Royal Hotel in Kopenhagen markierten eine Hinwendung zu plastischen Formen in der Designszene Dänemarks, die **Verner Panton** in den 1960er Jahren in spielerisch-fantastische Wohnlandschaften in psychedelischen Farben umsetzte. Obwohl Pantons Schaffen die typisch skandinavische Art der Übertragung von Pop-Art auf die Raumausstattung repräsentiert, die den „Wegwerfethos" dieser Stilrichtung nicht mit übernahm, stellt es doch eine recht „undänische" Methode der Popularisierung revolutionärer Formen und eine völlige Abkehr von allem Vorherigen dar.

Die Weltwirtschaftskrise der 1970er Jahre fiel mit der sinkenden Nachfrage nach „Design aus Dänemark" zusammen. Um dem entgegenzuwirken und die Krise zu überwinden, bekräftigten führende Hersteller wie Bang & Olufsen, **Georg Jensen** und Stelton ihre Verpflichtung zu hohen Design- und Verarbeitungsstandards, indem sie schöne, dabei aber äußerst rational durchgestylte Objekte produzierten. Ganz wesentlich war, dass die Spitzenqualität dieser Produkte es den Herstellern erlaubte, in einem heiß umkämpften Markt die eigene Markenidentität zu stärken. 1977 wurde das Dänische Design Center mit dem Ziel gegründet, die Verbreitung heimischer Designerzeugnisse noch effektiver zu fördern. Im selben Jahr entwarf Niels Jørgen Haugesen (1936-2013) seinen Stuhl *X-line*, ein Zeichen für den wachsenden Einfluss des Hightechstils in Skandinavien. Im darauffolgenden Jahrzehnt des erneuten wirtschaftlichen Aufschwungs schlossen sich viele dänische Designer der Postmoderne an und gelangten zu einer größeren Freiheit der Ausdrucksmittel. Das führte zum Entstehen einiger ungewöhnlicher Produkte wie etwa der japanisch anmutenden, einem Schmetterling ähnelnden Zweierbank (*Bench for Two*, 1989) von Nanna Ditzel. So richtig konnte die Postmoderne in Dänemark allerdings nicht Fuß fassen, und schon in den 1990ern entwickelten verschiedene Designer – etwa Niels Gammelgaard und Alfred Homann – Möbel, Beleuchtungskörper und andere Einrichtungsgegenstände, welche die ästhetisch wie funktional und kommerziell wünschenswerten Qualitäten eines auf das Wesentliche konzentrierten Designs unterstrichen. In den frühen 2000er Jahren erfuhr das dänische Design der Nachkriegszeit ein Wiederaufleben des Interesses, was genau mit der Veröffentlichung der ersten Ausgabe dieses

Seite 25: Poul Kjserholm, *PK-11* Armstuhl für E. Kold Christensen, Chriåstensen, 1957

Verner Panton, Kugel-Hängelampe *TYP F* für J. Lüber, 1969

Gegenüber:
Verner Panton, Stoff *Kurve* aus der Kollektion *Decor (I)* für Mira-X, 1969

Buches zusammenfiel. Dies führte schließlich zu einer regelrechten Renaissance dänischen Designs, da die Hersteller nun dank der höheren Erträge aus der Fertigung unverwechselbarer Entwürfe aus ihren Backkatalogen die Forschung und Entwicklung neuerer Entwürfe unterstützen konnten.

Die lange Tradition des „guten Designs" ist auch heute noch einer der wertvollsten Aktivposten Dänemarks. Mit Sicherheit sind aus keinem anderen Land (außer vielleicht Italien) eine solche Vielzahl von Designklassikern bzw. Designikonen hervorgegangen wie aus Dänemark – von Arne Jacobsens allgegenwärtigem Stuhl Myren bis zu Cecilie Manz' (geb. 1972) Pendelleuchte *Caravaggio* (2005). Die formale und funktionale Klarheit der Entwürfe und die perfekte Verarbeitung, welche diese Produkte so deutlich von anderen abhebt, sind, historisch gesehen, nicht nur das Ergebnis der guten Zusammenarbeit zwischen Gestaltern und Herstellern, diese Merkmale gehören auch zu den zeitlosen Idealen des dänischen Designs, als da sind: Vereinfachung ohne Störung der Ausgewogenheit von Form und Funktion, Materialtreue sowie die respektvolle Behandlung der Entwurfsaufgabe mit dem Ziel, eine sinnvolle Interaktion zwischen Gegenstand, Benutzer und räumlichem Umfeld zu ermöglichen. Angesichts der weltweit immer knapper werdenden Rohstoffe, des Klimawandels, der Umweltzerstörung und durch zunehmende Digitalisierung und Globalisierung herbeigeführter destabilisierender gesellschaftlicher Veränderungen und der sich ergebenden lauter werdenden Forderungen nach ethisch vertretbaren und nachhaltigeren Produkten ist die bewährte humane Zielsetzung des dänischen Designs wichtiger denn je.

Tapio Wirkkala, Tischplatte *Modell Nr. 9015* (laminiertes Paduk-, Ahorn-, Nuss-, Teak- und Birkenholz) für Asko, ca. 1958

Gegenüber: Alvar Aalto, Hocker *Modell Nr. 60* für Artek, 1932/33

design in finnland

Finnland, ein Nachbarland von Norwegen, Schweden und Russland, ist eines der am weitesten nördlich gelegenen und abgeschiedensten Länder der Erde: Ein Drittel seiner Landmasse liegt nördlich des Polarkreises. Ein Großteil des Landes ist bewaldet, überwiegend mit Kiefern- und Fichtenwäldern, im Süden wachsen auch Birken, Espen, Ahornarten, Ulmen und Erlen. Das Land besitzt rund 55 000 Seen sowie ausgedehnte Moor- und Bruchgebiete und wird von zahlreichen Flüssen durchzogen. Bis auf den Nordwesten ist es weitgehend flach und von ganz eigener – wenn auch streckenweise sehr karger – Schönheit. In Finnlands äußerstem Norden gibt es im Grunde nur zwei Jahreszeiten: einen langen, extrem kalten Winter und einen heißen, aber kurzen Sommer. Dort lebt das Nomadenvolk der Samen (früher Lappen genannt), die wie seit Jahrhunderten auch heute noch ihre Rentierherden züchten. „Der Norden" übt eine besondere Anziehungskraft auf die Finnen aus, die seine Ehrfurcht gebietenden Naturgewalten und fantastische Naturschönheit lieben. Um unter den extremen klimatischen Bedingungen zu überleben, mussten die Finnen ihre Probleme mit viel Fantasie und Aufgeschlossenheit für Neuerungen

lösen lernen. Eine lange Periode wirtschaftlicher Schwierigkeiten und des Mangels an Bau- und Werkstoffen für Gebäude und Geräte hat dazu geführt, dass die Finnen ein Gespür für formale, funktionale und materielle Effizienz entwickelt haben. Sie sind der Natur in besonderer Weise verbunden, was sich auch in ihrem Designansatz niederschlägt, in dem sich Achtung vor den Materialien und eine Vorliebe für organische Formen zeigen. Wegen der fast schon mystischen Verbundenheit der Finnen mit der natürlichen Umwelt gelten die Erzeugnisse des finnischen Designs häufig als gelungenster Ausdruck „der Seele des Nordens".

Ethnisch stammen die Finnen von den Völkern des Baltikums und Skandinaviens ab und gelten als gelassen, hartnäckig, zäh und entschlossen. Diese Charakterzüge spiegeln sich in der Haltung der Finnen, die sie „Sisu" nennen. „Sisu" steht für die Auffassung, dass alles, was getan werden muss, auch getan werden wird, egal, wie viel Aufwand erforderlich ist. Der Begriff bezeichnet die Fähigkeit, alle Kraft und Ausdauer, den Mut und die Willenskraft zu mobilisieren, um trotz widriger Umstände erfolgreich zu sein. Mit anderen Worten: „Sisu" lässt sich

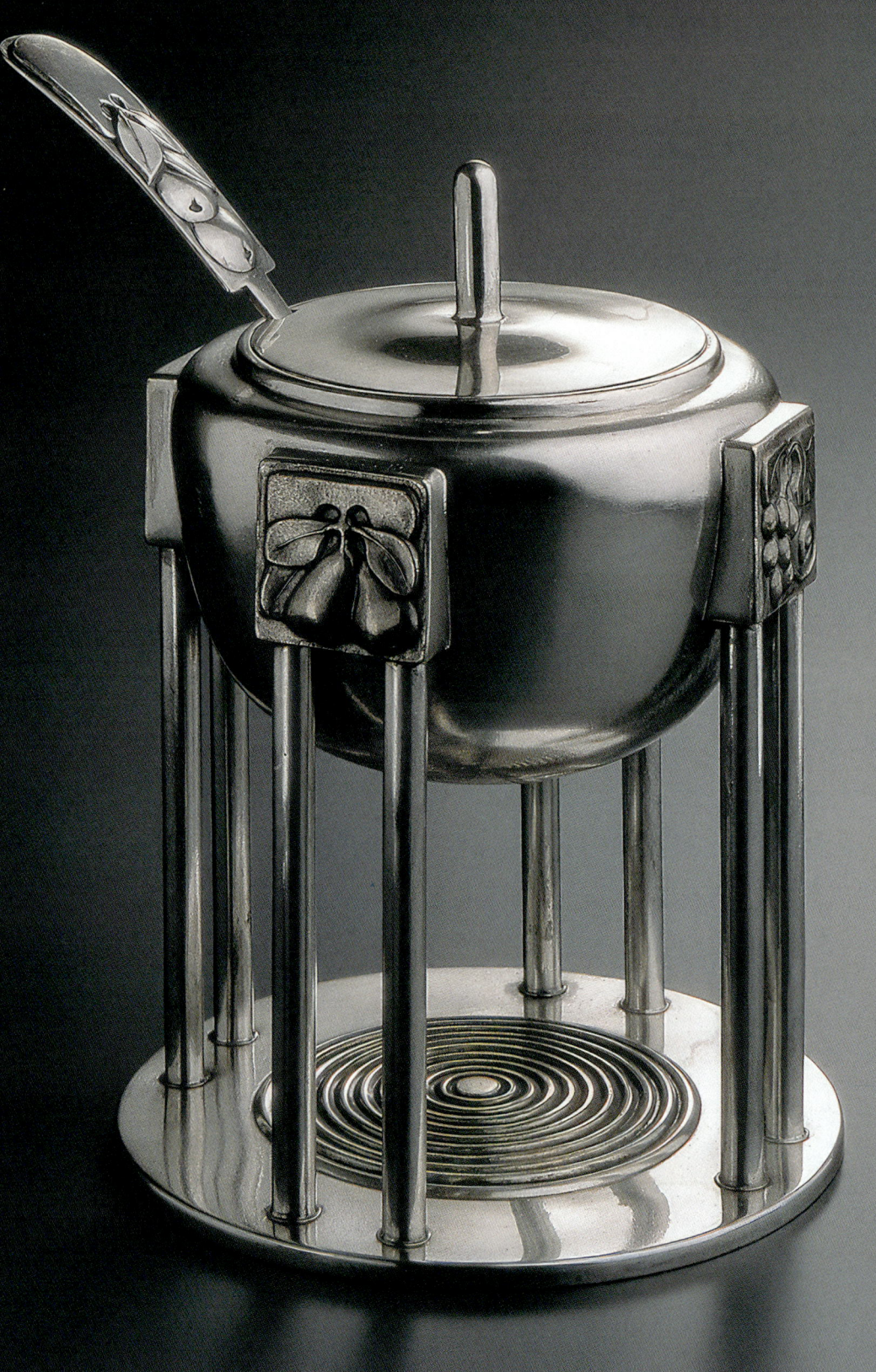

Eliel Saarinen, perspektivische Innenzeichnung der Wohnung des Bankdirektors im Gebäude der J.O. Leander-Zentrale, ca. 1900er Jahre

Gegenüber: Valle Rosenberg, Marmeladenschale aus Silber für A. Alm, 1911

in etwa mit der Bedeutung der deutschen Redewendung „von echtem Schrot und Korn" gleichsetzen und ist eine wahrhaft nationale Eigenschaft, die sich durch alle Gesellschaftsschichten zieht. Seit Jahrhunderten haben sich die Finnen gegenüber extrem schwierigen Umweltbedingungen und fremden Eroberern behauptet, und daraus erwuchs wohl ihre Entschlossenheit, alle scheinbar unüberwindlichen Hindernisse zu meistern Die „Sisu"-Haltung bildet auch eine wesentliche Inspirationsquelle für finnische Architekten und Designer, deren Bauten und Produkte eine mit großer Hartnäckigkeit und Ausdauer errungene Balance zwischen Form, Zweck und Materialien aufweisen. Interessanterweise kompensieren die Finnen ihre Schweigsamkeit und emotionale Zurückhaltung häufig mit dem Mittel einer ausdrucksstarken, originellen Gestaltung.

Die im finnischen Design aufscheinende expressive Kunstfertigkeit – häufig als „unskandinavisch" kritisiert – erwuchs zum großen Teil aus der lange aufrechterhaltenen Tradition der Herstellung exquisiter Werkstattunikate parallel zur Massenproduktion. Sehr häufig haben jedoch gerade diese einzigartigen experimentellen Modelle oder limitierten Auflagen

bestimmter Stücke die Entwicklung seriell produzierter Gebrauchsgegenstände beeinflusst. Auch heute noch wird die Tradition fortgeführt: Firmen wie **Arabia** und **Iittala** zum Beispiel produzieren exklusive Kunstobjekte und limitierte Auflagen, um alte kunsthandwerkliche Fertigkeiten zu bewahren beziehungsweise neu zu beleben und ihren Gestaltern die Möglichkeit zu geben, die eigenen kreativen Impulse in neue Formen und Techniken umzusetzen.

Da Finnland über Jahrhunderte sukzessiv von Dänemark, Schweden und Russland erobert und regiert wurde, kann das moderne Finnland erst auf eine relativ kurze Periode politischer Unabhängigkeit zurückblicken: Zwar ist Finnland seit 1917 souverän, doch standen bis zum Zusammenbruch der UdSSR in den späten 1980er Jahren alle großen außen- und sogar die innenpolitischen Entscheidungen unter Vorbehalt einer möglichen russischen Reaktion – die sogenannte Finnlandisierung des formal neutralen Landes. Der lange Kampf des Volkes um einen unabhängigen Nationalstaat ist der Grund für die ausgeprägte Entschlossenheit der Finnen, ihre kulturelle, politische und wirtschaftliche Autonomie zu wahren. Eine entscheidende Wende in der Geschichte

Alvar Aalto, *Modell Nr. 31* freischwingender Sessel für Huonekalu-ja Rakennstyötendas (später Artek), 1931/32

Finnlands setzte 1835 mit der Veröffentlichung des epischen Gedichts „Kalevala" (Land der Helden), von Elias Lönnrot (1802–1884) ein. Es basiert auf mündlich überlieferten uralten Epen, Balladen und Liedern. Das „Kalevala" belegte, dass die finnische Sprache als lyrisches Ausdrucksmittel ebenso großartige Poesie wie die Sagen des klassischen Altertums hervorzubringen imstande war. In der zweiten Hälfte des 19. Jahrhunderts wurde dieses mythischpoetische Epos nicht nur zum Symbol für finnisches Nationalbewusstsein, sondern beeinflusste auch alle Bereiche der Kunst und des Designs. Die Veröffentlichung des „Kalevala" führte auch zur wachsenden Akzeptanz des Finnischen (Sprache der finnougrischen Gruppe des ural-altaischen Sprachenstamms) als offizielle Landessprache. Vom „Kalevala" inspiriert und infolge der zunehmenden Bemühungen der Finnen um eine eigenständige kulturelle Identität entstand Ende des 19. Jahrhunderts in der Kunst, der Architektur und der Möbel- und Produktgestaltung die nationalromantische Bewegung, angeführt unter anderem von **Eliel Saarinen**, mit kraftvollem, patriotisch geprägtem Ausdruck, vor allem mit Anspielungen auf die Mythen und die Kultur

Kareliens. Gleichzeitig war die Nationalromantik aber auch Teil der breiter gefächerten „neuen" Kunst und Baukunst, die in Europa und Amerika Ende des 19. und zu Beginn des 20. Jahrhunderts aufblühte. Diese Synthese des Nationalen und des Internationalen wurde später zu einem bestimmenden Faktor im finnischen Design.

In den ersten Jahren des 20. Jahrhunderts wurde die Entwicklung des finnischen Designs von der Regierung und von den Handwerkskammern des Landes kräftig gefördert. Junge Künstler wurden ermutigt, für die Industrie zu arbeiten, um die Qualität von Gebrauchsgegenständen zu steigern. Ab 1905 förderten fortschrittliche finnische Unternehmen Designwettbewerbe, um talentierte junge Produktgestalter zu gewinnen, die in der Lage waren, Produkte zu entwerfen, welche sich international ausstellen ließen. In den Jahren vor dem Ausbruch des Ersten Weltkrieges standen die finnischen Designer weiterhin unter dem Einfluss der sogenannten neuen Kunst, in der Zwischenkriegszeit entstand jedoch allmählich eine neue Objektivität in der angewandten Kunst. **Aino Aaltos** und **Alvar Aaltos** Entwürfe für preisgünstige Glaswaren und Möbel für den

Tapio Wirkkala,
Vase *Modell
Nr. 3523* für Iittala,
eingeführt 1951

Binnenmarkt lassen sich als Reaktion auf die wirtschaftlichen Einschränkungen jener Zeit deuten. Damals begann auch die Keramikmanufaktur Arabia mit der Produktion erschwinglicher Standardhaushaltswaren, zum Beispiel Kurt Ekholms *Sinivalko* (Blaues Band, 1936–1940), denen die Idealvorstellung zugrunde lag, selbst Alltagsgegenstände müssten durch ihre Schönheit, Schlichtheit und praktische Handhabung die Lebensqualität ihrer Benutzer steigern.

In den 1930ern lieferte Alvar Aalto mit seinem ganzheitlichen und auf den Menschen konzentrierten Gestaltungsansatz die dringend notwendige Neuinterpretation der von der Moderne propagierten „Sachlichkeit" oder Funktionalität mit seiner Abkehr von der scharfkantigen Maschinenästhetik des Bauhauses. Indem er organische Formen und natürliche Materialien für seine revolutionären, eminent praktischen Möbelentwürfe verwendete, hoffte Aalto bessere materiell-substanzielle und psychologische Wechselwirkungen zwischen Produkt und Nutzer zu erzielen. Aaltos Werk offenbart die fast schon spirituelle Affinität finnischer Designer zur natürlichen Umwelt und weist Formen auf, die wie ein Echo auf die in der Landschaft Finnlands vorhandenen Elemente wirken. Zum Beispiel waren die vielfach geschwungenen Seen des Landes das direkte Vorbild für die Form seiner berühmten *Savoy*-Vase (1936). Mit seinen auf das Wesentliche reduzierten Entwürfen nach menschlichem Maß abstrahierte Aalto das Wesen der Natur und schuf so die Grundlagen für die spezielle Designphilosophie, aus der sich das skandinavische Design entwickelte und entfaltete.

Eine andere Persönlichkeit, die einen zukunftweisenden Einfluss auf die Entwicklung des finnischen Designs der Nachkriegszeit ausübte, war Arttu Brummer (1891–1951), in den 1930ern Redakteur beim einflussreichen italienischen Designmagazin „Domus", der wichtige Kontakte zwischen den Designern beider Länder vermitteln konnte. Vor dem Hintergrund der Weltwirtschaftskrise schrieb er 1931: „In unseren Zeiten und besonders angesichts der Verhältnisse, in denen wir heute leben, ist der Künstler zum Einzelnen geworden, der in gewisser Weise außerhalb der Gesellschaft steht. Niemand braucht ihn wirklich, und vergeblich erhebt er seine Stimme, um Hilfe und Schutz vom Staat zu fordern."

Yrjö Kukkapuro,
Stuhl *Modell
Nr. 414* für Haimi
Oy, 1965

Nach seiner Journalistenkarriere wirkte Brummer auch als Lehrer, der seine Schüler zu begeistern wusste, und schließlich von 1944 bis 1951 als künstlerischer Direktor der Taideteollinen Korkeakolu (Hochschule für Kunst und Design) in Helsinki. Hier verlangte er von seinen Studenten Entwürfe, die nicht nur ihre Sinne ansprachen, sondern auch ihre Vernunft. Zugleich sollten sie die fast unerschöpfliche Formenvielfalt der Natur studieren und sich davon anregen lassen. Mit der Forderung nach stärkerer Individualität und originellerer Ausdruckskraft der gestalteten Objekte und der Betonung der Bedeutung von „vitaler Lebenskunst" übte Brummer einen enormen Einfluss auf das Schaffen der nachfolgenden Generation finnischer Designer aus, unter anderen auf **Tapio Wirkkala** und **Timo Sarpaneva**.

Nach den Härten des Zweiten Weltkriegs und der Ableistung der immensen Reparationen, die das Land an die Sowjetunion zahlen musste, bestand in Finnland ein geradezu überwältigendes Bedürfnis nach Stärkung des nationalen Selbstbewusstseins. Dies gelang fast unmittelbar darauf unter anderem durch die Verbreitung von kunsthandwerklichen Erzeugnissen und Industrieprodukten „mit finnischer Identität". In jenen von Optimismus erfüllten Jahren des Wiederaufbaus entwickelten finnische Designer – Tapio Wirkkala, Timo Sarpaneva, **Antti Nurmesniemi, Ilmari Tapiovaara, Maija Isola** und andere – eine ganz eigene, sinnliche Ausprägung des Möbel- und Produktdesigns, das zu einem völlig neuen Niveau des ästhetischen Ausdrucks führte. 1951 lenkte das sogenannte Wunder von Mailand die Aufmerksamkeit auf die finnischen Designer, vor allem auf Wirkkala, der auf der IX. Mailänder Triennale in verschiedenen Designkategorien erste Preise gewann. Auf der X. Mailänder Triennale von 1954 gestaltete Wirkkala die finnische Ausstellung, in der unter anderem preisgekrönte Glaswaren gezeigt wurden – Beispiele für die neu gewonnene Könnerschaft finnischer Produktgestalter auf dem Gebiet der plastischen Formgebung. Für einen Kommentator stellten diese Objekte eine „Mischung aus primitivem Wagemut und unglaublicher Eleganz" dar. Ausstellungen wie diese verschafften finnischen Designern internationale Anerkennung für ihre eigenwilligen Produkte, deren geschmackvolle organische Formen die Ausdruckskraft der verwendeten Materialien betonten. Finnische Möbel, Textilien,

Maija Isola,
Stoff *Unikko*
(Mohnblume) für
Marimekko, 1965

Keramiken und Glaswaren hoben sich deutlich von der ästhetisch eintönigen Funktionalität vieler anderer Produkte ab und vermittelten den Eindruck einer verführerischen, nach vorne schauenden Vitalität, die den Zeitgeist auf ideale Weise verkörperte.

Die einfühlsame Verarbeitung der Werkstoffe und die Gestaltung organischer, andeutungsweise naturhafter Formen blieben während der gesamten 1960er und frühen 1970er Jahre die bestimmenden Faktoren im Schaffen finnischer Designer. Diese Zeit wird häufig als das „goldene Zeitalter" des finnischen Designs bezeichnet. **Nanny Still McKinney** bemerkte hierzu: „Alle Entwürfe kamen von Herzen, weil es keine Einflüsse von außen gab. Zu der Zeit waren nur wenige Länder so interessant wie Finnland." Damals testeten die Designer neue Herstellungsverfahren und experimentierten spielerisch mit kühnen Farbkombinationen und ikonoklastischen Formen. Von Oiva Toikkas Glaswaren und Vuokko Eskolin-Nurmesniemis Textilien bis zu **Eero Aarnios** Möbeln offenbarte das Produktdesign des Landes einerseits zwanglose jugendliche Schlichtheit und andererseits ein hohes Maß an ästhetisch-gestalterischer Raffinesse. Finnische Designerzeugnisse – in hellen Farben gehalten, interessant strukturiert und von experimentellem Charakter – wurden weithin kritisch und anerkennend gewürdigt, sowohl wegen ihrer raffinierten neuen Technik als auch aufgrund ihrer künstlerischen Vollendung.

Die Ölkrise von 1973 versetzte der finnischen Glasindustrie mit ihrem enormen Energiebedarf jedoch einen Schlag. Auch andere Produktdesignbereiche waren von der Konjunkturschwäche infolge der Ölkrise betroffen. Dies führte zu einem rationaleren Designansatz und verstärktem Technikglauben. Ergonomie, Arbeitssicherheit und sozialer Zusammenhalt gewannen damals unter finnischen Designern ebenfalls große Bedeutung. Der Stuhl *Fysio* (1978) von **Yrjö Kukkapuro** für Avarte zum Beispiel war einer der ersten Bürostühle, dessen Form fast ausschließlich auf anthropometrisch-ergonomischen Daten beruhte. Im folgenden Jahrzehnt erlebte Finnland nicht nur wachsenden Wohlstand, sondern auch eine stärkere „Internationalisierung" des im Land produzierten Designs. Der Einfluss der Postmoderne führte zur Entwicklung einer Reihe radikaler Produkte wie etwa Stefan Lindfors' einem Insekt gleichende Lampe *Scaragoo* (1987) für Ingo

Kaj Franck,
formgeblasener
Glasteller *Ring* für
Nuutajärvi-Notsjö,
1966

Gegenüber:
Harri Koskinen,
Windlicht
Lantern, 1999

Maurer. Ende der 1980er und Anfang der 1990er Jahre brachten finnische Hersteller Neuauflagen „klassischer" Entwürfe aus der nationalen Designgeschichte auf den Markt und verkauften sie parallel zu den Stücken junger, aufstrebender zeitgenössischer Designer.

Weltweit anerkannt ist das Engagement finnischer Designer, mit dem sie sich seit Langem sowohl der Innovation als auch der hervorragenden Verarbeitung ihrer Produkte widmen. Deshalb hat Finnland in den letzten drei Jahrzehnten in diesem Bereich einen wirtschaftlichen Aufschwung erlebt, angesichts dessen seine skandinavischen Nachbarn vor Neid erblassen. Heute sind finnische Unternehmen wie **Arabia** und **Iittala** nicht nur stolz auf ihre große Tradition der Formgebung, sondern auch auf ihre Zusammenarbeit mit den besten finnischen und ausländischen Nachwuchsdesignern. Ein zentraler Grundsatz der Unternehmensphilosophie von Firmen wie **Artek** und Fiskars ist die Überzeugung, dass die Produktgestalter grundlegende moralische Verpflichtungen zu erfüllen und Verantwortung für gut durchdachte, haltbare und ökologisch nachhaltige Produkte zu übernehmen haben. Durch die Verbindung ihrer fundierten Kenntnis alter Handwerkskünste mit feinem Gespür für die geeigneten Materialien und Sinn für die Funktionalität haben finnische Möbel- und Produktdesigner Entwürfe von großer Integrität geschaffen. Außer der von ihren Vorgängern übernommenen Achtung vor handwerklichen Fertigkeiten und ihrer Vorliebe für Experimente sind es vor allem die romantische Verklärung des Primitiven und die tiefe Naturverbundenheit, die finnischen Designobjekten ihre über die reine Funktion erhabene Qualität verleihen, die nicht nur den Händen, sondern auch den Augen des Benutzers und Betrachters schmeicheln. Das Schaffen finnischer Designer zeichnet sich durch geradlinige funktionale Ehrlichkeit aus, durch eine Art unterschwelligen Naturalismus, durch sinnliche Reinheit und erkennbare stilistische Authentizität. Die Designer des Landes messen Mensch und Natur seit Langem höchste Bedeutung bei, und das ist der Grund, warum finnisches Design wahrhaft als das Fundament des skandinavischen Designs gelten kann.

Valdis Harrysdóttir, Wahrsagetopf aus Schweinsblase mit Gemüsedeckel und Knochen, 1996. Harrysdóttir bezieht sich auf ein traditionelles isländisches Freizeitvergnügen, bei dem die Zukunft daraus abgelesen wird, wie der Knochen fällt.

Gegenüber:
Gunnar Magnússon, Sessel und Tisch *Apollo* für Kristjan Siggeirsson, 1967

design in island

Der Inselstaat Island liegt im Nordatlantik zwischen Norwegen und Grönland und ist ein Land spektakulärer Gegensätze. Riesige Gletscher breiten sich zwischen zerklüfteten Bergrücken aus, während ausgedehnte Gebiete mit unterirdischer thermischer Aktivität und der Umstand, dass sie oberhalb der als Mittelatlantischer Rücken bekannten Auffaltung zwischen zwei Kontinentalplatten liegt, die Insel zu einer der aktivsten vulkanischen Regionen der Erde machen. Obwohl Islands Nordspitze fast den Polarkreis berührt, ist das Klima wärmer, als man vermuten könnte, allerdings auch sehr wechselhaft und nicht selten stürmisch. Seit der Besiedlung der Insel im 9. Jahrhundert durch Wikinger und Kelten haben die einzigartige Natur und Beschaffenheit dieses Lebensraums mit all seinen Widrigkeiten, die das Überleben hier erschweren, den Charakter und die Lebensart seiner Bewohner entscheidend geprägt.

Die Isländer sind bekannt für ihre Zähigkeit, ihren Unternehmergeist und ihr geradezu ehrfürchtiges Engagement für die Reinheit der isländischen Sprache, aus der sich andere skandinavische Sprachen entwickelten. Die Isländer sind in ethnischer Hinsicht ein bemerkenswert „homogenes" nordisches Volk.

Die Mehrheit der ersten Siedler, die hier vor über 1100 Jahren landeten, kam aus Norwegen, der Rest aus anderen nordischen Ländern, Irland und Schottland. Seit sich deren unterschiedliche genetische Linien bereits vor Jahrhunderten vermischten, hat es nur wenige weitere Einwanderer gegeben. Die frühe Vermischung nordischen und keltischen Blutes ist vielleicht mit ein Grund dafür, dass die Isländer unter den Skandinaviern die großartigste mittelalterliche Literatur hervorgebracht haben. Die meisten isländischen Sagas und Epen berichten von Heldentagen aus der Zeit nach der Besiedlung des Landes und gelten als literarische Höchstleistungen des europäischen Mittelalters.

Es wurde um 930 v. Chr. während eines der jährlichen Mittsommerfeste in Thingvellir von den Fürsten des Landes gegründet, die in dieser Versammlung ihre Meinungsverschiedenheiten auf friedliche Weise beilegen wollten. Die isländische Zivilisation und Kultur zeichnet sich seit Langem durch Gemeinschaftssinn und Zusammenarbeit aus, was angesichts der Lebensbedingungen auf der Insel und der Tatsache, dass sie lange Zeit unter Fremdherrschaft stand, auch notwendig war. Ab dem 13. Jahrhundert wurde

Helgi Hallgrimsson,
Schaukelstuhl für
FHI, 1968

das Land von außen regiert, erst von Norwegen und später von Dänemark, bis es 1944 endgültig unabhängig wurde. Außer in den 1920er und 1930er Jahren hat Island nur selten nennenswerte soziale Spannungen erlebt, während die überlieferte Politik des Miteinander für eine größtenteils konservativ geprägte Demokratie und eine Sozialgemeinschaft ohne Ausgeschlossene gesorgt hat. Aufgrund dieser Situation waren isländische Gestalter auch nie darauf aus, Luxusgegenstände für eine Elite zu schaffen, sondern haben sich darauf konzentriert, zweckmäßige Dinge zu entwerfen und zu entwickeln. Selbst die heute berühmten Islandpullover waren ursprünglich schlicht und ungemustert; erst seit 1953 werden sie für den Export mit komplizierten Strickmustern in verschiedenfarbiger Naturwolle produziert. Von jeher war die Fischerei Islands wirtschaftliches Standbein gewesen, doch macht diese heute nur noch 35 Prozent seiner Warenexporte aus. Da Island nur wenige Bodenschätze besitzt (Lavagesteine wie Basalt und Tuff sowie Treibholz und Wolle sind die einzigen nicht importierten Rohstoffe), ist es schon immer von der Einfuhr von Waren und Materialien abhängig gewesen, was natürlich ein bestimmender Faktor in der Entwicklung des isländischen Designs war und ist.

Jahrhundertelang sorgte die geografische Beschaffenheit der Insel dafür, dass Island ein dezentralisiertes Land ohne größere städtische Siedlungen blieb. Ende des 19. Jahrhunderts allerdings setzte dann auch hier der Gesellschaftswandel ein: Ehedem größtenteils autarke Bauern, verließen die Isländer nun das Land und wurden zu Stadtbewohnern. In dieser Zeit wuchsen Nationalbewusstsein und Nationalstolz, und der Gedanke, sie könnten die eigene kulturelle Identität mit den Mitteln der Architektur und der angewandten Kunst ausdrücken, sprach viele Isländer an. Im Jahr 1883 nahmen zum Beispiel eine Reihe von Kunsthandwerkern an einer Messe teil, die zum Ziel hatte, „(guten) Geschmack, Schönheit und Zweckdienlichkeit im industriellen Handwerk Islands" zu fördern. Wie damals auch in den anderen skandinavischen Ländern waren die Architekten und Designer Islands nationalromantisch motiviert, obwohl sie nicht ganz so sehnsuchtsvoll wie anderswo in Skandinavien in die Vergangenheit schauten, da sie sich selbst gerade erst aus dem „dunklen Zeitalter" der eigenen Geschichte befreit

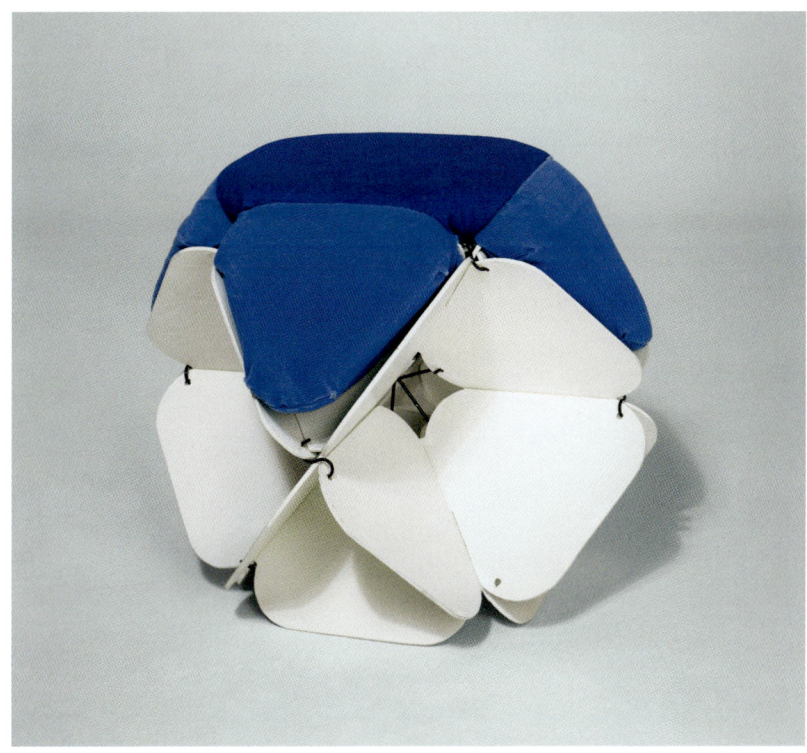

Einar Porsteinn Ásgeirsson, Stuhl *Bucky*, Eigenproduktion, 1980

hatten. Viele isländische Designer standen dem industriellen Fortschritt zwar aufgeschlossen gegenüber, aber der Wandel der gesellschaftlichen und ökonomischen Verhältnisse als Haupteinfluss auf die Entwicklung von Architektur, Produktionsmethoden und Erzeugnissen vollzog sich in Island zu einem viel späteren Zeitpunkt als in den übrigen skandinavischen Ländern.

Von 1900 bis etwa 1930 ließen isländische Designer wie **Gudjón Samúelsson** in traditioneller Handarbeit Möbel aus importierten Hölzern anfertigen, die stilistisch der Arts-&-Crafts-Bewegung oder dem Wikingerstil nachempfunden waren, oder aber schlichte, strenge Stücke im „national-klassizistischen" Stil. In den 1930ern litten die Isländer darunter, dass sie in anderen Ländern – speziell in Deutschland und Österreich, wo der übrige „hohe Norden" damals glorifiziert wurde – immer noch als primitiv und kulturlos galten. Es war aber gerade die Zeit zwischen den beiden Weltkriegen, in der sich eine echt isländische Identität in der Architektur und im Industriedesign herauszubilden begann, als Designer wie Jónas Sólmundsson (1905–1983) von ihrem Auslandsstudium zurückkehrten und in ihrer Heimat die Konzepte der Moderne bekannt machten. Da die aufkommende Moderne zeitlich mit dem letzten Kampf der Isländer um ihre Unabhängigkeit zusammenfiel – und das ist ein ganz entscheidender Punkt –, wurde sie nicht als intellektuelle Polemik aufgefasst und umgesetzt, sondern als ein kraftvolles nationales Symbol.

Da es in Island praktisch keine örtlich vorhandenen Baustoffe gab, wurde bereits kurz nach 1900 der mühelos schiffbare Zement als Alternative zu importierten Backsteinen, Holz und Wellblech verwendet. Bis in die 1930er Jahre bauten die Isländer „brutalistische" Gebäude aus Sichtbeton – kubisch, elementar und ungestrichen –, zum Beispiel das Einar Jónsson Museum (1916–1923), entworfen vom Bildhauer Einar Jónsson (1874–1954) in Zusammenarbeit mit dem Architekten Einar Erlendsson (1883–1968). Von etwa 1930 bis 1950 erlebte Island eine schwere Rezession und verfügte daher nicht über ausreichende Mittel für den Import von Fertigwaren. Um diesen Mangel auszugleichen, baute man kleine Fabriken zur Herstellung vieler verschiedener Güter, die aber immer noch den Import teurer Materialien wie Kiefernholz, Sperrholz und

Metallrohre erforderte. Die daraus gefertigten Möbel und Gegenstände zeichneten sich allgemein durch Robustheit und zweckmäßige Einfachheit aus, wirkten aber letzten Endes doch nur wie „verwässerte" Kreationen dänischer Designer.

Angesichts der sich verschlechternden internationalen Lage, die es den jungen Isländern immer schwerer machte, im Ausland zu studieren, wurde 1939 in Reykjavik die Isländische Schule für Angewandte Kunst gegründet. Der Aufbau dieser Institution, die den Fachbereichen Kunst und Kunsthandwerk den Vorrang vor dem Industriedesign einräumte, war ein Meilenstein in der Designgeschichte des Landes. Unter Ludvig Gudmundssons (1897–1966) vorausschauender Leitung formulierte und vermittelte dieses Lehrinstitut eine kohärentere, geschlossenere Form der Theorie und Praxis des Industriedesigns. Nach der Unabhängigkeit des Landes von Dänemark im Jahr 1944 entstand in Island allmählich eine deutlicher erkennbare nationale Identität des heimischen Designs, speziell auf dem Gebiet des Grafikdesigns. Während Island als Nation der Büchermacher berühmt war – angefangen mit dem Druck der Sagen und Mythen –, wurde traditionell größerer Wert auf die Qualität des geistigen Inhalts und der Worte als auf die Perfektion der Typografie gelegt, die oftmals recht primitiv war. Im 20. Jahrhundert führten isländische Grafikdesigner diese „Rustikalität" bewusst fort, indem sie simple Formen und kräftige Farben verwendeten. Aufgrund ihres Interesses an rudimentären Designlösungen, die „direkt aus dem Herzen" kommen, und infolge der begrenzten Anzahl und Mengen verfügbarer Materialien versuchen viele isländische Gestalter auch heute noch nicht, die auf Hochglanz polierte Raffinesse der Produkte anderer skandinavischer Länder zu erreichen.

In den 1950er und 1960er Jahren war die Einfuhr fertiger Möbel nach Island verboten, und es entstanden kleinere Fabriken zur Herstellung von Möbeln für den Inlandsbedarf. Aus diesen ging eine Reihe bemerkenswerter Stücke hervor, darunter Helgi Hallgrímssons gepolsterter Schaukelstuhl von 1968 und **Gunnar Magnússons** *Apollo*-Stuhl von 1967, dessen Form den Leitwerken der NASA-Mondrakete *Saturn V* nachempfunden war. 1980 entwarf Einar Porsteinn Ásgeirsson (1942–2015) seinen ungewöhnlichen *Bucky*-Stuhl, wie der Name schon

Katrin Ólína Pétursdóttir und Michael Young, Kleiderständer *Tree* für Swedese, 2003

Gegenüber: Unbekannter Designer, glasierte und bemalte Keramikschale mit Vogelmotiv für Glit Pottery, Ende der 1950er Jahre

andeutet, angeregt durch Richard Buckminster Fullers geodätische Kuppeln. Ebenso wie Magnússons früherer Entwurf offenbart auch dieses Modell die Neigung isländischer Designer, bereits vorhandene Formen aufzugreifen und in etwas Neues, oft überraschend Neues umzugestalten. Diese Besonderheit zeigt sich zum Beispiel darin, dass viele Importprodukte vor dem Verkauf erst den speziellen Bedingungen und Bedürfnissen des Landes angepasst werden. Das ist der Fall bei den bemerkenswert leistungsfähigen Traktoren und Fahrzeugen mit Vierradantrieb, die auch extrem schwieriges Gelände und Gletscherflächen überwinden. In den 1990er Jahren, als isländische Künstler – vor allem die Grafikdesigner des Landes – das schöpferische Potenzial zunehmend leistungsstarker Rechner als grafische Entwurfswerkzeuge auszuloten begannen, strömten isländische grafische Entwürfe, Soundtracks, Filme und Computerspiele geradezu lawinenartig auf den Markt.

Heute vertreten isländische Designer auch weiterhin die Tradition des Individualismus, die ihre Arbeiten von denen ihrer Kollegen in den anderen skandinavischen Ländern unterscheidet. In zunehmendem Maße finden sie ausländische Hersteller, die sich ihren exzentrisch-charakteristischen Produktlösungen gegenüber aufgeschlossen zeigen. Diese sind häufig erfrischend originell, was entweder die Form, die Funktion oder die Materialien angeht. Von Designkunstmöbeln und -beleuchtungskörpern bis hin zu innovativer Keramik mit unerwarteter poetischer Wendung – das zeitgenössische Design aus Island zeichnet sich durch eine Widersprüchlichkeit aus, die einerseits den Glauben an den modernen technischen Fortschritt widerspiegelt und andererseits eine quasi „prähistorische" Urverbundenheit mit der Natur. Dieser ambivalente Aspekt des isländischen Designs ist ein Abbild der einzigartigen geologisch-topografischen Kontraste in diesem kleinen, aber dynamischen Land aus Feuer und Eis.

Frida Hansen, Design für die Portiere *Røde Roser* (rote Rosen), 1899

Gegenüber: Torolf Prytz, emaillierte Stielschale *Schneeglöckchen* für Jacob Tostrup, c. 1900

design in norwegen

Im äußersten Nordwesten des europäischen Kontinents liegt Norwegen, ein dünn besiedeltes Land majestätischer Berge, dichter Wälder und atemberaubend schöner Fjordlandschaften. Bis in das 20. Jahrhundert hinein lebte die Landbevölkerung in nahezu völliger Abgeschiedenheit auf weit verstreuten Höfen in Bergtälern und an den tief im Landesinneren liegenden Ufern der Fjorde. Einzelne Familien, vom Rest des Landes durch schier unüberwindliche Naturbarrieren abgeschnitten, mussten ihren Lebensunterhalt ganz allein bestreiten und hatten nur selten Kontakt zur „Außenwelt". Die Landwirtschaft sicherte zwar ihre Existenz, konnte aber aufgrund der in diesen Breiten herrschenden strengen Winter nur eine Saisonarbeit sein. In den langen Wintermonaten blieb viel Zeit für andere Tätigkeiten in Haus und Hof, so dass sich hier eine rege Heimindustrie entwickelte. Vor allem wurden Möbel und Zierrat zur Verschönerung der Wohnhäuser, Waffen, Werkzeuge und landwirtschaftliche Geräte gefertigt, Garn gesponnen, Stoffe gewebt und zu Wäsche oder Trachten verarbeitet. Die Norweger ließen sich nicht nur von der Kunst der Wikinger und der Samen (Lappen) inspirieren, sondern auch von der Vielfalt der Natur in ihrer Heimat. Die daraus entwickelten Muster und Formen wurden von Generation zu Generation weitergereicht. So hat sich in Norwegen in Jahrhunderten eine unglaublich vielfältige und charakteristische Volkskunst entwickelt, die noch heute gepflegt wird und die Liebe zum Handwerk und zu den Werkstoffen bewahrt und vermittelt. Mehr als alles andere ist es diese lebendige Tradition des Handwerks und Kunsthandwerks, die das norwegische Industriedesign geprägt hat.

Die Norweger sind ein stolzes Volk. Ihr Nationalcharakter ist einerseits das Erbteil ihrer Wikingervorfahren, aber auch das Ergebnis von jahrhundertelangem Seefahrerleben, Zeiten der Not und der Fremdherrschaft. Im Volksmund heißt Norwegen auch „Annerledeslandet" (anderer Leute Land), denn es blickt auf lange Perioden zurück, in denen es von seinen reicheren und mächtigeren Nachbarn regiert wurde. Die 434 Jahre währende Union mit Dänemark (von den Norwegern als „400-jährige Nacht" bezeichnet) wurde zwar 1814 aufgelöst, aber nur um von fast einem Jahrhundert schwedischer Herrschaft abgelöst zu werden.

Thor Bjørklund,
Käsehobel für
Thor Bjørklund &
Sønner A/S,
1925 entworfen

Gegenüber:
Theodor Engebøe,
Fischservierbesteck
aus Silber für
Theodor Olsen
und für Kristian
Hestens,
c. 1920–1924

Erst 1905 erlangte Norwegen endgültig seine Unabhängigkeit. In dieser langen Periode der Fremdherrschaft wurde das norwegische Volks- und Brauchtum in Kunst und Kunsthandwerk vor allem auf dem Lande und in geringerem Maße auch in den Städten gepflegt und bewahrt. Tatsächlich schlug die Sehnsucht nach kultureller Autonomie unter der ständigen Bedrohung der „Dänifizierung" nur noch tiefere Wurzeln und stärkte die norwegischen Volkskunsttraditionen – von der Bauernrosenmalerei bis zu den verschlungenen, handgewebten Mustern.

Es überrascht daher nicht, dass die Nationalromantik um 1900, als sich der lange Unabhängigkeitskampf der Norweger seinem erfolgreichen Ende näherte, sowohl in der Architektur als auch in der angewandten Kunst einen ungeheuren Aufschwung erlebte. Der den Wikingern entlehnte „Drachenstil" reflektierte das zutiefst patriotische Bemühen, die Urquellen des Norwegertums anzuzapfen. **Gerhard Munthes** Möbel für den Märchenraum im Hotel von Holmenkollen etwa oder Frederik Holms Silberwaren für David-Andersen und die Keramiken für **Porsgrund** von Henrik Bull (1864–1953) dürfen nicht nur als historisierende dekorative Übungen gedeutet werden, sie sind auch als politische Statements zur Unterstützung des Unabhängigkeitskampfes zu werten. Objekte wie diese mögen zwar als Ausdruck der panskandinavischen Renaissance der dekorativen Künste in der Zeit des Fin de Siècle abgetan werden, tatsächlich haben sie aber erheblich dazu beigetragen, die „nationale Identität" des norwegischen Kunsthandwerks zu begründen.

Etwa zeitgleich mit der Unabhängigkeit Norwegens vollzog sich ein deutlicher Wechsel von der Nationalromantik zu einem „internationaleren" Design, das heißt zur intensiven Umsetzung von Art déco, Art nouveau bzw. Jugendstil. Kein anderes skandinavisches Land hat sich diese Stilrichtungen so umfassend zu eigen gemacht wie Norwegen. **Gustav Gaudernack** und Thorolf Holmboe (1866 bis 1935) haben die wahrscheinlich besten norwegischen Entwürfe in diesem Stil kreiert: exquisite „plique à jour"-Emaillearbeiten für **David-Andersen**, verziert mit einfühlsam stilisierten Motiven aus der heimischen Tier- und Pflanzenwelt. Objekte wie diese weisen eine extrem filigrane Linienführung auf und belegen die außergewöhnliche Kunstfertigkeit norwegischer Goldschmiede, deren emaillierte

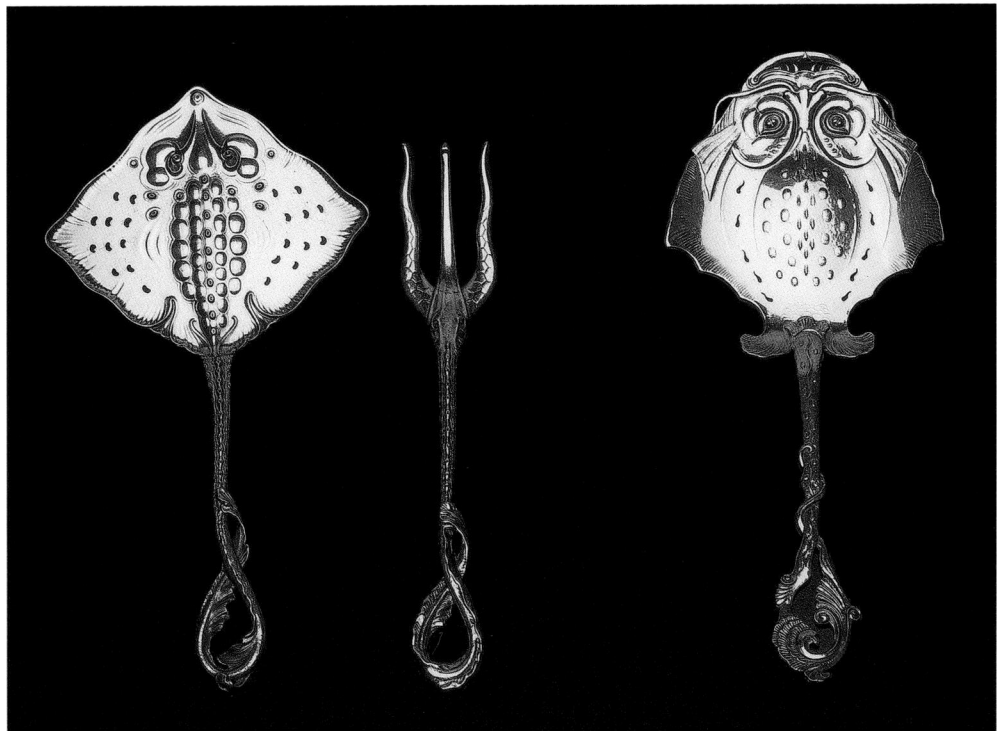

Stücke auch heute noch in Skandinavien ihresgleichen suchen. Während die Naturschönheiten des Landes vor dem Ersten Weltkrieg für viele norwegische Gestalter zur Hauptinspirationsquelle wurden, standen andere unter dem unmittelbaren Einfluss der traditionellen Handweberei, allen voran **Frida Hansen**, deren Gewebe mit ihren stilisierten bis abstrahierten floralen Mustern einerseits der Inbegriff des „typisch Norwegischen", anderseits aber auch dem Jugendstil verpflichtet waren.

Nach den Wirren und Umbrüchen des Ersten Weltkriegs wurde in Norwegen ein einflussreicher Künstler- und Kunsthandwerkerverband gegründet, der zunächst Foreningen Brukskunst hieß und später in Landsforbundet Norsk Brukskunst (LNB, Landesverband der Norwegischen Angewandten Kunst) umbenannt wurde. Diese Vereinigung hat maßgeblich zur Entwicklung eines „typisch norwegischen" Industriedesigns beigetragen, indem sie die Zusammenarbeit zwischen Kunsthandwerkern und Industriedesignern förderte und damit auch die wechselseitige Befruchtung zwischen den beiden Fachrichtungen. Nicht selten schufen LNB-Mitglieder als freie Künstler in ihren Ateliers hochwertige Unikate und gestalteten gleichzeitig Massenprodukte für die Industrie. Der Doppelberuf als Kunsthandwerker und Industriedesigner galt eben als die „zwei Seiten derselben Designmedaille". Alle LNB-Mitglieder verfolgten das Ziel, bessere Gebrauchsgegenstände zu schaffen, die Qualität der Wohnkultur zu steigern und dabei den Menschen das Gesamtkonzept ihrer „Gebrauchskunst" nahezubringen. Ferdinand Aars, eine Zeit lang Geschäftsführer des LNB, definierte sie als eine Mischung aus „Kunst und Handwerk, angewandter Kunst und Industriedesign. Sie umfasst sozial orientierte Denkprozesse, ein Gespür für die Bedürfnisse des Verbrauchers und die richtige Formgebung sowie eine erstklassige technische und künstlerische Umsetzung. Vor allem setzt sie voraus, dass Gebrauchsgegenstände entstehen, die in technischer Hinsicht leistungsfähig sind, aber auch die Schönheit nicht vernachlässigen, so dass sie leicht zu handhaben sind und man sie gerne um sich hat." Durch zahlreiche Ausstellungen der Arbeiten seiner Mitglieder (bis Anfang der 1970er Jahre) kultivierte der LNB das Verständnis und die Wertschätzung der Norweger für qualitätvolle Gestaltung und Verarbeitung aller Arten von Produkten.

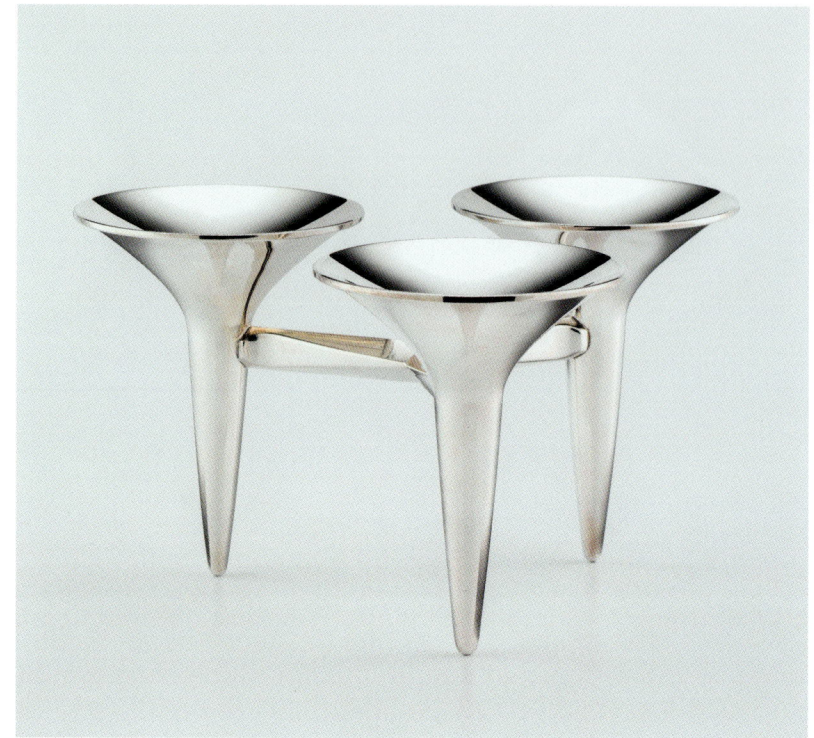

Hermann Bongard, Kandelaber aus Sterlingsilber für David-Andersen, ca. 1963

Gegenüber: Tias Eckhoff, Besteck *Una* für Norsk Stålpress, 1973

Nach dem Ersten Weltkrieg standen viele norwegische Designer weiterhin unter dem Einfluss von Art déco und Jugendstil; ihre Entwürfe zeichneten sich durch vereinfachte Formen und Verzierungen aus. Nora Gulbrandsen (1866–1935) zum Beispiel entwarf Keramiken mit streng geometrischer Linienführung für Porsgrund, während Thorbjørn Lie-Jørgensens Silberkrug (1934) für David-Andersen im typischen klassisch-modernen Stil gestaltet war. In den 1930ern flirteten die norwegischen Designer mit dem Funktionalismus, wie einige damals produzierte Stahlrohrmöbel belegen, etwa der *Folkestolen* (Volksstuhl, 1928/29) von Herman Munthe-Kaas (1890–1977) und der *Stålrørstolen* (Stahlrohrstuhl, 1932), den Bernt Heiberg für die Universität Oslo schuf.

Wie in den anderen skandinavischen Ländern setzte sich auch in Norwegen Anfang der 1940er Jahre eine „abgemilderte" internationale Moderne durch. Alf Sture (1915–2000) schuf einen Holzstuhl mit Rohrgeflecht (1943), der von Hiorth & Østlyngen produziert wurde und nicht nur einen „menschlicheren" Gestaltungsansatz belegte, sondern mit seiner körpergerechten Rückenlehne auch die raffiniert ergonomisch geformten Sitzmöbel späterer norwegischer Designer vorwegnahm. Nach Abzug der Deutschen, die Norwegen während des Zweiten Weltkriegs besetzt hatten, brauchten die Menschen eine Weile, um ihr Selbstvertrauen wiederzugewinnen und ihr Land politisch, wirtschaftlich und sozial zu erneuern. Im Wissen darum, wie nötig die Stärkung des nationalen Selbstbewusstseins war, veröffentlichte das Wohnmagazin „Bonytt" 1945 einen Artikel von Håkon Stenstadvold mit dem Titel „Unser Nationalcharakter", in dem es hieß, norwegische Designer sollten zwar offen sein für neue internationale Designtrends, dabei aber das Hauptziel verfolgen, die eigene kulturelle Identität in ihren Entwürfen hervorzuheben. Das Bemühen um die typisch norwegischen Eigenschaften ihrer Gebrauchsgegenstände stieß auf ein breites Echo unter den Designern des Landes, führte aber auch zu einer eher introvertierten Herangehensweise an ihre Gestaltungsarbeit. In Verbindung mit der kleinen Bevölkerungszahl und den begrenzten Industriekapazitäten Norwegens sowie den daraus resultierenden relativ hohen Produktionskosten erklärt dies zumindest teilweise, warum norwegische Designerzeugnisse sich in den Nach-

kriegsjahren nicht in dem Maße durchsetzten wie die dänischen, schwedischen oder finnischen.

In den 1950er Jahren indessen waren norwegische Designer international erfolgreicher denn je zuvor. Das zeigt sich an der Tatsache, dass Grete Prytz, Tias Eckhoff (1926–2016), Hermann Bongard (1921–1998) und Arne Jon Jutrem (1929–2005) Lunning-Preise für ihre Arbeiten erhielten und Willy Johanssons Glaswaren für Hadeland auf Mailänder Triennalen mit Silber- und Goldmedaillen ausgezeichnet wurden. Trotz derartiger individueller Spitzenleistungen fehlte es den norwegischen Produkten im Allgemeinen an der stilistischen Lebhaftigkeit und Kraft, die die Gebrauchsgüter aus Dänemark, Schweden und Finnland ausstrahlten. Im „goldenen Zeitalter" des schwedischen Designs – von den 1950ern bis in die frühen 1970er Jahre –, als diese drei Nachbarländer sich mit ihren jeweils „typisch nationalen" Designobjekten profilierten, waren die Designer in Norwegen noch damit beschäftigt, die eigenständige nationale Identität ihrer Kreationen zu entwickeln. Da es in ihrem Land keine Kernbetätigungsfelder für Produktdesigner gab, die mit der dänischen Möbelindustrie, der finnischen Glasproduktion oder den schwedischen Konsumgütern vergleichbar gewesen wären, waren die Norweger vielfach orientierungslos und hatten erhebliche Schwierigkeiten, sich mit ihren Produkten zu behaupten. Bereits in den 1970ern hatte das Gros der norwegischen Industriedesigner die „Brukskunst" praktisch aufgegeben, und die Spezialisierung, sprich Aufspaltung dieser Kunst in künstlerische Gestaltung und Industriedesign, nahm ihren Lauf, auch an den Ausbildungsstätten. Das Fehlen einer fachübergreifenden Synergie in der Ausbildung von Kunsthandwerkern und Industriedesignern ließ die Experimentierfreude versiegen. Der damit einhergehende Verlust an Kreativität im norwegischen Industriedesign wurde in den frühen 1970er Jahren durch die Entwicklung der petrochemischen Industrie des Landes noch verstärkt. Mit der Ausbeutung von Norwegens enormen Erdöl- und Erdgasvorkommen hatte es das Land einfach nicht mehr nötig, sich im Hinblick auf die Gestaltung und Produktion von Industriegütern besonders anzustrengen, um den eigenen Wohlstand zu sichern.

Innerhalb weniger Jahrzehnte entwickelte sich das Land von einem der ärmsten in Europa zu einem der reichsten (Norwegen ist derzeit weltweit

Willy Johansson,
Glasvase für
Hadeland, 1958

achtgrößter Erdölexporteur). Der Gedanke, dass gutes Design als Speerspitze einer exportorientierten Produktion dienen könnte, wurde von allen Industriezweigen – außer dem Schiffsbau – völlig vernachlässigt. Natürlich gab es einige weitere löbliche Ausnahmen wie **Peter Opsviks** ergonomische Sitzmöbel für Stokke, zum Beispiel seinen höchst erfolgreichen ausklappbaren hohen Stuhl *Tripp Trapp* (1972) und seinen neuartigen, einflussreichen Kniesitz *Balans Variable* (1979). Opsviks Möbel zeichnen sich durch äußerst originelle und zugleich funktionale Formen aus und reflektierten den allgemeinen Trend im skandinavischen Design zu sozial motivierten Produktlösungen für reale Bedürfnisse.

Mit ihrer Verbindung von Kunsthandwerk und sozialen Idealen zeichnen sich die Kreationen norwegischer Gestalter traditionell durch konstruktive Perfektion, funktionale Klarheit, Benutzerfreundlichkeit und meisterhafte Verarbeitung der Materialien aus. Dennoch ist es den norwegischen Designern aus den genannten Gründen nicht wirklich gelungen, aus dem Schatten ihrer erfolgreicheren Nachbarn zu treten. Ab Mitte der 2000er Jahre setzte sich allerdings zunehmend die Erkenntnis durch, dass die norwegischen Erdölvorkommen in den kommenden Jahren drastisch abnehmen würden, so dass das Land andere Industriezweige entwickeln und ausbauen muss, um auf Dauer wirtschaftlich erfolgreich zu bleiben. Deshalb unternahm der vom Wirtschaftsministerium finanzierte Norsk Designråd (Norwegischer Designrat) in den letzten zwanzig Jahren auch große Anstrengungen, um norwegisches Design im Ausland bekannt zu machen. In diesem Zeitraum war dank der konzertierten Anstrengungen ein gewisser Erfolg zu verzeichnen, beispielsweise indem Norway Says dabei hilft, ein neues experimentelles Selbstvertrauen mit zeitgenössischem norwegischem Design zu fördern. Gleichwohl könnte es scheinen, dass norwegische Designer heute weniger Wert auf die nationale Identität ihrer Produkte legen als auf die Wiederbelebung des Konzepts der „Brukskunst" durch Gegenstände und Geräte, welche eine meisterhafte handwerkliche oder auch maschinelle Verarbeitung mit formaler Schlichtheit, technischer und funktionaler Zweckmäßigkeit und ästhetischer Nachhaltigkeit verbinden. Vor dem Hintergrund des allgemein wachsenden Umweltbewusstseins

Norway Says, *Twin* Beistelltisch für L.K. Hjelle, 2005

sind die norwegischen Designer stillschweigend übereingekommen, dass die Versöhnung der Kunst mit der Technik und die Konzentration auf die Entwicklung nachhaltiger Lösungen es ermöglichen, innovative, reale Bedürfnisse erfüllende Produkte zu schaffen, die auch ein breiteres internationales Publikum ansprechen.

Vicke Lindstrand,
Vase *Cirkus*
(Zirkus) für
Orrefors, 1930

Gegenüber:
Edvin Öhrström,
Vase *Muschel*,
Ariel-Technik, für
Orrefors, 1937

design in schweden

Schweden bildet nicht nur die geografische Mitte Skandinaviens mit der größten Fläche auf der skandinavischen Halbinsel, sondern es ist auch das größte der fünf Länder des europäischen Nordens. Seine vielfältige Landschaft umfasst Berge, Seen, Wälder, Wasserfälle, fruchtbares Ackerland und Tausende von kleinen Inseln und Schären entlang der zerklüfteten Felsküsten. Zwar erlebte das Land vor 1809 zahlreiche Gebietsveränderungen, aber dennoch kann Schweden auf eine 1000-jährige Geschichte als unabhängiger Staat zurückblicken. Seit dem Zweiten Weltkrieg folgt Schweden der politischen Leitlinie der Bündnisfreiheit im Frieden und Neutralität im Krieg und gilt inzwischen als führend in Sachen liberaler Demokratie. Wie seine skandinavischen Nachbarn entwickelte sich auch Schweden von einem Land mit ursprünglich rein bäuerlicher Kultur und großer Armut zu einem hoch industrialisierten Land mit fortschrittlichem Sozialwesen.

Die Schweden schätzen Toleranz, Ehrlichkeit und Gemeinsinn; fast jeder Bereich des Alltagslebens ist von liberalen Haltungen geprägt, die von einem starken sozialen Pflichtgefühl im Gleichgewicht gehalten werden. Das Abwägen zwischen individueller Freiheit und Verantwortung für die Gemeinschaft hat eine sehr stabile, alle Menschen einbeziehende Gesellschaft hervorgebracht. Schweden ist trotz der verstärkten Zuwanderung immer noch ein Land mit einer bemerkenswert religiösen Homogenität und der Einfluss der evangelisch-lutherischen Staatsreligion, die großen Wert auf persönliche Moral und den Gedanken eines „lebendigen Glaubens" legt, manifestiert sich auch in der Klarheit, Funktionalität und Betonung sozialer Aspekte der schwedischen Designkultur. Von Volvos bahnbrechenden Sicherheitsgurten bis hin zu **IKEAs** preisgünstigen Einrichtungen für breite Bevölkerungsschichten basiert die schwedische Designkultur auf der Überzeugung, dass die Industrie dazu verpflichtet ist, ethisch einwandfreie Lösungen zu schaffen und mit ihren Produkten echte soziale Bedürfnisse zu erfüllen.

Die Ursprünge des „typisch schwedischen" Designcharakters gehen auf das 18. Jahrhundert zurück, als König Gustav III. (Regierungszeit 1771–1792) einen Dekorationsstil förderte, der sich aus dem besonders in Frankreich verbreiteten Klassizismus ableitete. Schwedische Interieurs

Louise Adelborg,
Teller aus dem
Service *Swedish Grace* für
Rörstrand, 1930

aus der Zeit Gustavs III. betonen Leichtigkeit, Bequemlichkeit, Schlichtheit und Geräumigkeit und zeichnen sich durch Pastellfarben, hell gestrichene Kiefernholzmöbel und Holzböden aus. In den 1830er und 1840er Jahren gerieten schwedische Gestalter dann unter den Einfluss des deutschen Biedermeier und stellten sparsam verzierte Möbel her, vor allem aus Birke und Ahorn. Das zurückhaltende Design dieser im Wesentlichen klassizistischen Stücke war nicht nur das Ergebnis fehlender Mittel für den Import hochwertiger Materialien, sondern auch des Festhaltens der Schweden an den Werten Bescheidenheit und Einfachheit.

Mitte des 19. Jahrhunderts wurde der schwedische Klassizismus vom Historismus verdrängt, einer überladenen ornamentalen Mischung aus Gotik, Barock und Rokoko. Als Reaktion auf diesen Eklektizismus entstand 1845 der älteste Designerverband der Welt, die Svenska Slöjdföreningen (Schwedische Kunstgewerbeverband), die sich zum Ziel setzte, „durch Zusammenarbeit mit künstlerischen Kräften für Verbesserungen in der Produktion schwedischer kunsthandwerklicher und industrieller Erzeugnisse zu sorgen, die Haushaltskultur zu heben und die allgemeine Geschmacksbildung zu fördern". Die frühesten Bemühungen der Svenska Slöjdföreningen um eine Gestaltungsreform gingen von der Überzeugung aus, dass das Entwerfen von Gebrauchsgegenständen als Katalysator für Sozialreformen dienen müsse. Ende des 19. Jahrhunderts war die angewandte Kunst in Schweden stark geprägt von der britischen Arts-and-Crafts-Bewegung, deren Designansatz dazu geeignet schien, eine deutlich national-kulturelle Identität zu schmieden. Mit diesem Ziel möblierten und dekorierten **Carl und Karin Larsson** ihr kleines Haus in Sundborn in einem unprätentiösen, heimeligen Stil, der einerseits von der lokalen bäuerlichen Kultur und andererseits von der klassischen Landhausidylle inspiriert war. Das ländliche Leben, das Carl Larsson fortan in seinen vielfach publizierten Aquarellen idealisierte, lässt sich als Reaktion auf das unausweichliche Eindringen der Industrialisierung in alle Lebensbereiche deuten und ebenso als Wunsch, die alten handwerklichen und kunsthandwerklichen Traditionen zu bewahren. Das Haus der Larssons in der Region Dalarna,

Josef Frank, Stoff *Celotocaulis* für Svenskt Tenn, ca. 1930

dem mythischen Kernland Schwedens, zelebrierte nicht nur das „Schwedentum", sondern förderte auch eine starke nationale Identität der Designkultur in Schweden, die bis ins Ausland ausstrahlte. In ähnlicher Weise war der schwedische Jugendstil von dem Wunsch beseelt, eine deutlich nationale Ästhetik zu etablieren. Verschiedene Designer, zum Beispiel **Gunnar Wennerberg**, waren diesem Fin-de-Siècle-Stil verpflichtet und arbeiteten naturalistische Darstellungen der Flora und Fauna ihres Landes in ihre Stücke ein.

Um 1900 propagierte die schwedische Schriftstellerin und Feministin Ellen Key (1849–1926) eine radikale liberale Ethik durch Ästhetik, die sie in ihrem Pamphlet „Skönhet åt alla" (Schönheit für alle, 1899) darlegte. Angeregt von Carl Larssons Abbildungen des einfachen, aber von Schönheit umgebenen Lebens in Sundborn, forderte Key eine allgemeine Geschmacksverfeinerung sowie die Erziehung der Menschen zur Wertschätzung alles Schönen und meinte, dadurch könne die Qualität der Formgebung dermaßen angehoben werden, dass dies zu einem Programm weitreichender sozialer Reformen beitragen würde. Keys Vorschläge waren in Schweden in den ersten Jahren des 20. Jahrhunderts so populär, dass die auf der Baltischen Ausstellung in Malmö 1914 gezeigten Jugendstilobjekte aus Schweden rundheraus wegen moralischer Verderbtheit und Mangel an sozialen Zielen kritisiert wurden. Im darauffolgenden Jahr gründete die Svenska Slöjdföreningen eine Agentur zur Vermittlung von Kontakten zwischen Künstlern und Fabrikanten, um die Qualität von Industrieprodukten zu verbessern. Die Ergebnisse dieser Mittlertätigkeit wurden auf der Wohnausstellung von 1917 in der Liljevalchs Kunstgalerie in Stockholm vorgeführt. Tatsächlich manifestierte sich Keys Gedanke der Lösung sozialer Probleme durch die Schaffung und Verbreitung schöner Alltagsgegenstände in vielen der schlichten, erschwinglichen Massenwaren, die in den freundlich wirkenden, lichtdurchfluteten Räumen der Galerie ausgestellt waren. **Wilhelm Kåges** *Arbetarservisen* (Arbeitergeschirr, 1917) für **Gustavsberg** wurde hier zum ersten Mal gezeigt und stand beispielhaft für die unter schwedischen Designern wirksame neue „Ethik durch Ästhetik". Das blaue Muster *Liljeblå* (Blaue Lilie) auf diesem

Erik Gunnar Asplund, Restaurant *Paradiset* auf der Stockholmer Ausstellung von 1930. Dieses bahnbrechende Ereignis wird manchmal auch als „Funkis-Ausstellung" bezeichnet, da es die Blütezeit des Funktionalismus im schwedischen Design markierte.

Hartglasgeschirr spielte auf schwedische Volkskunstmotive an, während die verschiedenen Teile formal den gerundeten Rokokoformen der Mitte des 18. Jahrhunderts nachempfunden waren. Trotz dieser volkstümlichen und historisierenden Bezüge war das preiswerte, industriell produzierte *Arbeitergeschirr* zutiefst modern und muss als die dreidimensionale Umsetzung der von der Svenska Slöjdföreningen vertretenen Philosophie gelten, dass alles Zweckmäßige auch zwangsläufig schön ist. Zu jener Zeit fanden aber die meisten Erzeugnisse, die durch die Förderung der angewandten Kunst seitens der Vereinigung zustande kamen, nur wenig Anklang, besonders in der Arbeiterklasse, für die sie doch vor allem gedacht waren. Häufig waren diese „ehrlichen" Gebrauchsgegenstände immer noch zu teuer, aber selbst wenn sie erschwinglich gewesen wären, bleibt zweifelhaft, ob Arbeiter sie wirklich gekauft hätten, denn im Großen und Ganzen wurden damals „einfache" Haushaltswaren noch mit niedrigem Sozialstatus gleichgesetzt. Die Wohnausstellung war dennoch ein wichtiges Ereignis, das eine lebhafte Debatte über die miserablen Wohnverhältnisse in den schnell wachsenden schwedischen Städten auslöste und die öffentliche Aufmerksamkeit auf den dringenden Bedarf an preiswerten, ansprechend und zweckmäßig gestalteten Möbeln und Haushaltsgegenständen richtete.

Die Einfachheit oder Schlichtheit als Schönheitsprinzip gewann in Schweden nach dem Ersten Weltkrieg an Boden, als die neue Weltordnung auch neue Konzepte für eine sozial fortschrittliche Gesellschaft hervorbrachte, die man sich als Folge des technischen Fortschritts erhoffte. 1919 publizierte der Direktor der Vereinigung, Gregor Paulsson (1889–1977), die Broschüre „Vackrare Vardagsvara" (Schönere Gegenstände des täglichen Gebrauchs), im Wesentlichen ein an die Hersteller und weniger an die Verbraucher adressiertes Manifest. In dieser zukunftweisenden Publikation beschrieb Paulsson eine große neue Käufergruppe, die von vielen Fabrikanten noch immer vernachlässigt wurde, und zwar die einkommensschwachen Verbraucher. Er stellte fest, dass die Menschen dieser Gesellschaftsschicht preiswerte, praktische und trotzdem attraktive Industriegüter benötigten und dass die Hersteller davon profitieren würden, wenn sie die Gestaltung ihrer Produkte bei deren Vermarktung als Wettbewerbsvorteil nutzten. Diese Botschaft stieß damals jedoch größtenteils auf taube Ohren, und die meisten Unternehmen konzentrierten ihre Bemühungen auch weiterhin auf kunstvolle Luxusgüter, um die zahlenmäßig kleine, aber wohlhabende Kundschaft zu halten, die sie bereits erobert hatten. In den 1920er Jahren studierten zahlreiche schwedische Designer in Paris oder Berlin und waren daher stark geprägt von der

Axel Einar Hjørth, Tisch *Sandhamm* aus Kiefer für Nordiska Kompaniet, 1932

dortigen Avantgarde. Andere Gestalter, die in Schweden geblieben waren, fanden Anregungen in der rasch fortschreitenden Industrialisierung ihrer Heimat, die kurz zuvor noch überwiegend ein Agrarland gewesen war. Die bahnbrechende „Exposition Internationale des Arts Décoratifs et Industriels Modernes" von 1925 in Paris stellte einen Wendepunkt dar. Die im schwedischen Pavillon ausgestellten Einrichtungsgegenstände verkörperten viele widersprüchliche Stilrichtungen: primitiv oder modern, städtisch oder ländlich, national oder international. Dennoch besaßen sie alle ein ganz bestimmtes Fluidum, das man nur als schlichte Eleganz bezeichnen konnte. Der britische Designkritiker Morton Shand prägte den Begriff „schwedische Grazie" für die im Wesentlichen im Art déco bzw. Jugendstil gestalteten Objekte mit ihren reduzierten klassizistischen Formen und ihrer auffälligen abstrakten Ornamentik. Man könnte sagen, dass die auf der „Exposition" von 1925 gezeigten schwedischen Produkte zwar im Trend modern, aber noch nicht wirklich modern waren, aber schon nach fünf kurzen Jahren hatte sich das Design aus Schweden so radikal verändert, dass es kaum wiederzuerkennen war. Die industrielle Ästhetik der schwedischen Variante der Neuen Sachlichkeit in der angewandten Kunst hatte alles Vorherige hinweggefegt: Luxus wurde durch Zweckdienlichkeit ersetzt und der Historismus von der klassischen Moderne überholt.

1920 vollzog sich in Schweden eine radikale Neuinterpretation des Sozialismus. Er galt nicht länger als ein Mittel zur Beendigung von Ausbeutung, sondern als ein Weg zum größeren Wohlstand für alle Bürger. Die Sozialdemokraten sahen die moderne Produktgestaltung nicht länger als Übung in avantgardistischer Ästhetik, sondern als ein Werkzeug der gesellschaftlichen Veränderung. Schon in den 1920ern rollten vielerorts vorgefertigte Haus- und Zimmerwände für standardisierte Einfamilienhäuser vom Fließband und wurden von der Fabrik direkt zur Baustelle geliefert. Industrielle wie Arbeiter machten sich die Moderne und den technischen Fortschritt zu eigen, um möglichst gleiche Chancen für alle zu schaffen und den nationalen Wohlstand zu mehren. Für die Sozialdemokraten war die Industrialisierung das Mittel der Wahl zur Überbrückung der ideologischen Kluft zwischen Kapitalismus und Kollektivismus und zur Verwirklichung ihrer Vision vom „Folkhemmet" (Volkswohnung). Die Sozialplanung wurde zur zentralen Zielsetzung der offiziellen Designdoktrin in Schweden, und daraus folgte, dass der schwedische Funktionalismus (Funkis) eine eher sterile „Behördenästhetik" darstellte, die der Hygiene den Vorzug vor einem gemütlichen Wohnkomfort gab.

Die Sorge um peinliche Sauberkeit erklärt sich aus den Choleraepidemien, die sich Ende des 19. Jahrhunderts in vielen Städten des Landes als

Estrid Ericson, Stoff *Elefanter* für Svenskt Tenn, 1930er Jahre. Estrid Ericson war die Gründerin von Svenskt Tenn. Sie führte dieses Design ein, das auf einem afrikanischen Stoff basiert.

Gegenüber: Bruno Mathsson, Früher Bugholzsessel aus Buche und Papiergeflecht für die Firma Karl Mathsson, 1942

Folge schlechter sanitärer Verhältnisse und des Zusammenlebens vieler Menschen auf engstem Raum ausbreiteten. Der Erste Weltkrieg verschlimmerte die Lage noch, weil wichtige Baumaßnahmen gestoppt werden mussten und Wohnraum dadurch noch knapper wurde. In den 1920er und 1930er Jahren machte die hohe Zahl von Tuberkulosekranken in Schweden den Bau einer ausreichenden Anzahl adäquater Sozialwohnungen zur absoluten Priorität. Hygienische Wohnverhältnisse wurden als Schlüssel zur Gesundheit erkannt. Die klare Maschinenästhetik des Funktionalismus war demnach der vielversprechende Anfang eines besseren Lebens – vor allem einer besseren Volksgesundheit.

1930 markierte die von der Svenska Slöjdföreningen veranstaltete und vom Erzreformer Gregor Paulsson geleitete „Stockholmsutställningen" (Stockholm-Ausstellung) einen Wendepunkt im schwedischen Design. Als zweiter Direktor zeichnete **Erik Gunnar Asplund** verantwortlich für die moderne Ausstellungsarchitektur – die Umsetzung des funktionalistischen Credos von der schönen, weil zweckgebundenen Gestaltung. Die Stockholm-Ausstellung glorifizierte die urbane Fortschrittlichkeit gegenüber dem ländlichen Verharren in alten Traditionen und projizierte sozialutopische Visionen – von Musterwohnungen für Familien mit niedrigem Einkommen bis hin zu modernen,

lichtdurchfluteten Interieurs für öffentliche Bauten wie Schulen, Krankenhäuser und Hotels. Für die Vertreter der Funkis-Bewegung in der angewandten Kunst war die Industrialisierung sowohl ein soziales als auch ein ästhetisches Ideal. Sie bestanden darauf, dass Gebäude (sogar Eigenheime) wie Maschinen standardisiert werden und Möbel als „Wohnausrüstung" fungieren müssten. Die Funktionalisten priesen die Industrieprodukte – von Flugzeugen bis hin zu Nähmaschinen – als spannende Indikatoren künftiger Möglichkeiten und behaupteten, das neue Maschinenzeitalter fordere eine neue, dieser Zeit entsprechende Architektur.

Nicht alle schwedischen Architekten und Designer ließen sich jedoch von den utopischen Versprechungen des Funktionalismus einfangen. **Josef Frank** zum Beispiel bemerkte: „Die Wohnung darf nicht nur eine effiziente Maschine sein. Sie sollte Bequemlichkeit bieten, Ruhe und Gemütlichkeit (schmeichelnd für das Auge, stimulierend für die Seele). In einer guten Innendekoration gibt es keine puritanischen Prinzipien." Sicher, es gab viele Kritiker quer durch das gesamte politische Spektrum, welche die von den Funktionalisten propagierte Maschinenästhetik wegen ihres fehlenden „schwedischen Charakters" kritisierten. Während die Funktionalisten diese Missbilligung mit dem Argument konterten, Schlichtheit sei eine zutiefst schwedische Eigenschaft, äußerten andere

Beobachter ihre Sorge über die menschliche und ökologische Leere einer ungezügelten Industrie, die nur eine ununterbrochene Flut überflüssiger Neuheiten produziere. Die Gegner der Funkis-Bewegung erkannten allerdings, dass soziale Bedürfnisse sehr wohl durch Anwendung moderner Gestaltungsprinzipien zu erfüllen sind, und suchten nach einem Kompromiss, der das Organische (Naturmaterialien) mit dem Rationalen (Industrieproduktion) verbinden würde. Dieser „dritte Weg" eines bedarfsgerechten Designs schlug sich beispielhaft in **Bruno Mathssons** elegantem, minimalistischem Armstuhl *Eva* (1934) nieder, dessen geschwungene durchgehende Sitzfläche und Rückenlehne aus geflochtenen Hanfgurten über einem Holzlaminatrahmen sich den Körperkonturen perfekt anpasste, so dass der Stuhl auch ohne Polsterung äußerst bequem war.

Nach dem Zweiten Weltkrieg wurde der Gedanke der Volkswohnung in einen allumfassenden Wohlfahrtsstaat mit staatlich kontrollierter Wohnungsbaupolitik übersetzt, welche die Strukturen der schwedischen Gesellschaft entscheidend geprägt hat. Die Moderne war nun zum kraftvollen Nachkriegssymbol des Traums vom eigenen Heim geworden, während die Vorstellung vom „Wohn- und Produktdesign als Lebensstil" in der schwedischen Designszene zunehmend an Bedeutung und Wert gewann. In der Nachkriegszeit entwickelten

schwedische Designer eine weniger strenge Form der Moderne, zwanglos wohnliche Einrichtungen mit Möbeln aus hellen Hölzern, mit gemusterten Vorhängen und Webteppichen. Der wachsende Wohlstand im Land gab weitere Anreize für eine weniger strenge Form des Funktionalismus, und selbst Gregor Paulsson, der „große Prophet" der Standardisierung, musste zugeben, dass „die Wahl der Waren die Wahl eines Lebensstils bedeutet". Die bahnbrechende Gewerbeausstellung H55 von 1955 in Helsingborg offenbarte die kategorische Abkehr der Gestalter vom dogmatischen Funktionalismus und eine neue Art von Moderne mit expressiven, sinnlich wirkenden Formen, warmen Erdfarben und Naturmaterialien. Obwohl diese industriell produzierten, aber wie handwerklich hergestellt wirkenden Stücke als Rückkehr zur Vergangenheit erscheinen mochten, waren sie unterschwellig doch immer noch geprägt vom Rationalismus der schwedischen Nachkriegszeit, und die Verwendung natürlicher Werkstoffe beruhte nicht nur auf designideologischen Überlegungen, sondern ebenso auf der Tatsache, dass diese im Land ausreichend verfügbar waren.

In den 1940er und 1950er Jahren entwickelten schwedische Ingenieure, die zugleich Designer waren, als Erste eine Reihe neuartiger Produkte, die den seit Langem von der Svenska Slöjdföreningen geforderten sichtbaren Ausdruck des

Gunnar Nylund,
Kühlschrankbehälter
Frigi für Rörstrand,
1941

Maschinenzeitalters durch eine gezielt auf die industrielle Fertigung angelegte Gestaltung verwirklichten. Zu den vielen Industriedesignern, die mit modernsten Verfahren und neu entwickelten Materialien arbeiteten, zählten Sixten Sason (1912–1967), Sigurd Persson (1914–2003), Alvar Lenning (1897–1980), Ralph Lysell (1907–1987), Carl-Arne Breger (1932–2009) und Sigvard Bernadotte (1907–2002). Sie entwarfen Werkzeuge, Büromaschinen, Haushaltsgeräte und Fahrzeuge für Firmen wie Ericsson, Electrolux, Gustavsberg, Hasselblad, Husqvarna, Saab und Volvo. Wie ihre amerikanischen Kollegen waren auch die schwedischen Designer zwar offenbar der aerodynamischen Stromlinienform verpflichtet, aber nicht aus stilistischen Erwägungen, sondern um ihre Produkte leistungsfähiger zu machen. Der führende Beweis hierfür ist der *Saab 92* von Sixten Sason (1942), der mit seiner windschlüpfrigen Karosserieschale neue Maßstäbe im Fahrzeugdesign setzte. Hugo Blomberg und Ralph Lysell schufen 1956 ein ähnlich bahnbrechendes Stück, das Telefon *Ericofon* für Ericsson mit Mikrofon, Hörer und Wählscheibe in einem einzigen, raffiniert plastisch geformten Gehäuse. Die Gesellschaft schwedischer Industriedesigner (SID) wurde 1957 gegründet; mit ihrer Tätigkeit förderte und festigte sie das Ansehen des heimischen Designs sowohl in Schweden selbst als auch im Ausland. Indem sie den Schwerpunkt auf ästhetische Aspekte und den Statuswert von Industrieprodukten legten, schufen schwedische Designer auch eine Reihe revolutionärer, aber sehr attraktiver Konsumgüter aus neu entwickelten Kunststoffen. Herausragende Beispiele hierfür sind Carl-Arne Bregers Haushaltsartikel für Gustavsberg. In dieser Zeit gelang es schwedischen Gestaltern zum ersten Mal, eine echt nationale Identität des Industriedesigns zu entwickeln und zugleich den internationalen guten Ruf der schwedischen Industrieprodukte zu begründen.

Der Babyboom der späten 1950er Jahre führte zunehmend zur Entwicklung und Produktion von Artikeln „rund ums Kind", während man sich in den zwei darauffolgenden Jahrzehnten stärker auf Ergonomie und Produktsicherheit konzentrierte. Die schwedische Ausgabe von Victor Papaneks (1923–1998) zukunftsweisendem Buch „Design for a Real World" erschien 1970, die englische Ausgabe 1971. Papanek forderte darin ein hohes Maß an ethischer und sozialer Verantwortlichkeit unter den Mitgliedern des Berufsstands und sprach zahlreiche Fragen an: von der Autosicherheit über die Umweltverschmutzung bis zum behindertengerechten Design und zu speziellen Produkten für die Dritte Welt. Zweifellos inspiriert von Papaneks Plädoyer für eine sozial verantwortliche Produktgestaltung, spezialisierten sich zwei Stockholmer Designbüros – A&E Design

Carl Malmsten, Stühle aus Kiefernholz für Karl Andersson & Söner, 1940er/1950er Jahre

(1968 gegründet) und Ergonomi Design Gruppen (1979 gegründet) – auf die Entwicklung innovativer Hilfsmittel und Produkte, um Behinderten das Leben zu erleichtern.

Auch das Schaffen von **Johan Huldt** und **Jan Dranger** war Ausdruck der in schwedischen Designkreisen verbreiteten Bemühungen um eine weniger kommerziell orientierte Gestaltungskunst. Nach der Gründung ihres eigenen Produktionsbetriebs, Innovator Design, im Jahr 1969 vermarkteten Huldt und Dranger ihre Möbel ohne Markennamen, um jeden „Designkult" zu vermeiden, und bauten aus Stahlrohren, Lochblechen und Segeltuch eine Reihe preiswerter, farbenfroher und äußerst praktischer Möbelstücke. Die Innovator-Produkte waren von Ende der 1970er bis Anfang der 1980er regelrechte Verkaufsschlager, es gab sie sogar bei **IKEA**. Huldts und Drangers Möbel stellten einerseits Weiterentwicklungen der schwedischen funktionalistischen Serienprodukte der 1930er Jahre dar, man kann sie aber ebensogut als Inbegriffe des internationalen Hightechstils interpretieren.

Anfang der 1980er Jahre wurde auch das schwedische Möbel- und Wohnaccessoiredesign in den Bann der Postmoderne geschlagen: Jonas Bohlins Stuhl *Concrete* (Beton, 1981) war eines der ersten skandinavischen Beispiele des neuen internationalen Stils. In der Folge produzierte Källemo eine Reihe weiterer postmoderner Möbel, unter anderen Mats Theselius' Schrank *National Geographic Magazine* (1990), der dem Schaffen schwedischer Designer internationale Beachtung verschaffte. Schließlich war es aber das Möbelhaus IKEA mit seinen in flachen Kartons verpackten erschwinglichen modernen Selbstmontagemöbeln, das zum wichtigsten Exporteur schwedischer Wohnkultur und zum führenden Förderer der schwedischen Auffassung vom „Wohn- und Produktdesign als Lebensstil" wurde. Von Björn Dahlströms bunten Spielsachen für Playsam bis zu den wunderschönen Glasobjekten von **Ingegerd Råman** für **Orrefors**: Die zeitgenössische schwedische Design- und Produktkultur stand in den letzten drei Jahrzehnten auch weiterhin für Dauerhaftigkeit, Wirtschaftlichkeit, Ehrlichkeit und funktionale Klarheit zu erschwinglichen Preisen, erzielt durch volksnahe und sozial verantwortliche Produktlösungen. Das in der schwedischen Designszene seit Langem geltende Motto der „Vackrare Vardagsvara", der „Schöneren Gegenstände des täglichen Gebrauchs", wird zunehmend an Wert gewinnen, und zwar in dem Maße, in dem die Nachfrage nach bedarfsgerechten Möbeln, Geräten und anderen Dingen steigt. Als leitender Designer bei Volvo und als einflussreicher Lehrer für Produktdesign in Schweden schrieb Victor Papanek in der Publikation

Peter Brandt,
Hocker *Bimbo* für
Blå Station, 1993

zum 50. Geburtstag der Firma IKEA im Jahr 1993 vorausschauend: „Die Nachhaltigkeit des Lebens auf diesem Planeten kann durch die Gestaltung und Benutzung der vom Menschen gemachten Dinge entweder gefördert oder behindert werden. Ein ethisches Design muss umweltfreundlich und ökologisch sein. Es muss dem Maß des Menschen und echter Menschlichkeit entsprechen. Es muss in sozialem Verantwortungsgefühl verwurzelt sein."

Gegenüber:
Sven Markelius,
Stoff *Pythagoras*,
produziert von
Ljungbergs
Textiltryck für
Nordiska
Kompaniet, 1958

125 designer
von aino aalto bis
tapio wirkkala

Vorherige Doppelseite: Das Haus von Verner und Marianne Panton in Basel-Binningen, 1973 – mit *Ringleuchten*, die 1969 für Louis Poulsen entworfen wurden

Entwurfsskizzen für die *Bölgeblick*-Pressglasserie, ca. 1932

aino aalto *1894 Helsinki – 1949 Helsinki, Finnland*

Aino Aalto (geborene Marsio) schloss 1920 ihr Architekturstudium an der Teknillinen Korkeakoulu (Technische Hochschule) in Helsinki ab. 1924 wurde sie von **Alvar Aalto** angestellt, der wie sie Architekt war und den sie noch im selben Jahr heiratete. Die beiden arbeiteten eng zusammen, unter anderem an der Entwicklung von Holzbiegetechniken. Diese Experimente ermöglichten den Aaltos schließlich, unter Einsatz von gebogenen Laminathölzern und Sperrholz eine Reihe bahnbrechender Möbel zu entwerfen. 1932 nahm Aino an einem von den Karhula-**Iittala** Glaswerken ausgeschriebenen Wettbewerb für Glasgestaltung teil. Der Wettbewerb erfolgte unmittelbar nach der Aufhebung der finnischen Prohibitionsgesetze, die von 1919 bis 1932 in Kraft waren, und dürfte teilweise darin begründet gewesen sein, dass die Glaswerke mit einem großen Bedarf an neuen Trinkgläsern rechneten. Aino reichte eine Pressglaskollektion mit dem Titel *Bölgeblick* (Wellenblick) ein, die aus einem Krug, einem Trinkglas, einem flachen Teller, einer Zuckerdose und einem Milchkännchen bestand.

Das schlichte und zugleich elegante Design der Serie, in dem sich Ainos Anliegen – Zweckmäßigkeit und Standardisierung – ausdrückte, gewann den zweiten Preis. Die relativ klobigen, gestuften und gewellten Formen der einzelnen Stücke halfen, die dem Pressglas innewohnenden Unvollkommenheiten zu kaschieren, während ihre Kompaktheit eine Qualität vermittelte, die man bei Gebrauchsglaswaren normalerweise nicht erwartete. Karhula begann nach nur geringfügigen Veränderungen 1934 mit der Produktion der *Bölgeblick*-Serie und erweiterte die Kollektion später durch andere Glaswaren wie Teller, Vasen, Becher, Schnapsgläser und eine Karaffe. Ursprünglich gab es die Produkte nur in den Farben Azurblau, Braun, Grün und Rauchgrau. Später wurde das *Bölgeblick*-Service in *Aalto* umbenannt, und seit 1988 wird es von der Firma Iittala produziert. Aino Aalto hatte für denselben Wettbewerb einen Entwurf für „Kunstglas" mit dem Namen *ABCD*-Serie eingereicht, zu dem eine Vase mit einem gewellten Sockel für Blumen von unterschiedlicher Länge gehörte. Diese Vase erhielt zwar keinen Preis, ihre ungewöhnliche Form nahm aber bereits Alvar Aaltos berühmte *Savoy*-Vase vorweg, die er vier Jahre später entwarf. Ab 1932 arbeitete Aino als freiberufliche Designerin

Bölgeblick-Pressglasserie für Karhula (später Iittala), 1932

Unten: Wasserkrug *Bölgeblick* für Karhula, 1932

für Karhula-Iittala, und im Jahr darauf gründete sie gemeinsam mit Alvar Aalto, Nils-Gustav Hahl und Maire Gullichsen die Möbelfirma **Artek**. Im Jahr 1933 nahmen die Aaltos am **Riihimäki**-Glasdesign-Wettbewerb teil, für den sie die Stapelgläser und Vasen der Serie *244* entwarfen (und nur unter Alvar Aaltos Namen einreichten). Diese im Blasformverfahren hergestellte Serie, die den zweiten Preis erhielt, sollte wegen der Blütenform, die die Gläser im gestapelten Zustand erhielten, später als die *Riihimäki-Blumen*-Serie bekannt werden. Die Schlichtheit und Zweckmäßigkeit der Serie bildeten den im skandinavischen Design immer stärker werdenden Trend zum Funktionalismus ab. Aber als sie auf den Markt kam, war die breite Öffentlichkeit an derart reine und schmucklose Formen noch nicht gewöhnt. Ein zeitgenössischer Kommentator beschrieb die *Riihimäki-Blumen*-Serie der Aaltos als „modern und von einer sachlichen Nützlichkeit, die fast schon an eine Laborausrüstung erinnert". Aino Aalto, die auf der VI. Mailänder Triennale von 1936 mit einer Goldmedaille ausgezeichnet wurde, arbeitete bis zu ihrem Tod 1949 eng mit ihrem Mann zusammen.

alvar aalto *1898 Kuortane – 1976 Helsinki, Finnland*

Hugo Alvar Henrik Aalto, der Sohn eines Vermessungstechnikers, ist Finnlands berühmtester Architekt und Designer der Moderne und einer der Pioniere des Organischen Stils. Aalto studierte von 1916 bis 1921 an der Teknillinen Korkeakoulu (Technischen Hochschule) in Helsinki Architektur. Nach Abschluss seines Studiums arbeitete er als Ausstellungsgestalter und unternahm ausgedehnte Reisen durch Mitteleuropa, Italien und Skandinavien. 1923 gründete er in Jyväskylä ein eigenes Architekturbüro, das er später nach Turku (1927–1933) und schließlich nach Helsinki (1933–1976) verlegte. Ein Jahr später heiratete er die Architektin Aino Marsio (1894–1949), mit der ihn eine besonders enge Zusammenarbeit verband. In den Jahren zwischen 1924 und 1929 experimentierten sie mit dem Biegen von Holz. Dank dieser grundlegenden Studien entwickelte Aalto in den 1930er Jahren einige revolutionäre Formgebungen für Stühle, die später zum Symbol für den Aufbruch des skandinavischen Designs in eine völlig neue Richtung werden sollten. International berühmt wurde Aalto jedoch zunächst als Architekt. 1927 plante er das Turun-Sanomat-Gebäude in Turku, sein erstes funktionalistisches Bauwerk, und zwei Jahre später trat er als einer der Planer der anlässlich der 700-Jahr-Feier der Stadt Turku veranstalteten Ausstellung auf. In diesem Rahmen präsentierte er sein erstes vollkommen im Stil der Moderne gestaltetes Designkonzept. Diesen frühen, aber dennoch bedeutenden Entwürfen folgten mehrere Architekturprojekte, die ihm große Anerkennung einbrachten, darunter die Bibliothek in Viipuri (1927–1935), das Tuberkulose-Sanatorium in Paimio (1929–1933) sowie der Finnische Pavillon für die Weltausstellung in New York (1939). Im Unterschied zu den zeitgenössischen Vertretern der Moderne in Deutschland und Italien, die für Möbelentwürfe den Einsatz synthetischer Werkstoffe wie Stahl und Glas propagierten, waren Aaltos bevorzugte Materialien Schichtholz und Sperrholz. 1929 begann er zusammen mit Otto Korhonen, dem technischen Leiter einer Möbelfabrik in der Nähe von Turku, mit verleimtem und gebogenem Holz zu experimentieren. Aus diesen Arbeiten gingen Aaltos technisch ungemein innovative Stühle *No. 41* von 1931/32 und *No. 31*, der erste Freischwinger von 1931/32, hervor. Beide Entwürfe entstanden im Rahmen seines als Gesamtkunstwerk

Seite 68: Städtische Bibliothek Viipuri, Russland, Debatten- und Vorlesungssaal, 1927–1935

Seite 69: *Savoy*-Vase mit der originalen hölzernen Glasblase-Gießform, 1936

Sessel *Modell Nr. 41 Paimio* für Artek, 1931/32

gedachten Baus des Tuberkulosesanatoriums von Paimio (das bis Mitte 2010 ein Fachkrankenhaus für Lungenpatienten blieb). Diese bequemen und zugleich funktionalen Entwürfe signalisierten der internationalen Avantgarde einen neuen Trend zum Sperrholz sowie das Aufkommen einer weicheren und menschlicheren Formensprache. Der Erfolg seiner Möbel festigte Aaltos Ruf als einer der bedeutendsten Gestalter des 20. Jahrhunderts und veranlasste ihn und seine Frau, 1935 die Möbelfirma **Artek** zu gründen. Aalto war überzeugt, dass sein wichtigster Beitrag zum Möbeldesign darin bestand, eine Lösung für das Problem gefunden zu haben, wie sich vertikale und horizontale Elementen verbinden lassen. Das gemeinsam mit Korhonen entwickelte gebogene Holz, von Aalto „kleine Schwester der architektonischen Säule" genannt, ermöglichte es, die Stuhlbeine erstmals direkt an der Unterseite des Sitzes anzubringen, ohne dass ein Rahmen oder eine andere zusätzliche Stützvorrichtung benötigt wurde. Aus dieser technischen Innovation gingen Aaltos Möbelserien mit L-Beinen (1932–1933), Y-Beinen (1946–1947) und Fächerbeinen (1954) hervor. Neben seinen bahnbrechenden Arbeiten als Möbeldesigner und Architekt war Aalto auch als freischaffender Designer für die Glaswerke **Riihimäki** (1933) und **Iittala** (1936) tätig. Aaltos Glaswaren zeichnen sich ebenso wie seine Möbel und Bauwerke durch ihre organischen Formen aus, wobei die *Savoy*-Vase aus dem Jahr 1937 sein wohl berühmtester Entwurf ist. Zu der Vase, die ursprünglich *Eskimoerindens skinnbuxa* (Lederhose der Eskimofrauen) hieß, sollen ihn die Seeufer seiner finnischen Heimat inspiriert haben. Die gewellte Form der Vase kann aber auch eine Anspielung auf seinen Nachnamen sein, der, wörtlich übersetzt, „Welle" bedeutet. Fest steht, dass die rhythmisch asymmetrische Form der *Savoy*-Vase etwas vom abstrakten Wesen der Natur einfing und somit die amorphen Formen vorwegnahm, mit denen das skandinavische Design der Nachkriegsjahre so sehr identifiziert wurde. Da Aalto sich bei seinen Möbelentwürfen von einem starken Humanitätsglauben leiten ließ, lehnte er nicht nur strenge geometrische Formen ab, sondern verwarf schließlich auch künstlich hergestellte Materialien wie Rohrmetall als seiner Ansicht nach für den Menschen ungeeignet. In den 1930er und 1940er Jahren erzielte Aaltos Arbeit vor allem in Großbritannien und in den USA große Erfolge, und als einer der Gründerväter des Organischen Stils war er mit seiner Designphilosophie für viele Gestalter der Nachkriegszeit

Oben: Tuberkulose-Sanatorium, Paimio, Finnland; Rückseite des Gebäudes mit Kraftwerk, 1928–1933

Lichtdurchfluteter Aufenthaltsraum im Paimio Sanatorium, Finnland. Für dieses ehemalige Tuberkulose-Sanatorium entwarf Aalto alle Möbel, einschließlich einiger Modelle für bestimmte Räume.

 SPECIFICATIONS OF MODELS ILLUSTRATED ABOVE

ROUND TABLE.	Plain birch – – – – –	£1 15 0
(25 inches diameter)	Curled birch – – – –	2 10 0
SPRING CHAIR.	Plain birch or black, red or blue seat	£2 17 6
	Curled birch – – – –	4 0 0
STOOL.	Plain birch or black, red or blue top	9 0
	Curled birch – – – –	13 6
	Dining Chair (Model 21) - £2 0 0	
	Verandah Chair (Model 51) - £1 12 6	
	Cafe Table (Models 81-5) from £1 2 6	

Write or 'phone VIC. 2844-5 for free illustrated literature describing other Finmar models and address of your nearest dealer.

Awarded the Certificate of the Royal Institute of Public Health and Hygiene.

FINMAR LTD., 44 RANELAGH RD., GROSVENOR RD., S.W.1

Model 21

Model 51

Model 83

"Look for this label on every model."

Finmar

FURNITURE OF THE FUTURE FOR THE HOME OF TO-DAY

Gegenüber: Finmar Werbeanzeige für Aalto-Möbel, ca. 1935. Finmar war die britische Tochterfirma von Artek.

Oben links: Lehnstuhl *Modell Nr. 31* für Huonekaluja Rakennustyötehdas, 1931/32

Oben rechts: Esszimmer im Ausstellungsraum von Bowman Bros. in London mit Möbeln für Artek, ca. 1938

Unten: Teewagen *Modell Nr. 98* für Artek, 1935/36

maßgeblich, so auch für das Ehepaar Charles und Ray Eames. Aalto, der sich schon früh der entfremdenden Maschinenästhetik der Moderne widersetzt hatte und ein Gegner der streng rationalistischen Designidee war, sagte einmal: „Das beste Standardisierungskomitee der Welt ist die Natur selbst. Aber in der Natur vollzieht sich die Standardisierung primär in Verbindung mit der kleinstmöglichen Einheit, der Zelle. Das Ergebnis sind Millionen flexibler Kombinationen, in denen man niemals ein Stereotyp erkennen kann." Aaltos wegbereitende organische Entwürfe schufen nicht nur eine neue Formensprache, sie vermittelten einer breiten Öffentlichkeit auch das, was weithin als das anerkannte Erscheinungsbild der Moderne galt. 1952 heiratete Aalto die Architektin Elissa Mäkiniemi, mit der er bis zu seinem Tod zusammenarbeitete. Aaltos Leben und Werk wurde vom Museum of Modern Art in New York im Rahmen dreier Ausstellungen in den Jahren 1938, 1984 und 1997 gewürdigt. Inspiriert von der Beziehung zwischen Mensch und Natur, bereitete Aaltos ganzheitlicher und auf den Menschen konzentrierter Ansatz eine der wichtigsten philosophischen Grundlagen für das skandinavische Design.

Villa Mairea, Noormarkku, Finnland; Musikbereich mit großem Klavier, das speziell für Villa Mairea entworfen und gefertigt wurde.

Gegenüber: Villa Mairea, Noormarkku, Finnland; Türgriff, 1938–1939

Zellulosefabrik und Wohnsiedlung, Sunila, Kotka, Finnland; Eingangshalle des Bürogebäudes, 1936–1954

Gegenüber links: Lehnstuhl für Huonekaluja Rakennustyötehdas, ca. 1931/32

Gegenüber rechts: Hybrider Lehnstuhl aus Sperrholz und Metallrohr für Huonekaluja Rakennustyötehdas, 1931/32

Innenausstattung des Finnischen Pavillons auf der Weltausstellung in New York 1939

Folgende Doppelseite: Aalto Studio in Helsinki – Das Gebäude wurde 1984 von der Alvar-Aalto-Stiftung übernommen und beherbergt heute die Alvar-Aalto-Stiftung, die Alvar-Aalto-Akademie und das Alvar-Aalto-Museum für architektonisches Erbe

Sessel *Pastil*
für Asko, 1967

eero aarnio *1932 Helsinki, Finnland*

Eero Aarnio, der von 1954 bis 1957 an der Taideteollisuuskeskuskoulu (Schule für Kunst und Design) in Helsinki studierte, zählt zu den Gestaltern, die dem finnischen Design in den 1960er Jahren zu internationalem Ansehen verhalfen. 1962 gründete er sein eigenes Studio; er arbeitet vor allem als Innenausstatter und Industriedesigner. Aarnio hielt sich zunächst an die von finnischen Designern in der ersten Hälfte des 20. Jahrhunderts vorgegebene Linie und entwarf Möbel aus natürlichen Materialien, die mittels traditioneller Handwerkstechniken hergestellt wurden – wie etwa sein Korbstuhl *Jattujakkare* (ca. 1958). In der Überzeugung, dass „Design ständige Erneuerung, Anpassung und Wachstum" bedeutet, experimentierte Aarnio in den 1960er Jahren erstmals mit Glasfasern und den kühnen und aufregenden Formen, die dieses Material zuließ. Zu seinen bekanntesten Entwürfen dieser Periode zählen der Kugelsessel *Ball* (1963), der Schaukelstuhl *Pastilli* (1967), für den er 1969 vom American Institute of Interior Design ausgezeichnet wurde, und der Hängesessel *Bubble* aus Plexiglas (1968). Auch wenn diese unkonventionellen Sitzmöbel mit ihren futuristischen Formen den Geist der 1960er Jahre einfingen, war Aarnio kein Vertreter des von Vergänglichkeit und freier Verfügbarkeit geprägten Ethos der Popkultur. 1973 entwarf Aarnio den wie ein Spielzeug aussehenden, jedoch für Erwachsene konzipierten Sessel *Pony*, der in den USA von Stendig unter dem Namen *Mustang* vermarktet wurde. In diesem ungewöhnlichen, mit gussgeformter Schaumstoffpolsterung gestalteten Design spiegelte sich Aarnios Überzeugung wider: „Ein Stuhl ist ein Stuhl ist ein Stuhl ist ein Stuhl … ein Sitz muss jedoch nicht unbedingt ein Stuhl sein. Er kann alles Mögliche sein, vorausgesetzt, er ist ergonomisch korrekt." In den 1980er Jahren entwickelte Aarnio den Prototyp eines Stuhls aus Sperrholz, und in den 1990er Jahren entwarf er für Adelta zwei Glasfasertische – *Copacabana* (1991) und *Screw* (1992) – sowie für Valli & Valli skulpturale Möbel mit Metalltüren (1996). Aarnio blickt trotz seines fortgeschrittenen Alters weiterhin optimistisch in eine Zukunft, in der, wie er einst schrieb, „der persönliche Zugang der Vergangenheit und die Roboterfertigung der Zukunft einander die Hände reichen werden … (und wir) die industrielle Fertigung so vollkommen beherrschen, dass wir sie vergessen können." Der für seine Möbelentwürfe und Innenausstattungen bekannte Aarnio arbeitet auch als Grafikdesigner und Fotograf.

Sessel *Ball* für Asko, 1962

Unten: Original-Werbefoto des *Bubble*-Stuhls, späte 1960er Jahre

Sessel *Pony* für Asko, ca. 1970

Unten links: Ausstellungsraum von Stendig in New York mit *Pony*-Sessel für Asko, ca. 1970

Unten rechts: Asko-Plakatwerbung für *Pony*-Sessel, ca. 1970

Gegenüber: Sessel für Asko, ca. 1967

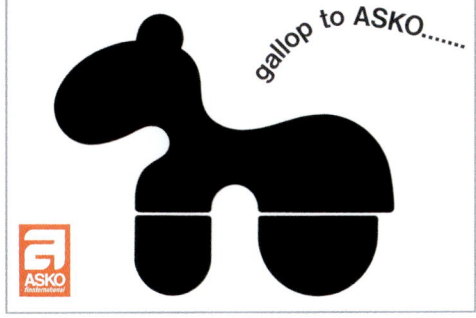

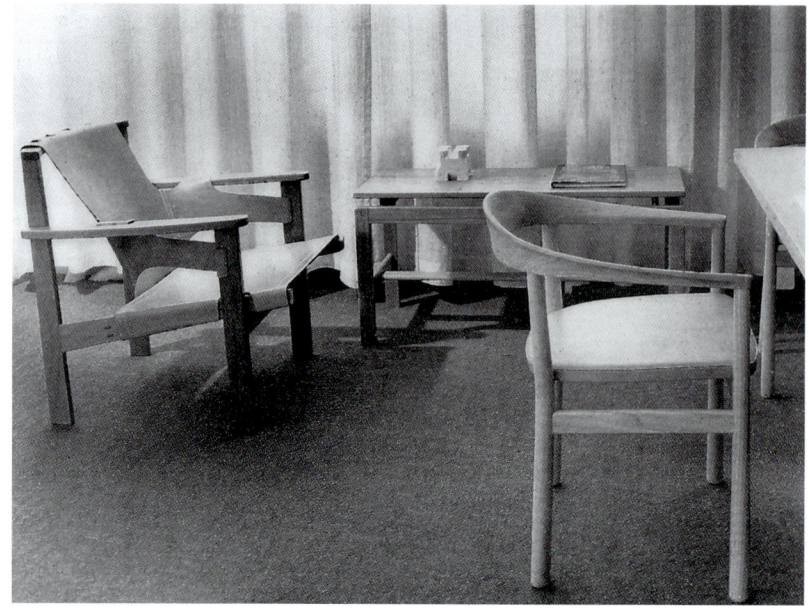

Einrichtung mit
Lehnstuhl *Trienna*,
ca. 1957

carl-axel acking 1910 Helsingborg – 2001 Lund, Schweden

Der schwedische Architekt und Designer Carl-Axel Acking studierte von 1930 bis 1934 an der Konstfackskolan (Hochschule für Kunst, Kunsthandwerk und Design) und von 1934 bis 1939 an der Kungliga Tekniska Högskolan (Königliche Technische Hochschule) in Stockholm. Acking arbeitete bereits in den frühen 1930er Jahren für den großen schwedischen Funktionalisten Erik Gunnar Asplund und assistierte ihm bei der Gestaltung des Gerichtsgebäudes in Göteborg (damals Gotenburg). 1937 nahm Acking an der „Exposition Internationale des Arts et Techniques dans la Vie Moderne" in Paris teil, und zwei Jahre später stellte er seine Arbeit bei der New Yorker Weltausstellung von 1939 aus. Im selben Jahr eröffnete er in Stockholm sein eigenes Studio. Im Unterschied zu den meisten schwedischen Architekten gestaltete Acking nicht nur Bauwerke, sondern auch Inneneinrichtungen, Möbel und Lampen. 1944 entstand sein preisgekrönter Formvollholzstuhl, dessen Sitzfläche und Rückenteile aus Formsperrholz besonders leicht zu montieren und dadurch ideal für die Massenfertigung geeignet waren. Neben den in den Fabriken Nordiska Kompaniet und Svenska Möbelfabrikerna in Bodafors gefertigten Einrichtungsgegenständen entwarf Acking auch exklusivere Stücke, die von diversen Kunsthandwerkern in Stockholm hergestellt und über Hantverket, die Verkaufsorganisation des Stockholmer Kunsthandwerkerverbands, vertrieben wurden. Zu seinen zahlreichen Bauprojekten zählt das Hotel Hässelby in Stockholm (1954–1956), während er als Innenarchitekt u. a. die Schiffe der North Star Line, die schwedische Botschaft in Tokio und das Hotel Malmen in Stockholm (1949) gestaltete. Für das Hotel Malmen entwarf er eine Serie innovativer Lehnstühle mit vollständig gepolsterten Sitzschalen, die zu Reinigungs- oder Reparaturzwecken aus ihren wie Wiegen geformten Rahmen entnommen werden konnten. Ebenfalls für die Innenausstattung dieses Hotels entstand ein robuster und dennoch schlichter Esszimmerstuhl aus laminierter Buche aus nur fünf leicht zu montierenden Elementen. Als prominenter schwedischer Gestalter wurde Acking mit der Planung des Gebäudes für die bahnbrechende H55-Ausstellung beauftragt, die 1955 in Helsingborg stattfand. Im Laufe seiner Karriere entwarf er

Oben links:
Lehnstuhl *Trienna*
für Nordiska
Kompaniet, 1957

Oben rechts:
Stuhl für Svenska
Möbelfabrikerna,
Bodafors, 1944

Unten: Telefonzellen
für Royal Board
of Telegraph &
Telereklam, 1944

Tapeten, Textilien, Beleuchtungskörper, eine Telefonzelle (1944) und einen Verkaufsautomaten für Briefmarken. Darüber hinaus unterrichtete Acking von 1943 bis 1964 an der Konstfackskolan in Stockholm und war von 1965 bis 1976 Professor für theoretische und angewandte Ästhetik an der Universität von Lund. In Würdigung seiner Leistungen wurde Acking 1952 als erster schwedischer Designer mit dem prestigeträchtigen Lunning-Preis ausgezeichnet. Auch wenn es vielen von Ackings Möbeln an der üblicherweise mit skandinavischem Design in Verbindung gebrachten Eleganz mangelte, wiesen sie eine konstruktionstechnische Geradlinigkeit und Robustheit auf, die sie für eine Standardisierung und Massenproduktion prädestinierten.

Gewebter Möbelstoff, 1958

Gegenüber:
Pinjekogler "rya"
panel, 1947

lis ahlmann 1894 Århus – 1979 Kopenhagen, Dänemark

Lis (Elisabeth) Ahlmann studierte 1919 zunächst Malerei bei Harald Giersing. Von 1917 bis 1921 arbeitete sie außerdem in der Werkstätte von Herman Kahlers in Næstved als Keramikmalerin, und von 1922 bis 1929 erlernte sie in der Kopenhagener Werkstätte von Gerda Henning (1891–1951) die Webkunst. Danach arbeitete sie als freischaffende Designerin und entwarf Webstoffe für die Möbel von **Kaare Klint**, **Børge Mogensen** und **Mogens Koch**. Mitte der 1930er Jahre gründete Ahlmann in Kopenhagen ihre eigene Webwerkstätte, und 1948 wurde ihre Arbeit in der Londoner Ausstellung „Danish Art Treasures through the Ages" gezeigt. Ab 1957 nahm sie außerdem an der Triennale Mailand teil, und von 1954 bis 1957 waren ihre Stoffe in der amerikanischen Wanderausstellung „Design in Scandinavia" (1954–1957) zu sehen. In den 1950er Jahren wandte sich Ahlmann allmählich von handgewebten Textilien ab und konzentrierte sich auf das Design industriell gefertigter Stoffe, die durch ihre einfachen Karo- oder Streifenmuster und eine gedämpfte, erdige Farbpalette gekennzeichnet waren. Wie viele skandinavische Designer nutzte Ahlmann für die Konzeption und Planung ihrer für die Industrieproduktion gedachten Designs traditionelle Handwerkstechniken und webte sie zunächst mit der Hand, ehe sie in die Fertigung gingen. Ab 1953 arbeitete sie mit Børge Mogensen zusammen, mit dem sie den Kopenhager Textilfabrikanten C. Olesen in Designfragen beriet und Stoffe für die Firma Cotil entwarf. Mogensen überredete sie schließlich, kräftigere Farben zu verwenden und Stoffe zu entwerfen, die auf den fortschrittlicheren Maschinenwebstühlen hergestellt werden konnten. 1964 wurde sie für ihre gestalterische Arbeit mit dem Eckersberg-Preis ausgezeichnet, und 1978 erhielt sie die C.-F.-Hansen-Medaille. Als führende moderne Designerin, die den Übergang vom Handwerk zur industriellen Produktion vollzog, gilt Ahlmann heute als eine der treibenden Kräfte, die zur Erneuerung des skandinavischen Textildesigns der Nachkriegszeit beigetragen haben. Ihre Arbeit wurde zum Synonym für den durch klare Linien bestimmten, aber zugleich unprätentiösen nordischen Look, der in den späten 1940er und frühen 1950er Jahren besonders in Amerika und Großbritannien so populär wurde.

Kati Tuominen-Niitylä, Kannen *Storybirds*, 1993

Unten: Außenansicht der Arabia-Fabrik in Helsinki

Gegenüber: Kurt Ekholm, Service *Sinivalko* (Blaues Band), 1936

arabia *gegründet 1873 Helsinki, Finnland*

Arabia, Finnlands ältester und größter Keramikhersteller, wurde 1873 im Bezirk Arabia in Helsinki als Filiale des schwedischen Porzellanherstellers **Rörstrand** gegründet. Ursprünglich sollte die Manufaktur Waren für den russischen Markt erzeugen, und bis 1900 produzierte sie vor allem Entwürfe von Rörstrand, darunter Tafelgeschirr aus Steingut und Porzellan, sanitäres Steinzeug und Kachelöfen. In den 1890er Jahren ernannte die Fabrik unter der Leitung von Gustav Herlitz den Architekten Jacob Ahrenberg (1847–1914) zu ihrem künstlerischen Berater. 1896 nahm Arabia mit Thure Öberg außerdem den ersten fest angestellten Gestalter auf, der eine Reihe bemerkenswerter Vasen entwarf und verzierte. Als die Fabrik ihre Kollektion vier Jahre später auf der Pariser Weltausstellung zeigte, erhielt sie für die vorzügliche Qualität ihrer Waren eine Goldmedaille. Ab 1900 erzeugte Arabia Produkte, die im eigenen Haus entworfen worden waren, darunter die Steingutreihe *Capella*, ein mit ineinandergreifenden Ornamenten verziertes Geschirr, sowie die speziell für den amerikanischen Markt konzipierte *Fennia*-Serie von 1912. Besonderes Kennzeichen dieser Serie war ihre stilisierte Dekoration nach einem Entwurf des Finnen Eric Ehrström, der sich vor allem mit seinen architektonischen Metallarbeiten im Arts-&-Crafts-Stil für die Bauwerke von Gesellius, Lindgren & **Saarinen** einen Namen gemacht hatte. 1916 folgte Carl Gustav Herlitz seinem Vater als Generaldirektor der Fabrik nach, und noch im gleichen Jahr trennte sich Arabia vom Mutterhaus Rörstrand. Von 1916 bis 1929 wurde die Fabrik einer umfassenden Modernisierung unterzogen, unter anderem mit der Installierung des damals größten Brennofens der Welt (1929), der beeindruckende 112 Meter lang war. In diese Zeit fielen die ersten künstlerisch bemerkenswerten Designs wie etwa die Vasen von Thure Öberg, die mit weiblichen Akten im Stile Aubrey Beardsleys verziert waren. Anfang der 1930er Jahre entwarf Greta-Lisa Jäderholm-Snellman (1894–1973) eine Reihe von Arabia-Produkten, darunter einen eleganten schwarzen Krug (1930) mit Porzellanummantelung, der eine leicht gewellte und zugleich klassische Form aufwies, sowie ihr aus Steingut gefertigtes Speiseservice *Koti* (Heim). Dieses mit einfachen handgemalten Blumenmotiven und ländlichen Szenen verzierte Geschirr zeugte vom Einfluss des Art déco.

Kaj Franck,
Service *Kilta*,
1948–1952

Gegenüber links:
Pekka Paikkari,
Salz- und
Pfefferstreuer
Toi, 1997

Gegenüber rechts:
Toini Muona,
Vasen, ca. 1945

Die Arbeit der Designerin wurde mit der Zeit immer schlichter, und ab Mitte der 1930er Jahre experimentierte sie mit unterschiedlichen Keramiktechniken, so auch mit craquelierten Glasuren. Dabei arbeitete sie mit Kurt Ekholm zusammen, der von 1932 bis 1948 die künstlerische Leitung bei Arabia innehatte und die legendären Arabia-Studios für Künstler einrichtete. In dieser Zeit entwarf Ekholm sein praktisches Geschirrmodell *AH* (1935) und das bekannte Service *Sinivalko* (1936), das sich bereits stark am internationalen Trend zum Funktionalismus orientierte. Ebenfalls unter seiner Leitung als künstlerischer Direktor begann Arabia, die Designs von Toini Muona, Aune Siimes (1909–1964), Michael Schilkin, **Birger Kaipiainen** und Rut Bryk (1916–1999) zu produzieren. 1937 erlangte die Fabrik bei der „Exposition des Maîtres de l'Art Indépendant" in Paris mit ihren Ausstellungsstücken neben vier Auszeichnungen vor allem internationalen Ruhm. Zwei Jahre später hatte Arabia mit über 1000 Mitarbeitern so stark expandiert, dass es zum führenden Keramikproduzenten Europas geworden war, der sein Wachstum auch in den Jahren des Zweiten Weltkriegs fortsetzte. 1940 wurde Arabia vom Wärtsilä-Konzern übernommen, und 1948 richtete Ekholm ein firmeneigenes Museum ein, das bis heute in Betrieb ist. Eine andere bedeutende Persönlichkeit in den Jahren unmittelbar nach dem Krieg war **Kaj Franck**, der ab 1945 die Designabteilung leitete. Hier entstanden die Entwürfe für Gebrauchswaren, darunter die aus hitzebeständigem Steingut gefertigte, innovative Geschirrserie *Kilta* (1948). Die Produkte dieser preisgünstigen Serie, die in den Farben Weiß, Schwarz, Grün, Dunkelblau und Gelb erhältlich waren, konnten im Unterschied zum traditionellen Service einzeln erworben werden und waren somit beliebig zusammenstellbar. Außerdem waren sie multifunktional, d. h., sie waren nicht nur als Tafelgeschirr, sondern auch zum Kochen und Servieren geeignet. Auch konnte etwa der kleine Teller ebenfalls als Untertasse verwendet werden. Durch seine elementaren und glatten Formen war das *Kilta*-Geschirr nicht nur besonders zweckmäßig, sondern auch optimal für die Massenproduktion geeignet. Im Jahr 1957 entwarf **Ulla Procopé** mit *Liekki* (Flamme) ein ähnlich hitzebeständiges und multifunktionales Koch- und Serviergeschirr. Procopé entwarf außerdem das berühmt gewordene Tafelgeschirr *Ruska* (1960) und das beliebte blau-weiße Service *Valencia* (ca. 1960), das bis heute produziert wird. Ebenfalls um 1960 entwickelte **Birger Kaipiainen** für Arabia das legendäre Service *Paratiisi* (Paradies) mit seinem farbenprächtigen Dekor aus Stiefmütterchen, Johannisbeeren, Pflaumen, Trauben und Äpfeln. Das ursprünglich aus Steingut hergestellte Geschirr kam später, nämlich 1987, noch einmal auf den Markt, diesmal in einer irdenen, mit höheren Temperaturen gebrannten Version. Neben den in Massenfertigung hergestellten Produkten hat Arabia immer schon „Keramikkunst" produziert, so zum Beispiel in den 1960er Jahren Kaipiainens *Perlenvögel* und die Kollektion *Pro Arte,* die 1987 eingeführt wurde. 1990 erwarb der **Hackman-**Konzern Arabia (zusammen mit **Iittala** und Rörstrand), und im Jahr darauf wurde die Porzellanproduktion von **Gustavsberg** in die Fabrik von Arabia verlegt. Anfang der 2000er Jahre nahm Arabia innovative Keramiken – sowohl Gebrauchswaren als auch künstlerisch anspruchsvolle Produkte – von Designern wie **Stefan Lindfors**, James Irvine (1958–2013) und **Harri Koskinen** (geb. 1970) in die Produktion auf. Heute ist Arabia als Teil der Fiskars-Gruppe nach wie vor die größte und zugleich die designorientierteste und technisch innovativste Keramikfabrik Finnlands.

Focus de Luxe
Besteck für Gense,
1955/56

Gegenüber:
Cocktailshaker
für Guldsmedsaktiebolaget (GAB),
1935

folke arström 1907 Bromma – 1997 Lidingö, Schweden

Folke Emanuel Arström wurde in Bromma geboren und an der Handwerksschule in Linköping ausgebildet, ehe er nach Stockholm ging und dort von 1927 bis 1929 an der Kungliga Tekniska Högskolan (Königliche Technische Hochschule) und von 1929 bis 1936 an der Kungliga Konsthögskolan (Königliche Hochschule für bildende Kunst) studierte. Bereits während seiner Studienzeit war er als Maler und Grafikdesigner tätig und beteiligte sich an der Stockholm-Ausstellung von 1930. 1931 vollendete er im Auftrag der Stadt Linköping mehrere Innenraumausmalungen, darunter die des Röda-Kvarn-Kinos. Drei Jahre später richtete er sein eigenes Atelier ein und entwarf zunächst Plakate und Karten für das Statens Historiska Museum (Historisches Nationalmuseum, Stockholm) sowie Broschüren für eine Reihe anderer Museen. Von 1935 bis 1940 entwickelte er für Guldsmedsaktiebolaget (GAB) Produkte aus Silber und Zinn, darunter seinen berühmten Cocktailmixer aus dem Jahr 1935. Die Stromlinienform dieses Designs, das sich als Hymne an die Moderne betrachten lässt, war in funktionaler Hinsicht überzeugend konzipiert, da sein konvex-konkaves Profil bei kräftigem Schütteln für einen festen Griff sorgte. 1936 wurde Arström zum Chefdesigner von Gense ernannt, wo er von 1940 bis 1960 die künstlerische Leitung innehatte. Für Gense entwarf Arström eine Reihe schlichter unverzierter Bestecke aus rostfreiem Stahl, darunter die Serie *Thebe* (1944) und seine bekannte Serie *Focus* (1955/56), die zum Inbegriff der unaufdringlichen Eleganz des skandinavischen Designs der Nachkriegszeit wurde. Das Muster der *Focus*-Garnitur erfreute sich besonders in den USA großer Beliebtheit und trug dazu bei, dass qualitativ hochwertiges rostfreies Stahlbesteck das bei formellen Anlässen bis dahin übliche Silberbesteck allmählich ersetzte. Arström war im Laufe seiner Karriere als Gestalter auch für Bahco, Skånska Ättiksfabriken, Primusfabrikerna und Annebergfabrikerna tätig und erhielt zahlreiche Auszeichnungen, darunter eine Goldmedaille bei der IX. Mailänder Triennale von 1951 sowie 1961 den Gregor-Paulsson-Preis für seine bahnbrechenden Produktentwürfe aus rostfreiem Stahl und Kunststoff.

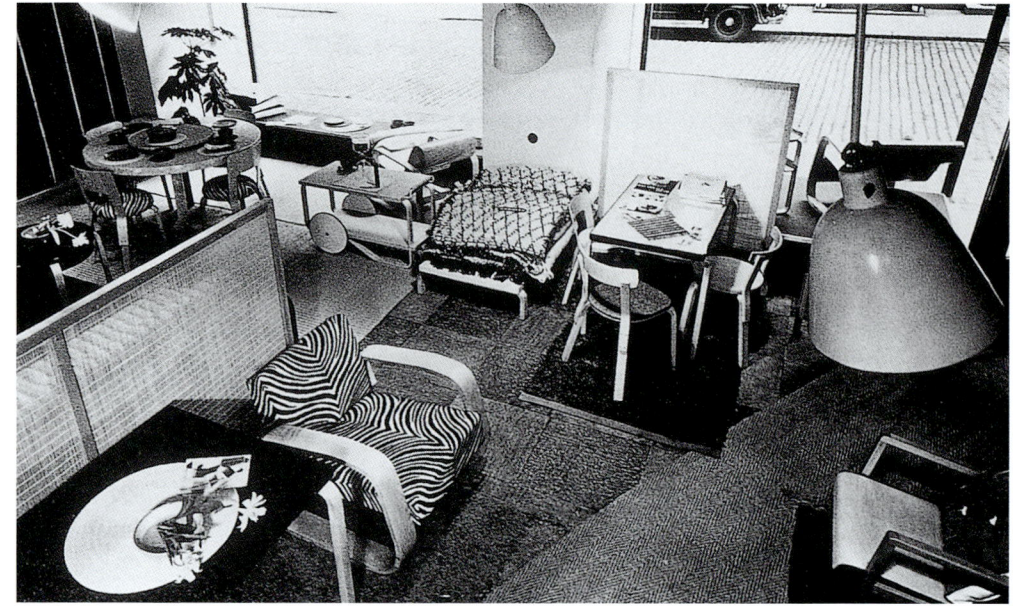

artek *gegründet 1935 Helsinki, Finnland*

In den 1920er Jahren begannen die Vertreter der Moderne die Idee der industriell gefertigten Wohnungseinrichtung zu popularisieren, während gleichzeitig zeitgenössische stromlinienförmige Entwürfe auch beim Durchschnittspublikum zunehmend Anklang fanden. Unter diesen Voraussetzungen und angesichts des Wandels der Wohnformen entwickelten **Alvar Aalto** und seine Frau **Aino Aalto** unter Einsatz modernster technischer Produktionsmethoden innovative und moderne Möbel. Ihre Entwürfe aus gebogenem Sperrholz und laminiertem Schichtholz wiesen weiche und zugleich elegante, dem menschlichen Körper angenehme Formen auf, die in scharfem Gegensatz zu der kalten, von Stahl und Glas geprägten Maschinenästhetik des Bauhauses standen. Die von den Aaltos geschaffene Alternative, ein „abgerundeter" Modernismus, kam vor allem in Großbritannien sehr gut an, wo ihre Möbel bei einer 1933 von der Zeitschrift „Architectural Review" gesponserten Ausstellung über finnisches Design gezeigt wurden. Ermutigt von den zahlreichen Bestellungen, die infolge dieser im Londoner Kaufhaus Fortnum & Mason gezeigten Ausstellung eingingen, und von dem ebenfalls großen Interesse, auf das ihre Arbeiten bei der V. Mailänder Triennale von 1933 stießen, beschlossen Alvar und Aino Aalto, gemeinsam mit Nils-Gustav Hahl und den Kunstmäzenen und Sammlern Harry und Maire Gullichsen für den Verkauf und die Vermarktung ihrer Produkte eine eigene Firma zu gründen, die im Oktober 1935 unter dem Namen Artek Oy AB in Helsinki eröffnet wurde. Artek sollte ein Schauraum für moderne Möbel und Haushaltsgeräte sein, zugleich aber auch ein Forum für Ausstellungen von zeitgenössischem Design im Allgemeinen bieten. Bis zum Jahr 1939 bestand die umfangreiche Artek-Kollektion zum Großteil aus den Entwürfen von Alvar und Aino Aalto, die von traditionell zusammengefügten, geradbeinigen Stapelstühlen bis hin zu den Entwürfen aus geformtem Sperrholz und laminiertem Holz wie dem zukunftweisenden *No. 41* (1931/32) und dem freitragenden Holzstuhl *No. 31* (1931/32) reichten. Alvar Aalto entwarf damals auch seine Stapelhocker mit L-Beinen (1932/33), die eine revolutionäre Beinkonstruktion aufwiesen und zu seinen funktional vielseitigsten Innovationen zählten. In den 1940er Jahren wurde seine Serie mit Y-Beinen ebenso Teil der Artek-Kollektion

Der Artek-Ausstellungsraum, Helsinki, 1930er Jahre

Gegenüber: Alvar Aalto, Sessel *Tank, Modell Nr. 400*, mit Eigenfederung, 1936

wie in den 1950er Jahren die Serie mit Fächerbeinen. Hinter Artek stand Aaltos Absicht, eine möglichst breite Auswahl an Möbelstücken mit möglichst wenigen und einfachen Elementen herzustellen. Er war davon überzeugt, dass die Seele eines Designs in dessen grundlegendstem Bestandteil liege. Oder, wie er sagte: „Man benötigt für den Möbelbau ein Grundelement, also ein strukturelles Standardbauteil, das, auf die eine oder andere Art verändert, in allen Teilen aufscheint. *Sine qua non:* Von seinen strukturellen Eigenschaften abgesehen, muss das Grundelement eine zweckdienliche und stilbildende Form aufweisen." Artek vermarktet bis heute die Textilien, Lampen und Möbel von Aalto, produziert aber auch jüngere Entwürfe, deren Ästhetik das Sortiment ergänzt, so etwa die Arbeiten von Cecilie Manz (geb. 1972) und Daniel Rybakken (geb. 1984). Ganz gleich, ob sie von in Skandinavien oder im Ausland geborenen Designern geschaffen wurde, sind die Einrichtungsgegenstände von Artek weiterhin perfekte Synonyme für den modernen skandinavischen Wohnstil und stechen durch schlichte organische Linien und warme natürliche Materialien hervor, die einen Eindruck von unprätentiöser Alltagstauglichkeit vermitteln.

Gegenüber oben:
Alvar Aalto, Sessel
Modell Nr. 41
Paimio, 1931/32

Gegenüber unten:
Alvar Aalto, Hocker
Modell Nr. Y61,
1946/47

Oben: Wintergarten
mit Möbeln von Aino
und Alvar Aalto auf
der Pariser Welt-
ausstellung, 1937

Unten links:
Aino Aalto, Stuhl
Modell Nr. 615,
1935–1937

Unten rechts:
Ben af Schultén,
Stuhl Espa, 1999

*Model
no. GA-2* Sessel
für Nordiska
Kompaniet (später
Källemo), ca. 1931

Gegenüber:
Karmstol-Stuhl
für Nordiska
Kompaniet, 1931

erik gunnar asplund

1885 Stockholm –
1940 Stockholm, Schweden

Erik Gunnar Asplund war einer der prominentesten skandinavischen Vertreter des Funktionalismus und gilt als der bedeutendste schwedische Architekt des 20. Jahrhunderts. In seinem lebenslangen Streben nach Einheit und Klarheit der Form verband er Sinn für das Praktische mit künstlerischer Intuition. Nach seinem Studium von 1905 bis 1909 an der Kungliga Konsthögskolan (Königliche Kunsthochschule) wollte er eigentlich Maler werden. Ab 1909 konzentrierte er sich jedoch auf die Architektur und eröffnete kurze Zeit darauf in Stockholm sein eigenes Architekturbüro. 1917 gab er die Zeitschrift „Teknisk Tidskrift Arkitektur" heraus, und im selben Jahr erhielt er großes Lob für seine in der Stockholmer Liljevalchs Art Gallery ausgestellten Interieurs. Von 1911 bis 1930 entwarf er mehrere vom Neoklassizismus inspirierte Bauwerke, deren bedeutendste Beispiele das Scandia-Kino in Stockholm (1923) und die Stockholmer Stadtbücherei (1928) waren. In dieser Zeit entwarf er auch Möbel wie den *Senna*-Stuhl aus dem Jahr 1925, die einen ähnlich klassizistischen Stil aufwiesen. Asplunds Arbeit durchlief einen dramatischen Wandel, als er 1930 zum Chefarchitekten für die vom Svenska Sljödföreningen (Schwedischer Kunstgewerbeverband) veranstaltete Stockholm-Ausstellung ernannt wurde. Anlässlich dieser Ausstellung, die große internationale Aufmerksamkeit und Anerkennung auf sich zog, brachte er mit seinen modernen Ausstellungsgebäuden aus Metall und Glas erstmals den internationalen Stil nach Schweden. Durch die gelungene Kombination aus modernem Funktionalismus und der Anmut des skandinavischen Neoklassizismus entwickelte Asplund eine Formensprache, die weniger streng war als jene der zeitgenössischen modernen Architektur in Deutschland. Zu den vielen großen gestalterischen Leistungen Asplunds gehören der Friedhof Skogskyrogården in Stockholm und ein Erweiterungsbau für das Rathaus in Göteborg. Von 1931 bis 1940 lehrte er außerdem Architektur an der Kungliga Konsthögskolan in Stockholm.

Glaswarenserie
Primula für
Holmegaard, 1930

Gegenüber:
Weinglas *Hogla* für
Holmegaard, 1928

jacob bang 1890 Frederiksberg – 1965 Lyngby, Dänemark

Jacob E. Bang studierte ursprünglich Bildhauerei und später, von 1916 bis 1921, Architektur an der Kongelige Danske Kunstakademi (Königliche Dänische Kunstakademie). 1924 nahm er seine Tätigkeit als Industriedesigner bei den Glaswerken **Holmegaard** auf und wurde vier Jahre später zum künstlerischen Direktor der Firma ernannt. 1942 verließ er Holmegaard, eröffnete sein eigenes Studio und arbeitete von da an als freischaffender Designer. Von 1942 bis 1957 entwarf er Keramiken für die Fayencewerke Nymølle sowie Metallwaren für Pan Aluminium und die Silberschmiede F. Hingelberg. 1957 wurde er zum künstlerischen Leiter der Kastrup-Glaswerke ernannt, die 1965 mit Holmegaard fusionierten. Bei Kastrup entwarf Bang sachlich schlichte Glaswaren, die seinem Grundsatz entsprachen, dass Designprodukte vernünftig, einfach und benutzerfreundlich sein sollten. Als einer der führenden Funktionalisten Dänemarks gestaltete Bang zahlreiche wegen ihrer vereinfachten und rationalen Formen bemerkenswerte Glaswaren – so etwa das berühmte Weinglas *Hogla* und die umfangreiche Serie *Primula,* die beide von Holmegaard produziert wurden. Seine Arbeit stand zwar unter dem Einfluss des Modernismus, war jedoch frei von dem dogmatischen Funktionalismus, wie er in Deutschland propagiert wurde. Die Entwürfe von Bang waren weicher und mehr auf den Menschen bedacht. Indem er sie so gründlich verfeinerte, dass jedes Detail funktional und ästhetisch beinahe perfekt war, schuf Bang einige der schönsten und zeitlosesten Glaswaren des 20. Jahrhunderts.

Silberbecher
für A. Michelsen,
1899

Gegenüber: Stuhl
für die Pariser
Weltausstellung
von 1900, hergestellt
von
J. P. Mørck

Seiten 104–105:
Steingutteller mit
wolkenähnlichen
Motiven im Stil
des Art nouveau,
hergestellt in der
Werkstatt von
G. Eifrig, ca. 1900

thorvald bindesbøll

1846 Kopenhagen –
1908 Kopenhagen, Dänemark

Thorvald Bindesbøll, Sohn des dänischen Architekten M. G. Bindesbøll, schloss 1861 sein Architekturstudium an der Kopenhagener Konstfackskolan (Hochschule für Kunst, Kunsthandwerk und Design) ab. Von 1872 an erhielt er zahlreiche Aufträge im Bereich der dekorativen Kunst und gestaltete Möbel, Stickereiarbeiten und Buchillustrationen. 1882 stellte Bindesbøll in Dänemark wie auch im Ausland aus, und im Jahr darauf entwarf er für die Töpferei J. Walmann seine ersten Keramiken, die von japanischer Kunst und organischen Formen inspiriert waren. Bindesbøll, der auch von William Morris (1834–1896) und der englischen Arts-and-Crafts-Bewegung beeinflusst war, entwickelte einen überaus individuellen, expressionistischen Stil, gekennzeichnet durch kühne Formen und bizarre Muster, die häufig stilisierte Wolken und Wellen darstellten oder ein seegrasartiges Dekor aufwiesen. Ab den 90er Jahren des 19. Jahrhunderts galt Bindesbøll als der führende dänische Designer seiner Generation. Seine Arbeiten im Stil des Art nouveau hatten großen Einfluss auf viele jüngere Designer wie **Georg Jensen**. In dieser Zeit arbeitete Bindesbøll auch für die Københavns Lervarefabrik, die sein bekanntes, mit wolkenähnlichen Motiven verziertes Steingutgeschirr herstellte, und für die Keramikwerke Kaehler Keramik. Seine ersten Entwürfe für Tafelsilber datieren aus dem Jahr 1899. Mit ihren feinen und zarten Paisley-Motiven offenbarten diese Stücke eine große Kunstfertigkeit und stilistische Neuerung. Seine Silberentwürfe für A. Michelsen wurden auf der Pariser Weltausstellung von 1900 ausgestellt. In seiner künstlerischen Karriere übertrug Bindesbøll seinen individualistischen, fortschrittlichen Stil erfolgreich auf verschiedene Disziplinen – so arbeitete er mit Metall ebenso wie mit Leder, Schmuck, Möbeln, Textilien, Glas, Grafik, Beleuchtungen und bemaltem Glas. Als führender Verfechter des skandinavischen Art nouveau schuf Bindesbøll mit seinen Designs quasi die Antithese zu den industriell erzeugten Produkten seiner Zeit. Sein Bekenntnis zu einem abstrakten Dekor und zu einfachen Formen kann jedoch auch als Vorwegnahme des später in Skandinavien aufkommenden modernen Designs gesehen werden.

Pietro Krohn, Service *Heron* für Bing & Grøndahl, 1886/87

Gegenüber: Effie Hegermann-Lindencore, durchbrochene Porzellanschale, 1917

bing & grøndahl gegründet 1853 Kopenhagen, Dänemark

Frederik Vilhelm Grøndahl trat 1833 als Lehrling in die Fabrik **Royal Copenhagen** ein und avancierte sechs Jahre später zum Gestalter und Bildhauer. 1852 nahmen die Brüder Jacob Herman und Meyer Herman Bing Kontakt zu ihm auf. Sie führten in Kopenhagen einen bekannten Kunst- und Papierhandel und beabsichtigten, die erste Porzellanfabrik Dänemarks in Privatbesitz zu etablieren. Das Unternehmen wurde ein Jahr später unter dem Namen Bing & Grøndahl Porselænsfabrik gegründet. Zunächst erzeugte die Fabrik vor allem große neoklassizistische Figuren und Reliefs aus Biskuitporzellan, die den Skulpturen des dänischen Künstlers Bertel Thorvaldsen (1770–1844) nachempfunden waren und über die Galerien M. H. Bings verkauft wurden. Um 1880 traten J. H. Bings Söhne Ludvig und Harald als Geschäfts- bzw. Produktionsleiter in die Fabrik ein. Als Harald Bing 1885 den Maler und Illustrator Pietro Krohn (1840–1905) zum künstlerischen Direktor des Unternehmens ernannte, leitete er für Bing & Grøndahl eine neue und progressive Richtung ein. Krohn entwarf drei Jahre später das Service *Heron,* ein wegen seines nüchternen Stils und der asymmetrischen Musterung bemerkenswertes Design. Es spiegelte nicht nur das wachsende Interesse an japanischen Sujets und am Orientalismus ganz allgemein wider, sondern nahm auch bereits den Stil des Art nouveau vorweg. Die meisten Produkte, die aus der Designabteilung von Bing & Grøndahl kamen, etwa jene von F. A. Hallin, waren entweder von bildender Kunst oder von Royal-Copenhagen-Arbeiten beeinflusst – tatsächlich standen einige der Künstler im Dienst beider Unternehmen. 1895 trat Jens F. Willumsen (1863–1958) die Nachfolge von Krohn als künstlerischer Leiter an, wobei er ebenso wie sein Vorgänger sowohl für die Produktion der „Kunstfiguren" wie auch die der Gebrauchswaren verantwortlich war. Bing & Grøndahl setzte die Fertigung kunsthandwerklicher Artikel in den 1920er und 1930er Jahren fort. Dazu gehörten u. a. die Steingutfiguren von Mogens Bøggild, die Tierstatuen von Knud Kyhn (1880–1969), das verfeinerte klassische Tafelgeschirr von **Kay Bojesen**, Ebbe Sadolin (1900–1982) oder Hans Tegner sowie andere dekorative Stücke von **Axel Salto**, Kai Nielsen und Jean René Gauguin (Sohn des Malers Paul Gauguin, 1881–1961). Für kurze Zeit, von 1937 bis 1938, übernahm Gunnar Nylund die künstlerische Leitung der Firma, kehrte dann aber wieder zu **Rörstrand** zurück. Nach dem Zweiten Weltkrieg eröffnete das Unternehmen in Valby ein

Thorvald Bindesbøll,
Teller mit Schmetter‐
lingsmuster, ca. 1885

Gegenüber:
Axel Salto, Vasen,
1923–1925 und 1925

neues Werk für die Massenfertigung von Gebrauchs‐
waren, während das Stammhaus in Vestergade wei‐
terhin die eher künstlerischen Artikel erzeugte. 1947
erhielt **Finn Juhl** für seine Innenausstattung des
Ausstellungsraums von Bing & Grøndahl in Kopenha‐
gen, mit dem vor allem das Engagement der Firma für
hervorragendes Design unterstrichen werden sollte,
die Eckersberg-Medaille. Bing & Grøndahl produzierte
in den Nachkriegsjahren zwar weiter nach seinen
bewährten Entwürfen, nahm aber auch zeitgenössi‐
sche Entwürfe in die Produktion auf: etwa Gertrud
Vasegaards orientalisch geprägte Steingutwaren und
ihr von chinesischer Kunst inspiriertes Tafel- und Tee‐
service aus Porzellan. 1961 nahm **Henning Koppel**
seine Tätigkeit für Bing & Grøndahl auf. In seinen Wor‐
ten „lud das makellos reine Porzellan der Firma dazu
ein, die Grenzen zu überschreiten", wobei manche
seiner Gestaltungen ausschließlich auf den beson‐
deren Merkmalen dieses Materials beruhten. Andere
Entwürfe von Koppel, so etwa sein Service *Form 24*,
basierten auf seinen Silberarbeiten für **Georg Jensen**.
Das Unternehmen, das auch in dieser Zeit in dem
Ruf stand, Geschirr und figurative Skulpturen von
hervorragender gestalterischer Qualität herzustellen,
behielt sein renommiertes Atelier bei, wo zu den fest
angestellten Künstlern immer wieder Gastdesigner
hinzukamen, z. B. **Carl-Harry Stålhane**. In den spä‐
ten 1960er Jahren schuf auch **Erik Magnussen** eine
Reihe bedeutender Entwürfe für die Fabrik, u. a. eine
Teekanne aus Steingut (1963), das Service *Form 25
Termo* (1965) und eine Porzellanteekanne (1969),
die eine äußerst innovative doppelwandige Form
aufwies und über einen Einschnitt mit integriertem
Griff verfügte. Im Kontrast zu Magnussens sparsamem
modernen Stil standen die humoristischen Steingut‐
skulpturen von Sten Lykke Madsen. 1987 fusionierte
die Fabrik mit Royal Copenhagen und schloss das
ursprüngliche Werk in Vestergade, führte aber das
angesehene Atelier der Firma weiter. In Dänemark
wird Bing & Grøndahl eine Bedeutung eingeräumt,
die gleich an zweiter Stelle nach Royal Copenhagen
kommt. Die Produkte dieser Firma leisteten einen
ungemein wichtigen Beitrag, um das hohe Ansehen
Dänemarks im Bereich der Gestaltung progressiver
und zugleich hochwertiger Porzellan- und Steingut‐
waren zu etablieren.

Holzspielzeug
Soldat, ca. 1954

Gegenüber:
Original-Werbefoto
von Bären- und
Elefantenspielzeug,
1950er Jahre

kay bojesen 1886 Kopenhagen – 1958 Gentofte, Dänemark

Kay Bojesen, einer der Pioniere des dänischen Designs, ging von 1907 bis 1910 in der Silberschmiede von **Georg Jensen** in die Lehre. 1911 setzte er seine Ausbildung an der Fachschule für das Edelmetallgewerbe Schwäbisch-Gmünd fort und arbeitete danach für kurze Zeit in Paris. Nach seiner Rückkehr nach Kopenhagen im Jahr 1913 gründete er dort seine eigene Silberschmiede. Seine frühen Arbeiten waren noch von den reich verzierten Formen des Ateliers Georg Jensen beeinflusst, doch mit der Zeit entwickelte er einen modernen Stil, der das Augenmerk auf schlichte Formen und glatte Oberflächen lenkte und für die industrielle Fertigung geeignet war. Von 1930 bis 1931 entwarf Bojesen Keramiken für **Bing & Grøndahl**. Als einer der führenden Designer der skandinavischen Moderne war er auch die treibende Kraft bei der Gründung der Galerie Den Permanente in Kopenhagen im Jahr 1931. Daraus entstand eines der ersten Designzentren in Europa, das als ständiger Ausstellungsraum für die besten Erzeugnisse des zeitgenössischen dänischen Designs diente. In den 1930er Jahren entwarf Bojesen mehrere Silberbestecke und Hohlwaren, darunter sein einflussreiches, von einer sparsam eleganten Form und fließenden Linien geprägtes Besteck *Grand Prix* von 1938. Viele seiner Silberdesigns wurden später für rostfreien Stahl adaptiert und von Motala Verkstad in Motala und der Universal Steel Company in Kopenhagen industriell gefertigt. Bojesen war außerdem einer der ersten modernen Designer, die mit dem formtechnischen Potenzial der dreizinkigen Gabel experimentierten. Neben eigenen Entwürfen fertigte Bojesens Werkstatt auch die Metallwaren anderer Gestalter wie **Finn Juhl**, **Ole Wanscher** und **Magnus Stephensen**. 1938 zeigte das Danske Kunstindustrimuseum in Kopenhagen eine Einzelausstellung von Bojesens Arbeiten, und 1940 stellte er auf der VII. Triennale in Mailand aus. In den 1940er und 1950er Jahren stellte Bojesen Metallwaren her, mit denen er sich weithin einen Namen machte. 1951 wurde er auf der IX. Mailänder Triennale mit dem ersten Preis ausgezeichnet, und im Jahr darauf ernannte ihn der dänische Hof zum Silberschmied des Königs. In dieser Zeit wurde er auch mit seinem charakteristischen Holzspielzeug berühmt – insbesondere mit seinen ausdrucksstarken Holzfiguren, den Affen, Hasen, Elefanten, Bären und

Besteck aus Silber, Edelstahl und Ebenholz, 1938 (das Besteck wurde ab 1951 in der Edelstahlversion unter dem Namen *Grand Prix* produziert)

Gegenüber: Holzspielzeug *Papageientaucher*, 1954

Unten Mitte: Doppelte Salatschüssel und Besteck aus Teakholz, 1949

Unten: Servierschalen aus Silber mit Ebenholzgriffen, 1951

Papageientauchern (mit deren Herstellung er bereits 1935 begonnen hatte), als auch mit den funktionalen und zugleich skulpturalen Salatschüsseln aus Teakholz, wie etwa der kugelförmigen Doppelschüssel, die auf der X. Mailänder Triennale von 1954 mit einer Goldmedaille prämiert wurde. Das Unternehmen Kaj Bojesen wurde 2011 von seiner Enkelin Susanne gegründet und stellt nach wie vor einige seiner bekanntesten Entwürfe her. Diese gelten bis heute als beispielhaft für den sinnlichen und zugleich praktischen Stil, der zum Synonym für das dänische Design geworden ist.

Weingläser für
Kosta, 1927

ewald dahlskog   1894 Stockholm – 1950 Gävle, Schweden

Ewald Dahlskog lernte von 1905 bis 1908 an der Centraltryckeriet (Zentraldruckerei), studierte von 1908 bis 1912 an der Kungliga Tekniska Högskolan (Königliche Technische Hochschule) und schließlich von 1913 bis 1917 an der Kungliga Konsthögskolan (Königliche Kunsthochschule) in Stockholm. Um 1920 reiste er zu Studienzwecken mehrmals ins Ausland, besuchte u. a. Frankreich, Italien und Tunesien und lebte von 1924 bis 1926 als freischaffender Maler, Illustrator und Journalist in Paris. Als er 1926 nach Schweden zurückkehrte, begann er, für **Kosta** zu entwerfen, u. a. eine Stielschale aus geschliffenem Glas mit stark stilisierten und unter dem Einfluss des Art déco stehenden Darstellungen von Minotauren und Palmen. Ein Jahr später gestaltete er eine Serie von Weingläsern mit kegelförmigen Kelchen und facettierten Stielen, deren Ästhetik bereits eher der Moderne entsprach, sowie mehrere Vasen und eine Karaffe, die ohne Form geblasen waren und wiederum einen mehr folkloristischen Stil aufwiesen. Dahlskog machte sich außerdem einen Namen als Intarsiengestalter, als er

1926 die Holztäfelung für das Stockholmer Konzerthaus entwarf, die er mit stilisierten Darstellungen aus dem Leben von Hirten und Soldaten verzierte. Drei Jahre später kreierte Dahlskog seine ersten Keramiken für die Bobergs Fajansfabrik in Gefle, darunter die bekannten, mit Blumenmustern verzierten Fayencevasen und Gartenschalen. Die kühnen geometrischen Formen dieser gerillten Gefäße zeugten bereits vom wachsenden Einfluss der Moderne auf das skandinavische Design und wurden, nachdem sie auf der bahnbrechenden Stockholm-Ausstellung von 1930 ausgestellt waren, in der schwedischen Presse als „funktionalistisch" beschrieben. Doch auch wenn diese Steingutgefäße den formalen Einfluss des Modernismus widerspiegelten, so entsprach ihre klobige Robustheit doch eher dem in Skandinavien tief verwurzelten handwerklichen Erbe, wodurch sie zu jener Synthese aus Gegenwart und Tradition wurden, die so oft Herz und Seele des skandinavischen Designs ausmacht. Dahlskog arbeitete bis zu seinem Tod 1950 für die Bobergs Fajansfabrik.

Steingutvasen
für Bobergs
Fajansfabrik,
ca. 1930

Küchenherd
Aga 2000 Special Edition für Aga-Rayburn, 2000. Aga 2000 basiert auf dem ursprünglichen Standardmodell aus den 1930er Jahren

Gegenüber:
Küchenherd
Aga Classic Special Edition für Aga-Rayburn, 2000

gustaf dalén

1869 Stenstorp – 1937 Lindigö, Schweden

Gustaf Dalén wurde 1906 zum Chefingenieur der Firma Svenska AB Gas Accumulator, einem Lieferanten von Acetylengas, ernannt. In dieser Funktion widmete er sich umfassenden Forschungsarbeiten mit Gasen und Turbinen und führte entscheidende Verbesserungen an den Heißluftturbinen und der Dampfturbine von de Laval durch. 1909 stieg Dalén zum Geschäftsführer des Unternehmens auf und erfand kurz darauf Agamassan – eine Substanz, die Acetylen absorbiert und es dadurch ermöglicht, Gas unter Ausschaltung der Explosionsgefahr zu konzentrieren. Für seine Erfindung des Solventils, eines automatischen Sonnenventils, das mithilfe des Sonnenlichts eine Gaslichtquelle so reguliert, dass sie bei Tageslicht abgedreht bleibt, erhielt er 1912 den Nobelpreis für Physik. Diese Erfindung wurde später auf der ganzen Welt für die Beleuchtung unbemannter Leuchttürme und für Leuchtbojen eingesetzt. Tragischerweise verlor Dalén 1913 das Augenlicht, als sich bei einem seiner Experimente eine Explosion ereignete. Während er sich zu Hause von dem Unfall

erholte, fielen ihm die Probleme seiner Frau mit ihrem antiquierten und unberechenbaren gusseisernen Kochherd auf, der ständig überwacht werden musste, um Temperaturschwankungen zu verhindern. Ausgehend vom Konzept der Wärmespeicherung, erfand Dalén einen Küchenherd, der eine kleine und effiziente Wärmequelle, zwei große Kochplatten und zwei geräumige Öfen zu einer robusten und kompakten Einheit kombinierte. Der als *Aga* (der Name geht auf die Initialen von Daléns Firma zurück) bekannt gewordene Herd erzielte eine hohe Wärmeakkumulation, wobei die Wärme dank eines hervorragend isolierten Gehäuses in präzise kontrollierten Mengen abgegeben wurde, und das bei minimalem Brennstoffverbrauch. Da die so erzeugte Wärme ausstrahlte, wurde in beiden Öfen jeder Kubikzentimeter genutzt. Die thermostatische Steuerung machte Knöpfe und Regler überflüssig, und da die Öfen und Kochplatten je nach Abstand zur Wärmequelle unterschiedliche Temperaturen beibehielten, konnte man mit dem *Aga* gleichzeitig schmoren, backen, dünsten, sieden, braten, grillen, erhitzen und toasten. 1929 wurde der *Aga* erstmals nach Großbritannien importiert. Die wichtigsten Gussteile für den *Aga* wurden anschließend in der historischen Gießerei der Coalbrookdale Foundry in

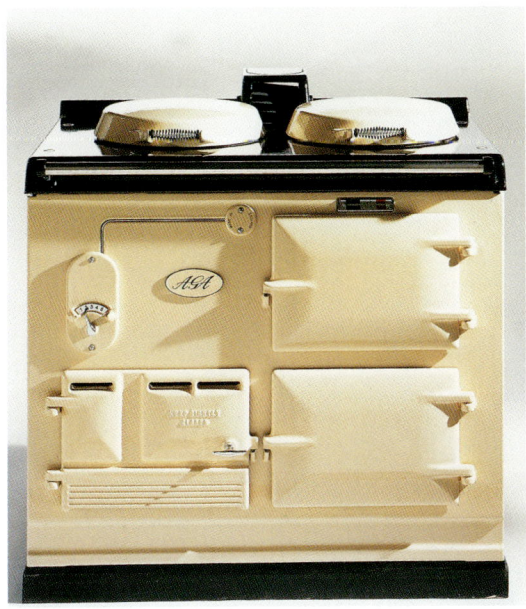

Oben rechts:
Archivfoto von der
Präsentation eines
Aga-Küchenherds,
1930er Jahre

Unten:
Küchenherd
Aga Two Oven
für Aga-Rayburn,
1990er Jahre

Shropshire – einem der Ausgangspunkte der Industriellen Revolution in England – gefertigt, bis die Firma von der amerikanischen Middleby Corporation übernommen und die Produktion woandershin verlagert wurde. Der *Aga* war so überzeugend in der Ausführung, dass er das Design von Küchenherden vollkommen revolutionierte. Bis heute hat dieser Herd viele treue Benutzer, die in ihm das ultimative Kochgerät sehen. Die rund 750 000 Agas, die gegenwärtig auf der ganzen Welt in Gebrauch sind, bezeugen die Genialität dieser Erfindung Daléns, die als eine der Ikonen des frühen skandinavischen Industriedesigns in die Geschichte eingegangen ist.

Emailleteller,
1950er Jahre –
signiert „Ley"

Gegenüber:
Thorbjørn
Lie-Jørgensen,
Silberkanne mit
Ebenholzhenkel,
1934

david-andersen *gegründet 1876 Oslo, Norwegen*

Die renommierte norwegische Goldschmiede ist nach ihrem Gründer David Andersen benannt, der sie 1876 in Christiania (dem heutigen Oslo) errichtete. International bekannt wurde die Werkstätte, als sie um 1900 begann, die exquisiten emaillierten Objekte im Art-nouveau-Stil von Designern wie **Gustav Gaudernack** und Thorolf Holmboe (1866 bis 1935) herzustellen. Auch Arthur David-Andersen (1875–1970), der Sohn des Firmengründers, entwarf Silberwaren, die mit wirbelnden Blumenmotiven ebenfalls im Stil des Art nouveau verziert waren. Von 1901 bis 1952 war er künstlerischer Leiter der Firma und beschäftigte führende Designer wie Harry Sørby, Johan Lund (1861–1939), Ludwig Wittmann (1877–1961) und Johan Sirnes (1883 bis 1966). Mit Arthurs Sohn Ivar David-Andersen (1903–1998) trat in den späten 1920er Jahren die dritte Generation in den Familienbetrieb ein. Um 1930 kamen die Produkte der Werkstätte unter den Einfluss des Art déco. Deutlich wird dieser stilistische Übergang in der kühnen unverzierten Form des 1934 von Thorbjørn Lie-Jørgensen (1900–1961) entworfenen Krugs aus Silber und Elfenbein, dessen Formensprache den weich fließenden organischen Stil vorwegnahm, der im folgenden Jahrzehnt für das skandinavische Design so charakteristisch werden sollte. Als Ivar David-Andersen nach dem Zweiten Weltkrieg seinem Vater als künstlerischer Leiter nachfolgte, nahm dieser seine Tätigkeit als Designer wieder auf und gewann auf der X. Mailander Triennale von 1954 eine Goldmedaille. Die Firma produziert bis heute moderne Silberwaren, daneben aber auch traditionelleres Essbesteck. Darüber hinaus ist sie für ihre Metallwaren bekannt, die sich durch die in leuchtenden Farben gehaltenen Emailarbeiten auszeichnen. Unter Einsatz einer aufwendigen Technik, bei der das Email Schicht für Schicht aufgebaut wird, erzeugt das Atelier Vasen, Teller, Schüsseln und Löffel aus verschiedenen Metallen und führt damit die jahrhundertealte norwegische Emailtradition fort. Heute ist David-Andersen eines der bekanntesten Juweliergeschäfte Skandinaviens, in dessen Sortiment sich eigene Entwürfe finden, sowie Entwürfe anderer skandinavischer Ateliers.

Ring *Modell Nr. 111*, Armreif *Modell Nr. 107* und Brosche *Modell Nr. 333*, alle aus Silber, für Georg Jensen, 1956

nanna ditzel
1923 Kopenhagen – 2005 Kopenhagen, Dänemark

Nanna Ditzel (geb. Hauberg) studierte zeitgleich mit **Grete Jalk** und **Kristian Vedel** Kunsttischlerei an der Richards-Schule in Kopenhagen. Später war sie eine Schülerin von **Kaare Klint** an der Kongelige Danske Kunstakademi (Königliche Kunstakademie) und setzte ihre Ausbildung an der Kunsthåndværkerskolen (Kunsthandwerksschule) in Kopenhagen fort, wo **Orla Mølgaard-Nielsen, Peter Hvidt**, Peter Hvidt, Aksel Bender Madsen (1916–2000), Peter Koch (1905–1980), Ejner Larsen (1917–1987) und der Maler Victor Isbrand (1897–1989) zu ihren Lehrern zählten. An der Kunsthandwerksschule lernte sie ihren späteren Ehemann Jørgen Ditzel (1921–1961) kennen, der zuvor eine Lehre als Tapezierer und Polsterer absolviert hatte. 1944 stellten sie ihre gemeinsam entworfenen Wohnzimmermöbel bei der Jahresausstellung der Kunsttischler in Kopenhagen aus. Ihre Einrichtungsgegenstände, darunter ein Teetisch mit abnehmbarem Tablett, den sie für Louis G. Thiersen entworfen hatten, erregten einiges Aufsehen. Zwei Jahre später heiratete das Paar und richtete in Hellerup ein eigenes Designstudio ein.

Zu Beginn lag der Schwerpunkt ihrer Arbeit auf der Ausstattung kleiner Wohnräume, wobei Nanna auf die Idee kam, Küchenschränke als Trennwände einzusetzen. In den frühen 1950er Jahren entwarf sie Möbel für den Architekten Fritz Schlegel (1896–1965), setzte aber ihre Design- und Ausstellungstätigkeit zusammen mit ihrem Mann fort. So entwickelten sie 1952 für die Knud Willadsen Møbelsnedkeri Kinderzimmermöbel aus Sperrholz und gestalteten mit Gunnar Aagaard Andersen (1919–1982) einen Stand für die Ausstellung der Kunsttischler. Ebenfalls in dieser Zeit entwarf Nanna für **Georg Jensen** Silberschmuck, der bemerkenswert avantgardistische organische Formen aufwies. 1954 veröffentlichte sie gemeinsam mit ihrem Mann ein Buch mit dem Titel „Dänische Stühle", und als sie 1956 beide mit dem Lunning-Preis ausgezeichnet wurden, waren sie in der Lage, ausgedehnte Reisen nach Italien, Griechenland, Mexiko und in die USA zu unternehmen. Ab 1957 entwarfen sie Korbmöbel für R. Wengler, darunter den bekannten eiförmigen Hängekorbstuhl. Außerdem begannen sie, für Kolds Savværk Kindermöbel aus Massivholz zu gestalten, und kreierten den bis heute in ganz Skandinavien allgegenwärtigen Hochstuhl. Durch Jørgens frühen Tod im Jahr 1961 fand diese schöpferische Zusammenarbeit

Oben: Wohnzimmereinrichtung mit Möbeln aus Douglasfichte, ausgeführt von Poul Christiansen, 1962

Bank für Zwei *Modell Nr. 2600* und Tisch *Modell Nr. 2601* für Fredericia, 1989

ein abruptes Ende. Nanna gestaltete danach mehrere Kinderspielplätze sowie den schlichten und doch eleganten Kinderhocker *Toadstool*. Sie wurde auch von Søren Georg Jensen gebeten, für die Silberschmiede seiner Familie Schmuckstücke mit Halbedelsteinen wie Achaten und Turmalinen zu entwerfen. 1968 heiratete Nanna Kurt Heide und lebte 15 Jahre lang in London. Nach seinem Tod kehrte sie 1986 nach Kopenhagen zurück, wo sie in einem der ältesten Viertel der Stadt eine Werkstatt, ein Atelier und eine Wohnung einrichtete. Angetrieben von ihrer Neugierde und ihrem „Appetit auf Veränderung", gestaltete Nanna Ditzel innovative, vom kunsthandwerklichen Ansatz geprägte Möbel, Metallwaren, Tafelgeschirr, Schmuck und Textilien. Ihre Arbeiten für Fredericia – etwa die schmetterlingsförmige Bank *Model no. 2600 Bench for Two* von 1989 – besaßen einen erstaunlichen Sinn für Leichtigkeit und Struktur und strahlen Bewegung und Schönheit aus.

Oben links: Kinderstuhl für Kolds Savværk, 1955

Oben rechts: Aufeinandergestapelte Hocker *Toadstool* für Kolds Savværk, 1962

Gegenüber: Eiförmiger Hängekorbsessel für R. Wengler, 1957

Teeservice
aus Silber für
A. Michelsen,
1929

Gegenüber:
Cocktailmixer für
A. Michelsen,
1928/29 und 1927

kay fisker *1893 Frederiksberg – 1965 Kopenhagen, Dänemark*

Kay Fisker arbeitete von 1912 bis 1916 für den dänischen Architekten und Designer **Anton Rosen**, ehe er an der Kongelige Danske Kunstakademi (Königliche Dänische Kunstakademie) in Kopenhagen Architektur studierte. Nach seinem Studienabschluss im Jahr 1920 richtete Fisker sein eigenes Architekturbüro ein und wurde bereits 1921 in Gent für seine Arbeit mit einer Goldmedaille ausgezeichnet. Von 1919 bis 1927 war Fisker außerdem Chefredakteur der Zeitschrift „Arkitekten", und um 1925 begann er für die Kopenhagener Firma von A. Michelsen Tafelsilber zu entwerfen. Als Angehöriger der jüngeren Generation dänischer Avantgarde-Designer wollte Fisker das dänische Design durch die Entwicklung neuer, stark geometrischer Formen modernisieren. Ein Beispiel dafür sind die Cocktailmixer, die er in den späten 1920er Jahren entwarf. Form und Dekor seiner Entwürfe waren häufig untrennbar miteinander verbunden, ein Merkmal, das bei seiner Bonbonnière für A. Michelsen (1926) oder seinem Lehnstuhl aus Buchenholz aus den 1930er Jahren besonders deutlich zutage tritt. Fisker gestaltete auch Bucheinbände und stellte seine Arbeit 1925 auf der bedeutenden „Exposition Internationale des Arts Décoratifs et Industriels Modernes" in Paris aus. 1928 wurde er mit der prestigeträchtigen Eckersberg-Medaille und 1947 mit der C.-F.-Hansen-Medaille ausgezeichnet. 1936 nahm er an der Kopenhagener Kunstakademiets Arkitektskole eine Professur für Architektur an, die er bis 1963 innehatte. Seiner Tätigkeit als Gestalter waren mehrere Einzelausstellungen in Charlottenborg, Kopenhagen (1934 und 1953), Paris (1949), London (1950) und Århus (1953) gewidmet. Wie vielen anderen dänischen Designern gelang es auch Fiskers, traditionelle Formen zu erneuern, indem er eine sensible Balance zwischen Historismus und ausgesprochenem Modernismus schuf. Fisker, der als einer der einflussreichsten Architekten und Designer im Dänemark der 1920er und 1930er Jahre gilt, war ein Meister im Umgang mit einer großen Bandbreite von Werkstoffen und produzierte nicht nur Luxusgüter wie den exquisiten Cocktailmixer aus Silber, sondern auch Gebrauchsgegenstände, als deren bemerkenswertestes Beispiel sein gusseiserner Ofen zu nennen ist, dessen unaufdringliche Schönheit allein von seinem funktionalen Purismus herrührt.

Innenausstattung des Dänischen Pavillons auf der Pariser „Exposition Internationale des Arts Décoratifs et Industriels Modernes" von 1925

Gegenüber: Weinkrug für A. Michelsen, 1926

Gläser *Lilli* für Iittala, 1956

Gegenüber:
Karaffen *Kremltürme* für Nuutajärvi-Notsjö, 1955

kaj franck
1911 Viipuri, Finnland – 1989 Santorini, Griechenland

Kaj Franck, der zu den erfolgreichsten Glas- und Keramikdesignern Finnlands zählt, studierte zunächst Möbeldesign bei Arttu Brummer (1891 bis 1951) an der Taideteollinen Korkeakoulu (Hochschule für Kunst und Design) in Helsinki, wo er 1932 seinen Abschluss machte. In den Jahren 1933 und 1934 arbeitete er als Katalogillustrator für Taito Oy und für die **Riihimäki**-Glaswerke. Von 1934 bis 1938 war er zunächst als Dekorateur und Innenarchitekt bei Te-Ma Oy und später als Textilgestalter bei der United Wool Factory in Hyvinkää beschäftigt. 1939 wurde Franck zum Militärdienst einberufen und kam erstmals mit Landsleuten in Berührung, die aus weniger privilegierten Schichten stammten – eine Erfahrung, die ihn nachhaltig prägte. 1945 begann er für die **Arabia**-Porzellanfabrik zu arbeiten, und ein Jahr später entwarf er Gebrauchsgeschirr für die Väestöliition (Familienwohlfahrtsvereinigung). In den 1950er Jahren gestaltete er mehrere Serien von modernem Gebrauchsgeschirr und Küchenutensilien. Diese Produkte waren multifunktional und wiesen statt der modischen Stromlinienform geometrische Formen auf. In einem 1949 erschienenen Artikel schrieb Franck: „Die neuen Lebensbedingungen und ein neuer Lebensstil zwangen uns zur Modernisierung der häuslichen Einrichtungen … [jedoch] sieht man bei Porzellanwaren für den täglichen Gebrauch kaum eine Veränderung … Für Abstriche bei der Gestaltung angemessener Gebrauchsgüter besteht keine Notwendigkeit. Haltbar, robust, wasserdicht, leicht zu reinigen … unsere Zeit wird ihre eigene Designsprache entwickeln, und zwar anhand der Lebensbedingungen und -formen, die uns entsprechen." Diese Ideale setzte Franck 1952 mit dem glasierten Fayencegeschirr *Kilta* in die Tat um: Diese Serie war nicht als traditionelles Service konzipiert, sondern bestand aus einzelnen, beliebig miteinander kombinierbaren Teilen, die in einem durchgängigen Stil gestaltet waren. 1955 erhielt Franck ein Asla-Stipendium, um die Designausbildung in den USA kennenzulernen. Während seines Aufenthalts beobachtete er auch die Essgewohnheiten aufmerksam, was direkte Auswirkungen auf seine nachfolgenden Arbeiten hatte. Von 1954 bis zu seinem Weggang von Arabia im Jahr 1973 entwarf Franck auch Produkte mit limitierter Auflage, darunter die Serie *Lumipallo* (Schneeball).

Vasen *Kartio* für Iittala, 1958

Gegenüber: Geschirrserie *Teema* für Arabia, 1977–80, Neugestaltung der 1948 und 1951/52 von Franck entworfenen *Kilta*-Serie

Von 1946 bis 1950 entwarf er außerdem Pressglaswaren für **Iittala**, wie etwa die praktischen Wasserkaraffen und Trinkgläser der *Kartio*-Serie. Als ihn die mangelnde Experimentierfreudigkeit bei Iittala zunehmend frustrierte, verließ er 1950 das Unternehmen und wurde ein Jahr später zum leitenden Designer der **Nuutajärvi**-Notsjö Glaswerke ernannt, die kurz zuvor von der Wärtsilä-Gruppe übernommen worden waren. Die Nuutajärvi-Manufaktur genoss dank der herausragenden Qualität ihrer Studioglaskollektionen bereits großes Ansehen und ermöglichte Franck, das kreative Potenzial von Glas zu erforschen und mit unterschiedlichen Techniken und Pigmentierungen zu experimentieren. 1952 stellte er zwei venezianische Glasbläser an, die ihre in Murano erworbenen Kenntnisse einsetzten und bewirkten, dass Francks Entwürfe daraufhin gelegentlich den unverkennbaren Einfluss venezianischer Glaskunst aufwiesen. Das Kunstglas, das Franck für Nuutajärvi entwarf, verfügte über eine enorme stilistische Bandbreite: von zart gravierten Karaffen über rustikal geformte Gläser mit eingeschlossenen Luftblasen und Bändern in kräftigen Farben bis hin zu „gesponnenem" Glas mit wirbelnden Streifen. Eines seiner letzten Projekte war die Neugestaltung der *Kilta*-Serie im Auftrag von Arabia.

Das Ergebnis, die *Teema*-Serie (1977–1980), die aus 19 auf elementaren geometrischen Formen (Kreis, Quadrat und Kegel) basierenden Teilen bestand, spiegelte seine Überzeugung wider, dass „die einzige Möglichkeit, die gestaltungstechnischen Probleme von Gebrauchswaren zu lösen, darin besteht, radikal und sozial zu sein". Francks Karriere ist bezeichnend für eine Arbeitsweise, die man fast ausschließlich bei skandinavischen Designern antrifft: Er entwarf häufig parallel zu funktionalen, für breite Käuferschichten und eine Massenfertigung gedachten Produkten auch Einzelstücke oder Kunstobjekte in limitierter Auflage.

Stoff *Hawaii* für
Svenskt Tenn,
1943/44

Gegenüber:
Stoff *Teheran* für
Svenskt Tenn,
ca. 1943–1945

josef frank 1885 Baden, Österreich – 1967 Stockholm, Schweden

Josef Frank studierte von 1903 bis 1910 Architektur an der Technischen Hochschule in Wien. Er begann seine berufliche Laufbahn als Architekt und Innenausstatter und hatte von 1919 bis 1927 einen Lehrstuhl an der Wiener Kunstgewerbeschule inne.
Von 1925 bis 1934 betrieb er außerdem gemeinsam mit Oskar Wlach (1881–1963) das Einrichtungsgeschäft Haus & Garten. Als einer der prominentesten österreichischen Architekten entwarf er Objekte für die Wiener Werkstätte und nahm 1927 an der legendären Stuttgarter Ausstellung „Die Wohnung" des Deutschen Werkbunds teil. Obwohl sein eigens für diese Ausstellung entworfenes Doppelhaus aus Stahlbeton mit Flachdach äußerst modern war, standen die von ihm in derselben Periode entworfenen Möbel in ihrer neoklassizistischen Stilgebung in völligem Widerspruch zur funktionalistischen Ästhetik der Moderne. 1933 arbeitete Frank erstmals im Auftrag des schwedischen Einrichtungshauses Svenskt Tenn. Zwei Jahre später ging er nach Stockholm, wurde zum Chefdesigner der Firma ernannt und entwarf Textilien und Möbel, die von der britischen Arts-&-Crafts-Bewegung des 19. Jahrhunderts und dem Wiener Design der Jahrhundertwende inspiriert waren. Seine Möbel fielen durch harmonische Proportionen und eine exzellente handwerkliche Qualität auf, ebenso wie durch ihre Zweckmäßigkeit und Bequemlichkeit. Von 1942 bis 1944 lehrte er an der New School for Social Research in New York und verfasste daneben mehrere Bücher über Design und Architektur. 1946 kehrte er nach Stockholm zurück. Das Interesse an seiner Arbeit lebte in den 1980er Jahren wieder auf und nahm in den letzten drei Jahrzehnten weiter zu. Bis heute wird eine große Anzahl seiner Entwürfe nach wie vor von Svenskt Tenn produziert. Heute gilt Josef Frank neben **Carl Malmsten** und **Bruno Mathsson** als einer der drei „Klassiker" des schwedischen Designs. In jedem Fall leistete er mit seiner Pionierarbeit einen immensen Beitrag zur Entwicklung des „skandinavischen Stils". Dabei drückt sich in seiner Überzeugung, dass ein Zuhause nicht bis ins kleinste Detail geplant sein müsse, sondern nur aus jenen Stücken arrangiert sein solle, die seine Bewohner lieben, das bis heute wirkende skandinavische Misstrauen gegen den dogmatischen Universalismus aus.

Der Knoten der Freundschaft Messing-Kerzenhalter für Svenskt Tenn, 1938

Unten: Einrichtung mit kleiner Kommode aus Mahagoni und Stoff *Poisons,* beide für Svenskt Tenn, ca. 1943

Gegenüber: Stoff *Dixieland* für Svenskt Tenn, 1943/44

Tischlampe
Modell Nr. B2483
für Svenskt Tenn,
1936

Gegenüber:
Schubladenschrank
auf Untergestell
Modell Nr. 881
für Svenskt Tenn,
ca. 1938

Unten: Originalfoto
einer Inneneinrichtung von Svenskt
Tenn, aus dem
Bilderalbum des
Unternehmens,
1940–50er Jahre

Oben:
Wohnzimmer von Svenskt Tenn, Inneneinrichtung von Estrid Ericson, 1940–50er Jahre, mit Möbeln und Beleuchtung von Josef Frank

Armstuhlpaar *Modell Nr. 798* aus Mahagoni und Leder, 1938

Gegenüber: Eichenschrank *Flora* auf Untergestell für Svenskt Tenn, 1930er Jahre – verziert mit botanischen Drucken aus Carl Lindmans „Bilder ur Nordens Flora"

Arne Jacobsen, Stühle *Modell Nr. 3107*, 1955. Dieses Design war später in vielen verschiedenen Farben erhältlich.

Gegenüber: Arne Jacobsen, Sitzmöbel der *Myren*- und *7er-Serien*, 1952–1968

fritz hansen gegründet 1872 Kopenhagen, Dänemark

Fritz Hansen richtete 1872 in Kopenhagen eine Möbeltischlerei ein, die sich auf Drechslerarbeiten und die Herstellung von Holz- und Eisenrahmen für Polstermöbel spezialisierte. 1915 modernisierte Hansens Sohn Christian die Schreinerwerkstatt, wobei er einige industrielle Fertigungsmethoden für die Massenfabrikation einführte. Dank dieser neuen Techniken, zu denen auch ein ähnliches Holzbiegeverfahren gehörte, wie es von Michael Thonet in Österreich entwickelt worden war, konnte das Unternehmen in den 1920er Jahren stark expandieren. 1932 traten Christians Söhne Fritz und Søren in die Firma ein und leiteten mit Entwürfen wie Søren Hansens *DAN* (1930) – einem dezent aktualisierten Kaffeehausstuhl im Stile Thonets – eine allmähliche Modernisierung der Produktreihe ein. Fritz Hansen produzierte in den 1930er Jahren auch eine große Anzahl anderer, vom Stil der Moderne geprägter Möbel aus gebogenem Holz und Stahlrohr nach Entwürfen der Architekten Ernst Heilmann Sevaldsen (geb. 1890), Fritz Schlegel (1896–1965) und **Kaare Klint**. In den späten 1940er Jahren nahm das Unternehmen die Möbel von **Hans Wegner** in die Produktion auf, darunter auch seinen *Chinesischen Stuhl Nr. 1* (1944), zu dem ihn die Abbildung eines antiken chinesischen Stuhls in **Ole Wanschers** 1932 erschienenem Buch „Møbelkunsten" inspiriert hatte. Dieser Stuhl von Wegner war die Weiterentwicklung eines bereits vorhandenen Modells und eine moderne, auf qualitativ höchstem Niveau ausgeführte Adaption, die eine Serienfertigung ermöglichte. Andere bedeutende, von Fritz Hansen in den späten 1940er Jahren hergestellte Möbelstücke waren ein Lehnstuhl aus Buchenholz von Ove Boldt (eine Neuinterpretation des traditionellen *Windsor*-Stuhls), ein Polstersessel aus Buche von Søren Hansen und ein Sofa aus Buchenholz mit herunterklappbaren Seitenteilen von **Børge Mogensen**. 1950 wurde bei Fritz Hansen außerdem die legendäre, von **Peter Hvidt** und **Orla Mølgaard-Nielsen** entworfene *AX*-Stuhlserie aus Formsperrholz entwickelt und hergestellt, mit der die Firma einen wichtigen Schritt in Richtung einer moderneren Designsprache unternahm. 1951 bis 1952 entwarf **Arne Jacobsen** für Fritz Hansen den Stapelstuhl *Myren* (Ameise), dessen Schalensitze aus Schichtholz und Beinkonstruktion aus Stahlrohr ein Meisterwerk in

der Kunst der Vereinfachung darstellten. Durch seine schmale Taille und kurvenreichen Formen erlangte dieser Stuhl in den 1950er Jahren Kultstatus als eine Ikone des New Look. Diesem Design folgte 1955 die sogar noch erfolgreichere Stuhlkollektion der Serie 7, die ebenfalls aus Sperrholz und Stahlrohr konstruiert war und sich hervorragend für eine Industrieproduktion in großer Stückzahl eignete. In den späten 1950er Jahren produzierte Fritz Hansen die zukunftweisenden Sessel *Svanen* (Schwan) und *Ægget* (Ei) von Arne Jacobsen (1958). Diese enorm populären Designs nahmen nicht nur die futuristischen Formen der 1960er Jahre vorweg, sie zählten zugleich zu den ersten Sitzmöbeln, für deren Formgebung das Potenzial von Latexschaum ausgenutzt wurde. Die Möbeldesigner, die mit diesem neuen Material arbeiteten, profitierten von den gestalterischen Freiheiten, die es mit sich brachte: Stühle und Sessel mit einer Kaltschaumpolsterung erforderten keine Federung mehr, so dass ihre Formen wesentlich plastischer ausgeführt und ihr visuelles Erscheinungsbild zugleich einheitlicher gestaltet werden konnten. Ein Jahrzehnt nachdem Fritz Hansen diese Sessel auf den Markt gebracht hatte, beauftragte das Unternehmen Piet Hein und **Bruno Mathsson** mit der Entwicklung einer Gruppe von Tischen, mit der Jacobsens frühere Stühle der *Myren-* und der *7er-Serie* ergänzt werden sollten. Die Gestaltung dieser Tische von 1968 basierte auf Heins mathematischem Konzept der „Superellipse" – einer Form, die zwischen Rechteck und Oval angesiedelt war. 1974 nahm Fritz Hansen außerdem die Produktion der ungewöhnlichen Stuhlserie *1-2-3* von **Verner Panton** auf, einer aus 20 verschiedenen Modellen bestehenden Reihe. Nachdem die Firma über vier Generationen im Familienbesitz gewesen war, wurde sie schließlich von der Skandinavisk Holding Company übernommen. Fritz Hansen stellt bis heute seine Möbelklassiker von Arne Jacobsen und **Poul Kjærholm** her, daneben aber auch eine Kollektion zeitgenössischer Objekte von Cecilie Manz und BIG (Bjarke Ingels Group) und anderen. In seiner langen und äußerst produktiven Geschichte hat Fritz Hansen stets einen entscheidenden Beitrag zum Ansehen des skandinavischen Stils geleistet. Fritz Hansen verfolgt bis heute einen zeitlos modernen Designansatz, dessen Hauptaugenmerk auf „der Kombination von Konzept, Form, Funktion und Qualität liegt ... inspiriert von technologischen Entwicklungen, jedoch nie von Modeerscheinungen oder flüchtigen Launen".

Oben links: Arne Jacobsen, Stuhl *Grand Prix Modell Nr. 4130*, 1955

Oben rechts: Mogens Lassen, Stuhl aus Stahlrohr und Flechtwerk, 1933

Gegenüber: Poul Kjærholm, Stuhl *PK9*, 1960

Pfanne *Canton* aus Edelstahl und Teakholz für Hackman, 1957

Gegenüber: Kakaokännchen aus Silber und Teakholz (handgefertigt), 1955

bertel gardberg *1916 Ekenäs – 2007 Meltola, Finnland*

Bertel Gardberg lernte an der Goldschmiedeschule in Helsinki, bevor er von 1938 bis 1941 an der Taideteollinen Korkeakoulu (Hochschule für Kunst und Design) in Helsinki eine Ausbildung absolvierte. 1949 richtete er in Helsinki ein eigenes Atelier ein, in dem er fortan Tafelsilber entwarf und produzierte, darunter den würfelförmigen Teewagen aus Teakholz und Silber (1955) und das aus Silber und Palisanderholz gestaltete Service *Mocha* (1957). Er entwarf aber auch Gebrauchsgegenstände für die Industrieproduktion, u. a. für Fiskars und **Hackman**. Für Hackman entwarf er z. B. das Besteck *Carelia* aus rostfreiem Stahl (1957) und die Pfanne *Canton* (1957), die beide ein bemerkenswertes ästhetisches Raffinement aufweisen. Die fein ausgearbeiteten Details dieser Produkte begründeten Gardbergs Ruhm und brachten ihm zahlreiche Auszeichnungen ein, darunter Gold- und Silbermedaillen der Mailänder Triennalen von 1954, 1957 und 1960 sowie den Lunning-Peis des Jahres 1961. Von 1966 bis 1971 lebte Gardberg in Dublin, wo er die künstlerische Leitung des Kilkenny Design Workshop (1966 bis 1968) und danach die technische Leitung der Firma Rionor in Kilkenny (1968–1971) innehatte. In Irland bemühte er sich um eine Wiederbelebung der dekorativen Künste, indem er das Handwerk in den regionalen Werkstätten förderte. Bei seiner Rückkehr nach Finnland eröffnete Gardberg 1973 in Pohja ein Atelier, wo er Schmuck und kleine, mit Edel- und Halbedelsteinen besetzte Skulpturen herstellte. Daneben entwarf er sakrale Objekte, die von Noormarkun Kotiteollisuus gefertigt wurden, und gestaltete Produkte für die industrielle Produktion, darunter Tabakdosen aus Zinn für Hopeatehdas. Gardberg, der als Vater des finnischen Kunsthandwerks gilt, vertritt die Ansicht, „das Denken findet nicht nur im Gehirn statt. Wie jeder Handwerker weiß, denken auch die Hände, wenn sie mit den diversen Werkstoffen arbeiten. Und zwischen Händen und Hirn liegen das Herz und die Liebe für die Arbeit. Man muss die Eigenschaften des Materials respektieren." Wie viele Designer bewies Gardberg durch die ästhetische und funktionale Integrität seiner Arbeit auf elegante Weise, dass „der Ideenreichtum der Industrie im Handwerk liegt".

Vase und Schale *Tausend Fenster* aus geschliffenem Glas für Orrefors, ca. 1930

Gegenüber: Glasschale *Modell Nr. 122* mit einer aufwendigen Verzierung aus tanzenden Frauen für Orrefors, 1923. Dieses besondere Stück wurde von Emil Weidlich, der von 1922 bis 1929 bei Orrefors tätig war, fachmännisch graviert.

simon gate 1883 Karlsborg – 1945 Orrefors, Schweden

Simon Gate, der zu den innovativsten schwedischen Glasgestaltern des 20. Jahrhunderts zählt, studierte zunächst Malerei an der Stockholmer Konstfackskolan (Hochschule für Kunst, Kunsthandwerk und Design), besuchte anschließend von 1902 bis 1909 die Tekniska Skolan (Technische Hochschule) und ab etwa 1909 die Kungliga Konsthögskolan (Königliche Kunsthochschule). Nachdem Johan Ekman 1913 die **Orrefors**-Glaswerke erworben hatte, machte er sich auf die Suche nach einem Gestalter, der der Produktentwicklung des Unternehmens eine stärker künstlerisch ausgerichtete Prägung verleihen sollte. 1916 wurde Simon Gate, der bereits ein anerkannter Illustrator war, zum ersten „Künstler-Designer" der Glaswerke ernannt. Seine Produktgestaltungen entstanden in zwei Kategorien: Auf der einen Seite entwarf er schlichte Gebrauchswaren mit aktualisierten traditionellen Formen, die von Sandvik, der Schwesterfirma von Orrefors, erzeugt wurden, und zum anderen zart gravierte Glasobjekte, die er mit figurativen, dem Barock entlehnten Motiven verzierte.

Letztere verkörperten den von einem englischen Kritiker „Swedish Grace" (schwedische Anmut) genannten dekorativen Stil. Einer von Gates berühmtesten Entwürfen war der Parispokal, der speziell für die 1925 in Paris veranstaltete „Exposition Internationale des Arts Décoratifs et Industriels Modernes" hergestellt wurde und einen Hauptpreis erhielt. Das 75 Zentimeter hohe Ausstellungsstück war mit verschlungenen klassischen Motiven verziert, für deren Gravur rund 450 Arbeitsstunden nötig waren. Als der französische Kritiker Léon Deshair den Schwedischen Pavillon besuchte und dort diesen sowie andere Entwürfe von Gate und Edward Hald sah, meinte er, die beiden Gestalter „dächten in Glas". Obgleich sie sich stilistisch sehr voneinander unterschieden, markierten sowohl Gates als auch Halds Arbeiten aus dieser Zeit zweifellos einen Wendepunkt im schwedischen Glasdesign und erschlossen neue Märkte für Orrefors. Neben den mit fein ziselierten Gravuren versehenen Stücken entwarf Gate auch einfache Glaswaren wie das *Slottglass* (Schlossglas, 1923) – einen grünen kannelierten Glasbecher, der den späteren skulpturalen skandinavischen Stil vorwegnahm. Ab 1916 arbeitete Gate mit dem meisterhaften Glasbläser Knut Bergkvist zusammen und entwickelte mit ihm eine

Vase *Triton* für Orrefors, 1916/17

Gegenüber: *Parispokalen* (Parispokal) für Orrefors, 1925. Dieses Glasobjekt wurde im schwedischen Pavillon auf der Pariser „Exposition Internationale des Arts Décoratifs et Industriels Modernes" von 1925 ausgestellt.

neue, nach dem Heiligen Gral als Graal-Technik bekannt gewordene Methode. Dabei wird transparentes Rohglas mit dünnen Schichten aus gefärbtem Glas ummantelt, in die Muster geschnitten, geätzt oder graviert werden, durch die wiederum das darunterliegende Glas hindurchscheint. Danach werden die Stücke ein weiteres Mal erhitzt und mit einer Schicht aus durchsichtigem Glas versehen und erst dann in ihre endgültige Form geblasen. Mit dieser aufwendigen und teuren Methode gelang es, dekorative Muster im Glaskörper einzufangen, um einen dramatischen Effekt zu erzielen. In den 1930er Jahren wurden die Entwürfe von Gate sowohl in formaler wie auch in dekorativer Hinsicht zusehends schlichter. Nun arbeitete er häufig mit großflächig eingeschliffenen geometrischen Ornamenten, die seinen Objekten eine facettierte und an Schmucksteine erinnernde Qualität verliehen. In dieser Zeit entstanden auch Gates dickwandige und knollenartige Vasen, die die Licht- und Spiegeleffekte des Glases besonders zur Geltung brachten und einen starken Eindruck von Dichte vermittelten. Gate, der sein Leben lang mit Glas experimentierte, entwickelte eine Reihe innovativer Techniken, die auch noch von späteren Designern bei

Orrefors eingesetzt wurden. Wie viele andere skandinavische Gestalter perfektionierte auch Gate sein Handwerk, indem er künstlerische Einzelanfertigungen entwickelte und diese Entwürfe anschließend für die Massenfertigung adaptierte. Gate übte enormen Einfluss auf spätere Generationen skandinavischer Glasdesigner aus, wobei er durch die Virtuosität seiner Arbeit dazu beitrug, das skandinavische Glasdesign der Zwischenkriegszeit in den Brennpunkt der internationalen Aufmerksamkeit zu rücken.

Entwurf für emaillierte „plique à jour" Kompottschale mit Pfingstrosenmuster für David-Andersen, 1904

Gegenüber oben: Entwurf für emaillierte „plique à jour"-Schale *Libelle* für David-Andersen, 1908

Gegenüber unten: Schale *Libelle* für David-Andersen, 190

Seite 152: Entwurf für zwei emaillierte „plique à jour"-Kelche in Blumenform für David-Andersen, ca. 1904

Seite 153: Entwurf für emaillierte „plique à jour"-Schale mit dem Motiv *Libelle* und *Seerose*, ca. 1908

gustav gaudernack

1865 Binsdorf, Böhmen – 1914 Oslo, Norwegen

Der in Böhmen geborene und an der Berufsschule für Keramik in Tetschen (1885–1887) sowie an der Kunstgewerbeschule in Wien (1888–1891) ausgebildete Gustav Gaudernack wanderte 1891 nach Norwegen aus, wo er einer der wichtigsten Vertreter des skandinavischen Art nouveau werden sollte. Bereits im Jahr seiner Ankunft in Norwegen entwarf er erste Glaswaren im Auftrag von Christiania Glasmagasin in Oslo. Zwischen 1892 und 1910 gestaltete er Metallwaren für die Osloer Firma **David-Andersen**, darunter seine exquisite, mit dekorativen Emailarbeiten verzierte Schale *Libelle* von 1908. Gaudernacks Objekte stellten mit ihren hell leuchtenden Emailfarben und den verschlungenen stilisierten Formen, zu denen er sich von Flora und Fauna inspirieren ließ, einen künstlerischen Höhepunkt des Art nouveau dar. Entsprechend groß war das Ansehen, das die meisterhafte Ausführung und der fantasievolle Stil seiner zarten und zugleich üppigen Entwürfe genossen, die es mit den aus den Hochburgen des Art nouveau, Brüssel oder Nancy, kommenden Objekten durchaus aufnehmen konnten. So erhielt er auf der Pariser Weltausstellung von 1900 eine Silbermedaille und gemeinsam mit David-Andersen einen Hauptpreis bei der „Louisiana Purchase Exposition", die 1904 in St. Louis stattfand. 1910 richtete er in Oslo eine eigene Werkstätte ein, wo er weiterhin Objekte aus Silber, Filigranen und Emailarbeiten entwarf und herstellte. Zwei Jahre später wurde ihm an der Statens Håndverks- og Kunstindustriskole (Staatliche Schule für Handwerk und Kunstgewerbe) die erste Professur für Goldschmiede- und Emailkunst verliehen. Die Arbeit von Gustav Gaudernack verdeutlicht, welchen erheblichen Einfluss der Art nouveau zu Beginn des 20. Jahrhunderts auf das Design in Skandinavien und insbesondere in Norwegen hatte, wo die wirbelnden Pflanzenmotive im Möbel- und Textildesign, aber auch bei der Gestaltung von Plakaten und Lebensmittelverpackungen eine wichtige Rolle spielten.

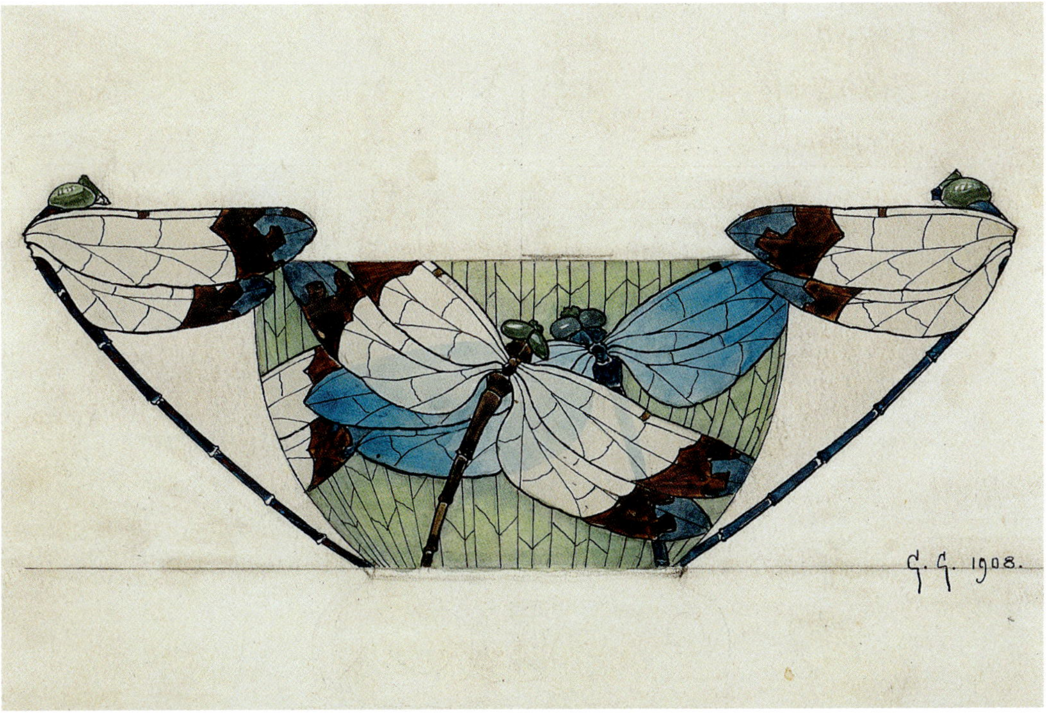
G. G. 1908.

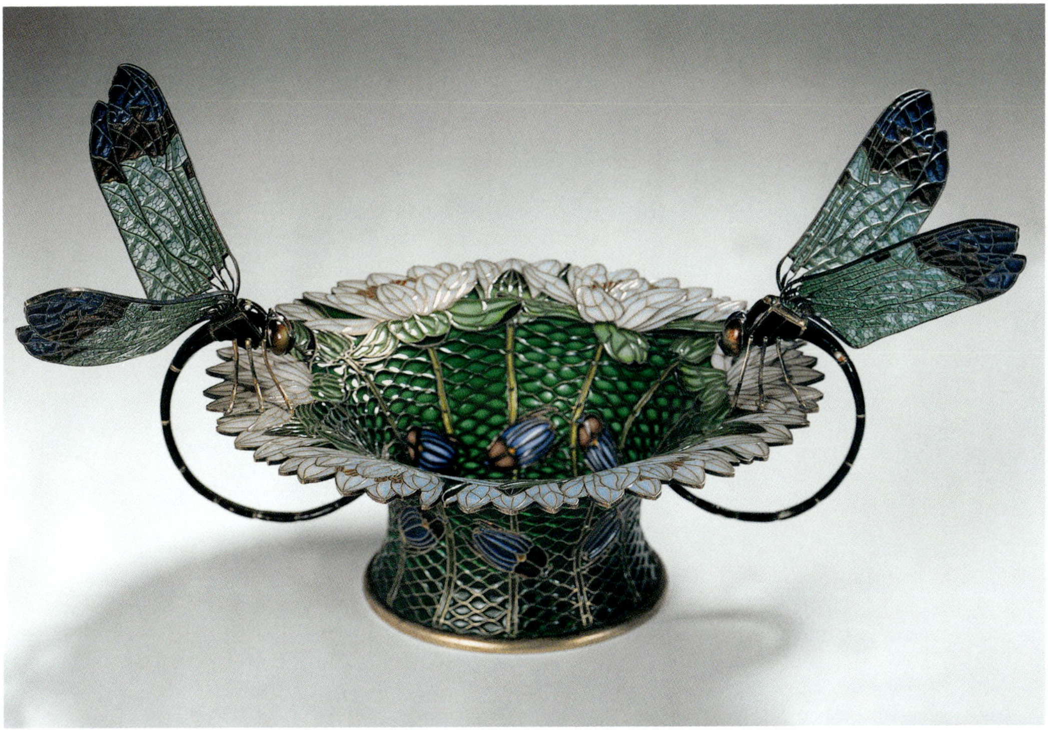

Flachgewebe-
teppich *Fiskar*
(Fisch) für Elsa
Gullberg Textilier,
ca. 1940er Jahre

Gegenüber: Arthur
Percy, Stoff *Spaljé*
(Flechtwerk) aus
bedrucktem Rayon
für Elsa Gullberg
Textilier, 1936.
Gullbergs Firma
produzierte auch
Entwürfe anderer
Textildesigner.

elsa gullberg 1886 Malmö – 1984 Vaxholm, Schweden

Die schwedische Textildesignerin Elsa Gullberg erlernte die Webkunst im Haus ihrer Familie in Scania. Als junge Frau übte sie sich auch im Schreinerhandwerk, in der Metallbearbeitung und im Buchdruck, bevor und während sie an der Konstfackskolan (Hochschule für Kunst, Kunsthandwerk und Design) in Stockholm studierte. Um 1910 begann sie Stoffe zu entwerfen, die entweder für die traditionell handwerkliche oder für die industrielle Fertigung gedacht waren. Gullberg, der die vom Deutschen Werkbund vertretenen Designreformen ebenso vertraut waren wie die Grundsätze des Funktionalismus, leitete von 1907 bis 1917 die Abteilungen für Materialprüfung und Möbeldesign des Svenska Slöjdföreningen (Schwedischer Kunstgewerbeverband). Als sie von 1917 bis 1924 die Verkaufsagentur der Gesellschaft führte, lernte sie die modernen Methoden der Industrieproduktion aus erster Hand kennen. 1927 eröffnete sie schließlich ihre eigene Textilfirma, die den Namen Elsa Gullberg Textilier trug und geknüpfte Wandbehänge und Teppiche mit rhythmischen folkloreartigen Mustern herstellte.

Ebenfalls in dieser Zeit experimentierte sie erstmals mit synthetischen, seidenartigen Stoffen wie Rayon, was 1930 zu ihrem Entwurf eines karierten Polstermöbelstoffs für die Nordiska Kompaniet führte. 1955 übergab Gullberg die Leitung der Firma an ihre Tochter Elsa-Maria Gullberg, fuhr aber fort, eigene Textilien und Teppiche zu entwerfen, die zum Teil auch für die handarbeitliche Fertigung geeignet waren. Im Lauf ihrer Karriere führte sie zahlreiche Auftragsarbeiten aus, so die Gestaltung von Textilien für das Stockholmer Konzerthaus, das Rathaus in Göteborg, das Stadttheater von Malmö und die Kapelle des King's College in Cambridge. Ebenso wie ihre Kollegin, die Textildesignerin **Märta Mååg-Fjetterström**, trug Elsa Gullberg in der Zwischenkriegszeit entscheidend zur Revitalisierung des schwedischen Weberhandwerks bei. Noch bedeutender war jedoch ihre Vorreiterrolle im Textildesign für die industrielle Fertigung. Gullbergs in leuchtenden Farben gestaltete Textilien zeugten stets von ihrem meisterhaften Können und ihrer Kenntnis von Design und Herstellung. Ihre Firma stellte auch eine breite Palette miteinander kombinierbarer Polstermöbelstoffe und Wandbehänge anderer Designer her, darunter die von Birgitta Graf, Arthur Carlsson Percy (1886–1976) und Einar Forseth (1892–1988).

Daniel Johan Carlsson, Teekanne und Schale mit Deckel aus glasiertem Steingut mit Dekor im Wikingerstil, 1877

Unten:
Die Gustavsberg-Werkstatt, 1896

Gegenüber:
Wilhelm Kåge, Gefäße und Teller aus Steingut, Ende der 1950er Jahre

gustavsberg *gegründet 1825 Gustavsberg, Schweden*

Die Gustavsberg-Keramikmanufaktur wurde 1825 auf dem Gelände einer ehemaligen Ziegelfabrik in Gustavsberg auf der Insel Värmdö gegründet. In den späten 1830er Jahren übernahm die Firma dann mehrere neue, für die Keramikherstellung entwickelte Techniken aus England, so auch das Umdruckverfahren, und stellte im Folgenden feines Steingut und dünnwandige Porzellanwaren her. Den Ton importierte die Fabrik aus Cornwall, und gefertigt wurden die Waren von britischen, in der Porzellanherstellung geschulten Arbeitern, wobei auch die Muster in der Regel denen britischer Keramikwaren nachempfunden waren. Gerüchten zufolge soll einer der Besitzer der Manufaktur die Kupferplatten in einem doppelwandigen Koffer von England nach Schweden geschmuggelt haben. Jedenfalls wurde Gustavsberg bald berühmt für seine Produkte, und nachdem die ebenfalls auf britischen Modellen beruhenden Porzellanfiguren der Manufaktur auf der Pariser Weltausstellung von 1867 mit einer Goldmedaille ausgezeichnet worden waren, stellte sich auch der kommerzielle Erfolg ein.

Mitte der 1860er Jahre weitete Gustavsberg die Produktion auf künstlerische Objekte und auf Haushaltsgeschirr aus, doch knapp zehn Jahre später geriet das Unternehmen wegen des „schlechten Geschmacks" seiner Produktgestaltungen zusehends in die Kritik. Die Firmenleitung reagierte auf diesen Vorwurf, indem sie Keramiken auf den Markt brachte, die vom Stil her typisch schwedisch waren, und August Malmström (1829–1901) sowie Magnus Isäus (1841–1890) damit beauftragte, Entwürfe im Wikingerstil zu entwickeln. Um 1900 beschäftigte die nun von Wilhelm Odelberg geleitete Fabrik bereits 1000 Mitarbeiter und stellte die zart bemalten Porzellanwaren im Stil des Art nouveau von **Gunnar Wennerberg** her. Einige Jahre später geriet die Produktentwicklung unter den Einfluss des 1845 gegründeten Svenska Slöjdföreningen (Schwedischer Kunstgewerbeverband), einer Organisation, die später den Deutschen Werkbund inspirieren sollte, der ähnlich für ein Bündnis zwischen Kunst und Industrie eintrat. Ihrer Maxime zufolge galt es, nach dem Titel des Buches von Gregor Paulsson „Vackrare vardagsvara" (Schönere Gegenstände des täglichen Gebrauchs) herzustellen. Dem schloss sich auch **Wilhelm Kåge** an, als er 1917 zum künstlerischen Direktor von

Gustavsberg ernannt wurde. Unter Kåges Leitung während der 1920er und 1930er Jahre zeugten die Produkte des Unternehmens zusehends vom Einfluss der Moderne. So war zum Beispiel Kåges stapelbares und in Einzelteilen erhältliches Geschirr *Praktika* (1933) reine Gebrauchsware und ein Inbegriff des funktionalistischen und von der kontinentaleuropäischen Avantgarde vertretenen Designansatzes. 1937 entwarf Kåge das nicht ganz so strenge, dafür umso populärere Service *Grå Ränder* (Graue Streifen), das bereits die organischen Formen vorwegnahm, die für das spätere skandinavische Design so charakteristisch werden sollten. Im selben Jahr wurde Gustavsberg an die Kooperativa Förbundet (schwedischer Genossenschaftsverband) verkauft und modernisiert. Zwei Jahre später stellte die Fabrik die ersten sanitären Einrichtungen her, und 1945 wurden erstmals Produkte aus Kunststoff erzeugt. 1949 übernahm **Stig Lindberg** als Nachfolger von Wilhelm Kåge die künstlerische Leitung des Unternehmens. In den Folgejahren produzierte Gustavsberg sowohl industrielle Produkte wie auch künstlerische Objekte in begrenzter Stückzahl. In den 1970er Jahren beauftragte das Unternehmen Sven-Eric Juhlin (1940–2023) – den Gründer der Ergonomi Design Gruppen – und Jan Landqvist mit dem Design sanitärer Einrichtungen, die hauptsächlich für den institutionellen Gebrauch gedacht waren. 1980 folgte Karin Björquist (1927–2018) Lindberg als künstlerische Leiterin nach, und 1987 wurde das Unternehmen an den finnischen Wärtsilä-Konzern verkauft. Etwas später wurde Gustavsberg in drei kleine Firmen aufgeteilt, deren Keramikwaren bis heute auf dem alten Fabrikgelände hergestellt werden. Seit dem Jahr 2000 ist das Unternehmen Teil der Villeroy-&-Boch-Gruppe, wobei es sich mittlerweile auf die Fertigung von sanitären Einrichtungen spezialisiert hat.

Carl-Arne Breger, Gießkanne *Kannan* aus Kunststoff (Polystyrol), 1957/58

Unten:
Sven-Erik Juhlin, Plastiktassen (SAN) *Modell Nr. 9644*, 1969/70

Gegenüber:
Per-Olof Landgren, Meßbecher aus Kunststoff, 1977

Björn Dahlström,
Tools Kochtopf,
1998

hackman gegründet 1790 Viipuri, Finnland

1790 gründete der Kaufmann Johan Friedrich Hackman im finnischen Viipuri eine Handelsfirma, die Holzprodukte verkaufte. Das Holz stammte aus den Wäldern des Unternehmens und wurde in den eigenen Sägemühlen verarbeitet. Als Johan Friedrich Hackman 1807 starb, baute seine Witwe die Firma aus, während sein Sohn gleichzeitig eine Reihe neuer Produkte einführte, die von dem Unternehmen maschinell hergestellt und vertrieben wurden. Die daraus folgende Expansion führte 1866 zum Kauf der Kerzenfabrik Havi sowie 1876 zur Gründung einer Fabrik für Essbesteck in der Nähe von Viipuri. Das Unternehmen produzierte nun eine Vielfalt an Produkten, darunter Küchenmesser, Jagdmesser, Scheren, Schlittschuhe und Gabeln. Als Hackman 1878 an der Weltausstellung in Paris teilnahm, wurden die Küchenutensilien und Bestecke bereits mit einer Goldmedaille ausgezeichnet. 1891 wurde die Besteckfabrik des Unternehmens in die Nähe der Sägemühle in Sorsakoski verlegt. Nach einem Brand in der Sägemühle im Jahr 1898 erweiterte die Fabrik ihr Produktsortiment und stellte nun auch handgefertigte Werkzeuge, unterschiedliche Haushaltsgegenstände und Blechartikel her. Ab 1902 verwendete Hackman für Messer- und Gabelgriffe eine Nickelstahllegierung, ein damals völlig neues, 1885 in Frankreich entwickeltes und wegen seiner Formfestigkeit bemerkenswertes Material. 1923 begann Hackman, Produkte aus einem anderen, damals ganz neuartigen Material herzustellen – aus rostfreiem Stahl. Wie andere skandinavische Hersteller war auch Hackman für dieses revolutionäre Material wegbereitend, da er mit der Produktion eleganter und zugleich populärer Entwürfe für dessen Verbreitung sorgte. In den frühen 1950er Jahren produzierte Hackman erstmals Kochtöpfe aus Edelstahl (sie wurden anfangs noch manuell hergestellt) und beauftragte bekannte Designer wie **Kaj Franck** mit der Weiterentwicklung dieser Produktreihe. Zu internationalem Ansehen gelangte das Unternehmen, als es 1957 **Bertel Gardbergs** Pfanne *Canton* und Besteck *Carelia* auf den Markt brachte, mit deren Formgebung Hackman sein Engagement für hervorragende gestalterische und produktionstechnische Qualität bewies. Während der nächsten Jahre spezialisierte sich Hackman noch stärker auf die Fertigung von Haushaltswaren aus rostfreiem Stahl, die gelegentlich mit Griffen aus exotischen Harthölzern oder Kunststoff versehen wurden. Zu den von Hackman produzierten Designikonen ist sicherlich **Tapio Wirkkalas** Messer *Puukko* von 1961

zu zählen, das aus rostfreiem Stahl mit Nylongriff besteht und den traditionellen Jagdmessern der Samen nachempfunden ist. In den 1960er und 1970er Jahren arbeiteten auch die Designer **Nanny Still McKinney** und **Ilmari Tapiovaara** für das Unternehmen. 1969 wurde Hackman & Co. Teil einer Aktiengesellschaft, und 1989 trat es einem Unternehmensverband namens Designor Oy bei, dem mittlerweile auch **Arabia**, **Iittala** und **Rörstrand** angehören und der später in Iittala Group umbenannt wurde. Als nunmehr führende Designfirma Finnlands und zum Beweis seines anhaltenden Engagements für die gestalterische Avantgarde schrieb Hackman 1990 einen großen Designwettbewerb aus, aus dem die besten Entwürfe anschließend in die Produktion übernommen wurden. Seit Ende der 1990er Jahre arbeiten zahlreiche führende Designer für das Unternehmen, so auch Björn Dahlström, Harri Koskinen, Carina Seth-Andersson (geb. 1965), Antonio Citterio (geb. 1950) und Ross Lovegrove (geb. 1958). Diese kreierten eine spektakuläre Kollektion von Bestecken und anderen Küchenprodukten, die als die Tools-Serie bekannt geworden ist. Der Produktion funktionaler und innovativer Designs wie diesem verdankt Hackman, dass es im in dieser Zeit neu erwachten internationalen Interesse für finnisches Design einen der ersten Ränge einnimmt. Im Jahr 2007 wurde die Iittala-Gruppe von der viel größeren Fiskars Corporation aufgekauft, und danach wurde die Tools-Kollektion unter der Marke Iittala verkauft, obwohl sie weiterhin von Hackman hergestellt wurde.

Oben links: Stefan Lindfors, Salatschüssel und Besteck, 1998

Oben rechts und mitte: Björn Dahlström, Sautier- und Grillpfanne aus der *Tools*-Serie, 1998

Unten links: Renzo Piano Workshop, Besteck *Tools*, 1998

Unten rechts: Tapio Wirkkala, Messer *Puukko* aus Edelstahl und Nylon, 1961. *Puukko* wurde nach dem Vorbild der traditionellen Jagdmesser der Samen entworfen und bis in die 1970er Jahre hinein produziert.

Inger Magnus,
Karaffen *Gilde*
(Fest), 1990

hadeland *gegründet 1762 Jevnaker, Norwegen*

1762 wurde in dem damals noch unter der Herrschaft des dänischen Königs Christian IV. stehenden Norwegen begonnen, in Jevnaker eine Glasfabrik aufzubauen. Drei Jahre später nahmen die Hadeland Glaswerke ihre Brennöfen in Betrieb und erzeugten zunächst kobaltblaue Flaschen, pharmazeutische Glaswaren und Schwimmkörper für Fischernetze. Hadeland, das eine aufgeklärte Firmenpolitik verfolgte, gewährte seinen Angestellten soziale Rechte und Vorteile und sorgte beispielsweise dafür, dass die Kinder der Arbeiter eine Schulausbildung bekamen. Nach dem Verkauf der Glaswerke im Jahr 1824 wurde Hadeland 1842 mit zwei anderen Glaswerken zu einem Privatunternehmen zusammengeschlossen. Mit der Einführung von klarem, farblosem Glas im Jahr 1852 nahm Hadeland Geschirr in die Produktion auf, wozu glatte und unverzierte Trinkgläser, Schalen, Teller und Vasen zählten. 1898 wurden die Glaswerke von der Firma Christiania Glasmagasin übernommen, die damals – wie heute noch – auf dem Hauptplatz von Oslo (dem damaligen Christiania) ein großes Geschäft besaß. Als die Regierung von den Fabriken verlangte, die Designqualität ihrer Produkte zu verbessern, ernannte Hadeland 1929 den Gestalter Sverre Petterson (1884–1958) zum ersten künstlerischen Leiter der Firma. Mit der Zeit wurden sie jedoch massiver und strenger gegliedert, eine Entwicklung, die den Mitte der 1930er Jahre herrschenden Einfluss des Art déco widerspiegelte. Unter Pettersons Leitung stellten die Glaswerke 1936 den begabten Designer **Willy Johansson** ein, der aus einer Familie von Glasbläsern stammte. Bei Hadeland erlernte Johansson im Rahmen einer hausinternen Lehre bei dem Bildhauer Ståle Kyllingstad (1930–1987) die Techniken des Sandstrahlens sowie im Christiania Glasmagasin die Kunst der Glasgravur. Ab 1947 leitete Johansson die Designabteilung von Hadeland, und 1954 wurden seine Glaswaren, die sich durch ihre schlichten elementaren Formen auszeichneten, auf der X. Mailänder Triennale mit einem Ehrenpreis bedacht. In den 1950er Jahren produzierte Hadeland außerdem die Glaswaren der Designer Herman Bongard (1921–1998) und Arne Jon Jutrem (1929–2005), deren Objekte ebenfalls eine schmucklos solide Form aufwiesen, welche die dem Glas eigenen Qualitäten betonte. Seit den 1950er Jahren erzeugt Hadeland sowohl Pressglaswaren wie auch geblasene Glasprodukte, wobei die Bandbreite von Gebrauchswaren bis hin zu künstlerischen Objekten wie etwa Gro Bergsliens Apfelformen aus dem Jahr 1976 reicht.

Seit 1988 liegt die künstlerische Leitung der Designabteilung von Hadeland in den Händen von Arne Jon Jutrem, der u. a. die charakteristischen skulpturalen Glaswaren von Maud Bugge und Lena Hansson in die Produktion aufgenommen hat. Den Produkten von Hadeland mag es an der Bravour finnischer Glaswaren fehlen, die zentrale Bedeutung der Firma für die Entwicklung des norwegischen Designs ist jedoch unumstritten. Heute wurde zwar ein Teil der Glaswarenproduktion nach Übersee verlagert, doch werden noch rund 60 Prozent ihrer gesamten Glasproduktion in Norwegen hergestellt.

Oben: Hadeland Glaswaren aus der Kollektion *Nostetangen,* die auf Modellen aus dem 19. Jahrhundert basierte

Unten: Gro Bergslien, opaker Briefbeschwerer in Apfelform, 1976

Entwurf für Wandteppich *Mohnblume*, ca. 1898

Gegenüber: Wandbehang *Sommernachtstraum*, ca. 1899

frida hansen 1855 Hillevåg-by-Stavanger – 1931 Oslo, Norwegen

Die norwegische Textildesignerin Frida Hansen absolvierte ein Studium der Malerei, bevor sie 1882 eine Stickereiwerkstatt im norwegischen Stavanger eröffnete. In dieser Zeit machte sie sich mit der norwegischen Tradition der Bildwirkerei vertraut, einer Handwerkskunst, die seit dem 18. Jahrhundert in erster Linie von der Landbevölkerung gepflegt wurde. Das Sujet der Wandteppiche dieser Periode, die in Norwegen als nationale Kunstschätze gelten, waren naive biblische Darstellungen, wobei ihre künstlerische Ausdrucksstärke wettmachte, was ihnen an technischer Finesse fehlte. Inspiriert von diesen volkstümlichen Vorläufern, erlernte Hansen bei Kjerstina Hauglum in Sogn das Weben auf einem Standwebstuhl und ging 1892 nach Oslo (dem damaligen Christiania), wo sie 1899 die Weberei Det Norske Billedvæveri (DNB) gründete. Anfangs bezog sie ihre Motive noch aus den norwegischen Sagen, doch nach einer Reise nach Paris im Jahr 1885 wandte sie sich ganz dem Art nouveau zu. Von da an waren ihre Stoffe häufig mit Rosen im Mackintosh-Stil und anderen stilisierten Blumen in leuchtenden Farben sowie mit kühn wirbelnden Ornamenten verziert. In der DNB-Werkstätte revitalisierte Hansen die Verwendung natürlicher Farbstoffe und alter Webtechniken, war aber zugleich auch eine der Ersten, die den Weg für neue Spezialtechniken ebneten, etwa für ihre berühmte und weithin anerkannte Methode des „Transparentwebens". Bei dieser innovativen Technik blieben die Kettfäden teilweise frei, um einen transparenten Hintergrund zu schaffen, der auf dramatische Weise mit den in kräftigen Farben eingewebten Motiven kontrastierte. In den 1890er Jahren arbeitete Hansen mit dem norwegischen Gestalter **Gerhard Munthe** zusammen (der für DNB mehrere Wandteppiche entwarf), und 1899 schrieb sie das Buch „Husflid og Kunstindustri i Norge". 1892/93 stellte sie ihre Arbeit auf der „World's Columbian Exposition" in Chicago aus, und 1900 war sie bei der Weltausstellung in Paris vertreten, wo sie mit einer Goldmedaille ausgezeichnet wurde. Frida Hansen war nicht nur die bedeutendste Weberin Norwegens, sondern auch die wichtigste skandinavische Vertreterin der naturalistischen Variante des Art nouveau.

Stuhl *DAN* für Fritz Hansen, ca. 1930

søren hansen 1905 Kopenhagen – 1977 Humlebæk, Dänemark

Als der dänische Möbelhersteller **Fritz Hansen** nach dem Ersten Weltkrieg begann, mit der Fertigung von Möbeln aus Formvollholz zu experimentieren, wandte das Unternehmen dazu eine Methode an, die von dem österreichischen Designer und Industriellen Michael Thonet (1796–1871) entwickelt worden war. Søren Hansen (ein Nachfahre des Firmengründers) und Fritz Schlegel (1896–1965) gestalteten mehrere Entwürfe für das Unternehmen, die nach einer Reihe von Versuchen erfolgreich produziert wurden. Karl Mang merkte in seinem Buch „Geschichte des modernen Möbels" (1979) an, dass Søren Hansens Bugholzstuhl *DAN* aus dem Jahr 1930 „eine der wenigen wirklich neuen Ideen für das Holzbiegeverfahren darstellte, das damals in formaler Hinsicht auf der Stelle trat". Das durchgehend gebogene Holzelement des Stuhls, das sowohl die Rückenlehne als auch die hinteren Stuhlbeine enthielt, war nicht nur ein technisches Meisterwerk, es verlieh dem Stuhl darüber hinaus eine elegante Linie und betonte derart seinen konstruktionstechnischen Essenzialismus. Hansen und Schlegel entwarfen für Fritz Hansen auch Stahlrohrmöbel im modernistischen Stil, die den damals in Deutschland aufkommenden Entwürfen ähnelten und 1932 auf der Ausstellung „Den Permanente" zu sehen waren. Im selben Jahr trat Søren Hansen offiziell in den Familienbetrieb ein und entwarf eine Anzahl von Stühlen, darunter einen gepolsterten Lehnstuhl aus eingefärbtem Buchenholz Modell 1628 (ca. 1949), der durch seine kurvenreiche skulpturale Form auffiel. Wie anderen führenden dänischen Designern gelang es Hansen aufgrund seines großen handwerklichen Könnens und technischen Verständnisses, bestehende Möbelmodelle neu zu interpretieren oder zu modernisieren und dabei Funktion und Ästhetik so auszubalancieren, dass optimale Lösungen für die Industrieproduktion erzielt wurden.

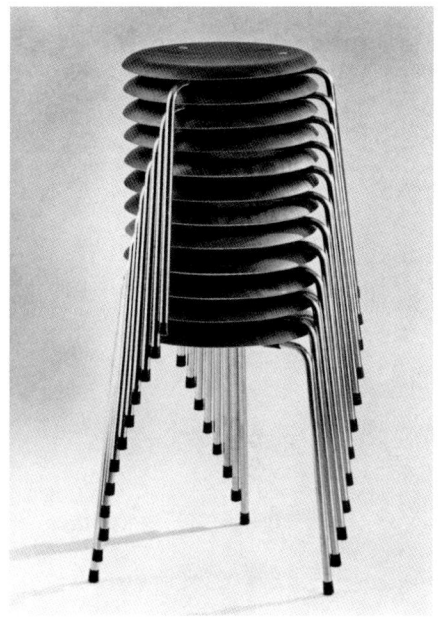

Oben links:
Fertigung eines
Bugholzelements
für den *DAN*-Stuhl,
ca. 1930

Oben rechts
und links:
Stapelstühle für
Fritz Hansen, 1953

Poul Henningsen neben seinem für Andreas Christensen entworfenen *PH-Flügel*, ca. 1931

Gegenüber: *PH-Flügel* für Andreas Christensen, 1931

poul henningsen <small>1894 Ordrup – 1967 Hillerød, Dänemark</small>

Poul Henningsen, einer der bedeutendsten Leuchtendesigner aller Zeiten, studierte von 1911 bis 1914 Bautechnik an der Kopenhagener Tekniske Højskole (Technische Hochschule) und von 1914 bis 1917 Architektur an der Polyteknisk Læreanstalt (Polytechnische Lehranstalt). Seinen ersten Kronleuchter entwarf er während seiner Zeit am Polytechnikum im Rahmen eines Inneneinrichtungsprojekts. Nachdem Henningsen sein Architekturstudium abgebrochen hatte, arbeitete er von 1917 bis 1921 als Kunstkritiker für die Zeitschrift „Vor Tid" und war Mitherausgeber der Kunstzeitschrift „Klingen". Von 1921 bis 1925 war er außerdem als Journalist für die Zeitungen „Politiken" und „Extra Bladet" tätig. Bereits in dieser Zeit experimentierte er mit unterschiedlichen Materialien wie Kupfer und Glas und entwarf mehrere Leuchten, darunter 1919 einen Kristallkronleuchter für die Carlsberg Brauerei. Drei Jahre später präsentierte er auf der Herbstausstellung der Künstler eine Kugellampe mit reflektierenden flachen Ringen und entwarf für die Kopenhagener Stadtverwaltung die reflektierende Straßenlampe *Slotsholm*. Als radikaler Linker,

der zeit seines Lebens politisch aktiv war und sich für soziale Verbesserungen einsetzte, nutzte Henningsen seine Kolumne in der „Politiken" auch als Plattform für seine Ansichten über Design. So schrieb er über sein Konzept für bessere Lampenentwürfe: „Es geht darum, mit wissenschaftlichen Methoden für eine klarere, wirtschaftlichere und schönere Beleuchtung zu sorgen."
1924 entwickelte er eine Serie von Tisch- und Hängelampen mit Mehrfachschirmen, deren Formgebung das blendende Licht der modernen elektrischen Glühbirne dämpfte. Im selben Jahr begann er, für **Louis Poulsen** zu arbeiten, wobei die erste Lampe der nach seinen Initialen benannten *PH*-Serie 1925 bei der „Exposition Internationale des Arts Décoratifs et Industriels Modernes" in Paris großen Beifall fand und mit einer Goldmedaille ausgezeichnet wurde. Diese revolutionäre, aus Decken-, Wand- und Tischleuchten bestehende *PH*-Serie war das Ergebnis langjähriger wissenschaftlicher Studien und Feinabstimmungen. Unter Verwendung grafischer Darstellung von Lichtstreuung und Lichtspiegelung entwickelte er ein Beleuchtungssystem, bei dem das Licht durch unterschiedlich geformte und wechselweise angeordnete Schirme nach unten gelenkt wurde, zugleich für ein gutes Umlicht gesorgt war und die Intensität des von der Glühbirne reflektierten Lichts

Unten: *PH*-Klavierlampe für Louis Poulsen, 1931

Gegenüber: *PH*-Hängelampe *Artischocke* für Louis Poulsen, 1957

Rechts: *Schlangenstuhl* aus Stahlrohr und rotem Leder für V. A. Høffding, 1932

Seite 172: *PH-4* Tischleuchte für Louis Poulsen, ca. 1928

Seite 173: *PH 5-41/2 Pendelleuchte* für Louis Poulsen, 1926/27

Unten: Für V. A. Høffding entworfene Stahlrohrmöbel im Ausstellungsraum von Fredericia, 1932

auf ein Mindestmaß reduziert wurde. Zu der logarithmischen Spiralkonfiguration der elegant gebogenen *PH*-Schirme soll ihn der Anblick eines aus einer Tasse, einer Schüssel und einem Teller bestehenden Geschirrstapels inspiriert haben. Die *PH*-Leuchten waren von Anfang an für die Massenproduktion gedacht und werden bis heute von Louis Poulsen hergestellt und in die ganze Welt exportiert. In der Zeit vor dem Zweiten Weltkrieg waren sie besonders in Deutschland überaus beliebt, wo sie in der Zeitschrift „Das Neue Frankfurt" und im Nachschlagewerk des Deutschen Werkbunds „Licht und Beleuchtung" hervorgehoben wurden. Anfang der 1930er Jahre entwarf Henningsen auch Möbel, wie 1932 den *Slangestolen* (Schlangenstuhl) aus einem einzigen Stück gebogenen Stahlrohrs, der im Auftrag des Kopenhagener Möbelherstellers V. A. Høffding entwickelt worden war. Henningsen lehnte zeit seines Lebens die, wie er es nannte, künstlerische Überheblichkeit des skandinavischen Designs ab und forderte dagegen einen stärker an der Zweckmäßigkeit orientierten Ansatz, der auch einem Massenpublikum gutes Design vermitteln könne. Im Unterschied zu den meisten Designern der Moderne erachtete Henningsen jedoch gerade die traditionellen Formen und Materialien als besonders geeignet für die Fertigung im Sinne einer demokratischen Mengenproduktion. Als er 1967 starb, hinterließ er über 100 Lampenentwürfe, von denen einige posthum in Serie gingen.

Wasserkrug aus
Aluminium mit
Bakelitgriff für
Dansk Aluminium
Industri, 1952

erik herløw 1913 Helingsør – 1991 Helingsør, Dänemark

Erik Herløw studierte von 1937 bis 1944 Architektur an der Kongelige Danske Kunstakademi (Königliche Dänische Kunstakademie) in Kopenhagen. 1945 machte er sich in Kopenhagen mit einer eigenen Firma selbstständig und entwarf in der Folge mehrere Gebäude wie etwa 1952 die Botschaft der Vereinigten Staaten in Kopenhagen (gemeinsam mit Jørgen Juul Møller). Außerdem gestaltete er eine Reihe staatlich finanzierter Ausstellungen über dänisches Design. Herløw hat sich als Industriedesigner einen Namen gemacht. Von 1942 bis 1949 arbeitete er für die Silberschmiede A. Michelsen, und später entwarf er Metallwaren für **Georg Jensen**, Norsk Stålpress und Dansk Aluminium Industri. Letztere beauftragte ihn mit der Neugestaltung einer von der Firma bereits produzierten Kaffeekanne aus Aluminium und Bakelit (1952/53). In seinem Entwurf wurde daraus ein schnittiges Streamlining-Produkt, dessen Konstruktion wesentlich weniger Bestandteile erforderte. Von 1952 bis 1954 leitete Herløw die Designklasse an der Kopenhagener Guldsmedehojskolen (Hochschule für Gold- und Silberschmiede), und von 1955 bis 1979 war er künstlerischer Berater der Porzellanfabrik **Royal Copenhagen**. Er war außerdem einer der Mitbegründer der Dänischen Gesellschaft für Industriedesign, hatte von 1959 bis 1979 eine Professur für Industriedesign an der Königlichen Dänischen Kunstakademie inne und entwarf in den späten 1970er Jahren die Innenausstattung der Airbus *A300*-Flotte der SAS. Herløw gilt als einer der wichtigsten Impulsgeber für die Entwicklung des dänischen Industriedesigns. Er vertrat die Ansicht, dass eine der Aufgaben des Gestalters darin bestehe, eng mit den Produktionsspezialisten zusammenzuarbeiten, um von der ersten Durchführbarkeitsstudie bis hin zum Endprodukt auf alle Aspekte des Designprozesses Einfluss nehmen zu können. Nur so könnten Produkte bereits im Entwicklungsstadium analysiert und genau bewertet werden, um die bestmögliche Lösung zu erzielen. Seine Designphilosophie fasste er so zusammen: „Das physische Design eines Produkts wird seine optimale Zweckmäßigkeit dort erreichen, wo eine Wechselwirkung zwischen Ökonomie, Konstruktion, Material, Funktion, Ästhetik, Ethik und Nutzen gegeben ist."

Cocktailmixer
aus Silber für
A. Michelsen,
ca. 1950

Unten:
Mokkaservice
aus Silber für
A. Michelsen,
ca. 1950

Orla Juul Nielsen, Weingläser *Tranquebar*, 1925

Gegenüber: Per Lütken, Wasserkrug und Glas *Winston* (grün), 1957, und Jacob Bang, Opalglasserie, 1960

Gegenüber unten: Jacob Bang, Karaffe, ca. 1932

holmegaard gegründet 1825 Holmegaard, Dänemark

Der progressive Denker Graf Christian Danneskiold-Samsøe beschloss zu Beginn des 19. Jahrhunderts, eine Glashütte zu errichten und zur Feuerung den auf seinem riesigen Grundbesitz in Hülle und Fülle vorkommenden Torf zu verwenden. Er starb, bevor sein Projekt in die Tat umgesetzt war, doch seine Witwe, Gräfin Henriette Danneskiold-Samsøe, führte die Arbeit weiter und eröffnete 1825 die Glaswerke in den südlich von Kopenhagen gelegenen Sümpfen von Holmegaard. Die erste Feuerungsanlage der Fabrik wurde von dem norwegischen Glasmacher Christian Wendt gebaut, der zuvor für **Hadeland** gearbeitet hatte.

Zu Beginn produzierte die Fabrik billige dunkelgrüne Flaschen, sogenannte Bouteillen, für die Abfüllung von Bier oder Schnaps. Nach ein paar Jahren wollte die Gräfin die Produktreihe des Unternehmens verbessern und ausbauen und stellte zu diesem Zweck Glasmacher aus Böhmen und dem Süden Deutschlands ein, die ab 1835 Stielgläser in traditioneller Machart sowie Kunstglas erzeugten. Um auf die wachsende Konkurrenz der schwedischen Glasmanufakturen zu reagieren, warben die Holmegaard-Werke Anfang des 20. Jahrhunderts einen namhaften Designer an: In einer gemeinsamen Initiative mit **Royal Copenhagen** wurde Orla Juul Nielsen (1899–1985) beauftragt, für deren Porzellanservice die passenden Glaswaren zu entwerfen. „Die Fabrik hat einen Künstler gefunden, der unsere Ansicht teilt, dass man, vor allem was die Form des Trinkglases und der Glasschale anlangt, bodenständig bleiben muss. Denn es geht darum zu versuchen, dem Wesentlichen so nahe zu kommen, wie es die Natur des Materials zulässt, und dabei alles übertrieben Verfeinerte und bemüht Künstlerische zu vermeiden und stattdessen danach zu streben, durch reine Schlichtheit den größten Effekt zu erzielen."

Die Vorstellung, dass Schönheit durch Schlichtheit erreicht werden könne, entsprach nicht nur einem damals avantgardistischen Designansatz, ihre Umsetzung durch Holmegaard führte auch zu einer wichtigen neuen Identität für die dänischen Glaswaren. 1924 trat der Architekt **Jacob Bang** der Designabteilung von Holmegaard bei und wurde vier Jahre später zum künstlerischen Leiter der Firma ernannt. Bang entwarf eine Vielfalt an Glaswaren, die sich durch eine moderne Formensprache auszeichneten. Seine bekannten Serien *Primula* und *Viola* fanden großen Anklang und bewiesen sein Talent für die Gestaltung schlichter und praktischer Entwürfe, die schön anzusehen waren und angenehm in der Hand lagen. Bangs Entwürfe waren zwar fast immer für die industrielle Fertigung

gedacht und somit äußerst rationell, gleichzeitig hatten sie jedoch stets eine menschliche Note. Im Unterschied zur Maschinenästhetik, die am Bauhaus vertreten wurde, zeigten Bangs Produktentwicklungen eine eher sanfte und emotional verführerische Ästhetik, die den mit Beginn der 1930er Jahre einsetzenden skandinavischen Ansatz zur Moderne bereits vorwegnahm. In Bangs Entwürfen für Holmegaard manifestierte sich außerdem sein Glaube an das demokratische Design, bevorzugte er doch „anstelle teurer Stielgläser für die Rockefellers Biergläser für Herrn Hansen aus Dänemark". Trotzdem entwarf Bang gelegentlich auch exklusive Kunstglaswaren, darunter Gläser, Schalen und Cocktailmixer aus Kristallglas, die er mit fein geschliffenen Gravuren im Stil des Art déco verzierte. 1942 folgte ihm **Per Lütken** nach, der bis zu seinem Tod 1998 Holmegaards künstlerischer Leiter blieb. In seiner 56-jährigen Dienstzeit führte Lütken nicht nur die aktuellsten Entwicklungen im Design von Kunstglaswaren ein, sondern

bemühte sich auch um „eine Erneuerung des klassischen Weinglases", indem er für die Fertigung dieses Produkts die traditionelle Technik des Kaltcraquelierens weiterführte. Sein bekanntester Entwurf, die Schale *Provence* (1955), verdeutlicht, wie Lütken die traditionelle Glasfertigung mit völlig neuartigen Formen zu revolutionieren vermochte. Produkte wie dieses waren der Inbegriff dessen, was in den 1950er Jahren als der gute Geschmack des dänischen Designs galt, und brachten Holmegaard große internationale Anerkennung. Per Lütken, der von der Überzeugung ausging, dass Design „Freude in unseren Alltag bringen" soll, setzte in seiner Arbeit die ethischen Grundsätze Holmegaards von Schlichtheit, klassischer Proportion und höchster handwerklicher Fertigkeit fort. 1968 trat Jacob Bangs Sohn Michael in das Unternehmen ein und entwarf eine Reihe erfolgreicher Glaswaren, darunter die eleganten Weingläser *Fontaine* von 1987. Er entwarf ebenfalls Kunstglas und mehrere Leuchten, etwa die Tischlampe

Parasol (1970). Zu den anderen Designern, die seit den 1980er Jahren für Holmegaard gearbeitet haben, gehören Torben Jørgensen (geb. 1945), Arje Griegst (1938–2016), Ann-Sofi Romme (geb. 1957), Allan Scharff (geb. 1945) und Peter Svarrer (geb. 1957). Sie alle kombinierten die traditionelle Schlichtheit des dänischen Designs mit neuen und experimentellen Formen und bereiteten so dem sinnlichen Funktionalismus den Weg, der zu einem Inbegriff des skandinavischen Designs im beginnenden 21. Jahrhundert wurde. Und auch heute noch baut Holmegaard auf diesem Erbe auf, mit schönen und doch schlichten Designs, die eine dauerhafte ästhetische Zeitlosigkeit besitzen.

Gegenüber oben, von links nach rechts: Darryle Hinz, Champagnerglas *Neptun,* 1991; Arje Griegst, Stielglas *Xanadu,* 1983; Torben Jørgensen, Stielglas mit weißem Filigran, 1980; Michael Bang, Weinglas *Fontaine,* 1987; Michael Bang, Cocktailglas *Monte Carlo,* 1984

Gegenüber unten: Bent Severin, Glasserie *Prinzessin*, 1957

Oben, von links nach rechts: blaue Vase von Bent Severin, blaue Schale von Henning Koppel, blaue Vase von Nanna & Jørgen Ditzel, weiße Vase von Henning Koppel und weiße Vase von Nanna & Jørgen Ditzel, 1958–1960

Geschirr
FK-Service für
Arabia, 1953

Gegenüber:
Porzellanschale
mit Reismuster
für Arabia, 1943

friedl holzer-kjellberg

1905 Leoben, Österreich –
1993 Porvoo, Finnland

Die gebürtige Österreicherin Friedl (Elfriede) Holzer-Kjellberg studierte an der Grazer Kunstgewerbeschule. Nach Abschluss ihres Studiums ging sie nach Helsinki und nahm 1924 ihre Tätigkeit als Designerin bei **Arabia** auf, wo sie 1948 zur künstlerischen Leiterin ernannt wurde. Auf der Brüsseler Weltausstellung 1935 wurden ihre Keramikentwürfe für Arabia mit einer Goldmedaille ausgezeichnet, und 1937 erhielt sie bei der „Exposition Internationale des Arts et Techniques dans la Vie Moderne" in Paris eine Silbermedaille. Sie experimentierte zehn Jahre lang, ehe sie ihre berühmte *Reismuster*-Technik perfektioniert hatte, bei der reiskornartige Muster in einen hauchdünnen Porzellankörper geschnitten werden. Diese feinen und winzigen Schnitte werden offen gelassen und anschließend mit einer farblosen Glasur überzogen, wodurch zart durchscheinende Flächen entstehen. Holzer-Kjellbergs exquisite und ungemein elegante *Reismuster*-Objekte zeugen vom Einfluss der chinesischen und japanischen Keramik, der im Lauf des 20. Jahrhunderts im gesamten skandinavischen Keramikdesign spürbar war. Als die aus Schalen und einem Teeservice bestehende *Reismuster*-Serie in den 1940er Jahren auf den Markt kam, wurde sie sofort zum Verkaufsschlager. Arabia stellte die Herstellung um 1974 zwar ein, doch aufgrund der großen Nachfrage wurde das Geschirr 1986 wieder in die Produktion aufgenommen. Abgesehen von Porzellanwaren gestaltete Holzer-Kjellberg auch Einzelstücke aus Steingut. Nachdem sie 1954 auf der X. Mailänder Triennale eine Goldmedaille und 1966 die Pro-Finlandia-Medaille erhalten hatte, entwarf sie noch bis 1970 für Arabia.

Ensemble-Stühle für Fritz Hansen, 1992

alfred homann 1948 Kopenhagen – 2022 Dänemark

Alfred Homann, einer der gefeiertsten und emsigsten Architekten und Industriedesigner Dänemarks, schloss 1976 sein Architekturstudium an der Kongelige Danske Kunstakademi (Königlich Dänische Kunstakademie) ab. Von 1972 bis 1979 war er im Designstudio von Professor Vilhelm Wohlert (1920–2007) angestellt, der wie andere seiner Generation einen ganzheitlichen Ansatz in der Architektur verfolgte und sich, angefangen von der Bauplanung bis hin zur Einrichtung und der Beleuchtung, jedem Aspekt seiner Arbeit bis ins Detail widmete, um ein Höchstmaß an Qualität zu gewährleisten. Während seiner Tätigkeit für Wohlert gestaltete Homann zum ersten Mal Beleuchtungskörper – ein Designbereich, in dem er später berühmt werden sollte. Als er 1978 sein eigenes Büro für Architektur und Industriedesign eröffnete, nahm der ganzheitliche Ansatz längst eine zentrale Rolle in seiner Arbeit ein. Sowohl die Wandleuchte *Homann* (1981) wie auch die Lampenserie *Strata* (1988) waren ursprünglich für ein großes Renovierungsprojekt entwickelt worden, das er in Nyhavn ausführte. Homann, der sich bei der Gestaltung einer Außenleuchte ebenso wie beim Design eines Möbelstücks stets um „Schlichtheit, Klarheit und Logik" bemühte, vertrat die Ansicht, dass die besten Produkte solche sind, die zunächst für einen speziellen Kontext entworfen und erst später in standardisierte Fertigungsprodukte umgewandelt werden (**Louis Poulsen** nahm sowohl die *Homann*- wie auch die *Strata*-Lampen in die Produktion auf). Für den im Auftrag von **Fritz Hansen** entworfenen Mehrzweckstuhl *Ensemble* wurde Homann 1992 mehrfach ausgezeichnet, so auch mit dem deutschen Designpreis Red Dot Award. Die gewellte, aus einem Stück bestehende Sitzschale dieses Stuhls, die aus einem eigens entwickelten und wiederverwertbaren Polymer spritzgegossen war, entsprach einer völlig neuen Konstruktionstechnik, mit der in der Schale Luftpolster erzeugt und somit Materialaufwand und Gesamtgewicht erheblich reduziert wurden. Die Sitzschale des *Ensemble* sorgte nicht nur für eine ausgezeichnete Stütze im Lendenwirbelbereich, auch die Oberfläche des Materials fühlte sich angenehm an. Als Stapelstuhl, der eigens für die Objektausstattung entworfen wurde, eignete sich der *Ensemble* für den Einsatz in Kantinen, Konferenzsälen, Büros und

Unten
Hängelampe
Nyhavn für Louis
Poulsen, 1986

Parkbeleuchtung
Nyhavn für Louis
Poulsen, 1984

Rechts unten:
Pollerlampe
Homann für Louis
Poulsen, 1992

Warteräumen. Ähnlich wie seine Leuchten für Louis Poulsen profitierten Homanns Möbel für Fritz Hansen, Rudd International USA und Labofa von Detailgenauigkeit und hoher technischer Qualität – Eigenschaften also, die zum Synonym für das dänische Industriedesign wurden. Neben seiner Tätigkeit als Industriedesigner realisierte Homann auch zahlreiche Architekturprojekte (sowohl Neubauten wie Renovierungen), wobei insbesondere seine Arbeit für die staatliche dänische Eisenbahn DSB zu nennen ist.

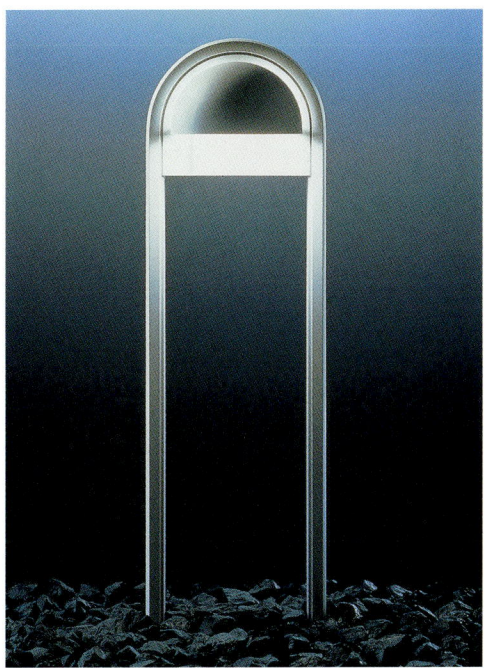

Blaue Kristallvase
für Karhula,
1930er Jahre

göran hongell

1902 Helsinki – 1973 Helsinki, Finnland

Göran Hongell, der Sohn eines Baumeisters, studierte von 1919 bis 1922 dekorative Malerei (Wandgestaltung) an der Taideteollinen Korkeakoulu (Hochschule für Kunst und Design) in Helsinki. Das Studium der sogenannten dekorativen Malerei war ein Vorläufer der akademischen Ausbildung in Industriedesign und sollte den Studenten das Können vermitteln, das sie als Handwerker, künstlerische Leiter in Fabriken, Werkstätten und Ateliers oder als Kunstlehrer benötigten. Infolge der kurz zuvor erlangten Unabhängigkeit gab es in Finnland zu jener Zeit ein allgemeines Interesse daran, eine neue und für das Land charakteristische Stilrichtung zu entwickeln und die ästhetische Qualität industriell hergestellter Produkte zu verbessern. Diese Aufbruchstimmung veranlasste Hongell 1924, dem finnischen Verband für Kunstgewerbe, Ornamo, beizutreten. 1927 erschien im Ornamo-Jahrbuch ein Artikel von Arttu Brummer (1891–1951), in dem der Svenska Slöjdföreningen (Schwedischer Kunstgewerbeverband) für dessen Förderung „schöner Gegenstände des täglichen Gebrauchs" gepriesen wurde. Im selben Jahr gründete Hongell, der den Artikel zweifellos kannte, gemeinsam mit dem Maler Gunnar Forsström ein Designstudio, das sich zunächst auf die Gestaltung von Wand- und Glasmalereien spezialisierte. Bereits ein Jahr später reichten sie ihre Entwürfe bei einem Wettbewerb von **Riihimäki** zum Thema „Nützliche und geschmackvolle Glaswaren für den Alltagsgebrauch" ein und gewannen den vierten Preis. Bei einem ähnlichen, 1932 von Karhula ausgeschriebenen Wettbewerb wurde Hongells Vase *Congorilla,* die mit maritimen Motiven verziert war, mit dem dritten Preis ausgezeichnet, und im selben Jahr zeigte Hongell auf einer Ausstellung der Finnischen Gesellschaft für Kunsthandwerk und Design eine Serie von schwarzen, mit Silberemail verzierten Pressglaswaren. Ebenfalls 1932 nahm Hongell eine Teilzeitstelle als künstlerischer Berater bei Karhula an, und bald darauf begannen die Glaswerke mit der industriellen Fertigung seiner ungewöhnlichen, schwarzen und mit klassischen Motiven dekorierten Gläser, die auf der V. Mailänder Triennale von 1933 ausgestellt wurden. Bis Mitte der 1930er Jahre entwarf Hongell für Karhula Glaswaren, die mit geschliffenen Gravuren versehen waren und die optischen Eigenschaften des Materials besonders gut zur

Geltung brachten. Es sollte jedoch bis 1937 dauern, bis er erstmals Produkte aus Pressglas entwarf, die sich für die industrielle Massenproduktion eigneten. In den 1940er und 1950er Jahren wurden seine Glaswaren, die nun schlichte Formen und glatte, unverzierte Oberflächen aufwiesen, zunehmend zweckmäßiger. Zu seinen bekanntesten Entwürfen aus dieser Periode gehören die eigens für den Export konzipierten meergrünen Glasvasen und die Gläser der *Aarne*-Serie (1949/50), die bis heute von **Iittala** hergestellt werden. Letztere wurden 1951 im „Hufvudstadsbladet" als „Kompromiss zwischen den beliebten Stielgläsern und den billigeren stiellosen Gläsern" beschrieben, „die gut in der Hand liegen und eine ‚festliche' Qualität besitzen". 1957 setzte sich Hongell zur Ruhe. Ein Jahr nach seinem Tod wurde 1974 im Karhula-Glasmuseum eine Retrospektive seiner Arbeit gezeigt. Auch wenn Hongell heute weniger bekannt ist als spätere Glasgestalter wie **Timo Sarpaneva** oder **Tapio Wirkkala**, war er zweifellos einer der Großen des finnischen Glasdesigns und einer der Ersten, die qualitativ hochwertige Gebrauchsglaswaren herstellten, die nicht nur äußerst funktionell, sondern auch wirklich stilvoll waren.

Oben: Glasserie *Aarne* für Karhula, 1949/50

Amerikanische Werbeanzeige für Karhula mit der Darstellung einer geschliffenen Kristallvase von Göran Hongell, Ende der 1930er Jahre

Vasen *Pantteri* für Nuutajärvi, 1954

Gegenüber oben: Gläser *Modell Nr. 1718* für Nuutajärvi, ca. 1951

Gegenüber unten: Wasserkrug *Modell Nr. 1618* und Gläser *Modell Nr. 1718* für Nuutajärvi, ca. 1951

saara hopea

1925 Porvoo – 1984 Porvoo, Finnland

Die finnische Designerin Saara Hopea wurde als Innenausstatterin an der Konstindustriella Läroverket (Kunstgewerbeschule) in Helsinki ausgebildet und arbeitete anschließend von 1946 bis 1949 als freiberufliche Innenarchitektin. 1952 trat sie in die **Arabia**-Keramikmanufaktur ein, wo sie sieben Jahre lang als Assistentin von **Kaj Franck** arbeitete. 1954 wurden ihre und Francks Arbeiten im Rahmen einer Sonderausstellung in Helsinki gezeigt. Außerdem nahm sie an mehreren bedeutenden Ausstellungen teil, so 1955 an der H55 in Helsingborg. Für Arabia entwarf sie eine Anzahl ungewöhnlicher Keramiken, wie etwa das Servierbrett für Horsd'œuvres, das nach der phönizischen Fruchtbarkeitsgöttin *Astarte* hieß und aus neun miteinander verbundenen Schalen geformt war. Auf der X. und XI. Mailänder Triennale von 1954 und 1957 wurden ihre praktischen Steingutentwürfe jeweils mit einer Silbermedaille prämiert. In den 1950er Jahren schuf sie Glaswaren für **Nuutajärvi**, die zum Teil für die Industrieproduktion gedacht waren, darunter ihr formgegossener Krug und die stapelbaren Wassergläser. Ihre großformatigeren Objekte zeichneten sich durch glatte Linien und gedeckte Farben aus. Andere Arbeiten dagegen, so etwa die gepunkteten Vasen *Pantteri*, gehörten in die Kategorie „Glaskunst". Für den Betrieb ihrer Familie, die Firma Ossian Hopea in Porvoo, entwarf Hopea außerdem Silberprodukte. 1960 heiratete sie den Amerikaner Oppi Untracht und wanderte in die Vereinigten Staaten aus, wo sie als Designerin unter anderem für Potter and Mellen Inc. tätig war. Nachdem sie von ihrem Mann die Emailtechnik gelernt hatte, entwarf sie Kupferschalen und -teller, die mit schwungvollen Mustern aus Emailfarben verziert waren. 1967 kehrte sie nach Finnland zurück und setzte dort bis 1980 ihre Arbeit mit Emailwaren fort. Hopeas Arbeit zeugt nicht nur von ihrem fraglos meisterhaften Umgang mit Materialien, Formen und Herstellungstechniken, sondern auch von der bedeutenden Rolle, die weiblichen Gestaltern innerhalb des skandinavischen Designs zukommt. War es doch besonders deren Beitrag, der einen stärker humanistischen Designansatz ermöglichte.

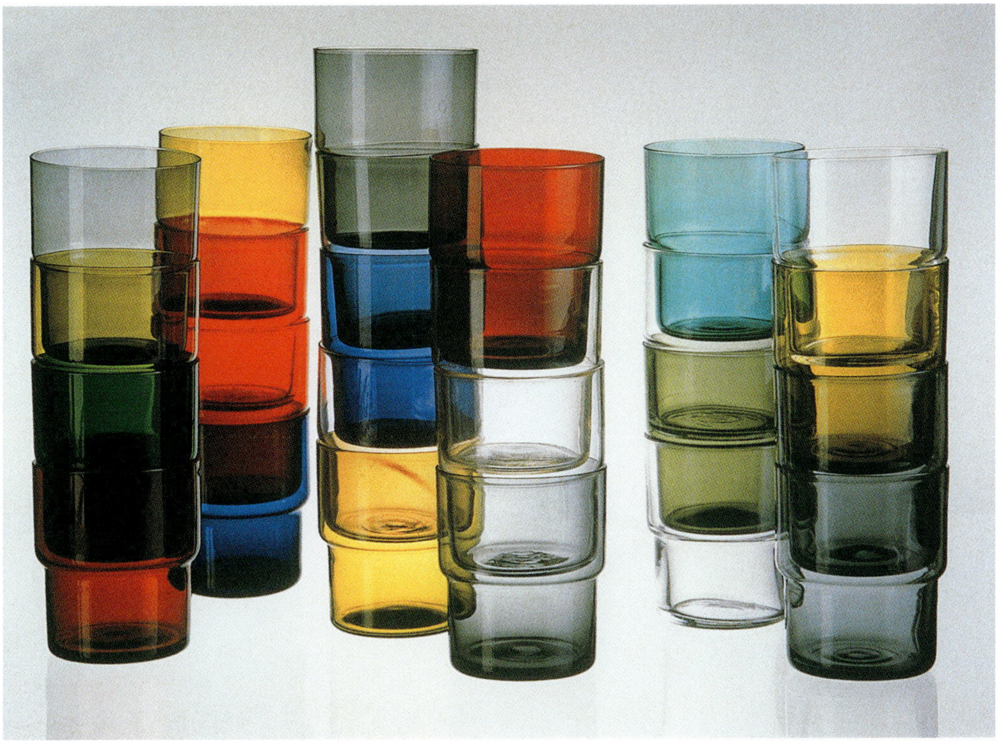

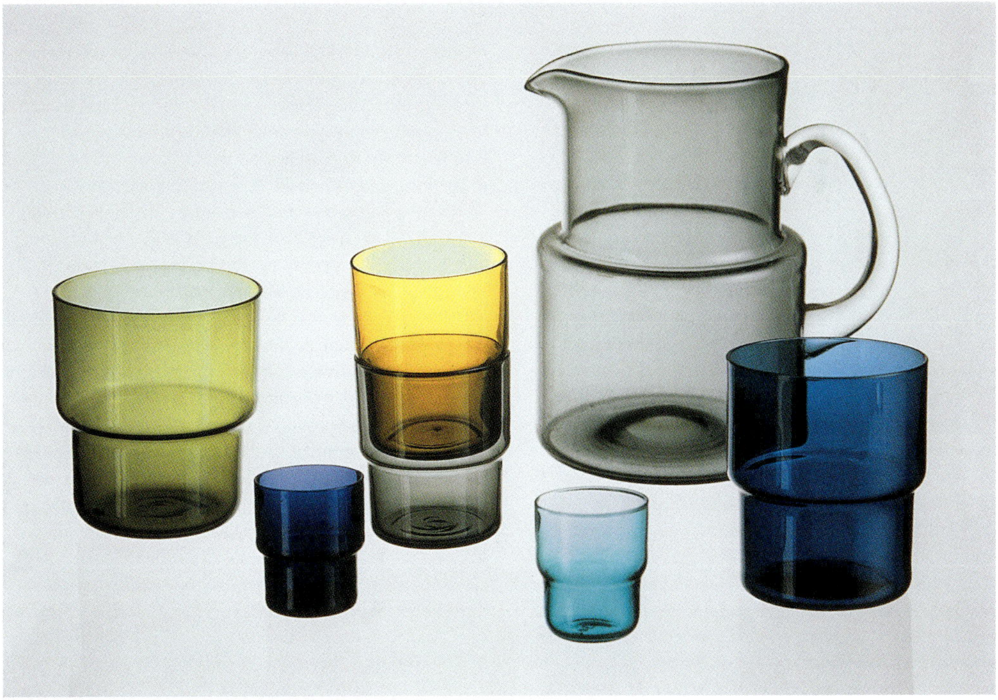

Sessel *Stuns* für
Innovator Design,
1973

johan huldt & jan dranger

1942 Stockholm – 2016 Schweden / 1941 Stockholm – 2016 Schweden

Jan Dranger

In den 1960er Jahren war die Ansicht weit verbreitet, dass ein Handeln in der Gruppe effektiver ans Ziel führe als ein Alleingang. Am deutlichsten manifestierte sich diese Überzeugung in den Protesten gegen den Vietnamkrieg und in den Studentenunruhen von 1968. Der Gedanke, sich zu organisieren und als Gruppe in Aktion zu treten, wurde auch von vielen jungen Designern aufgegriffen. Dies vor allem in Schweden, einem Land, in dem Designerkollektive und Produktionsgenossenschaften bereits eine lange Tradition hatten. Gegen Ende der 1960er Jahre gründeten die vier Studenten Johan Huldt, Jan Dranger, Martin Eiserman und Jan Ahlin, die an der Konstfackskolan (Hochschule für Kunst, Kunsthandwerk und Design) und an der Tekniska Skolan (Technische Hochschule) in Stockholm studierten, ein Kollektiv namens Dux4yra. Zu Beginn entwickelten die jungen Gestalter Möbel aus Kunststoff und Papier und wurden wenig später eingeladen, ihre Experimente mit maschinellen Rohrbiegeverfahren in der Fabrik des schwedischen Möbelherstellers Dux weiterzuführen. Gebogenes Stahlrohr schien das am besten geeignete Material für die Umsetzung ihres Ziels zu sein: die Herstellung funktioneller, finanziell erschwinglicher und demokratischer Möbel, die ein Element von „do it yourself" enthielten. Ein Jahr nach ihrem Studienabschluss 1968 gründeten zwei Mitglieder der Gruppe – Johan Huldt und Jan Dranger – ihre eigene Produktionsfirma. Das Unternehmen nannte sich Innovator Design und erlangte internationale Berühmtheit mit dem auf der Kölner Möbelmesse von 1973 präsentierten Sessel *Stuns*. Dieser äußerst funktionelle Lehnstuhl aus Stahlrohr mit einem Segeltuchbezug und gepolsterten Sitzkissen aus Polyurethan verblüffte durch seine Einfachheit und war vorbildlich für den neuen internationalen Hightechstil. Der Sessel ließ sich, da in seine Bestandteile zerlegt und in einem flachen Pappkarton verpackt, praktisch direkt aus dem Regal verkaufen. Johan Huldt war in einem Haushalt aufgewachsen, in dem es ein frühes Beispiel für die schwedische Version von zerlegbaren Möbeln gab, nämlich die *Trivia*-Einrichtungsserie, die 1943 von Elias Svedberg und Erik Wørts entworfen worden war (Wørts wurde in den 1950er Jahren einer der Pioniere der Flachpackmöbel von **IKEA**). Die Möbel von Huldt und Dranger, die es in fünf verschiedenen Farben – Gelb, Orange, Grün, Braun und Schwarz – sowie mit verchromter Oberfläche gab, erfreuten sich vor allem in Frankreich großer Beliebtheit und wurden dort von Habitat und Roche Bobois vertrieben. Bunt, billig und leicht montierbar, vermittelte die Innovator-Kollektion aus Stühlen, Tischen und Teewagen ein jugendliches Image, das auf ungenierte Weise industriell war. Die Möbel von Innovator Design, die der natürlichen Holzästhetik entgegentraten, mit der skandinavisches Design vor allem assoziiert wurde, konnten auch als eine Neuinterpretation der schwedischen Moderne der 1930er Jahre verstanden werden, die ihrerseits mit dem Einsatz industrieller Materialien wie Stahl und Glas experimentiert hatte. Huldts und Drangers bahnbrechende Möbelentwürfe signalisierten einen neuen Internationalismus im skandinavischen Design, der bei ihnen auch mit der Absicht einherging, durch den anonymen Verkauf ihrer Produkte den Kult um Designernamen zu durchkreuzen, der in den 1950er und 1960er Jahren so stark in Mode gekommen war. In den späten 1970er und frühen 1980er Jahren wurden die Möbel so beliebt, dass Innovator Design schließlich in vier verschiedenen Ländern Produktionsstätten errichtete. Auch IKEA nahm einzelne Möbelstücke in sein Sortiment auf. Als Anerkennung für diesen weitreichenden Beitrag zum skandinavischen Möbeldesign wurde Huldt von 1974 bis 1976 zum Leiter der schwedischen Forschungsstelle für Möbelherstellung und 1983 zum Vorsitzenden des Bundesverbands der schwedischen Innenarchitekten ernannt. Außerdem war er als UN-Berater und ab 1994 als Direktor von Svenska Form (schwedische Gesellschaft für Kunsthandwerk und Design) tätig. Nachdem er selbst unter massiven Urheberrechtsverletzungen der Innovator-Möbel zu leiden gehabt hatte, wurde Huldt eine der führenden Persönlichkeiten im Kampf gegen Designplagiate. Jan Dranger arbeitete seit Mitte der 1980er Jahre für IKEA und konzentrierte sich dabei auf nachhaltiges Design. 1999 erhielt er für seine aufblasbaren *softAir*-Sitzmöbel einen Ecology Design Award (iF Hanover). Zu der von News Design DFE hergestellten *softAir*-Kollektion gehörte ein platzsparendes Sofa, dessen Herstellung um 83 Prozent weniger Ressourcen verbrauchte als eine gepolsterte Version. Dieses preiswerte, beständige und umweltfreundliche Möbelstück war bei IKEA erhältlich.

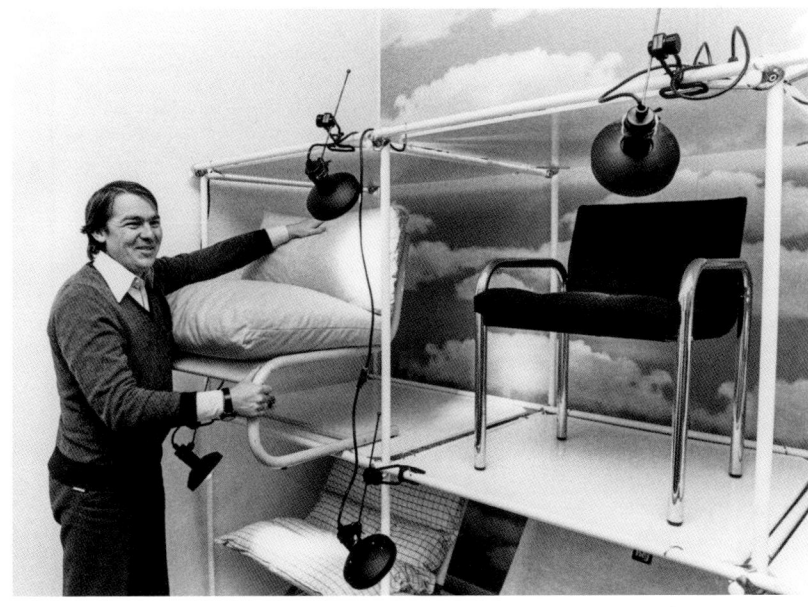

Johan Huldt mit Sesseln *Stunts*

Tisch *AX* für Fritz Hansen, ca. 1950

Gegenüber:
Stuhl *AX* für Fritz Hansen, 1950. Diese Version ging in die Massenfertigung.

peter hvidt & orla mølgaard-nielsen

1916 Kopenhagen –
1986 Kopenhagen, Dänemark

1907 Ålborg –
1993 Hellerup, Dänemark

Orla Mølgaard-Nielsen ging in der Werkstatt der Gebrüder Nielsen in Iborg in die Lehre und studierte anschließend Möbeltischlerei an der Kunsthåndværkerskolen (Kunstgewerbeschule) in Kopenhagen. Später studierte er an der Kongelige Danske Kunstakademie (Königliche Dänische Kunstakademie) in Kopenhagen Möbeldesign und Innenausstattung bei **Kaare Klint**. Klint machte ihn auch mit der relativ neuen Wissenschaft der Anthropometrie vertraut, der systematischen Erfassung und Messung des menschlichen Knochenbaus. Mølgaard-Nielsen lernte, dieses Wissen auf die Gestaltung seiner Möbel anzuwenden, um deren Funktionalität und Komfort zu verbessern. Nach Abschluss seines Studiums arbeitete er für mehrere dänische Architekturbüros wie die von Kaare Klint, Bent Helweg-Møller, **Arne Jacobsen** und Palle Suenson (1904–1987). Von 1944 bis 1975 verband ihn eine langjährige Zusammenarbeit mit seinem Partner Peter Hvidt, der wie er an der Kunsthåndværkerskolen in Kopenhagen Möbeltischlerei studiert hatte. Hvidt hatte sein Studium 1940 abgeschlossen und 1942 ein eigenes Designstudio gegründet. Zu den ersten gemeinsamen Projekten zählt das innovative Design des Stuhls *Portex* von 1944. Dieser aus Teakholz gefertigte Stuhl war einer der ersten modernen, in Dänemark hergestellten Stapelstühle sowie einer der ersten dänischen Möbelentwürfe, der für die Industrieproduktion konzipiert war. Der bei Foreningen für Møbelexport hergestellte, platzsparende *Portex*-Stuhl war mit oder ohne Armlehnen sowie wahlweise mit Sitzpolster erhältlich. Hvidt und Mølgaard-Nielsen arbeiteten auch mit dem bekannten dänischen Möbelhersteller **Fritz Hansen** zusammen. Im Rahmen dieser Verbindung entstand eine völlig neue Konstruktionsmethode für die Herstellung von Möbeln. Dabei wurden – ähnlich wie bei der Fertigung

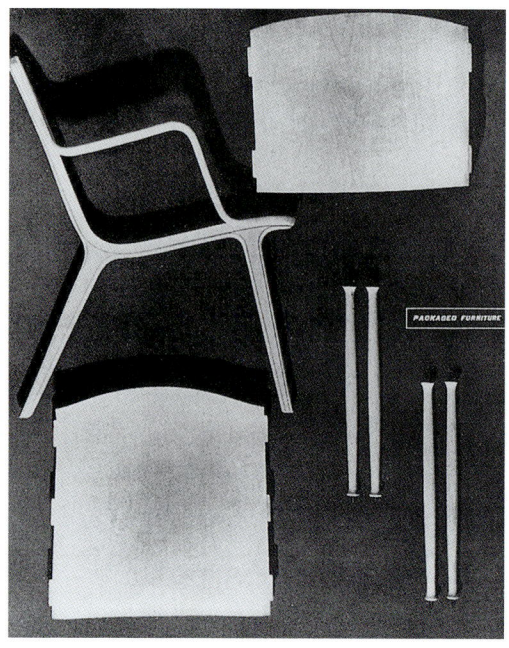 

von Holztennisschlägern – Buchenholzschichten auf einen Mahagonikern laminiert. Der *AX*-Stuhl von 1947 war das erste dänische Möbelstück, das unter Einsatz dieser Technik entstand. Ursprünglich war der Stuhl mit einem gesteppten Sitz- und Rückenteil aus Leder versehen, der an dem laminierten Rahmen befestigt war, doch das Design wurde später modifiziert, um es für die industrielle Massenproduktion besser geeignet zu machen: Ab 1950 bestand der Rahmen aus Teakholz und laminierter Buche mit separat hergestellten Sitzflächen und Rückenelementen, die aus Furnierholz mit Teakverblendung gefertigt waren. Obwohl er vor allem als Lehnsessel verkauft wurde, war der *AX*-Stuhl auch ohne oder mit nur einer Armlehne erhältlich. Darüber hinaus wurden nun auch zu den Stühlen passende Tische produziert. Entscheidend war, dass sich die Möbel der *AX*-Serie in ihre Einzelteile zerlegen ließen, wodurch man sie leicht transportieren und relativ kostengünstig herstellen konnte. Der *AX*-Sessel wurde in den 1950er Jahren zu einem der meistverkauften Stühle in Skandinavien. Er erhielt auch eine Anzahl von Auszeichnungen, darunter die Ehrendiplome der IX. und X. Mailänder Triennale von 1951 und 1954 sowie im Rahmen der in den USA gezeigten Ausstellung „Good Design" von 1951 einen Good Design Award. Während der 1950er Jahre entwarfen Hvidt und Mølgaard-Nielsen außerdem mehrere Stühle für France & Son und für die Søborg Møbelfabrik, die sichtlich unter dem Einfluss der plastisch gestalteten Möbel von **Finn Juhl** standen. 1961 entwarfen sie für Fritz Hansen den *X*-Klubsessel, dessen besonderes Merkmal eine Sitzfläche aus Rohrgeflecht war und der wiederum in der 1947 erstmals erprobten Technik konstruiert worden war. Das Design des Sessels wurde 1977 adaptiert: Nun war er mit einer gesteppten Sitzfläche versehen und ließ sich in bankartige Sitzgruppen einfügen, wie sie in Warteräumen verwendet werden. Ab 1970 arbeiteten Hvidt und Mølgaard-Nielsen auch mit dem Designer Hans Kristensen zusammen. Mit ihren qualitativ hochwertigen, demokratischen und technisch innovativen Möbeldesigns, wie dem äußerst erfolgreichen *AX*-Sessel, leisteten Peter Hvidt und Orla Mølgaard-Nielsen einen wesentlichen Beitrag, um den zwanglosen und zugleich modernen skandinavischen Stil, der in den 1950er und 1960er Jahren so beliebt und einflussreich wurde, auf der ganzen Welt zu verbreiten.

Oben links: Der in seine Bestandteile zerlegte Stuhl *AX* für Fritz Hansen, ca. 1950

Oben rechts: Stuhl *AX* für Fritz Hansen, 1947. Sitz und Rückenlehne dieses frühen Modells waren aus gepolstertem Leder.

Gegenüber: Lehnstuhl aus Teakholz und Flechtwerk für Søborg Møbelfabrik, ca. 1956

Alvar Aalto, Vase
Savoy für Karhula,
1936 – ein frühes
Produktionsstück
aus den 1930er
Jahren

Gegenüber:
Timo Sarpaneva,
Vase *Lansetti I*
(Lanzette I), 1952

iittala *gegründet 1881 Iittala, Finnland*

Dank seiner zeitgenössischen Glaskollektionen zählt Iittala bis heute zu den Vertretern jener hervorragenden Designqualität, die für finnische Produkte so charakteristisch wurde. Die Iittala-Glashütte wurde 1881 von dem schwedischen Glasbläsermeister Per Magnus Abrahamsson in der Nähe von Kalvola gegründet. Bereits bei den frühen, schlichten und unverzierten Gebrauchsglaswaren lassen sich Einflüsse aus anderen europäischen Ländern feststellen. Nach einer schwierigen Anfangsphase gelang es den Glaswerken schließlich, sich mit hochwertigen Produkten einen Namen zu machen. Zu diesen gehörten auch die von Alfred Gustafsson gestalteten Gläser, deren gravierte patriotische Motive den Kampf um kulturelle und politische Autonomie widerspiegelten, der in Finnland zu Beginn des 20. Jahrhunderts stattfand. Die finanziellen Schwierigkeiten, denen das Unternehmen im Ersten Weltkrieg ausgesetzt war, zwangen den Hauptgesellschafter der Firma, seine Anteile 1917 an die Karhula-Glaswerke zu verkaufen. Damit ging zwar die wirtschaftliche Unabhängigkeit verloren, doch zugleich profitierte Iittala von den Investitionen, die mit der Übernahme durch ein größeres Unternehmen einhergingen. Nachdem auf Betreiben von Ahlström eine Reihe von Verbesserungen in der Fabrik eingeführt

worden waren, spielten die Karhula-Glaswerke für die Geschäfte der Unternehmensgruppe weiterhin eine wichtige Rolle. Während die Produkte beider Glaswerke den Markennamen Karhula-Iittala trugen, konzentrierte sich Iittala in den 1930er Jahren auf die Herstellung geblasener Glaswaren anstelle von Pressglas und auf die Produktion von limitierten Kunstglaswaren anstelle von Massenartikeln. **Aino Aaltos** funktionale Glasserie *Aalto* (1932) und **Alvar Aaltos** berühmte Vase *Savoy* (1936) wurden zunächst bei Karhula hergestellt und gingen erst später bei Iittala in Produktion. Um eine neue Kollektion zeitgenössischer Glaskunst zu entwickeln, organisierte Iittala 1946 einen Wettbewerb, dessen ersten Preis sich **Tapio Wirkkala** und **Kaj Franck** teilten. Die gestalterische Unkonventionalität dieser beiden Designer läutete für Iittala eine neue Richtung und im finnischen Glasdesign eine neue Ära ein. Objekte wie etwa Wirkkalas berühmte pilzförmige Vase *Kantarelli* (1946) zeugten vom neuen künstlerischen Selbstvertrauen im skandinavischen Design. 1950 verließ Kaj Franck die Firma, und im selben Jahr trat **Timo Sarpaneva** in die Designabteilung ein. Ebenso wie Wirkkala verhalf auch Sarpaneva mit seinen zahlreichen neuen Gestaltungsformen und Techniken

dem Unternehmen zu internationaler Anerkennung, besonders auf den Mailänder Triennalen. Während der 1950er Jahre entwarf Sarpaneva mehrere stark plastisch ausgeführte Kunstglasobjekte, die unter Einsatz einer von ihm entwickelten Dampfblastechnik hergestellt wurden. In dieser Zeit gestaltete er auch die ersten von Iittala produzierten modernen Gebrauchsglaswaren: Die *i-linie* war das Ergebnis zweijähriger intensiver Forschungen und stellte den Versuch dar, den Kunstglasmarkt mit dem für Gebrauchswaren zu verbinden. Die zarten, rauchigen Farben und schlichten Formen verliehen der *i-linie* eine verfeinerte und zugleich elementare Schönheit. In den 1960er Jahren stellte Iittala mattierte Glaswaren her, von denen vor allem Sarpanevas bahnbrechende Vasen *Finlandia* (ca. 1964) und Wirkkalas Verkaufsschlager, die *Ultima-Thule*-Kollektion (1968), zu nennen sind, die maßgeblichen Einfluss auf das Glaswarendesign der 1960er und 1970er Jahre hatten. 1971 errichtete das Unternehmen eine neue Fabrik für die Herstellung von Leuchten und gründete ein Glasmuseum. In den frühen 1970er Jahren wurde Iittala ebenso wie andere finnische Glasproduzenten von der weltweiten Rezession und dem Überhandnehmen billiger Kopien

ihrer Designerobjekte durch ausländische Konkurrenten in Mitleidenschaft gezogen und erholte sich erst wieder, als ab Mitte der 1970er Jahre die Nachfrage nach individuellen Glaswaren neuerlich anstieg. In den folgenden Jahren entwarfen die Iittala-Designer eine Reihe von Kollektionen, die konstruktionstechnische Neuerungen aufwiesen, darunter Sarpanevas Serie *Arkipelago* (1978) mit unterschiedlich großen, eingeschlossenen Luftblasen. Die Weingläser *Kaveri* (1979) von Jorma Vennola (geb. 1943) kombinierten Kelche aus Transparentglas mit austauschbaren Stielen aus Kunststoff. In den späten 1980er und frühen 1990er Jahren stießen Tiina Nordström (geb. 1957) und Markku Salo (geb. 1954) zum Iittala-Designteam, zwei junge Gestalter, die seither sowohl im Bereich der Gebrauchsglaswaren wie auch der als Einzelstücke produzierten Glasobjekte Bemerkenswertes geleistet haben. 1990 wurde Iittala von der **Hackman**-Gruppe übernommen, und nachdem es sich einer neuen internationalen Ausrichtung verschrieben hatte, beauftragte das Unternehmen erstmals auch ausländische Designer wie Konstantin Grcic (geb. 1965) und Marc Newson (geb. 1963). Seit 1996 ist der hochtalentierte finnische Gestalter Harri Koskinen in der Design-

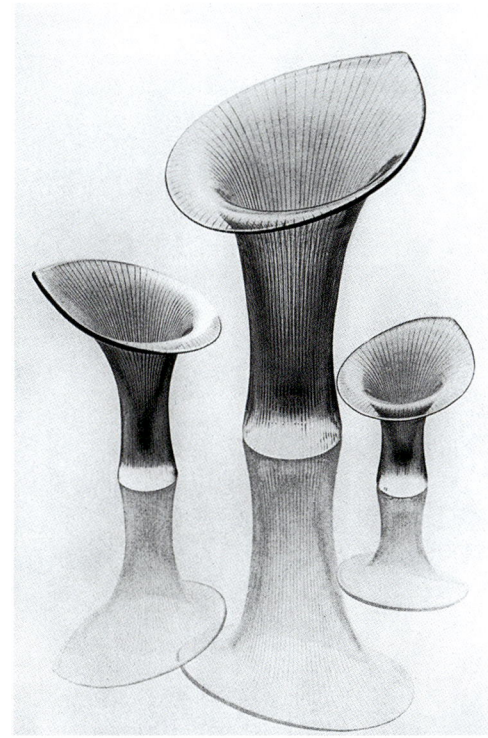

abteilung von Iittala tätig und hat beachtliche Objekte entworfen, darunter *Atlas,* eine Kombination aus Vase und Kerzenständer (1996), und die Windlichter *Relations* (1999). Diese beiden Entwürfe zeugen von der innovativ technischen und künstlerischen Qualität, die seit so langer Zeit Iittalas wichtigste Markenzeichen sind. Um dem Wandel im modernen Lebensstil und den damit einhergehenden veränderten Kundenwünschen zu begegnen und um seine Ideen von einer verbesserten Funktionalität im Haushalt zu verbreiten, brachte das Mutterhaus von Iittala im Jahr 2002 eine Kollektion von Kochgeräten und Geschirrprodukten auf den Markt, die sich aus seinen vier skandinavischen Marken – **Arabia**, Hackman, Iittala und **Rörstrand** – zusammensetzt und unter dem gemeinsamen Markennamen Iittala vertrieben wird. Im Anschluss daran übernahm Fiskars die Iittala-Gruppe 2007, und seitdem hat die Marke Iittala mit innovativen Zusammenarbeiten stetig ihre internationale Ausrichtung ausgebaut.

Gegenüber oben links: Tapio Wirkkala, Schale Modell Nr. 3336 – frühes Werbefoto

Gegenüber oben rechts: Timo Sarpaneva, Vase *Lansetti II* (Lanzette II), 1952

Oben links: Glasbläser bei der Arbeit im Iittala-Werk, ca. 1950er Jahre

Oben rechts: Tapio Wirkkala, Vasen *Kantarelli, Modell Nr. 3280,* 1948

Unten: Markku Salo, Kerzenhalter *Nappi,* 1998

ikea *gegründet 1943 Älmhult, Schweden*

Ingvar Kamprad, Gründer von IKEA

Kein anderes Unternehmen hat das Konzept des skandinavischen Designs weltweit so gefördert und bekannt gemacht wie IKEA, das seit über 70 Jahren überaus demokratische Produkte erzeugt und verkauft, die auf den drei Prinzipien „Form, Funktion und Erschwinglichkeit" gründen. IKEA verschrieb sich von Anfang an einer speziell in Schweden verbreiteten und sozialistischen Grundsätzen entstammenden Philosophie, wonach „Menschen, die nicht wohlhabend sind, die gleichen Chancen haben sollten wie jene, die es sind". Die Gründung dieses außergewöhnlichen und inzwischen international erfolgreichen Unternehmens geht auf das Jahr 1943 zurück, als sich der damals 17-jährige Ingvar Kamprad (1926-2018) bei seinem Vater umgerechnet 250 Euro auslieh und IKEA ins Leben rief. In Älmhult gegründet und nur wenige Kilometer von Kamprads Heimatdorf entfernt, befand sich IKEA in Småland, das zu den ärmsten Regionen Schwedens zählt. Zunächst bestand die Firma aus einem Versandhandel, der eine Vielzahl von Produkten vertrieb, angefangen von Rinderseife bis hin zu Strümpfen. 1951 bot IKEA dann erstmals Möbel zu Fabrikpreisen an, die ebenfalls per Versandkatalog verkauft wurden. Dieser Schritt stieß bei den etablierten Möbelhändlern auf solche Widerstände, dass IKEA die Teilnahme an der großen Möbelmesse in Stockholm untersagt wurde und die Lieferanten damit drohten, das Unternehmen zu boykottieren. Kamprad, dem bewusst war, dass „die Produkte mit dem schönsten Design sehr, sehr teuer sind", war dennoch entschlossen, praktische und schöne Dinge zu Preisen herzustellen, die sich ein Großteil der Bevölkerung leisten konnte. Ausgehend von dem sozialen Anliegen, das Design zu demokratisieren, legte Kamprad drei wesentliche Prioritäten für die Möbelgestaltung fest: Ästhetik, Funktionalität und Eignung für die Massenproduktion. Es waren Gillis Lundgren, Bengt Ruda und Erik Wørts, die mit einer modernen Formensprache Möbel entwarfen, welche die Käufer selbst zusammenbauen konnten – eine revolutionäre Entwicklung im Design von Wohnungseinrichtungen. Das Bücherregal *Regal* (1959), ein Entwurf von Lundgren, war eines der ersten IKEA-Produkte, das zerlegt in einem flachen Karton verkauft wurde. Ein anderes Konzept, das die IKEA-Designer

Gillis Lundgren, Sessel *Tajt*, 1973. Der Sessel ließ sich zu einem schmalen Bett ausklappen.

Unten: Seite aus dem IKEA-Katalog zeigt den Stuhl *Tajt* von Gillis Lundgren, 1973

Gegenüber: Umschlag des ersten IKEA-Katalogs, 1951

in jener Zeit entwickelten, war das „modulare Denken". Es bedeutete, dass anstelle von Einzelstücken bausteinartig erweiterbare Komponenten und miteinander kombinierbare Systeme entworfen wurden. Das führte zur koordinierten Fertigung des Produktsortiments und zur Propagierung eines einheitlichen Einrichtungsstils – ein frühes und richtungweisendes Beispiel für den Handel mit Lifestyle-Produkten. Mit dem Aufkommen der Spanplatte in den 1960er Jahren ging eine weitere Verbilligung der Möbelproduktion einher, ein Umstand, der immensen Einfluss auf die Produktpalette von IKEA hatte. Als billiges und zugleich relativ widerstandsfähiges Material wird die Spanplatte seither für alle möglichen Arten von Selbstbaumöbeln eingesetzt. Während die 1970er Jahre eine Zeit allgemeiner Unsicherheit waren, prosperierte und expandierte IKEA dank seiner Politik, Möbel herzustellen, die nicht viel kosteten, funktional waren und darüber hinaus einen jugendlichen Touch hatten. In dieser Zeit entwickelte das Unternehmen mehrere aus Kunststoff hergestellte Produkte, darunter die Stehlampe *Telegono* (1970) des italienischen Avantgarde-Designers Vico Magistretti (1920–2006). Hauptsächlich hat sich IKEA jedoch auf die Fertigung von Neuinterpretationen bekannter Designklassiker konzentriert: Hier reichen die Beispiele vom allgegenwärtigen Thonet-Kaffeehausstuhl bis hin zum Stapelstuhl *Polyprop* aus Plastik von Robin Day (1915–2010). Die 1970er Jahre waren auch die Zeit, in der die Möbel aus unbehandeltem Fichtenholz und die farbenfrohen Textilien auf den Markt kamen, wobei IKEA diesen zwanglosen Einrichtungsstil speziell für jüngere Käufer entwickelt hatte.

Tord Björklund, Tisch/Servierwagen *Bogen*, 1986

Unten: Knut Hagberg und Marianne Hagberg, Kindermöbelserie *Puzzel*, 1988. Sie erhielt 1988 den Preis für Hervorragendes Schwedisches Design.

Gegenüber: Olle Gjerlöv-Knudsen und Torben Lind, Sessel *Skopa*, 1974

Unten: Umschlag des britischen IKEA-Katalogs, 1989

Oben: Noboru Nakamura, Schwingsessel *Poem*, 1977. Obwohl er von einem japanischen Designer entworfen wurde, wirkt dieser Sessel so typisch skandinavisch, dass IKEA ihn viele Jahre lang im Angebot behielt.

Karin Mobring, Sessel *Diana*, 1972

Im folgenden Jahrzehnt begann IKEA mit der Produktion eleganter, jedoch stets praktischer Möbel, die u. a. von Niels Gammelgaard entworfen wurden, dessen Tisch *Moment* (1978) mit dem Preis für Hervorragendes Schwedisches Design ausgezeichnet wurde. Zu den weiteren preisgekrönten Designs zählen *Puzzel,* eine 1988 von Knut und Marianne Hagberg entworfene Kindermöbelkollektion, die sich durch die Kombination von Primärfarben und schlichten Formen auszeichnete und zum Verkaufsschlager wurde. In den 1990er, 2000er und 2010er Jahren fuhr IKEA fort, immer mehr international zu expandieren und seine Version der skandinavischen Moderne zu popularisieren. Heute gehören der IKEA-Gruppe über 464 Einrichtungshäuser in 63 Ländern. Im Jahr 2023 belief sich der Gesamtumsatz des Unternehmens auf 46,7 Milliarden Euro, wobei Einkäufe in den Einrichtungshäusern immer noch 74 % von diesem Betrag ausmachen. Trotz dieser beeindruckenden Zahlen ruht sich das Unternehmen nicht auf seinen Lorbeeren aus und versucht aktiv, seinen ökologischen Fußabdruck mit innovativen Design- und Materiallösungen zu reduzieren. Wie der Designtheoretiker Victor Papanek einst vorausschauend schrieb: „Eines jedenfalls fest: IKEA wird auch in Zukunft in ökologischer, sozialer und kultureller Hinsicht zu den Ersten und Besten gehören und Dinge herstellen, die funktional, schön anzusehen und erschwinglich sind".

Unten: Seite aus dem britischen IKEA-Katalog 2002 mit dem Bestseller-Regalsystem *Billy*, das in der firmeneigenen Designabteilung entworfen und 1978 auf den Markt gebracht wurde

Oben: Morten Kjelstrup und Allan Østgaard, Kinderstuhl *Mammut*, 1993

Unten: Thomas Sandell, Aufbewahrungsmöbel mit Rädern aus der *PS*-Serie, 1995

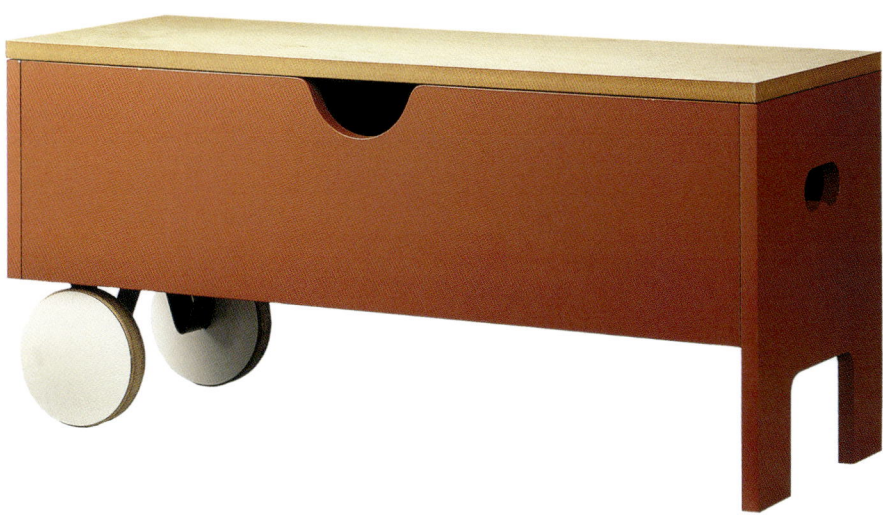

Louis Sparre,
Entwurf einer
Wohnzimmereinrichtung, 1903

iris workshops *gegründet 1897 Porvoo, Finnland*

Ähnlich wie andere um die Wende zum 20. Jahrhundert gegründete Künstlervereinigungen – etwa die Guild of Handicraft in England (gegr. 1888), die Dresdner Werkstätten für Handwerkskunst in Deutschland (gegr. 1898) oder die Wiener Werkstätte in Österreich (gegr. 1903) – stellten die Iris Werkstätten Gegenstände für den täglichen Hausgebrauch her, die eine hohe gestalterische und fertigungstechnische Qualität besaßen und dem Stil der „neuen Kunst" entsprachen. Die Fabrik der Werkstätten befand sich in Porvoo, der Verkauf erfolgte hingegen in Helsinki, und das zunächst mit einigem Erfolg. Dennoch war den Werkstätten, ebenso wie vielen anderen progressiven und reformerischen Designunternehmen, keine lange Lebensdauer beschieden: Nach nur fünf Jahren gab es das Kollektiv nicht mehr. Gegründet wurden die Iris Werkstätten von dem in Schweden geborenen Möbeldesigner Louis Sparre (1866–1964) und dem gefeierten schwedisch-finnischen Maler Axel Gallén (1865–1931), der sich 1905 den finnischer klingenden Namen Akseli Gallén-Kallela zulegte, sowie dem englisch-belgischen Keramikkünstler Alfred William Finch (1854–1930), einem Freund des berühmten Jugendstilkünstlers Henry van de Velde (1863–1957). Die Unternehmensgründung muss im Kontext der starken nationalistischen Bewegungen gesehen werden, die in den 1890er Jahren in Skandinavien aufkamen und sich einem romantischen Bündnis mit der Natur und der historischen Vergangenheit verschrieben. Die Gründer der Iris Werkstätten waren also nicht nur an einer Reform des Designs und somit des öffentlichen Geschmacks interessiert, sondern sie bemühten sich auch ganz bewusst um die Schaffung einer eigenständigen kulturellen Identität für Finnland. De facto waren die Iris Werkstätten das erste finnische Unternehmen, das mit dieser besonderen Zielsetzung eingerichtet wurde. Während ihres kurzen, aber einflussreichen Bestehens erhielt die Fabrik eine Reihe wichtiger Aufträge aus Finnland und Russland. Sie vertrieben ihre Produkte außerdem in St. Petersburg sowie über zwei Galerien in Paris – Siegfried Bings „L'Art Nouveau" und Julius Meier-Graefes „La Maison Moderne", die für die Verbreitung der neuen Kunstrichtung von größter Bedeutung waren. Die Iris Werkstätten produzierten Keramiken, Textilien, Metallwaren und Möbel im Arts-&-Crafts-Stil. Ihre Entwürfe waren durchweg bestens geeignet für die Innenausstattung der zahlreichen Fin-de-Siècle-Jugendstilbauten, die in Helsinki und Umgebung errichtet wurden und zu deren bemerkenswertesten Beispielen die Bauwerke

Alfred William Finch, Vase, Deckelgefäß und Krug aus Steingut, ca. 1897–1902

Unten: Alfred William Finch, Steingutvase, ca. 1897–1902

des Architekturbüros von **Eliel Saarinen**, Herman Gesellius (1874–1916) und Armas Lindgren (1874–1929) zählen. Ob mit den folkloristischen Steingutkeramiken von Finch und ihren abstrakt organischen Motiven oder mit Sparres eleganten und dennoch rustikalen Möbeln, die Arbeiten der Werkstätten leisteten einen entschiedenen Beitrag zu einer unprätentiösen, in einer ehrlichen Ausdrucksform des Materials begründeten Ästhetik – ein Merkmal, das bis heute ein bestimmendes Kennzeichen des skandinavischen Designs ist. Wie andere Designgruppen in Großbritannien und Deutschland orientierten sich auch die Iris Werkstätten bei der Gestaltung ihrer Haushaltswaren häufig an volkstümlichen Vorläufern, die eine inhärente gestalterische Schlichtheit besaßen. Objekte dieser Art hatten jedoch kaum bis gar keinen Einfluss auf das Design von Produkten, die für ein Massenpublikum gedacht waren. In der Tat waren die Iris-Produkte fast ausschließlich einer intellektuellen Elite vorbehalten, jenen Leuten also, die nicht nur die den Objekten zugrunde liegende Philosophie am ehesten zu schätzen wussten, sondern auch in der Lage waren, ihre hohen Preise zu bezahlen. Auf der Weltausstellung 1900 in Paris zeigten die Iris Werkstätten eine von Gallén-Kallela entworfene Inneneinrichtung und wurden dafür mit einer Goldmedaille ausgezeichnet. Obwohl ihre Objekte

international großen Beifall fanden, ließen sich die Iris Werkstätten auf Dauer nicht finanzieren und mussten 1902 geschlossen werden. Doch trotz der kurzen Dauer ihres Bestehens gelten die schlichten und dennoch anspruchsvollen Produkte der Iris Werkstätten als wichtiges philosophisches Modell für die zukünftige Richtung des skandinavischen Designs, und zugleich stehen sie für eine eigenständige finnische Interpretation des Jugendstils.

Stoff *Unikko* (Mohnblume) für Marimekko, 1960

Gegenüber: Stoff *Lokki* (Seemöwe) für Marimekko, 1961

maija isola   *1927 Riihimäki – 2001 Riihimäki, Finnland*

Die finnische Textildesignerin Maija Isola studierte von 1946 bis 1949 Malerei an der Taideteollinen Korkeakoulu (Hochschule für Kunst und Design) in Helsinki. Von 1949 bis 1960 war sie als Chefdesignerin für die finnische Textilfirma Printex tätig, die von Viljo Ratia (1911–2006) gegründet worden war und der künstlerischen Leitung von Armi Ratia (1912–1979) unterstand. In diesen elf Jahren entwarf Isola zahlreiche bedruckte Textilien für Inneneinrichtungen, die von der Firma hergestellt wurden. Ab 1951 wurden ihre Entwürfe auch von **Marimekko**, einer Schwesterfirma von Printex, produziert, die gegründet worden war, um den Einsatz von Printex-Stoffen in der Mode und der Innenraumgestaltung zu fördern. Die preiswerten Baumwollstoffe, die mit den Designs von Isola bedruckt wurden, verwandelten sich durch ihre kühn abstrahierten Muster in elegante und zugleich avantgardistische Textilien. Isolas Kleider- und Möbelstoffe für Marimekko wurden neben ihren Textilien für Printex auf der Wanderausstellung „Design in Scandinavia" präsentiert, die von 1954 bis 1957 in den USA und in Kanada gezeigt wurde. 1958 waren ihre Entwürfe in der Ausstellung „Formes Scandinaves" in Paris und auf der Brüsseler Weltausstellung zu sehen. Im Jahr darauf wurden ihre Textilien erstmals in den Vereinigten Staaten verkauft, wo ihre verblüffende Originalität große Bewunderung hervorrief. Isolas frühe Entwürfe waren von afrikanischer Kunst inspiriert, mit der sie erstmals während einer Reise nach Norwegen im Jahr 1949 in Berührung kam. Anfangs führte sie ihre Entwürfe mit Ölkreide in kräftigen Farben aus, später fügte sie ihren Mustern handgemalte Streifen hinzu. Isola entwarf bis Mitte der 1950er Jahre Stoffe, die florale Motive aufwiesen. Ende der 1950er Jahre gestaltete sie Textilien, die von der slowakischen Volkskunst und in den späten 1960er und frühen 1970er Jahren von traditionellen karelischen Bauernmotiven inspiriert waren. Viele ihrer Siebdrucktextilien waren Übertragungen ihrer eigenen bildnerischen Kunstwerke. Mitte der 1960er Jahre stellte sie Baumwollstoffe her, die mit großen geometrischen und in starken, gleichmäßigen Farben gehaltenen Mustern bedruckt waren und zu ihren berühmtesten Arbeiten zählen. In diesen unkonventionellen Designs wie etwa *Kaivo* (1964), *Melooni* (1963) und *Hahn und Henne* (1965) bildete sich der zeitgenössische künstlerische Geschmack ab, vor allem der Einfluss der amerikanischen Farbfeldmalerei. Isolas stark grafische Stoffmuster dieser Serie wurden zum Inbegriff nicht nur der Textilien von Marimekko, sondern auch einer vollkommen neuen Richtung im finnischen Design. 1965 und 1968 wurde sie jeweils mit einem ID-Preis ausgezeichnet und gehörte lange gemeinsam mit Fujiwo Ishimoto (geb. 1941) zu den wenigen Hausdesignern bei Marimekko. Isolas farbenfrohe gemusterte Stoffe wurden in Europa, den USA und in Australien vielfach ausgestellt, hatten großen Einfluss auf das zeitgenössische Textildesign und sind heute dank des 30-jährigen Wiederauflebens des Interesses an Nordischem Design aus den 1960er und 1970er Jahren beliebter denn je.

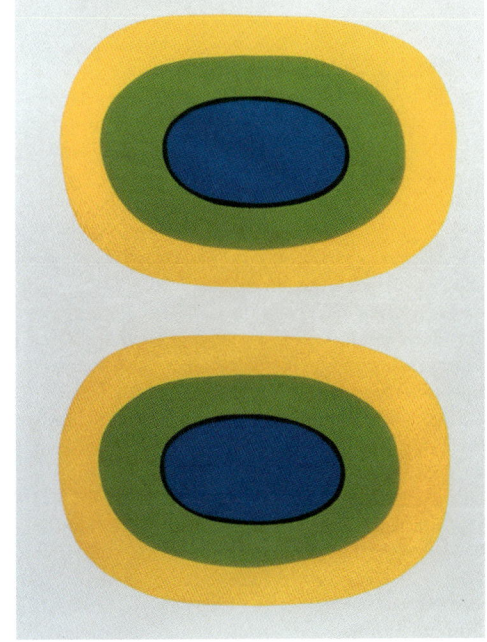

Stoff *Melooni* (Melone) für Marimekko, 1963

Sessel *Ægget* und passender Fußhocker für Fritz Hansen, 1958

Gegenüber: Orchid Bar im SAS Royal Hotel Kopenhagen, ca. 1959/60 – eingerichtet mit Arne Jacobsens Loungesessel *Pot*, Modell Nr. 3318, für Fritz Hansen, 1959

arne jacobsen

1902 Kopenhagen – 1971 Kopenhagen, Dänemark

Arne Jacobsen, der berühmteste dänische Architekt und Designer der Nachkriegszeit, schloss 1924 eine Ausbildung zum Steinmetz an der Skolen for Brugskunst (Schule für Gebrauchskunst) in Kopenhagen ab, bevor er an der Kongelige Danske Kunstakademi (Königliche Dänische Kunstakademie) in Kopenhagen bis 1927 Architektur studierte. Diese Kombination aus praktischer und künstlerischer Ausbildung ermöglichte es Jacobsen während seiner späteren Laufbahn, Bauwerke, Innenausstattungen und eine Vielzahl von Produkten zu entwerfen, die auf elegante Weise Funktion und Ästhetik miteinander verbanden. Nach dem Abschluss seines Studiums arbeitete er bis 1929 als Assistent im Kopenhagener Architekturbüro City Architect's Office von Paul Holsøe. Dort entwarf er einen Musikpavillon, Unterstände und Eingangstore für den Kopenhagener Enghave-Park. Seine frühen Arbeiten waren stark von den Protagonisten der Moderne wie Le Corbusier (1887–1965), **Erik Gunnar Asplund** und Ludwig Mies van der Rohe (1886–1969) beeinflusst. Jacobsen war einer der ersten Designer, die in ihren Projekten den Modernismus nach Dänemark brachten. Ein Beispiel dafür ist sein kreisrundes *Haus der Zukunft*, das er 1929 gemeinsam mit Flemming Lassen (1902–1984) für die vom Kopenhagener Architektenverband gezeigte Bauausstellung entwarf und das so futuristisch war, dass es sogar über einen Hubschrauberlandeplatz auf dem Dach verfügte. Jacobsen gestaltete auch mehrere zu dieser modernistischen Umgebung passende Stahlrohrmöbel. Um 1930 richtete er in Hellerup ein eigenes Studio ein und arbeitete von da an als selbstständiger Architekt und Innenausstatter. Zu seinen ersten wichtigen Bauaufträgen zählen das funktionalistische und als Gesamtkunstwerk konzipierte Rothenborg-Haus in Ordrup (1930) und das Apartmenthaus Bellavista mit angrenzendem Bellevue-Theater und Restaurantkomplex (1930–1934) in Kopenhagen. Besondere Merkmale des Bellevue-Theaters waren der weit geschwungene Balkon und die wellenartig angeordneten Sitzreihen aus gebogenem Sperrholz. 1936 gewannen Jacobsen und Erik Møller (1909–2002) die Ausschreibung für das Rathaus von Århus (1937–1942), wobei sich ihr Gestaltungskonzept durch sanft fließende Linien auszeichnete, die nicht

Sessel *Ægget* und *Swan* für Fritz Hansen, 1958 – ursprünglich für das SAS Royal Hotel Kopenhagen entworfen

Unten: Speisesaal des SAS Royal Hotel Kopenhagen mit hierfür entworfenen Möbeln und Leuchten, 1955-1960

Gegenüber: Esszimmerstuhl *Giraffe*, speziell für den Speisesaal des Royal Hotel entworfen, 1958

Zimmer 606 (Die Jacobsen-Suite) im SAS Royal Hotel Kopenhagen, 1955–1960

Tischleuchte *AJ (Visor)* für Louis Poulsen, 1957

Unten: Stehlampe *AJ (Visor)* für Louis Poulsen, 1957

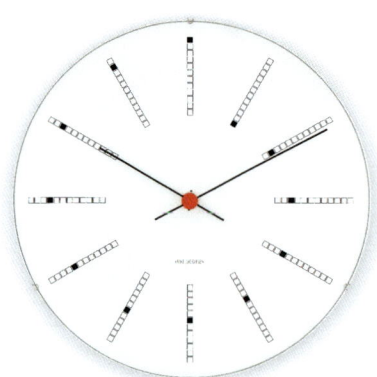

Oben links: Wanduhr *Bankers* für Georg Christensen (später Rosendahl), 1971 – ursprünglich für die Dänische Nationalbank entworfen

Oben rechts: Hängelampe *AJ Royal* für Louis Poulsen, 1957

Ensemble aus Stühlen der Serie *Myren* (Ameise) Modell Nr. 3100 für Fritz Hansen, 1952

Gegenüber: Stuhl *Modell Nr. 3107* aus der Serie 7 für Fritz Hansen, 1955

nur einen entschieden humanistischen Ansatz in der Moderne deutlich machten, sondern auch die organischen Formen der späteren Projekte Jacobsens vorwegnahmen. Neben seiner Arbeit als Architekt entwarf Jacobsen ab 1945 auch Möbel für die industrielle Massenfertigung. Seine größten Erfolge in diesem Bereich waren sein Stuhl *Myren* (Ameise, 1951/52) und die Stühle der *Serie 7* (1955), beide entworfen für **Fritz Hansen**. Die Stühle der *Serie 7,* die bis heute zu den kommerziell erfolgreichsten Sitzmöbeln aller Zeiten gehören, bestehen aus einem einteiligen Schalensitz aus gebogenem Verbundsperrholz mit furnierter oder lackierter Oberfläche. Sie lassen sich zudem durch Anbringung von unterschiedlichen Sitzflächen, Lehnen und Ablagen weiter variieren. Jacobsens Möbel- und Leuchtenentwürfe entstanden oft im Rahmen bestimmter Projekte und gingen erst später in die Serienfertigung. Für sein einem Gesamtkunstwerk am nächsten kommendes Projekt, den SAS Air Terminal und das Royal Hotel in Kopenhagen (1956–1960), gestaltete Jacobsen jedes Detail, von den Möbeln und Textilien über die Beleuchtungskörper bis hin zum Besteck. Die Innenräume des SAS Royal Hotel, für die Jacobsen 1957/58 die berühmten Stühle *Ægget* (Ei) und *Svanen* (Schwan) entwarf, offenbarten eine bemerkenswert futuristische Ästhetik. Außerdem entwarf Jacobsen auch die *AJ*-Lampenkollektion für **Louis Poulsen** (1955–1969), die Metallwarenserie *Cylinda* für **Stelton** (1967), Besteck für A. Michelsen, Badezimmerarmaturen für I. P. Lunds sowie Textilien für August Millech, Graucob Textilen und C. Olesen. Von 1956 bis 1965 war er Professor an der Skolen for Brugskunst in Kopenhagen. Jacobsens bedeutendstes Bauwerk der 1960er Jahre war das St. Catherine's College in Oxford. Es war wie seine früheren Arbeiten als allumfassendes Projekt gedacht und schloss daher auch seine Gestaltung der von Fritz Hansen speziell für dieses Bauwerk gefertigten Möbel ein. Jacobsen ging bei seiner Arbeit vor allem von der Überzeugung aus, dass Gebäude und Produkte gut proportioniert sein müssten und dass Materialien und Farben aufeinander abgestimmt sein sollten, damit ein optimaler Gesamteindruck erzielt werden könne. Jacobsen verband plastische und organische Formen mit dem traditionellen Merkmal des skandinavischen Designs: der Reinheit von Material und Struktur. Auf diese Weise schuf er elegante, auf das Wesentliche beschränkte und funktionelle Designs von einer erstaunlich zeitlosen Schönheit.

Edelstahlgefäße aus der *Cylinda*-Serie für Stelton, 1967

Gegenüber:
Edelstahlbesteck
Modell Nr. 600 AJ
für A. Michelsen,
1957

Verchromte *Luxo L-1*-Lampe für Luxo, 1937

Gegenüber:
Schreibtischlampe *Luxo L-1* für Luxo, 1937, ein frühes Modell

jacob jacobsen 1901 Oslo – 1996 Oslo, Norwegen

Der norwegische Leuchtendesigner Jacob Jacobsen war ursprünglich Ingenieur, der seine Ausbildung in der Textilindustrie in England und der Schweiz absolviert hatte. 1937 erwarb er die skandinavischen Produktionsrechte an der 1934 von George Carwardine (1887–1948) entworfenen Lampe *Anglepoise* (1934), die in Großbritannien von Herbert Terry & Sons produziert wurde. Im selben Jahr entwarf Jacobsen eine Variante dieser Lampe, die *Luxo L-1,* die er mit einem ähnlichen, selbstbalancierenden System von Federn versah. Als begabtem Unternehmer gelang Jacobsen die erfolgreiche Vermarktung dieser neuen Lampenversion, die eine verfeinerte Verbindung zwischen Schirm und Fuß und im Unterschied zu Cawardines Modell eine weichere Formgebung aufwies. Die Lampe war nicht nur beispielhaft für den Einfluss des Funktionalismus auf das norwegische Design der 1930er Jahre, sie nahm auch die Ästhetik der abgerundeten Kanten vorweg, die für den skandinavischen Modernismus der Nachkriegszeit so prägend werden sollte. Binnen weniger Jahre erwarb Jacobsen außerdem die US-amerikanischen Produktionsrechte am Konstruktionsprinzip der konstanten Spannung, das der Lampe *Anglepoise* zugrunde lag, und in den 1940er Jahren besaß er sowohl in Europa als auch in Amerika geradezu ein Monopol auf den Verkauf von Arbeitslampen. Die klassische Lampe *L-1*, deren Besonderheit die Beweglichkeit von Arm und Schirm ist, wird bis heute von Jacobsens Produktionsfirma Luxo hergestellt. Mittlerweile gibt es mehrere Varianten dieses Designs, darunter das als *Panoramic* bekannte Modell mit einem vergrößerten Schirm. Die *Luxo L-1* erhielt zahlreiche Auszeichnungen und befindet sich in der Sammlung des Museum of Modern Art in New York. Zwar wurde Jacobsens Lampe im Lauf der Jahre immer wieder kopiert, doch ihre technische Perfektion wurde nur selten erreicht. Zu den bedeutendsten Beiträgen Norwegens zu unserer Objektkultur zählen die Büroklammer und der bescheidene, jedoch nützliche Käseschneider, wobei beide Entwürfe ausschließlich im Gedanken an ihre Funktion konzipiert wurden. Jacobsens *Luxo L-1* weist ein ähnlich zweckmäßiges Vokabular von Form und Funktionalität auf und verdankt seinen enormen kommerziellen Erfolg – bis heute wurden rund 25 Millionen Stück verkauft – ebendiesen Eigenschaften.

grete jalk
1920 Kopenhagen – 2006 Skodborg, Dänemark

Die dänische Möbeldesignerin Grete Jalk lernte von 1940 bis 1943 das Tischlerhandwerk an der Kunsthåndværkerskolen (Kunstgewerbeschule) in Kopenhagen und studierte anschließend Möbeldesign bei **Kaare Klint** an der Kopenhagener Kongelige Danske Kunstakademi (Königliche Dänische Kunstakademie), wo sie 1946 ihren Abschluss machte. Als Schülerin von Klint befasste sie sich mit den „idealen" Formen historischer Möbel wie etwa dem Stuhl *Windsor,* studierte die Prinzipien der Anthropometrie und lernte, traditionelle Handwerkstechniken mit rationalen Designgrundsätzen zu kombinieren. 1946 erhielt sie auf der Kopenhagener Jahresausstellung der Kunsttischler den ersten Preis, und fünf Jahre später wurden ihre Möbelentwürfe auf der IX. Mailänder Triennale (1951) gezeigt. 1953 gewann sie einen von **Georg Jensen** ausgeschriebenen Wettbewerb und eröffnete im Jahr darauf ihr eigenes Studio. Als prominente Vertreterin der dänischen Gestalter war sie Mitherausgeberin der dänischen Designzeitschrift „Mobilia" (1956–1962 und 1968–1974) und wurde weithin anerkannt für ihre schön gestalteten Möbel, die von Henning Jensen, **Fritz Hansen**, France & Son, Søren Horn und Poul Jeppesen produziert wurden. Die meisten von Jalks Entwürfen – etwa ihr Lehnstuhl aus Rosenholz und Leder (1956) und ihr Hocker aus Mahagoni und Leder (1961) – waren moderne Überarbeitungen traditioneller Möbelentwürfe, wobei ihre Besonderheit in den „verborgenen" Verbindungen und den feinen Rundungen bestand. Ihr berühmtester Entwurf, der aus zwei Teilen bestehende Stuhl *Bow* aus gebogenem Sperrholz (1963), wies allerdings eine innovative Formgebung auf und war im Gedanken an eine industrielle Massenfertigung konzipiert worden. Obgleich dieser Stuhl ästhetisch gelungen und bequem war und bei einem von der englischen Tageszeitung „Daily Mirror" ausgeschriebenen Wettbewerb den ersten Preis gewann, wurde er zunächst nie in großen Mengen produziert. Das dürfte weniger daran gelegen haben, dass durch den kleinen Radius seiner gebogenen Oberflächen das Biegeverfahren an seine Grenzen getrieben wurde, sondern daran, dass Sperrholz Mitte der 1960er Jahre bei den Herstellern aus der Mode geraten war. Während der 1970er und 1980er Jahre gehörte Jalk der Jury für den renommierten ID-Preis an und organisierte für das dänische

Lehnstuhl aus Rosenholz und Leder für France & Son, ca. 1960

Unten: Möbelgruppe *Watch and Listen,* Douglasfichte, ausgeführt von dem Möbeltischler J. H. Johansen, 1963

Gegenüber: Laminierter Klubsessel mit Teakholzverblendung und Ensemble aus Beistelltischen für Poul Jeppesen, 1963

Außenministerium mehrere Wanderausstellungen. Außerdem verfasste sie zahlreiche Artikel über dänisches Möbeldesign und war Herausgeberin des 1987 erschienenen Buches „Dansk møbelkunst gennem 40 år" (40 Jahre dänische Möbelkunst). Zweifellos ist es dem in Skandinavien herrschenden Ethos der sozialen Gerechtigkeit zu verdanken, dass hier mehr weibliche Designer wie Grete Jalk an die Spitze gelangten als irgendwo sonst. Möglicherweise ist diese lange Tradition der Gleichstellung der Geschlechter auch der Grund dafür, dass ein besonderes Augenmerk der skandinavischen Industriedesigner Produkten für den häuslichen Gebrauch gilt, während wenig Wert auf spektakuläre Designobjekte gelegt wird, die zwar eine starke optische Wirkung, aber kaum eine praktische Funktion besitzen.

Brosche *Modell Nr. 22* aus Bernstein und Achat, 1904/05

georg jensen *1866 Rådvad – 1935 Kopenhagen, Dänemark*

Der Name Georg Jensen steht nicht nur für den Mann, sondern auch für seine Firma und die Produkte, die zum Inbegriff des skandinavischen Designs des 20. Jahrhunderts wurden. Geboren wurde der Designer Georg Jensen in Rådvad, einer kleinen Industriestadt in der Nähe von Kopenhagen, in der es ein Stahlwerk und eine mit Wasserkraft betriebene Schleiferei gab, in der sein Vater als Schmied arbeitete. Er selbst begann bereits als Kind, in der Gießerei zu arbeiten, und wurde später Lehrling in der Kupferschmiede. Als er 14 Jahre alt war, erkannten seine Eltern seine Begabung für die Metallverarbeitung und beschlossen, nach Kopenhagen zu ziehen, wo er bei einem Goldschmied in die Lehre ging. Ab 1884 arbeitete er dort als Geselle, fand jedoch wenig Gefallen an der Aussicht, zeit seines Lebens nur Handwerker zu bleiben. Folglich studierte er von ca. 1895 bis 1901 Bildhauerei an der Kongelige Danske Kunstakademi (Königliche Dänische Kunstakademie), wo er von dem Designer Christian Carl Peters (1822–1899) und dessen Arbeiten im neoklassizistischen Stil beeinflusst wurde. In dieser Zeit schuf Jensen gemeinsam mit dem Maler Joachim Petersen (1870–1943) Keramiken für die Mogens-Ballin-Werkstatt in der Nähe von Kopenhagen. Nach Abschluss seines Studiums sah sich Jensen außerstande, als Bildhauer seinen Lebensunterhalt zu verdienen, und wandte sich deshalb dem Bereich Design zu. Zunächst entwarf er in Zusammenarbeit mit Christian Joachim Keramiken für die Töpferei Aluminia und war später als Designer in der Porzellanfabrik **Bing & Grøndahl** in Kopenhagen tätig. 1904 gründete er seine eigene Silberschmiede. Jensen war kein Anhänger der damals herrschenden Vorliebe für historisierende Silberwaren und begann, Schmuck und Tafelsilber im Arts-&-Crafts-Stil zu entwerfen, die er mit natürlichen Formen wie Beeren, Blättern und gewundenen Ranken verzierte. Zu Jensens bemerkenswertesten Entwürfen gehören die Serien *Blüte* (ca. 1904/05) und *Weintraube* (ca. 1918), die jeweils vielfältige Objekte umfassten, von Schmuckstücken bis zu Bestecken. Um 1906 konnte Jensen den Künstler Johan Rohde (1856–1935) als Designer für seine Werkstatt gewinnen. Er entwarf das berühmte *Eichel*-Muster (1915), in dem sich der Übergang vom Arts-&-Crafts-Stil zum Art déco manifestierte.

Die erste Werkstatt von Georg Jensen in Bredgade, Kopenhagen, 1908. Georg Jensen steht hinter Alba Lykke (der späteren Frau von Just Andersen), am Tisch links sitzt Kay Bojesen.

Unten: Silberschale Modell Nr. 263A 263A und 263B, 1918

Seite 224: Silberkrug *Modell Nr. 407A*, 1925

Seite 225: Potpourrivase *Modell Nr. 10* aus Silber und Amethyst, 1910

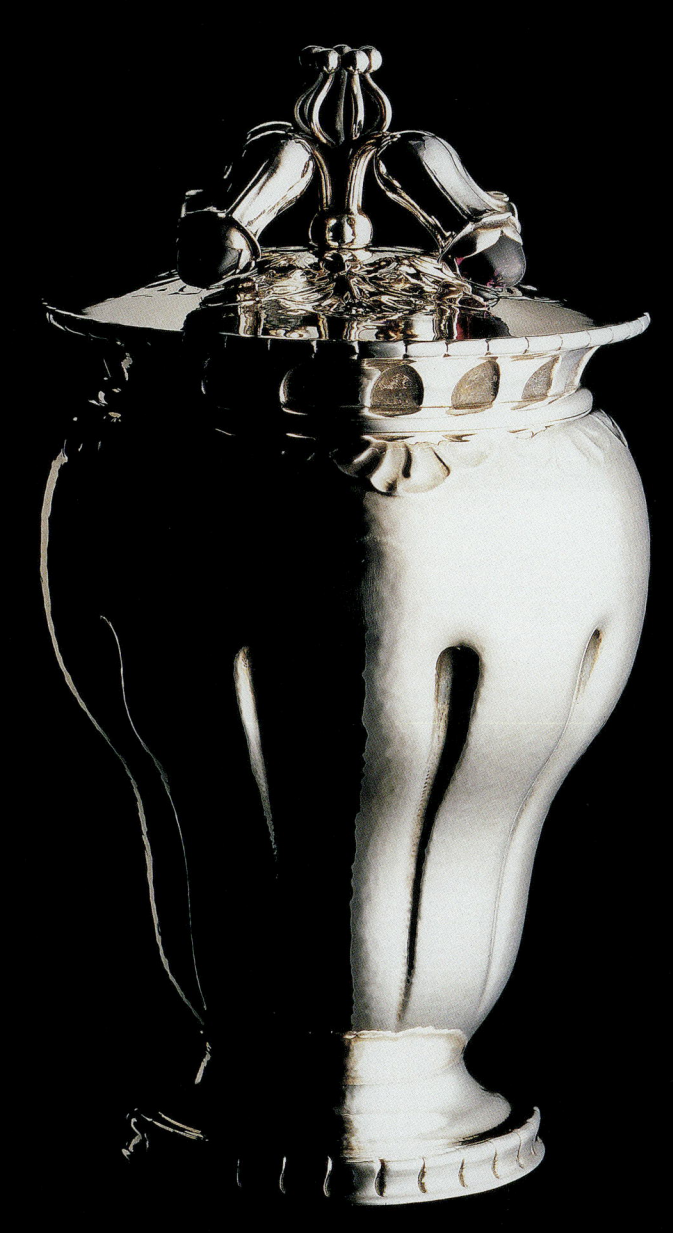

Kandelaber *Modell Nr. 324*, 1919

Gegenüber:
Henning Koppel,
Silber krug *Modell Nr. 992*, 1952

Als die Firma 1915 auf der „Panama-Pacific International Exposition" in San Francisco ausstellte, war der Pressezar William Randolph Hearst von den gezeigten Arbeiten derart beeindruckt, dass er sämtliche Exponate aufkaufte. Im Lauf der nächsten Jahre wurde die Firma so erfolgreich, dass sie 1924 auf der Fifth Avenue in New York ein großes und repräsentatives Geschäft eröffnen konnte. In den 1920er Jahren beschäftigte Jensen weitere Avantgarde-Designer, darunter **Harald Nielsen**, Gundorph Albertus (1887–1970) und Sigvard Bernadotte. Zur gleichen Zeit führte Rohde unverzierte, modernistische Formen ein und gab damit eine neue Richtung für die Silberschmiede vor. Als Jensen 1935 starb, übernahm sein Sohn Jørgen Jensen (1895–1966) die Leitung der Firma und führte sie im Sinne der zukunftsorientierten Unternehmensgrundsätze weiter voran. Nach dem Zweiten Weltkrieg wurde mit der Produktion der modernen und ausgesprochen eleganten, handgefertigten Silberarbeiten begonnen, die von den Designern **Henning Koppel** und Tias Eckhoff entworfen wurden und die beispielhaft waren für die funktionale und ästhetische Klarheit der skandinavischen Moderne. Während der Nachkriegsjahre begann das Unternehmen auch, Glaswaren von **Finn Juhl** und Edelstahlprodukte herzustellen. Zu Letzteren gehörte ein von **Arne Jacobsen** entworfenes und ursprünglich von A. Michelsen produziertes Besteck (1957). In den 1960er und 1970er Jahren fertigte das Unternehmen mehrere von **Nanna Ditzel** und Vivianna Torun Bülow-Hübel (1927–2004) gestaltete Schmuckstücke und Armbanduhren, die dem eher zwanglosen Lebensstil jener Zeit entsprachen. 1973 erwarb **Royal Copenhagen** den Markennamen Georg Jensen. Bis heute erzeugt die Silberschmiede Gold- und Silberschmuck, elegante Uhren sowie Tafelgeschirr aus Silber und Edelstahl. Alle diese Produkte zeichnen sich durch eine klassisch schlichte Ästhetik aus. 1997 wurde Georg Jensen Teil der Royal-Scandinavia-Gruppe und dann 2003 von der Fiskars-Gruppe übernommen. In diesem ganzen Zeitraum, der sich über mehr als fünfundzwanzig Jahre erstreckt, ist das Unternehmen seinem Engagement für innovatives Design und höchstes handwerkliches Können sowie seinen hohen Qualitätsstandards treu geblieben, so dass sein Name bis heute als Synonym für hervorragendes dänisches Design gilt.

Lisbet Jobs,
Fayence-Schale
mit floralem Motiv,
1939

Gegenüber:
Gocken Jobs,
Kinderzimmer-
Wandbehang,
ca. 1950

gocken jobs & lisbet jobs

1914 Falun – 1995 Västanvik, Schweden / 1909 Falun – 1961 Västanvik, Schweden

Das Atelier der Familie Jobs produzierte ab Ende der 1930er Jahre handbedruckte Textilien und handbemalte Keramiken, die Inbegriff der Vorstellungen von einem typisch schwedischen Stil sind. Die bis heute produzierende Werkstatt in Leksand liegt in der Provinz Dalarna, jener Region Schwedens, die mit ihren roten Häusern und malerischen Seen als das mystische Zentrum des Landes gilt. Hier verzierte Lisbet Jobs-Söderlund ihre glasierten Tonteller und -schalen mit frei gemalten Darstellungen von schwedischen Wiesenblumen. Spontaneität und Lebendigkeit der künstlerischen Entwürfe spiegelten eine spirituelle Verehrung für das ländliche Schweden wider, ein Land, in dem die Maibaumfeste zur Zeit der Sommersonnwende eine fast heidnische Liebe der Schweden für die Natur offenbaren. Lisbets ältere Schwester Gocken wählte ebenfalls wild wachsende Blumen, wie Aronstab, Farne, Butterblumen, Löwenzahn, Maiglöckchen, oder Insekten als Motive für ihre im Siebdruckverfahren hergestellten Textilien, die eine erfrischende Natürlichkeit und Originalität besaßen. Gocken Jobs Stoffe strahlten zudem Poesie und ein schwelgerisches Vergnügen am Dekor aus, zwei Eigenschaften, die zu den wesentlichen Merkmalen des späteren schwedischen Textildesigns werden sollten. Die meisten von Gockens Arbeiten wurden in der familieneigenen Werkstatt gefertigt, doch es gab auch Entwürfe, wie etwa *Trollslända* (Libelle, 1945), die von der Firma Ljungbergs Textiltryck in Dala-Floda hergestellt wurden. Gocken Jobs florale Muster, die detailverliebt und dennoch unprätentiös waren, brachten einen wohltuenden farblichen Akzent in schwedische Innenräume, die bis dahin von einer Palette aus blassem Blau und Grauweiß dominiert wurden. Einer ihrer interessantesten Entwürfe ist der Wandbehang *Gobelin* – ein Wortspiel mit ihrem Namen und zugleich ein Verweis auf die berühmte Wandteppichmanufaktur. Dieser malerische Entwurf mit seinen verspielten Darstellungen von Interieurs, tanzenden Mädchen und mythologischen Szenen ist im Grunde eine Liebeserklärung an Schweden. Der im Siebdruckverfahren in der Werkstatt der Jobs gedruckte *Gobelin* war wohl für ein Kinderzimmer gedacht. Aus seiner naiven Gestaltung spricht der starke Einfluss der schwedischen Folklore, während zugleich ein Bezug zu dem hohen Stellenwert, den Kinder in der skandinavischen Gesellschaft und Kultur einnehmen, hergestellt wird.

Gocken Jobs, Stoff *Ros och Lilja* (Rose und Lilie), 1946

Gegenüber: Gocken Jobs, Stoff *Trollslända* (Libelle), für Ljungbergs Textiltryck, 1945

Vasen *Atlantic* für
Hadeland, 1970

willy johansson
1921 Jevnaker – 1993 Jevnaker, Norwegen

Willy Johanssons Großvater kam aus dem schwedischen Småland, einer für die hohe Qualität ihrer Glaswaren bekannten Region, und sein Vater hatte lange Jahre als Glasbläser bei **Hadeland** gearbeitet. 1936 trat Willy Johansson in die Fußstapfen seines Vaters und nahm eine Stelle bei Hadeland an. Seine künstlerische Ausbildung absolvierte er von 1939 bis 1942 an der Statens Håndverkog Kunstindustriskole (Staatliche Kunsthandwerkschule) in Oslo. Nach seinem Studium kehrte er zu Hadeland zurück, wo er von 1942 bis 1945 bei dem Bildhauer Ståle Kyllingstad (1903–1987) in die Lehre ging und von ihm die Technik des Sandstrahlens erlernte. Von 1945 bis 1947 arbeitete Johansson auch im Auftrag der Firma Christiania Glasmagasin, für die er Glaswaren mit dekorativen Gravuren entwarf. 1947 löste er Kyllingstad als Leiter der Designabteilung von Hadeland ab und war fortan für die künstlerische Gestaltung von sowohl frei geblasenen Kunstglas- wie auch Pressglaswaren verantwortlich. Als Norwegen 1954 zum ersten Mal an einer Mailänder Triennale teilnahm, wurden Johanssons Glaswarendesigns mit einem Ehrendiplom ausgezeichnet. Unter den von ihm gestalteten Ausstellungsstücken befanden sich auch seine bekannten Vasen, die mit Holzformen geblasen und mit dem Sandstrahlgebläse weiterbearbeitet waren und kontrastierend farbige „Kerne" aufwiesen. Drei Jahre später, auf der XI. Mailänder Triennale von 1957, wurden seine transparenten Glasteller, die in einem eigens von **Arne Korsmo** gestalteten Rahmen ausgestellt waren, mit einer Goldmedaille prämiert. Die Farbe dieser frei geblasenen Objekte wurde nach außen hin allmählich intensiver, wobei die Ränder von Johanssons Markenzeichen, den opakweißen Linien, eingefasst waren. Ebenso wie in diesen Entwürfen drückte sich auch in Johanssons blaugrüner Vase (1958) und in seinem Dekantierer *Medoc* (1961) sein Streben nach schlichten Formen und perfekten Proportionen aus, was seinen Arbeiten eine in sich ruhende Größe verlieh. Auch wenn es Johanssons Gestaltungen von Transparent- und Rauchglaswaren am kühnen Schwung und der spontanen Ausdruckskraft italienischer Glasobjekte mangelte, sind sie doch von einer grundlegenden Integrität, die als typisch skandinavisch gelten kann.

Oben links: Mundgeblasene Vase mit farbigem Kern für Hadeland, 1963

Oben rechts: Glasserie *Medoc* für Hadeland, 1961

Unten: Glasserie *Svalbard* (Schalen, Karaffe und Gläser) für Hadeland, 1977

Lehnstuhl für
Stockmann,
1930–1933

Gegenüber:
Hängelampe für
Stockmann-Orno,
1954

lisa johansson-pape

1907 Helsinki –
1989 Helsinki, Finnland

Die finnische Designerin Lisa Johansson-Pape studierte an der Taideteollinen Korkeakoulu (Hochschule für Kunst und Design) in Helsinki, wo sie 1927 ihren Abschluss machte. Von 1928 bis 1930 entwarf sie Möbel für Kymäkoski und von 1928 bis 1937 Textilien für die Künstlervereinigung Suomen Käsityön Ystävät (Freunde Finnischer Handwerkskunst), zu deren künstlerischer Leiterin sie 1952 ernannt wurde. Von 1937 bis 1949 arbeitete sie außerdem als Möbel- und Textildesignerin sowie als Innenausstatterin für das Kaufhaus Stockmann in Helsinki. Ihre Möbel, etwa der Lehnstuhl aus lackiertem Holz (ca. 1935), zeichneten sich durch anmutige und schlichte Formen aus, denen man ihre Stabilität und solide Bauweise kaum ansah. Ab 1947 entwarf sie Leuchten für die Schwesterfirma von Stockmann, Stockmann-Orno, die von der Form und Bauweise her ähnlich rational waren. Beispiele dafür sind die türkis emaillierte Hängelampe (1947), deren Blechschirm mit winzigen Löchern perforiert war, die das Licht durchscheinen ließen, sowie ihre spätere, mehr plastisch gestaltete Hängelampe aus sandgeblasenem und geätztem Glas (1954), die von **Iittala** für Stockmann-Orno produziert wurde. Mitte der 1950er Jahre entwarf Johansson-Pape mehrere Leuchten, deren emaillierte Aluminiumschirme eine optimale Lichtstreuung ermöglichten. Aus dieser Serie stammt auch die Hängelampe *Orno* (ca. 1957), die die Betonung auf Zweckmäßigkeit des skandinavischen Leuchtendesigns der 1970er Jahre vorwegnahm. Ihre revolutionären Lampenentwürfe aus Metall und Acryl, die großen Einfluss auf spätere Designer hatten, wurden auf der Mailänder Triennale von 1951, 1954 und 1960 jeweils mit einer Medaille ausgezeichnet. Johansson-Pape sagte über ihre Arbeit: „Als wir anfingen, gab es bloß Holz, Garn und Ton, doch bald darauf kam eine Flut an neuen Materialien dazu … die Industrie lieferte uns die Möglichkeit, mit unterschiedlichen Farben und Werkstoffen zu experimentieren." Wie andere finnische Designer nutzte Johansson-Pape die Chance, das formale Potenzial der neuen Materialien und industriellen Fertigungstechniken zu erforschen, und fand dabei zu schlichten Formen, die sich durch ausgesprochen grafische Konturen auszeichneten.

Sessel *Pelikan* für
Niels Vodder, 1940

finn juhl *1912 Frederiksberg – 1989 Ordrup, Dänemark*

Als Finn Juhl im Alter von 18 Jahren die richtungsweisende Stockholm-Ausstellung von 1930 besuchte, beeindruckten ihn vor allem die von dem Großmeister der schwedischen Moderne, **Erik Gunnar Asplund**, gestalteten Bauwerke aus Stahl und Glas. Noch im selben Jahr schrieb sich Juhl an der Kongelige Danske Kunstakademi (Königliche Dänische Kunstakademie) in Kopenhagen ein, wo er bei **Kay Fisker**, der für seine fesselnden Vorlesungen berühmt war, Architektur studierte. 1934 begann Juhl als Architekt im Büro von Vilhelm Lauritzen (1894–1984), einem ebenfalls prominenten Lehrer an der Akademie, zu arbeiten. Was ursprünglich als Ferienjob gedacht war, entwickelte sich zu einer elfjährigen Zusammenarbeit, und Juhl schloss sein Studium an der Akademie nie ab. Dessen ungeachtet nahm ihn der Berufsverband dänischer Architekten 1942 als Mitglied auf. Während seiner Zeit bei Lauritzen entwarf er auch etliche Möbelstücke, die erstmals auf der Jahresausstellung der Kopenhagener Kunsttischler von 1937 gezeigt wurden. Viele dieser Objekte waren in Zusammenarbeit mit dem Tischlermeister Niels Vodder entwickelt und von diesem ausgeführt worden und zeichneten sich durch ihre konstruktionstechnische Virtuosität aus. Juhls Möbel, wie etwa der Stuhl *Pelikan* von 1940, unterschieden sich deutlich von den modernen Überarbeitungen traditioneller Modelle, wie sie von **Kaare Klint** und seinen Anhängern propagiert wurden. Damit läutete er eine neue Richtung im dänischen Design ein, die zu mehr skulpturalen und abstrakt organischen Formen führte. 1945 eröffnete Juhl sein eigenes Büro und konzentrierte sich auf den Entwurf von Stühlen, Tischen und Sofas aus Massivholz, die er ebenfalls in dieser optisch ansprechenden Formensprache gestaltete und die ihm großes Ansehen einbrachten: So erhielt er auf der Mailänder Triennale sechs Goldmedaillen sowie 14 Preise der Kopenhagener Kunsttischlergilde. Was seine Entwürfe, darunter die Stühle *Nr. 45* (1945) und *Nr. 48* (1948) sowie der berühmte Stuhl *Häuptling* (1949), so bemerkenswert machte, waren ein Höchstmaß an handwerklichem Können und ihre ungemein ausdrucksstarken, beinahe schwebenden Formen. Hierbei zeugten einige Elemente seiner Möbel, so die Rückenlehne von *Modell Nr. 48*, vom Einfluss zeitgenössischer abstrakter Bildhauer wie Alexander Calder (1898 bis 1976) und

Oben: Polstersofa für Niels Vodder, 1939; ein sehr frühes Beispiel für die Verwendung plastisch gestalteter organischer Formen im dänischen Möbeldesign

Modell Nr. NV-45 für Niels Vodder, 1945. Dieses elegante Design war in verschiedenen Holzausführungen erhältlich: Rosenholz, Mahagoni, Teak und Walnuss.

Teakholzschale für
die Werkstatt Kay
Bojesen, 1950

Unten: Tisch aus
Rosenholz für Niels
Vodder, ca. 1950

Gegenüber:
Kaminbereich
des offenen
Wohnraums im
Finn-Juhl-Haus in
der Kratvænget 15,
Ordrup - mit Juhls
Zweisitzer-Sofa
Poet (1941)

Lehnstuhl *Modell Nr. NV-44* für Niels Vodder, 1944

Unten: Stuhlentwurf für Niels Vodder, 1955

Gegenüber: Lehnstuhl *Modell Nr. NV-48* für Niels Vodder, 1948

Hans Arp (1887–1966). Juhl entwickelte zudem zahlreiche Konstruktionsmethoden für Teakholz, wodurch er dazu beitrug, dass dieses Material im dänischen Möbeldesign so populär wurde, dass man fast vom einem „Teakstil" sprechen kann. Ab 1945 lehrte Juhl an der Kopenhagener Schule für Innenarchitektur und nahm in dieser Funktion wesentlichen Einfluss auf die weitere Entwicklung des dänischen Designs. Anfang der 1950er Jahre wurden Juhls exklusive, hauptsächlich handgefertigte Möbel in den USA von der Firma Baker Furniture für die Industrieproduktion adaptiert. Juhl entwarf aber nicht nur Möbel, sondern gestaltete auch Ausstellungen, Interieurs, Holzschalen für die Firma von **Kay Bojesen**, Haushaltsgeräte für General Electric, Teppiche für Unika-Væv, Keramiken für **Bing & Grøndahl** sowie Glaswaren für **Georg Jensen**. Der vom Architekturkritiker Henrik Sten Moller als der „Dandy schlechthin" beschriebene Finn Juhl übte mit seiner Verwendung kühner, skulpturaler Formen und seiner äußerst verfeinerten Detailgenauigkeit großen Einfluss auf die folgende Generation skandinavischer Designer aus.

Oben: Handschuhschrank *Glove* für Ludwig Pontopiddan, 1961 – ursprünglich für Juhls Frau, Hanne Wilhelm Hansen, entworfen

Unten: Offener Wohnraum im Finn-Juhl-Haus in der Kratvænget 15, Ordrup

Gegenüber: Teakholz-Ledersessel *Chieftain* für Niels Vodder, 1949

Oben:
Sofaentwurf für Baker Furniture, ca. 1951

Lehnstuhl *Bwana Modell Nr. 152* für France & Son, ca. 1962

Gegenüber: Entwurf für einen Esszimmerstuhl (produziert von Niels Vodder) und eine Anrichte aus Teak und Douglasfichte, ca. 1953

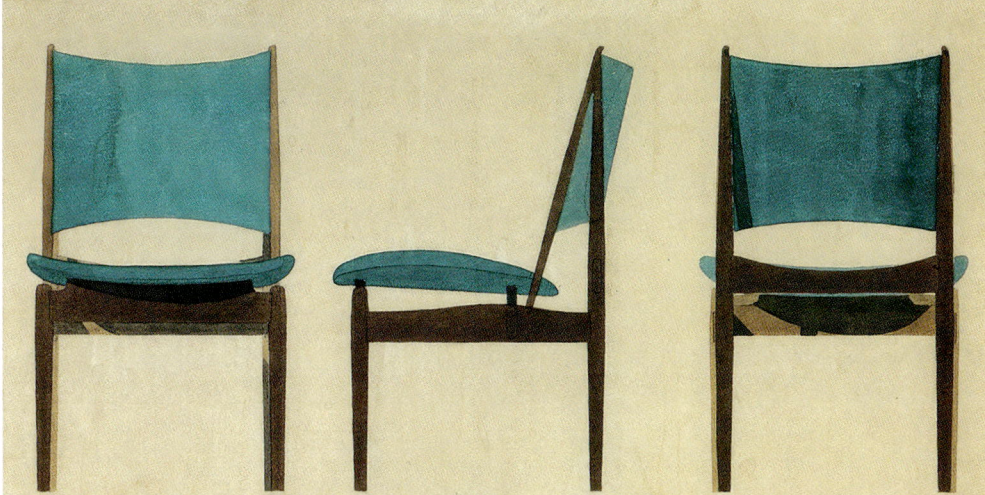

STOL, 1:5. I MEGET MØRK, MAT TRÆSORT. SÆDE OG RYG I 8 MM. KRYDSFINER MED FLAD STØBNING. HELULDENT, JAVAVÆVET BETRÆK.

SØLVTØJ-SKÆNK, 1:5. I TEAK OG OREGON PINE. OVERFALSEDE SKUFFER MED SKJULT SKURT. SKUFFER INDVENDIGT AF AHORN.

Damasttischtuch *Viol* für Tampella, ca. 1968

Gegenüber: Gewebter Wandbehang *Kyyhkysiä* (Tauben) für das Atelier Dora Jung, 1951

dora jung *1906 Helsinki – 1980 Helsinki, Finnland*

Die finnische Textildesignerin Dora Jung studierte in Helsinki an der Taideteollinen Korkeakoulu (Hochschule für Kunst und Design) und eröffnete anschließend 1932 ihr eigenes Atelier in Helsinki. 1951 wurden ihre Textilentwürfe auf der IX. Mailänder Triennale mit einem Hauptpreis ausgezeichnet. Sie spezialisierte sich auf gewebten Damast, ein Material, das traditionell mit naturalistischen Blumenmustern assoziiert wurde. Jung bevorzugte eher abstrakte und stilisierte florale Motive, zarte geometrische Muster sowie eine Palette dezenter Erdfarben: Olivgrün, Kupferrot, Grau, Ocker und Naturweiß. So ist zum Beispiel ihr Stoff *Hundert Rosen* auf seiner gesamten Fläche mit einem zwanglosen, jedoch dichten Muster aus Rosen im Stil von Charles Rennie Mackintosh (1868–1928) verziert. Damit legte sie einen Entwurf vor, der eine völlig neue, zeitgenössische Ästhetik für die Gestaltung von Damast einleitete. Auf der XI. Mailänder Triennale (1957) wurde ihr Damastmuster *Game of Lines,* das mit seinen sich überschneidenden „handgemalten" Linien ein weniger förmlicher Ansatz zur Gestaltung von Tischleinen war, mit einem Hauptpreis ausgezeichnet. Neben Tischwäsche, die von der Firma Tampella in großer Stückzahl hergestellt wurde, entwarf Jung auch als Einzelstücke gefertigte Wandbehänge und Kirchenstoffe, in denen ihre meisterhafte Beherrschung komplizierter Webtechniken zum Tragen kommt. Sie wandte eine als „Smettevev" bekannte Technik an, bei der grober Damast mit handgestickten Farbflächen kombiniert wird. Bei der Gestaltung ihrer Wandteppiche setzte Jung auch häufig den Schussfaden ein, um eine dreidimensionale Wirkung zu erzielen. Sie entwickelte immer wieder Webtechniken, die ihr, wie Eileene Harrison Beer anmerkte, „eine unübertreffliche Kenntnis ihres Handwerks vermittelten" und dazu führten, dass ihre Textilien von höchster künstlerischer und technischer Qualität waren. Jung experimentierte mit ungewöhnlichen Materialien, so waren einige ihrer Möbelstoffe zum Beispiel aus Papier gewebt. In Jungs Textilien zeigt sich der hohe technische Standard, den sowohl kunsthandwerkliche wie auch industrielle Produkte in Skandinavien besaßen, während ihre abstrakten Muster die kühne grafische Qualität verkörpern, die das finnische Textildesign auszeichnet.

Service *Liljeblå* (Blaue Lilie) für Gustavsberg, 1917. Das Geschirr wurde aufgrund seines günstigen Preises unter dem Namen *Arbetarservisen* (Arbeiterservice) bekannt.

Gegenüber: Grün glasierte Argenta-Vase mit silbernem Überfangdekor, 1930

wilhelm kåge

1889 Stockholm – 1960 Stockholm, Schweden

Wilhelm Kåge, der als einer der einflussreichsten Reformer des schwedischen Designs gilt, studierte zunächst an der Valand-Kunstschule in Göteborg Malerei. Danach studierte er bei Carl Wilhelmsson in Stockholm und bei dem dänischen Designer **Johan Rohde** in Kopenhagen. Erst dann konzentrierte er sich auf das Studium des Grafikdesigns an der berühmten Plakatschule in München. Anschließend machte sich Kåge mit seinen Plakatentwürfen einen Namen, bevor er 1917 von dem schwedischen Keramikhersteller **Gustavsberg** angeworben wurde. Seine Anstellung dürfte unmittelbar mit der Kampagne des Svenska Slöjdföreningen (Schwedischer Kunstgewerbeverband) zu tun gehabt haben, bei der Hersteller wie Gustavsberg dazu aufgefordert wurden, zur Verbesserung der gestalterischen Qualität von Gebrauchsgütern Künstler anzustellen. Kåges Speiseservice *Liljeblå* (Blaue Lilie), das er 1917 entwarf, entsprach mit seinem von der Volkskunst inspirierten Dekor dem Slogan des Verbands, „Vackrare vardagsvara" (Schönere Gegenstände des täglichen Gebrauchs) in jeder Hinsicht und war zugleich so erschwinglich, dass es unter der Bezeichnung *Arbeiterservice* bekannt wurde. Die Stockholm-Ausstellung von 1930 stellte für das schwedische Design einen bedeutenden Wendepunkt dar, denn sie leitete mit der Funkis-Bewegung eine Richtung ein, die sich von der bahnbrechenden Arbeit am Bauhaus sowie der Architekten und Designern der Moderne wie Walter Gropius (1883–1969) und Le Corbusier (1887–1965) inspirieren ließ. Für diese Ausstellung entwarf Kåge das entsprechend funktionale Service *Pyro,* das erste von Gustavsberg produzierte feuerfeste Gebrauchsgeschirr. Sein späteres Steingutservice *Praktika* (1933) war von der Gestaltung her sogar noch revolutionärer. Da es sich mit seinen einfachen Formen gut stapeln ließ, war es auch äußerst praktisch. Trotzdem wurde es kein kommerzieller Erfolg, was zweifellos an seiner streng utilitaristischen Ästhetik lag. Dessen ungeachtet sahen die damaligen Designkritiker in *Praktika* das funktionalistische Service seiner Epoche schlechthin. Es war auch das erste Service von Gustavsberg, das in Einzelteilen erhältlich war. Das heißt, man musste nicht das komplette Set kaufen, und somit war es auch bei niedrigerem Einkommen

Vase *Surrea* für Gustavsberg, 1940

Gegenüber: Vase und Schalen *Våga* aus weiß glasiertem Steingut für Gustavsberg, ca. 1950

erschwinglich. Dieses soziale Anliegen war – und ist bis heute – eine wichtige Antriebskraft in der skandinavischen Gesellschaft und hat sich ganz besonders im schwedischen Design von jeher manifestiert. In den späten 1930er Jahren wandte sich Kåge mit der Formgebung seines Service *Grå ränder* (Graue Streifen) von 1939 einer weniger strengen Ästhetik zu. Mit seinen fein geschwungenen organischen Formen und dem schlichten grauen Streifendekor stellte *Grå ränder* eine deutliche Absage an Kåges bis dahin eher nüchterne Entwürfe dar und verkaufte sich darüber hinaus über 20 Jahre lang sehr gut. Außer seinen Entwürfen für industriell gefertigte Produkte schuf Kåge auch exquisite Studiokeramiken, darunter Steingutvasen wie *Terra Spirea* (ca. 1955) und seine bekannten Tongefäße *Farsta*, die von Naturformen sowie von chinesischen und mexikanischen Keramiken inspiriert waren, während die Keramikserie *Surrea* mit ihren fragmentierten Formen vom Kubismus und Surrealismus beeinflusst war. Auch wenn sich in Kåges Studioarbeiten sein unbestreitbares künstlerisches und handwerkliches Können offenbarte, so waren seine Entwürfe für die industrielle Fertigung noch viel bedeutender, denn sie nahmen die elementaren und funktionalen Formen vorweg, welche die spätere industrielle Massenproduktion von Keramikprodukten bestimmen sollten. Kåges Arbeit – angefangen von seinem folkloristischen Service *Liljeblå* über das Gebrauchsgeschirr *Praktika* bis hin zu *Grå ränder* – war ein Spiegel, wenn nicht gar Motor der Wende, die das schwedische Design während der ersten Hälfte des 20. Jahrhunderts nahm: vom Arts-&-Crafts-Stil über den Funktionalismus hin zur organischen Moderne.

Servierteller aus
glasiertem Steingut
für Arabia, 1960

birger kaipiainen *1915 Pori – 1988 Helsinki, Finnland*

Birger Kaipiainen, einer der beliebtesten Keramikkünstler Finnlands, studierte an der Konstindustriella Läroverket (Kunstgewerbeschule) in Helsinki, bevor er 1937 in die künstlerische Abteilung der **Arabia** Porzellanfabrik eintrat. Hier gestaltete er Keramiken mit farbenprächtigen, von der byzantinischen und italienischen Renaissancekunst inspirierten Dekors, die häufig stilisierte Motive aus der Tier- und Pflanzenwelt enthielten – etwa Stiefmütterchen oder Pfauen. Von 1954 bis 1958 entwarf Kaipiainen für **Rörstrand**, kehrte jedoch 1958 zu Arabia zurück und blieb dort bis zu seinem Tod 1988. Während seine Studiokeramiken, wie etwa sein glasiertes Tablett aus Steingut (ca. 1964), fast ausschließlich für die Fertigung in kleinen Stückzahlen gedacht waren, entwarf er auch die für die Massenproduktion konzipierte Geschirrserie *Paratiisi* (Paradies, 1969). Dieses berühmte, mit reifen Früchten und blühenden Blumen in kräftigen Farben verzierte Service hob sich durch seine weichen funktionalen Formen hervor. Es hielt jedem Wandel in Geschmack und Mode stand, da es ein unmittelbarer Ausdruck der von jeher in Skandinavien herrschenden Freude an der Farbenpracht und Üppigkeit der Natur war. Kaipiainen, der von seinen Zeitgenossen „Prinz der Keramikkunst" und „König der Dekoration" genannt wurde, erhielt auf der IX. Mailänder Triennale (1951) ein Ehrendiplom und auf der XII. Mailänder Triennale (1960) einen Hauptpreis für seine surrealistischen und plastisch gestalteten Keramikvögel. Gegen Ende der 1960er Jahre wurden seine Arbeiten zunehmend dreidimensional und monumental, was sich besonders deutlich in seiner spektakulären Installation *Sea of Violets* für die Expo '67 in Montreal mit ihren gigantischen blauen Keramikblumen zeigte. Kaipiainens eigenwilliger Stil brachte ihm weithin Anerkennung und zahlreiche Auszeichnungen ein, darunter 1963 die Pro-Finlandia-Medaille und 1982 die Prinz-Eugen-Medaille. 1977 wurde er zum Professor honoris causa ernannt, und 1987 nahm Arabia sein Tafelgeschirr *Paratiisi* erneut in die Produktion auf. Von diesem Service wurde im Jahr 2000 eine schwarz-weiße Version auf den Markt gebracht. Kaipiainens fantasievolle Keramikentwürfe verkörperten vor allem die pantheistische und für die skandinavische Kultur so charakteristische Liebe zur Natur, während sie gleichzeitig einen faszinierenden Einblick in seine persönliche exotische Märchenwelt boten.

Oben: Service *Paratiisi* (Paradies) für Arabia, 1969

Unten: Servierschale aus glasiertem Steingut für Arabia, ca. 1964

poul kjærholm 1929 Østervrå – 1980 Hillerød, Dänemark

Der gefeierte dänische Architekt und Möbeldesigner Poul Kjærholm absolvierte eine Tischlerlehre, bevor er von 1949 bis 1951 an der Kunsthåndværkerskolen (Kunstgewerbeschule) in Kopenhagen Möbeldesign und Kunsttischlerei studierte. Die Schule führte in dieser Zeit einen mehrmonatigen Lehrgang für Industriedesign durch, an dem Kjærholm als Schüler von **Jørn Utzon**, dem Architekten der Oper von Sydney, teilnahm. Dieser sagte später über ihn: „Poul hatte großes Talent. Nichts fiel ihm schwer. Das Design, die Auswahl der Materialien und ihr korrekter Einsatz waren für ihn das reinste Kinderspiel. Er brauchte gar keine Anleitung." Seine Abschlussarbeit, der Stuhl *PK25,* der aus einem Stahlrahmen mit Sitz und Rückenlehne aus Tauen bestand, zeugte von einer verblüffenden Souveränität in der Ausführung und wurde von dem Möbelhersteller E. Kold Christensen sofort in die Produktion aufgenommen (und später von **Fritz Hansen** hergestellt). Um 1952 entwarf Kjærholm mit dem *PK0* einen weiteren konstruktionstechnisch innovativen Stuhl, der aus lediglich zwei Formsperrholzschalen bestand. Dieser außerordentlich progressive Entwurf, zu dem ihn offenbar die früheren Formsperrholzstühle von Charles und Ray Eames aus den Jahren 1945/46 inspiriert hatten, war wegen der reduzierten Anzahl an Bestandteilen sogar noch rationaler. Allerdings ging er vermutlich aus Kostengründen erst 1997 bei Fritz Hansen in die Fertigung. Kjærholm konzentrierte sich auf die Gestaltung von Möbeln für die Massenproduktion und arbeitete ab 1955 hauptsächlich für die Firma E. Kold Christensen. Im Gegensatz zu den meisten damaligen dänischen Designern arbeitete er am liebsten mit Stahl statt mit Holz. Da seine Entwürfe in erster Linie von den Designern der Moderne, besonders von Le Corbusier (1887–1965), beeinflusst waren, stand er in Opposition zu der Schule von **Kaare Klint**, die nach wie vor die Überarbeitung bereits bestehender „idealer" Möbelmodelle propagierte. Doch auch wenn Kjærholms elegante und rationale Möbeldesigns, wie etwa der Stuhl *PK22* von 1956 und die Chaiselongue *Hammock PK24* von 1965, ganz im Sinne einer modernistischen Formensprache ausgeführt waren, gelang es ihm dennoch, die abweisende und scharfkantige Ästhetik zu vermeiden, mit der die Arbeiten der Moderne so häufig einhergingen. Kjærholm erreichte dies durch

Gegenüber von links nach rechts: Klapphocker *Modell Nr. PK41,* Hocker *Modell Nr. PK33* und Liege *Modell Nr. PK80* für E. Kold Christensen (später Fritz Hansen), 1961, 1958 und 1957

Entwurf für den Stuhl *Modell Nr. PK0,* 1952, ab 1997 von Fritz Hansen produziert

Unten: Stuhl *Modell Nr. PK25* aus Stahlrahmen und Tauen sowie Stuhl *Modell Nr. PK0* aus Formsperrholz für Fritz Hansen, 1951 und 1952, ab 1997 von Fritz Hansen produziert

Stuhl *Modell Nr. PK20* für E. Kold Christensen (später Fritz Hansen), 1967

Gegenüber oben: Chaiselongue *Hammock Modell Nr. PK24* für E. Kold Christensen (später Fritz Hansen), 1965

Gegenüber unten: Stuhl *Modell Nr. PK22* für E. Kold Christensen (später Fritz Hansen), 1955

die hohe Qualität in der Konstruktion und Ausführung seiner Designs, die trotz der Verwendung industrieller Werkstoffe und maschineller Fertigung stets die Anmutung traditionellen Handwerks bewahrten. Kjærholm wurde auf der XI. und XII. Mailänder Triennale (1957 bzw. 1960) mit jeweils einem Hauptpreis ausgezeichnet und erhielt 1958 den Lunning-Preis. Um 1970 ging die Herstellung seiner Möbel von E. Kold Christensen auf Fritz Hansen über. Obwohl Kjærholm zu den skandinavischen Designern gehörte, die am stärksten von einem funktionalistischen Designkonzept beeinflusst waren, vermittelten seine ästhetisch klaren Möbel ein hohes Maß an Menschlichkeit, das aus der Verbindung von skandinavischer Sensibilität mit der meisterhaften Beherrschung des Materials und der technischen Konstruktion resultierte. Zu seiner Wahl der Materialien bemerkte er einmal: „Es ist nicht nur das konstruktionstechnische Potenzial von Stahl, das mich interessiert: Auch die Art und Weise, wie sich das Licht auf seiner Oberfläche bricht, stellt einen wichtigen Teil meiner künstlerischen Arbeit dar. Für mich ist Stahl ein Material, dessen künstlerische Vorzüge jenen von Holz und Leder in nichts nachstehen."

Stuhl *PK9* für E. Kold Christensen (später Fritz Hansen), 1960

Unten: Verschiedene Möbelstücke von Poul Kjærholm, ausgestellt im Ausstellungsraum von E. Kold Christensen, ca. 1960

Ein jugendlicher Poul Kjærholm mit dem Prototypen oder einem frühen Exemplar seines Stuhles *PK4* aus Stahl und Flaggleine, ca. 1952

Unten: Stuhl *PK4* von Poul Kjærholm für E. Kold Christensen (später Fritz Hansen), 1952

Stuhl *Safari* für Rud. Rasmussen, 1933. Vorbild für diesen Stuhl war ein traditioneller zerlegbarer indischer Stuhl, der von der britischen Armee als Feldstuhl verwendet und ab ca. 1904 von der Firma Maples & Co. vertrieben wurde.

kaare klint 1888 Frederiksberg – 1954 Kopenhagen, Dänemark

Kaare Klint, Sohn des einflussreichen dänischen Architekten Peder Vilhelm Jensen-Klint (1853 bis 1913), studierte ab 1903 Malerei an der Technischen Hochschule in Frederiksberg. Anschließend ging er bei seinem Vater in die Lehre, der in seiner eigenen Arbeit stets einen sorgfältigen Ausgleich zwischen dem Historismus des 19. und dem Expressionismus des 20. Jahrhunderts anstrebte und von der Bedeutung eines Studiums früherer Stile und traditioneller Materialien überzeugt war. Von 1911 bis 1912 arbeitete Kaare Klint im Büro des Kopenhagener Architekten Kai Nielsen und von 1914 bis 1917 bei Carl Petersen (1874 bis 1923). Ab 1917 arbeitete er als selbstständiger Möbeldesigner und gründete 1920 ein eigenes Studio, das unter anderem für die Hersteller **Fritz Hansen** und Rud. Rasmussen tätig war. Klints Möbelentwürfe, etwa sein für Rud. Rasmussen entworfener *Liegestuhl* (1933), waren hauptsächlich Überarbeitungen älterer Modelle, die von einer Vielzahl von Stilen wie beispielsweise der skandinavischen Volkskunst, dem Shaker-Design, den Regency-Möbeln oder dem orientalischen Schreinerhandwerk beeinflusst waren. Dabei zeichneten sich seine Entwürfe besonders durch die hohe Qualität der Holzverarbeitung und ihre wohldurchdachten Proportionen aus. 1924 richtete er an der Kopenhagener Kongelige Danske Kunstakademi (Königliche Dänische Kunstakademie) den Fachbereich Möbeldesign ein und unternahm mit seinen Studenten bahnbrechende Forschungen im Bereich der Anthropometrie, also der systematischen Erfassung und Auswertung des Zusammenspiels menschlicher Körpermaße und -proportionen. Mithilfe dieser wissenschaftlichen Studien sollten Möbel entwickelt werden, die den physischen Merkmalen der Benutzer besser gerecht wurden. Als einflussreicher Designtheoretiker und -kritiker trat Klint auch dafür ein, die wesentlichen Kennzeichen des traditionellen handwerklichen Könnens wie Detailgenauigkeit und gründliche Kenntnis der Materialien mit rationalen Designprinzipien zu verbinden. Darüber hinaus legte er ebenso wie sein Vater großen Wert auf das Studium vergangener Stile und riet seinen Studenten, „klassische" Möbelformen – etwa den traditionellen englischen Windsor-Stuhl – genauen Messungen zu unterziehen, um ein besseres Verständnis für die Prinzipien von Proportion, Konstruktion und Funktion zu erlangen. 1944 wurde er zum Architekturprofessor an der Kongelige Danske Kunstakademi ernannt und entwarf im selben Jahr seine Lampe *Fruit,* die aus gefaltetem Papier gestaltet war. Diese preiswerte Papierlampe wurde von **Le Klint** in Serie produziert, einer Firma, die aus einer von seinem Vater betriebenen Heimwerkstatt hervorgegangen war und bereits zuvor Papierlampen hergestellt hatte. Klint vertrat die Ansicht, dass Design im Dienste der Öffentlichkeit zu stehen habe und dass dies am besten durch die Aneignung rationaler Designprinzipien und das Studium der Anthropometrie erreicht werden könne. Seine Lehren bildeten nach dem Zweiten Weltkrieg die Grundlage für die Erneuerung des dänischen Designs und inspirierten zahlreiche Möbeldesigner, insbesondere **Hans Wegner** und **Børge Mogensen**, zum Entwurf „klassischer" moderner Stücke, die im Wesentlichen Neugestaltungen historischer Möbelformen waren.

Oben:
Liegestuhl *Modell Nr. 4699* für Rud. Rasmussen, 1933

Unten: Liegestuhl *Modell Nr. 4699* mit Sitzpolster und Kopfstütze für Rud. Rasmussen, 1933

Sessel *Mix* aus Mahagoni und Leder für Rud. Rasmussen, 1930; mitgestaltet von Edvard Klint-Larsen, einem Studenten von Klint.

Gegenüber: Stuhl *Red Chair Modell Nr. 3758A* für Rud. Rasmussen, 1927. Dieses Modell wurde auch unter dem Namen *Barcelona-Stuhl* bekannt, da es auf der Weltausstellung in Barcelona 1929 prämiert wurde.

vibeke klint

1927 Frederiksberg – 2019 Dänemark

Oben: Roter Teppich mit Zickzack-Muster, 1953

Gegenüber: Webstoff mit Streifen, 1980

Die dänische Textildesignerin Vibeke Klint studierte bis 1949 Weberei bei Gerda Henning an der Kopenhagener Kunsthåndværkerskolen (Kunstgewerbeschule). Danach arbeitete sie ein Jahr lang in der Werkstatt von Gerda Henning und ging 1951 nach Frankreich, um ihre Ausbildung unter der Anleitung von Jean Lurçat (1892–1966) an der renommierten Tapisserieschule Aubusson im französischen St. Céré sowie bei Jean Wemaire in der Bretagne fortzusetzen. Nach ihrer Rückkehr übernahm Klint, die damals von der Textildesignerin **Lis Ahlmann** als „die unbestreitbar kompetenteste junge Weberin Dänemarks" bezeichnet wurde, die Leitung der Henning-Werkstatt. Mit ihren einfachen Zickzack- und Streifenmustern blieb sie den traditionellen Materialien und Webtechniken treu, versah ihre Entwürfe jedoch durch die Verwendung kräftiger, satter Farben wie tiefen Rot- und Blautönen, ungebleichtem Weiß und warmem Gold mit einer zeitgemäßen Frische. Klints Entwürfe, die von indischen und indianischen Textilien inspiriert waren, strahlten eine fast „primitive" Ästhetik aus, die in starkem Kontrast zu dem verfeinerten handwerklichen Können standen, das zu ihrer Fertigung eingesetzt wurde. Indem sie kühne geometrische Muster mit den von ihr meisterhaft beherrschten Webtechniken kombinierte, verlieh Klint ihren Arbeiten eine besondere Qualität, die laut Jörgen Schou-Christensen die „noble Schlichtheit genuiner Handwerkskunst" offenbarte. Neben ihren am Webstuhl handgefertigten Textilien aus Baumwolle und Seide setzte Klint ihre Entwürfe ab 1956 auch in Muster um, welche für die Industrieproduktion geeignet waren. Ein Beispiel dafür ist ihre Teppichkollektion für C. Olesen. 1957 entwarf sie für das Egmont H. Petersen College in Kopenhagen Wandteppiche, deren Motive nach Karikaturen des Malers William Scharff (1886–1959) gestaltet waren, und drei Jahre später wurde ihr der renommierte Lunning-Preis verliehen. Vibeke Klint trug wesentlich dazu bei, dass die skandinavische Tradition des Handwebens bewahrt blieb, und sie belebte sie zudem mit ihren bunten und zugleich schlichten Textilien, die sie auch immer wieder für die Erfordernisse der Massenproduktion adaptierte.

Modulare
Bücherregale
aus Eiche für
Rud. Rasmussens
Snedkerier,
1950er Jahre

mogens koch

1898 Frederiksberg – 1992 Kopenhagen, Dänemark

Mogens Koch arbeitete bereits während seines von 1921 bis 1925 absolvierten Architekturstudiums an der Kopenhagener Kongelige Danske Kunstakademi (Königliche Dänische Kunstakademie) als Assistent für den Architekten Carl Petersen (1874–1923). Nach Abschluss seines Studiums begab er sich auf Studienreisen durch die Vereinigten Staaten, Mexiko und Europa und war anschließend von 1925 bis 1930 als Assistent von **Kaare Klint** tätig. 1932 entwarf Koch den Klappstuhl MK Safari, der ähnlich wie Klints etwas später entstandener Stuhl Safari (1933) vom Design eines traditionellen Feldstuhls ausging. Obwohl Kochs Stuhl heute als klassisches dänisches Möbeldesign gilt, wurde er zum Zeitpunkt seiner Entstehung als zu radikal angesehen und sollte erst 1960 von Interna und Rud. Rasmussen in die Produktion aufgenommen werden. 1934 machte sich Koch mit einem eigenen Studio selbstständig, und vier Jahre später wurde er mit der prestigeträchtigen Eckersberg-Medaille ausgezeichnet. Kochs Möbel, die vom Ansatz des in historischen Zusammenhängen denkenden Kaare Klint beeinflusst waren, können allgemein als moderne Überarbeitungen traditioneller Möbelformen betrachtet werden. So war sein Ohrensessel (1936) eine Hommage an die in Großbritannien im 18. Jahrhundert hergestellten Sessel. Koch gestaltete auch im Auftrag von Danish CWS und N. C. Jensen Kjær Produktentwürfe, die einen typisch dänischen Stil verkörperten. Neben Möbeln entwarf Koch zudem Silberwaren, Textilien und Teppiche im Rahmen mehrerer dänischer Kirchenrenovierungsprojekte. Seine Arbeiten wurden regelmäßig auf der Mailänder Triennale gezeigt und zogen mit der Wanderausstellung „Kunst aus Dänemark" im Jahr 1960 durch Amerika. Von 1950 bis 1968 war Koch Professor an der Kongelige Danske Kunstakademi, ab 1956 Gastdozent am Massachusetts Institute of Technology (MIT) sowie ab 1962 am Institut für Kunstgewerbe in Tokio. Als einer der wichtigsten dänischen Möbeldesigner erhielt er 1963 die C.-F.-Hansen-Medaille und 1964 den Hauptpreis auf der Jahresausstellung der Kopenhagener Kunsttischler. Kochs subtiler und zugleich fundamental moderner Lösungsansatz, der auf der Weiterentwicklung „idealer" Formen beruhte, war beispielhaft für das dänische Design der Zwischenkriegszeit.

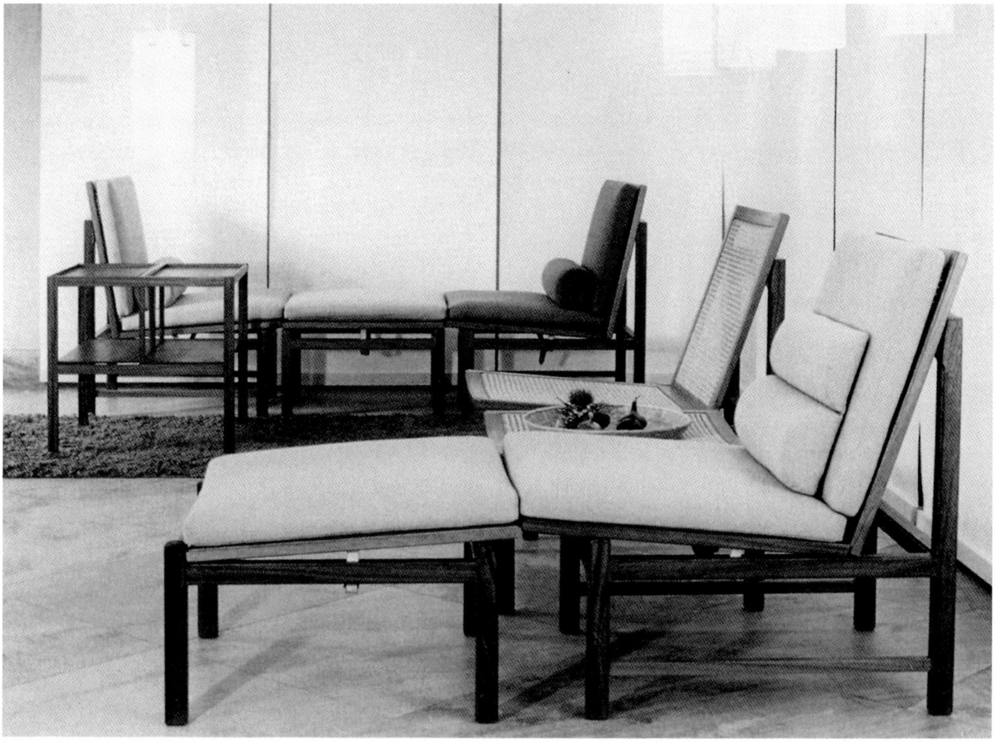

Oben: Sessel
aus Mahagoni,
Fußschemel und
Beistelltische für
Rud. Rasmussen,
1961

Zweiteiliger Tisch
aus Mahagoni und
Rosenholz, ausge-
führt von N. C.
Jensen Kjær, 1952

Kaffeekanne
Modell Nr. 24 mit Tasse und Untertasse für Bing & Grøndahl, 1961

henning koppel

*1918 Kopenhagen –
1981 Kopenhagen, Dänemark*

Der dänische Designer Henning Koppel studierte von 1935 bis 1936 bei Bizzie Høyer in Kopenhagen Zeichnen und anschließend bis 1937 Bildhauerei bei Anker Hoffmann an der Kongelige Danske Kunstakademi (Königliche Dänische Kunstakademie) in Kopenhagen. 1938 ging er für ein Studienjahr an die Académie Ranson in Paris, wo er mit neuen Strömungen in der avantgardistischen Bildhauerei in Berührung kam. Den Zweiten Weltkrieg verbrachte Koppel im Stockholmer Exil und arbeitete dort für **Orrefors** und Svenskt Tenn. In dieser Zeit begann er auch mit der Gestaltung von Gold- und Silberschmuck. Bald nachdem er 1945 nach Dänemark zurückgekehrt war, nahm Koppel seine Zusammenarbeit mit der Silberschmiede **Georg Jensen** auf, die bis zu seinem Tod 1981 andauerte. Obgleich er auch in anderen Designbereichen und für andere Firmen tätig war, war es sein wunderschönes skulpturales Tafelsilber für Georg Jensen, das ihm die größte internationale Anerkennung sicherte. Inspiriert von den zeitgenössischen abstrakten Skulpturen Hans Arps (1887–1966) und Constantin Brancusis (1876–1957), schuf Koppel biomorphen Silberschmuck, darunter sein Armband *Modell Nr. 89* (1946), das in seiner plastischen Ausführung außerordentlich futuristisch war. Auch wenn Koppel der Tradition des dänischen Kunsthandwerks verhaftet blieb, waren sein Schmuck und sein Tafelsilber – etwa der Weinkrug *Modell Nr. 978* (1948) und seine Fischplatte (1954) – von Grund auf modern, da Koppel in ihnen dem Historismus eine klare Absage erteilte und stattdessen einer universell organischen Formensprache Ausdruck verlieh. Koppel pflegte seine gestalterischen Ideen zunächst zeichnerisch zu skizzieren und anschließend in Ton zu modellieren. Das erlaubte ihm, die Linien und Formen von allen Seiten zu perfektionieren, bevor sie in Silber umgesetzt wurden. Mit seiner Besteckserie *Caravel* von 1957 bereicherte er die Besteckkollektion von Georg Jensen um ein expressiveres Element, während seine Gestaltungen in den 1970er Jahren zunehmend geometrisch und weniger skulptural ausfielen. Eine seiner letzten Arbeiten für Georg Jensen, die diesen Übergang zu einer rationaleren und schlichteren Ästhetik besonders deutlich vor Augen führte, ist die 1980 entstandene *Vejrstation* (Wetterstation), die aus

Oben: Armband *Modell Nr. 89* aus Silber für Georg Jensen, 1946

Unten: Brosche *Modell Nr. 307* aus Silber und Emaille für Georg Jensen, 1947

Brosche *Modell Nr. 323* aus Silber und Email für Georg Jensen, 1956

Werbeanzeige von Georg Jensen aus den 1950er Jahren mit einer Abbildung der Silberschale *Modell Nr. 980* (1950) und Silberkanne *Modell Nr. 978* (1948), beide von Henning Koppe

Unten: Silberschale *Modell Nr. 980* für Georg Jensen, 1950

Gegenüber: Silberkrug *Modell Nr. 978* für Georg Jensen, 1948

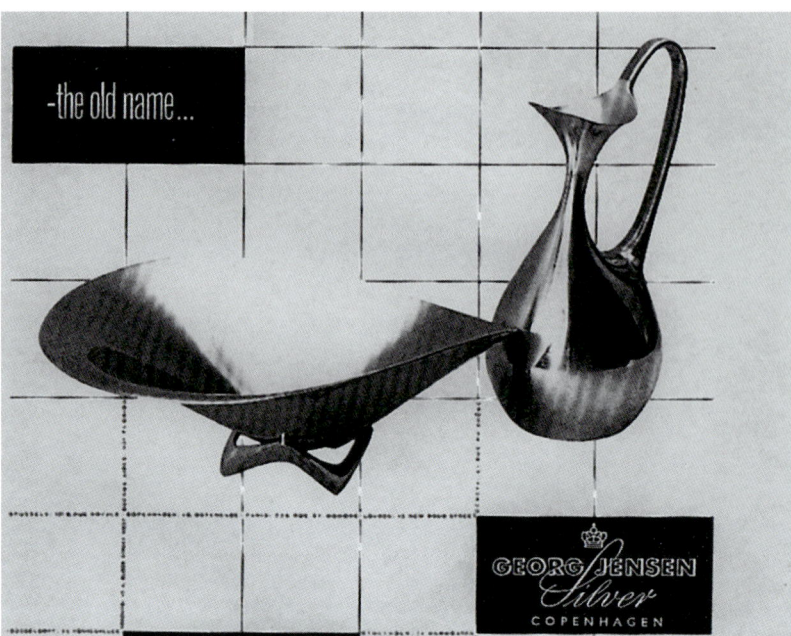

Silberbesteck
*Caravel Modell
Nr. 111* für
Georg Jensen,
1957

Gegenüber:
Versilberte
Fischplatte für
Georg Jensen,
1954

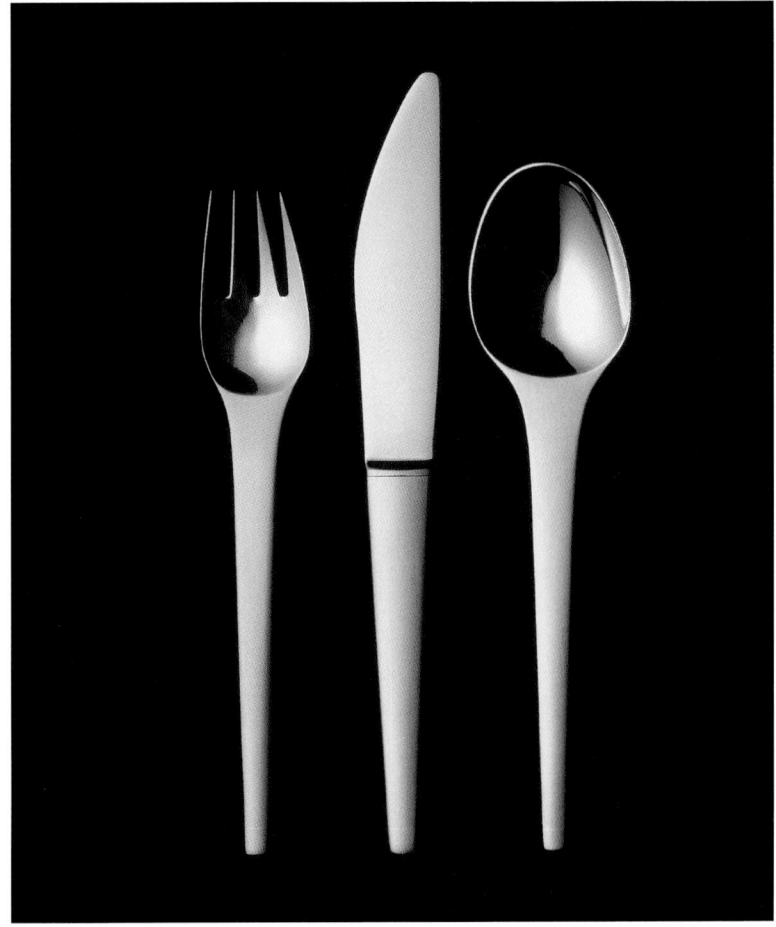

einem Barometer, einem Thermometer, einer Uhr und einem Hydrometer besteht. Zwischen 1961 und 1981 gestaltete Koppel auch eine Anzahl von Keramiken für **Bing & Grøndahl**, darunter sein unverziertes Porzellanservice *Form 24* (1962), das unter dem Namen *Koppel Weiß* bekannt wurde. Teil dieses Service ist eine Teekanne mit einem ungewöhnlichen, seitlich herausragenden Griff aus Teakholz. 1971 nahm Koppel seine Arbeit als freischaffender Designer für Orrefors wieder auf. Er entwarf außerdem Uhren und Leuchten für **Louis Poulsen** sowie Briefmarken für die dänische Post. Im Laufe seiner ruhmreichen Karriere erhielt er drei Goldmedaillen auf der IX., X. und XI. Mailänder Triennale von 1951, 1954 und 1957, den Lunning-Preis von 1953 und 1963 den International Design Award of the American Institute of Designers. Koppels Verständnis für die Natur der Werkstoffe erlaubte es ihm, exquisite Metallwaren herzustellen, die aufgrund ihrer plastischen und sinnlich organischen Formen von herausragender Qualität waren. Durch ihre spiegelglatt polierten, reflektierenden Oberflächen und ihre asymmetrischen Linien wurden diese Objekte zum Inbegriff des im skandinavischen Design der Nachkriegszeit als „New Look" bekannten Stils.

Arne Korsmo & Grete Prytz, Teekessel aus Silber und Plexiglas für Jacob Tostrup, 1947/48

Gegenüber: Arne Korsmo, Besteck *Korsmo* für Jacob Tostrup, 1947–1952, produziert ab 1953

arne korsmo & grete prytz

1900 Oslo, Norwegen – 1968 Cuzco, Peru / 1917 Oslo – 2010 Oslo, Norwegen

Arne Korsmo studierte an der Norges Tekniske Høgskole (Technische Hochschule) in Trondheim. Nach dem Studienabschluss gründete er 1929 sein eigenes Designstudio. Hier begann er, Metallwaren für die 1832 gegründete Goldschmiede und Schmuckfirma Jacob Tostrup zu entwerfen, deren Geschäftsführer, Jacob Tostrup Prytz (1886 bis 1962), der Vater seiner zukünftigen Frau Grete Prytz war. 1937 gestaltete Korsmo den norwegischen Ausstellungsbereich der „Exposition Internationale des Arts et Techniques dans la Vie Moderne" in Paris. Große Anerkennung erwarb er sich mit seinem 1949 entworfenen und ab 1953 von Jacob Tostrup produzierten Silberbesteck, das sich durch weiche, fließende und beinahe ergonomische Formen auszeichnete und auf der X. Mailänder Triennale von 1954 mit einer Goldmedaille prämiert

wurde. Von 1936 bis 1956 war Korsmo als Direktor der Statens Håndverks- og Kunstindustriskole (Staatliche Kunsthandwerkschule) in Oslo tätig und nahm etwas später eine Professur an der Norges Tekniske Høgskole (Technische Hochschule) an. Außer Metallwaren entwarf Korsmo auch mehrere Möbelobjekte aus Holz und Stahlrohr. In den Jahren nach dem Krieg galten Arne und Grete Korsmo als Norwegens „Designerpaar" – vergleichbar mit Charles und Ray Eames in den USA und Robin und Lucienne Day in Großbritannien – und übten als solches einen großen Einfluss auf die norwegische Designszene aus. Grete Prytz kam als Tochter von Jacob Tostrup Prytz, der bereits in vierter Generation das Osloer Traditionsunternehmen Jacob Tostrup leitete, aus einer berühmten Goldschmiedefamilie. Sie studierte von 1936 bis 1941 an der Statens Håndverks- og Kunstindustriskole. Hier lehrte auch ihr Vater, einer der führenden norwegischen Vertreter des Funktionalismus der 1920er und 1930er Jahre; er wurde 1945 zum Rektor der Schule ernannt. Nachdem sie ihr Studium abgeschlossen hatte, begann Grete Prytz, Schmuck und Metallwaren für den Familienbetrieb zu entwerfen. Häufig versah sie ihre Arbeiten mit Emailmalerei – eine Technik, die seit

Beginn des 20. Jahrhunderts zu einer norwegischen Spezialität geworden und für die die Firma Jacob Tostrup besonders bekannt war. Prytz, die diese Technik dank der langjährigen Erfahrung ihrer Familie sehr bald beherrschte, verlieh ihr eine neue Qualität, indem sie sie auf zeitgenössische abstrakte Motive und Dekors in leuchtenden Farben anwandte. Von 1949 bis 1950 war sie mit einem Fulbright-Stipendium am Chicago Institute of Design tätig und entwickelte nach ihrer Rückkehr in Zusammenarbeit mit dem Sentralinstituttet for Industriell Forskning (Zentralinstitut für industrielle Forschung) Techniken, die eine Emaillierung großformatiger Objekte aus Silber ermöglichen sollten. Die Ergebnisse dieser Experimente, darunter ihre massigen *Domino*-Ringe (1952), wurden 1952 auf der Ausstellung norwegischer Emailkunst „Norsk emaljekunst i lyset" in Oslo gezeigt. Die inzwischen als Grete Korsmo bekannt gewordene Künstlerin wurde für ihre Verdienste um die Weiterentwicklung der Emailtechnik mit dem Lunning-Peis ausgezeichnet, insbesondere für die von ihr erstmals angewendete Technik des freihändigen Gravierens auf emaillierten Oberflächen. Dieser innovative Fertigungsprozess, bei dem sie ein Schneidewerkzeug verwendete, das einem Zahnbohrer ähnelte, ermöglichte eine wesentlich größere künstlerische Freiheit als die bisherigen Verfahren. Nach dem Tod von Arne Korsmo im Jahr 1968 heiratete sie ein zweites Mal und hieß seither Grete Prytz Kittelsen. Während der 1970er Jahre entwarf sie mehrere emaillierte Schalen aus Edelstahl, die von der Firma Cathrineholm industriell erzeugt wurden. In ihnen drückt sich besonders das Anliegen der Künstlerin aus, preiswerte und dennoch qualitativ hochwertige Produkte zu gestalten und herzustellen. Von 1975 bis 1978 hatte sie den Vorsitz des norwegischen Kunstgewerbeverbands inne, und 1984 wurde sie als Ehrenmitglied in das World Crafts Council gewählt.

Arne Korsmo, Teeservice aus Silber mit Plexiglasgriffen für Jacob Tostrup, ca. 1950

Unten: Grete Prytz, Stoff *Tøy* für Sissi Bjønnes, 1955

Gegenüber: Arne Korsmo & Grete Prytz, Kandelaber aus Silber und Email für Jacob Tostrup, ca. 1950

Elis Bergh,
Glaswarenserie
Östergyllen, 1929

Unten:
Werbung aus
der Anfangszeit
von Kosta

kosta boda *gegründet 1742 Kosta, Schweden*

Kosta Boda entstand aus der Zusammenlegung der drei schwedischen Glaswerke Kosta, Boda und Åfors und wurde 1976 als Markenname eingeführt. Die Anfänge der Firma Kosta als ältestem noch bestehenden Glashersteller Schwedens lassen sich jedoch bis 1742 zurückverfolgen: Damals beschlossen die beiden Bezirksgouverneure und Generäle in der Armee König Karls XII., Anders Koskull (1677–1746) und Georg Bogislaus Staël von Holstein (1685–1763), an der Grenze zwischen ihren Bezirken Kronoberg und Kalmar in der Waldregion Småland – die heute als das „Königreich des Kristalls" bezeichnet wird – eine Glaserei zu gründen. Kosta, wie auch das Dorf genannt wurde, in dem die Fabrik lag, entstand aus dem Akronym der Nachnamen ihrer beiden Gründer. Die Kosta-Glashütte zog viele talentierte Glasbläser aus Deutschland an, die anfangs qualitativ hochwertige Gebrauchswaren wie Trinkbecher im traditionellen deutschen Stil erzeugten. Mit der Zeit wurde die Firma auch für ihre Kronleuchter (im englischen Stil) und die Herstellung von Bau-

glas bekannt, weshalb sie zum Hauptlieferanten von Fensterscheiben für den Königlichen Palast wurde, der von Carl Gustav Tessin in Stockholm erbaut und 1753 fertiggestellt wurde. Ab 1756 hatte die Familie Wickenberg die finanzielle Kontrolle über die Firma, die 1875 in eine Kapitalgesellschaft umgewandelt wurde. Zu Beginn des 20. Jahrhunderts nahm die Fabrik erstmals künstlerisch gestaltete Waren in ihre Produktion auf, bei denen es sich hauptsächlich um Kameenglas im Stil des Art déco handelte. Diese Objekte waren mit ihren naturalistischen Blumendekors den Entwürfen von Émile Gallé (1846–1904) nachempfunden und wurden von prominenten schwedischen Gestaltern wie **Gunnar Wennerberg** und Alf Wallander (1862–1914) entworfen. Als der Svenska Slöjdföreningen (Schwedischer Kunstgewerbeverband) 1915 eine Agentur gründete und mit seinem Slogan „Vackrare vardagsvara" (Schönere Gegenstände des täglichen Gebrauchs) die Industrie dazu aufrief, zur Verbesserung der gestalterischen Qualität von Gebrauchswaren Künstler einzustellen, holten auch die Kosta-Glaswerke mehrere Künstler in ihre Designabteilung, darunter Edvin Ollers (1888–1959), ein Mitglied der Künstlergruppe „Die Optimisten", und Edvard Strömberg. Ollers Entwürfe für Kosta zeichne-

Elis Bergh, geschliffene Glasvase, 1937

Unten: Elis Bergh, Gläser und Karaffen, ca. 193

ten sich durch einfache Formen und dekorative Motive aus, wobei sie sich stilistisch an den zu jener Zeit in Frankreich bei Daum Frères erzeugten Objekten orientierten. Auch Strömbergs Entwürfe waren durch ähnlich zurückhaltende und zugleich wohlproportionierte Formen gekennzeichnet. Während der 1920er und 1930er Jahre arbeiteten viele der führenden Designer für Kosta, darunter **Ewald Dahlskog** von 1926 bis 1929, Sven Erik Skawonius (1908–1981) von 1933 bis 1935 und Elis Bergh (1881–1954) von 1929 bis 1950. Als künstlerischer Leiter der Firma war Bergh für den anmutigen und zugleich modernen Designansatz verantwortlich, der zum Inbegriff der Kosta-Produkte aus der Zwischenkriegszeit wurde. Dazu zählten geschliffene Glaswaren mit schlichten Konturen, die fast ausschließlich in durchsichtigem Glas ausgeführt und entweder mit stilisierten figurativen oder geometrischen Gravuren verziert waren. Als Antwort auf die in den späten 1930er Jahren wachsende Beliebtheit des Art déco wurden die Kosta-Glaswaren zusehends kantiger, massiger und in der Facettierung ausgeprägter, wie besonders die von Skawonius und Tyra Lundgren (1897–1979) gestalteten Objekte mit stark stilisierten Fisch- und Vogelmotiven demonstrieren. Auch wenn die von Kosta in der Zwischenkriegs-

zeit produzierten Waren im Allgemeinen von hoher Qualität waren, konnten sie doch mit den künstlerischen und technischen Innovationen der **Orrefors**-Glaswerke nicht mithalten. Das kreative Potenzial des Unternehmens kam erst 1950 zur Geltung, als **Vicke Lindstrand** zum künstlerischen Leiter ernannt wurde. Lindstrand hatte davor für Orrefors gearbeitet und dort eine Reihe von Fertigungsmethoden entwickelt, darunter die sogenannte Ariel-Technik, bei der Luftblasen zwischen dem sandgeblasenen Außenmuster und der abschließenden Schicht aus durchsichtigem Glas eingefangen wurden. Bei Kosta erzeugte Lindstrand einige besonders plastisch gestaltete Objekte, die sich zudem durch ihre asymmetrischen Formen und spiralförmigen Farbstreifen sowie durch ihre sandgeblasenen, abstrakten Motive auszeichneten. Unter seiner Leitung produzierte das Unternehmen auch Erik Höglunds eher rustikale Gefäße aus farbigem Sodaglas, Mona Morales-Schildts vielfarbig facettierte Serie *Ventana* sowie das ausdrucksstarke Kunstglas von Ann (geb. 1937) und Göran Wärff (1933–2022), das häufig mit humoristischen Kameedekorationen verziert war. 1972 erwarb das Unternehmen die Glaswerke Johansfors und wurde 1976 in Kosta Boda umbenannt. 1990 wurde es von seinem langjährigen

Ann Wåhlström, Vasen *Hot Pink* aus der Künstlerkollektion, 2000

Unten: Vicke Lindstrand, Vase *Negress*, 1953

Gegenüber: Vicke Lindstrand, Vase *Träd i dimma* (Bäume im Nebel), 1957

Konkurrenten Orrefors übernommen und hat seither seinen Ruf für künstlerisch gestaltetes farbiges Glas weiter ausgebaut. Anfang der 2000er Jahre gehörten dem Unternehmen acht fest angestellte Designer und Designerinnen an – Monica Backström (1939–2020), Anna Ehrner (geb. 1948), Kjell Engman (geb. 1946), Ulrica Hydman-Vallien (1938–2018), Bertil Vallien (geb. 1938), Ann Wåhlström (geb. 1957), Gunnel Sahlin (geb. 1954) und Göran Wärff. Diese Gestalter entwickelten neue Produkte und erweitern die vorhandenen Kollektionen, von denen es hieß, dass sie „ihre künstlerische Botschaft mit Wärme und Frohsinn vermitteln". Heute bemüht sich Kosta Boda (das jetzt zur New Wave Group AB gehört) weiter darum, in seinen Produkten eine Verbindung zwischen den kulturellen Wurzeln und einer „im ewigen Wandel befindlichen Gegenwart" herzustellen, weshalb seine Produkte bis heute wegen ihrer „handwerklichen und künstlerischen Qualität" weithin geschätzt und anerkannt sind.

Schalen *Krenit* aus emailliertem Stahl und Salatbesteck für Torben Ørskov, 1953

herbert krenchel

*1922 Frederiksberg –
2014 Hellerup, Dänemark*

Der dänische Metallwarendesigner Herbert Krenchel studierte Bauingenieurwesen an der Danmarks Tekniske Højskole (Technische Hochschule) in Kopenhagen. 1953 richtete er ein eigenes Studio ein, und im selben Jahr entwarf er für den Metallwarenhersteller Torben Ørskov & Co. die Schalenserie *Krenit,* mit der er bekannt wurde und für die er auf der X. Mailänder Triennale von 1954 eine Goldmedaille erhielt. Diese überaus rationalen emaillierten Gefäße wurden maschinell aus millimeterdünnem Stahlblech gepresst und waren insofern bemerkenswert, als sie einen neuen Maßstab für die industrielle Massenfertigung von Haushaltswaren setzten. In den 1950er Jahren entwarf Krenchel außerdem Gebrauchsgeschirr als Massenartikel, für das er neu entwickelte „harte" Kunststoffe verwendete. Ein Beispiel dafür ist sein Salatbesteck aus schwarzem Melamin (ca. 1956), das ebenfalls von Torben Ørskov produziert wurde. Wenig später entwickelte er die innovative Bratpfanne *Krenit* (ca. 1957) aus emailliertem Stahl, die in drei verschiedenen Durchmessern (15, 20 und 25 Zentimeter) erhältlich war, wobei jede Größe eine andere Farbe hatte. Da der Griff aus Bakelit abnehmbar war, konnte man die Pfanne auch als Tischgeschirr nutzen. In seinen fortwährenden Bemühungen um ein demokratisches Design entwarf Krenchel praktische und qualitativ hochwertige Haushaltswaren zu erschwinglichen Preisen und wurde dadurch beispielhaft für die Verwirklichung der Anliegen des Svenska Slöjdföreningen (Schwedischer Kunstgewerbeverband), der seinerzeit mit dem Slogan „Vackrare vardagsvara" (Schönere Gegenstände des täglichen Gebrauchs") zur Verbesserung der gestalterischen Qualität von Gebrauchsgegenständen aufgerufen hatte.

Schalen *Krenit* aus emailliertem Stahl für Torben Ørskov, 1953

Steingutvase
Kobra für Royal
Copenhagen, 1914

Gegenüber:
Porzellanvase
für Royal
Copenhagen,
1907. Krog verzierte dieses Modell
in der Folgezeit
mit verschiedenen
Motiven im orientalischen Stil.

arnold krog 1856 Frederiksværk – 1931 Tisvilde, Dänemark

Der dänische Keramikkünstler Arnold Krog studierte von 1874 bis 1880 Architektur an der Kongelige Danske Kunstakademi (Königliche Dänische Kunstakademie) in Kopenhagen. Noch während seiner Studienzeit assistierte er bei der Sanierung und Innenausstattung des westlich von Kopenhagen gelegenen imposanten Frederiksborg-Palasts (1878–1881), und im Jahr 1883 arbeitete er für kurze Zeit in der Designfirma des Architekten Henrik Hageman. Ab 1884 entwarf er Keramiken für die Porzellanfabrik **Royal Copenhagen** und wurde ein Jahr später zu ihrem künstlerischen Leiter ernannt. Als Krogs Arbeiten 1888 auf der „Skandinavischen Ausstellung für Industrie, Landwirtschaft und Kunst" in Kopenhagen gezeigt wurden, erhielten sie großes Lob. Im Jahr darauf besuchte er Paris als Mitglied der Jury für die dort stattfindende Weltausstellung von 1889. Hier sah er die umfangreiche Sammlung orientalischer Kunst des Händlers und Unternehmers Siegfried Bing (1838–1905). In der Folge entwarf Krog eine Reihe von Objekten mit schlichten, unverzierten Formen, die sich an japanische Vorbilder anlehnten und deren transparente Glasuren im orientalischen Stil eigens von Valdemar Engelhardt kreiert worden waren. Einer seiner einflussreichsten Entwürfe für Royal Copenhagen war das Service *Marguerite* (1897) mit Griffen in Gestalt von Libellen und Bienen. Bei der Pariser Weltausstellung von 1900 wurden Krogs Gestaltungen mit einem Großen Preis ausgezeichnet. Zu Beginn des 20. Jahrhunderts wandte er sich allmählich von der zarten Anmut seiner früheren, japanisch inspirierten Arbeiten ab und begann, Objekte im Stil des Art déco zu entwerfen. Ein Beispiel dafür ist seine Steingutbodenvase *Kobra* (1914), deren gewundene Schlangen- und Zickzackmuster vom Einfluss primitiver Kunst und traditioneller Keramikformen zeugten. Krog war einer der bedeutendsten und prägendsten Designer von Royal Copenhagen, für die er bis 1916 Keramiken entwarf. Wie so viele andere dänische Designer war auch Krog stark von der japanischen Kunst beeinflusst, und während seiner gesamten Laufbahn bemühte er sich um die Nachbildung idealer Formen, womit er einem klassisch skandinavischen Designverständnis nachkam.

yrjö kukkapuro

1933 Yiipuri, Finnland

Yrjö Kukkapuro, einer der führenden Möbeldesigner Finnlands, studierte Innenarchitektur am Taideteollinen Korkeakoulu (Hochschule für Kunst und Design) in Helsinki, wo er 1958 seinen Abschluss machte.
Ein Jahr später eröffnete er in Kauniainen ein eigenes Designstudio und begann, Möbel in einer funktionalistischen Formensprache zu entwerfen. Seine frühen Arbeiten waren stark von **Ilmari Tapiovaara** beeinflusst, der an der Hochschule sein Lehrer gewesen war und als einer der Wegbereiter der zum Transport in Einzelteile zerlegbaren Möbel gilt. Während der späten 1950er Jahre entwarf Kukkapuro seine ersten Stühle mit Sitzelementen aus Formsperrholz und Rahmen aus Stahlrohr. Allerdings nicht, weil dies seine bevorzugten Materialien gewesen wären, sondern weil sie leicht erhältlich waren. Später sagte Kukkapuro: „Ich träumte damals schon von Stühlen aus Glasfasern, nur waren die Zeiten in Finnland so, dass das einer Utopie gleichkam." Dank des 1961 erfundenen Sinterverfahrens erhielt Kukkapuro dann doch die Chance, mit Kunststoffen zu experimentieren. Bei dieser relativ einfachen Methode wird eine erhitzte Stahlform in pulverförmiges Plastik getaucht, so dass eine Schicht aus geschmolzener Materialmasse entsteht, die von der Gussform entfernt werden kann, sobald diese abgekühlt ist. Mittels dieser Technik entwickelte Kukkapuro die Prototypen zweier Stühle, sah sich dann jedoch außerstande, für deren Produktion einen Hersteller oder Geldgeber zu finden. 1964 nahm Kukkapuro einen zweiten Anlauf und entwarf einen Kunststoffstuhl, dessen Prototyp aus Maschendraht aus den anthropometrischen Daten seines eigenen sitzenden Körpers geformt war. Die sich daraus ergebende Sitzschale setzte er in einen Stahlrohrrahmen, bedeckte diesen mit in Gips getauchte Sackleinwand und schuf daraus durch Glätten und Schaben die endgültige Form.
Es dauerte fast ein Jahr, bis die Gestaltung und ein funktionierender Prototyp vollendet waren. Der fertige, aus Glasfaser und Leder bestehende drehbare Sessel namens *Karuselli* (Karussel, 1965) wies eine neuartige, wiegenartige Konstruktion und eine bequeme, aus einer einzigen Form bestehende Sitzschale auf, die Kukkapuros Überzeugung entsprach, dass „ein Stuhl auch Spiegel der menschlichen Gestalt sein könnte. Ebenso weich geformt wie der Mensch. Und möglichst genauso schön." 1966 bildete die Zeit-

schrift „Domus" den Sessel *Karuselli* auf ihrem Cover ab, was nicht nur die Bedeutung dieses besonderen Entwurfs bezeugte, sondern auch den wachsenden Einfluss des finnischen Designs im Allgemeinen. In den späten 1960er und frühen 1970er Jahren entwarf Kukkapuro noch weitere Stühle und Tische aus in Form gegossenem Kunststoff, wie etwa die Tische *Saturnus*. Nach der Ölkrise Mitte der 1970er Jahre wurde das „Zeitalter des Plastik" mit seinen experimentellen und expressiven Formen vom „Zeitalter der Ergonomie und Ökologie" abgelöst. Auch Kukkapuro ging nun dazu über, mittels systematischer Körpermessungen und der sich daraus ergebenden Daten einen Bürostuhl aus formgepresstem Sperrholz zu entwickeln. Der daraus resultierende Stuhl *Fysio* (1978) war vollkommen revolutionär, denn er war einer der ersten Bürostühle, dessen Formgebung fast ausschließlich von ergonomischen Überlegungen ausging. Von 1974 bis 1980 war Kukkapuro Professor am Taideteollinen Korkeakoulu in Helsinki, dem er von 1978 bis 1980 als Rektor vorstand. Mit dem Aufkommen der Postmoderne in den 1980er Jahren wurden Kukkapuros Entwürfe expressiver, wie z. B. sein Sessel *Experiment* (1982/83) zeigt, was er selbst folgendermaßen erklärte: „Die Postmoderne hat uns wieder mit jenem vitalen Element in Berührung gebracht, das die Franzosen ‚joie de vivre' nennen." Kukkapuros Möbelentwürfe wurden ursprünglich von Haimi hergestellt, bis im Jahr 1980 speziell zur Produktion seiner Entwürfe eine neue Firma namens Avarte gegründet wurde. Kukkapuros Arbeit kann als klassisch finnisch bezeichnet werden, da sich seine Möbelobjekte durch kraftvolle grafische Konturen, technische Innovationen, Experimentierfreude und den Einsatz qualitativ hochwertiger Materialien und Konstruktionsmethoden auszeichnen.

Drehsessel *Karuselli* (Karussell) für Haimi (später Avarte), 1964/65

Gegenüber: Original Werbefoto der Sessel *Karuselli* (Karussell) von Yrjö Kukkapuro, ca. 1964

Stielgläser
Tulpan (Tulpe) für
Orrefors, 1957

Gegenüber:
Stielgläser *Tulpan*
(Tulpe) für
Orrefors, 1954

nils landberg

1907 Västra Vingaker – 1991 Nybro, Schweden

Nils Landberg studierte von 1923 bis 1925 an der Konstindustrieskolan (Kunstgewerbeschule) in Göteborg. Daran anschließend absolvierte er bis 1927 – zusammen mit seinem Landsmann Sven Palmqvist – eine Ausbildung an der neu eingerichteten Gravurschule von **Orrefors.** Nach weiterführenden Studien in Italien und Frankreich arbeitete er als Graveur und Assistent von Edward Hald bei Orrefors. Um 1935 schuf er erste eigene Entwürfe für das Unternehmen und wurde bald darauf in das hauseigene Designteam aufgenommen. Hier gestaltete er unter anderem elegante, im klassischen Stil gehaltene Dekors für die von **Simon Gate** entworfenen Glasformen. Landbergs Gravurglasobjekte aus dieser Zeit wurden auf der Pariser „Exposition Internationale des Arts et Techniques dans la Vie Moderne" von 1937 und der New Yorker Weltausstellung von 1939 gezeigt. In den 1950er Jahren experimentierte er mit abstrakten, fließenden Formen und verwendete dafür sowohl transparentes als auch leicht getöntes Glas. In diesen Arbeiten ging er bis an die Grenzen der Materialfestigkeit, wodurch er den Entwürfen eine starke innere Spannung verlieh. Seine berühmten Gläser *Tulpan* (Tulpe, 1957) wurden auf der XI. Mailänder Triennale von 1957 mit einer Goldmedaille ausgezeichnet. Diese raffinierte Formgebung war beispielhaft für die Eleganz des organischen Stils, der das skandinavische Design der Nachkriegszeit kennzeichnete und nahm die kühnen, farbenfrohen schwedischen Glaswaren der 1960er Jahre vorweg. Die bis heute als klassisches Orrefors-Design geschätzte (und bis 1981 produzierte) *Tulpan*-Gläserserie zeugt mit ihrer fragilen, geradezu schwebenden Anmut von der technischen Brillanz der schwedischen Glasbläserei. Laut Orrefors brachte Landbergs Serie *Illusion* (1957) auf ähnliche Weise „die dem Glas innewohnende Reinheit und Weichheit" zur Geltung. Landberg entwarf auch Beleuchtungskörper sowie dekorative Türen und Fenster. Landberg setzte sich 1972 zur Ruhe, und im Jahr 1986 würdigte das Orrefors-Museum seine Arbeit mit einer Retrospektive. Landberg führte in seinen Gestaltungen die Anmut schwedischer Glaswaren fort, war aber aufgrund seiner stark betonten organischen Formgebung auch ein typischer Vertreter des „New Look" im skandinavischen Design der Nachkriegszeit.

Wohnzimmermöbel, 1939

Gegenüber:
Stuhl und Schrank mit Regalfächern für Svenska Möbelfabrikerna, 1933

axel larsson *1898 Medelpad – 1975 Schweden*

Axel Larsson, einer der wichtigsten Vertreter der schwedischen Moderne der Zwischenkriegszeit, studierte an der Tekniska Skolan (Technische Hochschule) in Stockholm. Ab 1925 entwarf er im Auftrag der Svenska Möbelfabrikerna (Schwedische Möbelfabrikanten) Möbel für die Massenproduktion und gründete bald darauf in Stockholm eine eigene Werkstatt. Für die Stockholm-Ausstellung von 1930 gestaltete Larsson eine Speisezimmereinrichtung, die zwar sichtlich vom deutschen Funktionalismus beeinflusst war, die aber durch mehrere Accessoires wie Topfpflanzen und einen Teppich mit kühnen geometrischen Mustern weniger streng wirkte. Ähnlich wie sein Landsmann und Zeitgenosse **Sven Markelius** entwarf Larsson anfangs Möbel mit schlichten, reduzierten Formen, die sich primär aus den funktionalen Merkmalen ergaben. Mitte der 1930er Jahre wurde Larssons Formgebung jedoch weicher und organischer. Für den schwedischen Pavillon der New Yorker Weltausstellung von 1939 entwarf er eine Wohnzimmereinrichtung, die den Prinzipien der Moderne entsprach und eine optimale, auf ergonomischen Grundsätzen basierende Funktionalität anstrebte. Ab den 1930er Jahren und bis 1956 war Larsson Chefdesigner bei den Svenska Möbelfabrikerna in Bodafors, die zu den ersten skandinavischen Möbelherstellern gehörten, die Einrichtungsgegenstände in industriellem Maßstab produzierten. Larssons Objekte entsprachen der subtilen Detailgenauigkeit des modernen schwedischen Designs und waren von einem eleganten Funktionalismus geprägt. Larsson entwarf außerdem exklusive handgefertigte Möbelstücke, die bei Handverket produziert wurden. Daneben gestaltete er die Innenräume von öffentlichen wie privaten Gebäuden, darunter die gemeinsam mit Nils Einar Eriksson entworfenen Interieurs des Göteborger Konzerthauses sowie des Auswärtigen Amtes in Stockholm. Larssons Möbel waren zwar im Wesentlichen modern, doch indem sie sich einem dogmatischen Funktionalismus verweigerten, kündeten sie bereits von dem weicheren und humaneren Designansatz, der während der Nachkriegsjahre in Skandinavien zur Blüte gelangen sollte.

Die Bibliothek in Lilla Hyttnäs, auf dem Tisch eine von Karin Larsson gewebte Tischdecke

Gegenüber: Das Arbeitszimmer in Lilla Hyttnä

carl & karin larsson

1853 Stockholm – 1919 Fallun, Schweden / 1859 Örebro – 1928 Valnäs, Schweden

Carl und Karin Larsson gelten als bedeutende Pioniere des Konzepts vom „Design als Lebensstil". Sie entwickelten einen zwanglos eklektischen Stil, in dessen Mittelpunkt die Vorstellung von einer warmen, familiären Häuslichkeit stand und der vor allem in Skandinavien und Deutschland großen Einfluss hatte. Carls künstlerische Begabung führte ihn bereits in jungen Jahren an die Stockholmer Kunstakademie, wo er klassische Kunst und Aktzeichnen studierte. Während seiner Studienzeit belieferte er die Zeitschriften „Kasper" und „Ny Illustrerad Tidning" mit Karikaturen und Grafiken. 1877 ging er nach Paris und ließ sich 1882 mit einer Gruppe anderer schwedischer Maler in Grez nieder. Dort malte er Aquarelle, die von einem poetischen Realismus waren und eine stark narrative Qualität aufwiesen. Im Jahr 1879 hatte er die schwedische Künstlerin Karin Bergöö kennengelernt, die er 1883 heiratete. In den 1880er Jahren arbeitete Larsson als Illustrator und schloss sich der schwedischen Künstlergruppe Opponents an. Karins Vater schenkte der wachsenden Familie 1888 ein kleines Haus namens Lilla Hyttnäs in dem malerischen Dorf Sundborn, das sie bis 1901 als Sommerhaus benutzten und danach zu ihrem ständigen Wohnsitz und dem Mittelpunkt ihres Lebens machten. Karin dekorierte die Räume in einem einfachen, volkstümlichen Stil mit weiß lackierten Einbaumöbeln, Holzböden, bestickten Stoffen und Geranientöpfen, während Carl ihr tägliches Leben und ihre sechs Kinder in seinen Aquarellen festhielt. Seine stilisierten Studien in kräftigen Farben, welche diesen idyllisch ländlichen, genügsamen und sorgenfreien Lebensstil darstellten, wurden 1899 in einem Album mit dem Titel „Ett Hem" (Unser Heim) veröffentlicht, um „den Geschmack und das Familienleben zu reformieren". Das Haus lag in der Region Dalarna – dem mystischen Herzen Schwedens – und wurde von den Larssons auf eine erfrischend schlichte und originelle Weise umgebaut und verschönert mit dem Ziel, ein neues Konzept schwedischer Häuslichkeit zu entwickeln. Dazu gehörte auch die Idee von „der Kunst im eigenen Heim": Danach dekorierten die Larssons

praktisch jede Oberfläche im Haus, einschließlich der Türen, die sie mit den Porträts ihrer Kinder verzierten, sowie der Wände, auf die sie liebevolle Ermahnungen schrieben wie „Kinder, liebt euch, denn die Liebe ist alles". Das Larsson-Haus war die vollkommene Verwirklichung des von der Arts-&-Crafts-Bewegung propagierten „ländlichen Ideals" und außerdem eine wichtige und sehr einflussreiche Manifestation des dänischen Begriffs von „hygge" – einer fröhlich häuslichen Behaglichkeit. Der von Carl und Karin Larsson vertretene einfache Lebensstil bildete eine wesentliche Grundlage des modernen schwedischen Designs und kann als geistiger Vorläufer der **IKEA**-Ästhetik angesehen werden.

Carl Larsson, Aquarellstudie „Die alte Anna", ca. 1896

Gegenüber: Das Esszimmer in Lilla Hyttnäs mit den bemerkenswerten, von Karin Larsson gestalteten Papierlampenschirmen

carl & karin larsson

Gegenüber oben:
Carl Larsson,
Aquarellstudie
„Papas Zimmer",
ca. 1895

Gegenüber unten:
Carl Larsson,
Aquarellstudie
„Der Ruheplatz in
der guten Stube",
ca. 1895

Oben:
Carl Larsson,
Zeichnung der
guten Stube in
Lilla Hyttnäs,
ca. 1900

Unten: Die gute
Stube in Lilla
Hyttnäs; der helle,
luftige und freund-
liche Raum steht
in deutlichem

Kontrast zu den
meist bedrücken-
den Interieurs
bürgerlicher Woh-
nungen um die
Jahrhundertwende

Poul Christiansen,
Sinus-Hängelampe
Modell Nr. 172,
ca. 1972

Unten: Peder Vilhelm Jensen-Klint, Begründer von Le Klint

le klint *gegründet 1943 Odense, Dänemark*

Im Jahr 1901 entwarf der renommierte Architekt, Ingenieur und Kunsthandwerker Peder Vilhelm Jensen-Klint (1853–1913) für sein eigenes Heim eine rustikale Öllampe aus Steingut, die er mit einem schlichten gefalteten Papierschirm ausstatten wollte. Nachdem er festgestellt hatte, dass es einen solchen Schirm nicht fertig zu kaufen gab, machte er sich daran, ihn selbst aus einem Stück Pergament zu fertigen. Indem er das Papier der Länge nach in schmale Streifen faltete, erfand Jensen-Klint einen „Kragen", der nicht nur dafür sorgte, dass der Schirm seine Form behielt, sondern ihn auch auf sichere Distanz zum gläsernen Lampenzylinder hielt. Die Herstellung von Lampenschirmen aus gefaltetem Papier wurde bald zu einer beliebten Freizeitbeschäftigung der gesamten Familie und entwickelte sich nach und nach zu einer kleinen Heimindustrie. Nach einiger Zeit entwickelte Tage Klint (1884 bis 1953), der älteste Sohn des Architekten, eine Methode, mit der die gefalteten Papierschirme auf gewöhnliche Lampensockel montiert werden konnten, wodurch die bisher verwendeten zusätzlichen Stützvorrichtungen überflüssig wurden. Schließlich gründete Jensen-Klint im Jahr 1943 die Firma Le Klint, um das Familienhobby auch kommerziell zu verwerten. Im Jahr darauf entwarf sein Sohn, der Architekt **Kaare Klint**, die Hängeleuchte *Fruit,* die bis heute das Logo der Firma ziert. Kaare Klints „über Kreuz gefalteten" Entwürfe eigneten sich hervorragend für die Ausstattung moderner Innenräume, denn sie waren nicht nur schlicht und skulptural, sondern auch relativ billig. Später entwarf Kaares Sohn Esben Klint (1915–1969) ebenfalls mehrere bekannt gewordene Lampen für die Firma. Mit der Zeit wurden auch andere Designer mit der Gestaltung neuer Lampenmodelle beauftragt, so etwa **Peter Hvidt** und **Orla Mølgaard-Nielsen**. Der junge Designer Poul Christiansen (geb. 1947) begann noch während seiner Studienzeit an der Kongelige Danske Kunstakademi (Königliche Dänische Kunstakademie), einen manuell gefalteten und in Sinuskurven geformten Lampenschirm zu entwickeln, mit dem er sich 1967 bei Le Klint vorstellte. Jan Klint, der damalige Geschäftsführer der Firma, erkannte sofort, welches Potenzial in Christiansens Innovation steckte, und nahm die erste, *Modell Nr. 167* genannte Version dieses Entwurfs in die Produktion auf. In der Folge

entwarf Christiansen für die Kollektion von Le Klint jedes Jahr eine neue geschwungene Hängelampe, deren mathematisch berechneten und plastisch gestalteten Linien den Geist der späten 1960er und frühen 1970er Jahre einfingen und die vorangegangenen, auf klassische Art gefalteten Schirmmodelle veraltet aussehen ließen. Die Lampen von Le Klint werden bis heute in der firmeneigenen Fabrik in Odense handgefertigt und gelten international als „ein leuchtendes Beispiel der erstklassigen angewandten Kunst Dänemarks".

Oben: Esben Klint, Hängelampe *Modell Nr. 107* und Andreas Hansen, Hängelampe *Modell Nr. 157*, 1950er Jahre

Peder Vilhelm Jensen-Klint, Steingutlampen mit gefalteten Papierschirmen, 1901 – die erste Le-Klint-Lampe

Stoff *Bregner*
für Dansk
Kattuntrykkeri,
1937

Gegenüber: Stoff
Kirsebær, bedruckt
im Atelier der
Künstlerin, 1946

marie gudme leth
1895 Århus –
1997 Kopenhagen, Dänemark

Die renommierte dänische Textildesignerin Marie Gudme Leth studierte an der Kunstgewerbeschule für Frauen und an der Kongelige Danske Kunstakademi (Königliche Dänische Kunstakademie) in Kopenhagen. Anschließend ging sie nach Deutschland, wo sie eine Ausbildung an der Kunstgewerbeschule in Frankfurt absolvierte, bevor sie 1931 die Leitung der Textilklasse an der Kopenhagener Kunstaåndværkerskolen (Kunstgewerbeschule) übernahm, die sie bis 1948 innehatte. Im Jahr 1935 gehörte sie zu den Gründern des Textilunternehmens Dansk Kattuntrykkeri, dessen Direktorin sie während der nächsten fünf Jahre war, und 1940 richtete sie ihre eigene Textilwerkstatt ein, wo sie sich auf die Herstellung farbenfroher, im Siebdruckverfahren gefertigter Stoffe spezialisierte. Einer ihrer frühesten Entwürfe, der Stoff *Jagten* (1932), zeugt vom starken Einfluss der orientalischen Kunst, während die etwas später entstandenen Textilien *Landsby I* (1935) und *Landsby II* (1936) mit ihren Darstellungen von Häusern, Windmühlen und Bäumen eher von der traditionellen Volkskunst inspiriert waren. In diesen Landschaften kamen auch Fabriken vor, womit Gudme Leth die fortschreitende Industrialisierung der dänischen Provinz als Gegebenheit anerkannte. Ihr mit einem Muster aus Farnblättern dekorierter Stoff *Bregner* (1937) signalisierte eine Abkehr von den „unruhigen" bildlichen Szenen. Von da an entwarf sie zahlreiche Stoffe mit floralen Motiven, die immer stilisierter und komplexer wurden, so etwa der prächtige Stoff *Kirsebær* (1946), eine Komposition mit sechs verschiedenen Farben. Während der 1950er Jahre wurden Gudme Leths Arbeiten abstrakter und blockartiger – wie z. B. in den Stoffen *Bølger* (1955) und *Izmir* (1955–1960) zu sehen, deren Stil die von **Marimekko** in den 1960er Jahren produzierten Stoffe mit ihren kühnen und bunten Mustern vorwegnahm. Auf der IX. Mailänder Triennale von 1951 wurde sie mit einer Goldmedaille ausgezeichnet, und ihre Textilien wurden auf der bedeutenden Wanderausstellung „Design in Scandinavia" gezeigt, die von 1954 bis 1957 durch die Vereinigten Staaten und Kanada tourte. 1995 würdigte das Kopenhagener Danske Kunstindustrimuseum (Dänisches Kunstgewerbemuseum) Marie Gudme Leths Arbeit mit einer großen Retrospektive.

Teekanne *Berså* für Gustavsberg, 1960

Gegenüber: Stoff *Pottery* für Nordiska Kompaniet, ca. 1947

stig lindberg

1916 Umeå, Schweden – 1982 San Felice Circeo, Italien

Der schwedische Designer Frederick Stigurd (Stig) Lindberg studierte in Jönköping und ging dann nach Stockholm, wo er zunächst an der Konstfackskolan (Hochschule für Kunst, Kunsthandwerk und Design) und anschließend von 1935 bis 1937 an der Kungliga Tekniska Högskolan (Königliche Technische Hochschule) studierte. Von 1937 bis 1940 arbeitete er als Assistent von **Wilhelm Kåge** bei **Gustavsberg** und entwickelte in dieser Zeit mehrere geometrische Formgebungen im Stil des Art déco sowie asymmetrische Objekte, die seinen späteren organischen Designansatz vorwegnahmen. Während dieser Zeit studierte er ebenfalls für kurze Zeit in Dänemark und an der Académie Colarossi in Paris, die, wie er später sagte, für seine künstlerische Entwicklung von entscheidender Bedeutung war. Lindbergs Keramiken, die in den Jahren nach dem Zweiten Weltkrieg zum Inbegriff der skandinavischen Moderne wurden, wurden zum ersten Mal 1941 in Stockholm ausgestellt, und im Jahr darauf wurde seine erste Serie von bemalten Steingutwaren auf einer Ausstellung mit dem Titel „Fajanser målade i vår" (Fayencemalerei dieses Jahres) gezeigt. Seine darauffolgenden Fayencedesigns wiesen elliptische Formen und dekorative Muster mit bunten Streifenbändern auf. Von 1947 bis 1949 entwarf er Glaswaren für die Målerås-Glaswerke sowie Textilien für die Nordiska Kompaniet und war außerdem auch als Buchillustrator tätig. Lindberg wurde 1949 Nachfolger seines Lehrers Wilhelm Kåge als künstlerischer Leiter von Gustavsberg und gestaltete in den folgenden Jahren mehrere Keramikserien, zu denen auch die ästhetisch überaus gelungene Vase *Pungo* (Beutel, 1953) gehörte. Die *Pungo*-Vase mit ihren für das skandinavische Design der Nachkriegszeit so typischen organischen Formen bildete aufgrund ihrer verfeinerten Eleganz einen starken Kontrast zu seinen heimeligen und mitunter humoristischen Steingutwaren. Darüber hinaus entwarf Lindberg Fayencen, deren Motive von den Gemälden Marc Chagalls (1887–1985) inspiriert waren. Auch seine in anderen Bereichen ausgeführten Arbeiten besaßen eine ähnlich malerische Qualität, was sich besonders in seinen Textilentwürfen zeigt, wie etwa in dem Stoff *Pottery* (Keramik, 1947). Lindberg verließ Gustavsberg 1957 und nahm eine Lehrtätigkeit an der Konstfackskolan in Stockholm auf, die er bis 1970 ausübte. Er entwarf jedoch weiterhin Glaswaren

für **Holmegaard** (1959/60) und für **Kosta** (1965). Von 1971 bis 1980 nahm er seine Tätigkeit als künstlerischer Direktor bei Gustavsberg noch einmal auf und ging dann nach Italien, wo er sich mit einem eigenen Atelier selbstständig machte. Lindberg gehörte zu jenen skandinavischen Designern, die ihren Stil gekonnt auf ihr jeweiliges Arbeitsmaterial abstimmten. Seine Werke besaßen die klassisch skandinavischen Gestaltungsmerkmale, verbunden mit einer besonderen Wärme, die sie in erster Linie aus seiner Verwendung eleganter asymmetrischer Formen und von der Volkskunst inspirierter dekorativer Muster bezogen.

Vase *Pungo* (Beutel) für Gustavsberg, ca. 1953

Gegenüber: Original-Werbefoto der Vasen *Veckla*, Modell Nr. 243 & 236 und der Schale *Veckla*, Modell 245 für Gustavsberg, ca. 1949

Vase *Fischernetz*
für Kosta, 1951

Gegenüber: Vase
für Kosta, ca. 1954

vicke lindstrand *1904 Göteborg – 1983 Kosta, Schweden*

Der schwedische Glasdesigner Victor Emmanuel (Vicke) Lindstrand studierte von 1924 bis 1927 Grafikdesign an der Konstindustriskolan (Kunstgewerbeschule) in Göteborg. Von 1922 bis 1928 belieferte er zwei Lokalzeitungen mit Karikaturen und Illustrationen und studierte für kurze Zeit in Frankreich und Italien. 1928 begann er für **Orrefors** zu arbeiten, wobei er seine klassisch geformten Glasdesigns häufig mit stilisierten Art-déco-Figuren gravierte. Lindstrands Glasobjekte wurden auf der Stockholm-Ausstellung von 1930 gezeigt und erhielten begeisterte Kritiken. Einige seiner Entwürfe waren mit muskulösen Akten verziert, was vom starken Einfluss des Kubismus zeugte. Später entwarf er für den schwedischen Pavillon auf der Pariser „Exposition Internationale des Arts et Techniques dans la Vie Moderne" von 1937 ein Fenster und für die New Yorker Weltausstellung von 1939 einen Springbrunnen aus Glas. Während dieser Zeit entwickelte er einen weicheren und fließenderen Stil. Seine figurativen Motive erhielten auch eine naturalistischere Note. Er arbeitete bis 1941 für Orrefors, entwarf aber auch Designs für Karlskrona Porslinsfabrik (1935/36) und Upsala-Ekeby (1936–1950). Von 1950 bis 1970 führte Lindstrand sein eigenes Studio in Århus und war zugleich Chefdesigner bei **Kosta Boda**. In den 1950er Jahren nahmen seine Glaswaren für das Unternehmen die kühnen Formen vorweg, die zehn Jahre später im schwedischen Glasdesign so sehr in Mode kommen sollten. Bei Kosta entwickelte er seine künstlerischsten Designs, die von den Arbeiten zeitgenössischer venezianischer Glasgestalter wie Fulvio Bianconi beeinflusst waren. Seine Objekte besaßen jedoch weniger expressive, organische Formen und waren auch in ihrer Farbgestaltung zurückhaltender. In den frühen 1960er Jahren experimentierte Lindstrand mit Gravuren auf poliertem Bruchglas, woraus ein Material entstand, das einen rauen und eisigen Charakter aufwies. Lindstrands allmählicher Übergang von gravierten Glaswaren über skulpturale, frei geblasene Gefäße bis hin zu seinen künstlerischen Glasskulpturen bewies seine vollkommen meisterhafte Beherrschung des Mediums. Seine bedeutendste Hinterlassenschaft waren seine späteren, organisch geformten Glaswaren, die den „New Look" des skandinavischen Designs der Nachkriegszeit verkörperten.

Poul Henningsen in dem von ihm 1939 für Louis Poulsen entworfenen Ausstellungsraum in Nyhavn

Gegenüber:
Poul Henningsen, *PH-2/1* Hängelampe, ca. 1927

louis poulsen *gegründet 1874 Kopenhagen, Dänemark*

Die bekannte dänische Beleuchtungsfirma Louis Poulsen & Co. entstand aus einer Weinimporthandlung, die 1892 mit dem Handel von elektrischen Ausstattungen wie Kohlenbogenlampen sowie Werkzeug begann. Ab 1906 führte Louis Poulsen (1871–1934), der Neffe des Firmengründers Ludwig R. Poulsen (1846–1896), die Geschäfte und verlegte das Unternehmen wenig später in den Kopenhagener Stadtteil Nyhavn, wo sich bis heute die Firmenzentrale befindet. Das Jahr 1911, in dem Sophus Kaastrup-Olsen (1884–1938) 50 Prozent der Anteile am damaligen Elektrogroßhandel von Poulsen erwarb, markierte für die Firma einen Wendepunkt. Olsen war gleichermaßen Anhänger der Elektrifizierung wie politisch radikaler Ideen. Als sich Louis Poulsen 1917 zur Ruhe setzte, wurde Olsen zum Alleineigentümer der Firma. Erste Gewinne ergaben sich kurz darauf durch den Nachholbedarf im nach dem Ersten Weltkrieg an Dänemark zurückgegebenen südlichen Jütlandgebiet. 1918 konnten Louis Poulsen & Co. bereits auf einen Umsatz von 5 Millionen Kronen und einen Reingewinn von 600 000 Kronen verweisen. Auch die finanziellen Turbulenzen der 1920er Jahre konnten dem Unternehmen nichts anhaben. Im Gegenteil, es baute seine Marktanteile sogar noch weiter aus, besonders nachdem Olsen die Zusammenarbeit mit dem Leuchtendesigner **Poul Henningsen** aufgenommen hatte, der einmal sagte, Olsen sei genauso verrückt gewesen wie er. Henningsen, der ab 1924 für das Unternehmen arbeitete, entwickelte ein Gestaltungskonzept, das darin bestand, das grelle Licht der Kohlenbogenbeleuchtung durch eine mittels wissenschaftlicher Studien berechnete Anordnung von Mehrfachschirmen zu mildern. „Elektrisches Licht", sagte er einmal, „ist unvollkommen ... und seine Mängel sind so gravierend, dass es trotz seiner Einfachheit im Gebrauch, seines niedrigen Preises und seines Vorhandenseins im Überfluss nach wie vor unbeliebt ist und von zivilisierten Menschen bestenfalls als nötiges Übel akzeptiert wird." Um diese Probleme zu beheben, schuf Henningsen revolutionäre Lampen, die das Licht so reflektierten, dass seine Blendwirkung effektiv ausgeschaltet wurde. Seine modernen, ebenso schönen wie funktionalen Designs wurden bei der Pariser „Exposition Internationale des Arts Décoratifs et Industriels Modernes" von 1925

Seite aus einem deutschen Katalog mit Poul Henningsens *PH*-Lampen, 1930er Jahre

Unten: Plan für den Ausstellungsstand von Louis Poulsen auf der Weltausstellung in Barcelona 1929, in dem das gesamte Sortiment an *PH*-Leuchten von Poul Henningsen präsentiert wurde

Gegenüber: Poul Henningsen, *PH 3/2*-Tischleuchte, 1927

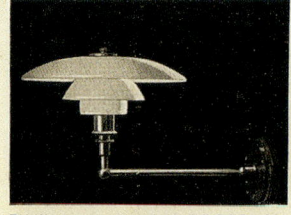
PH-Wandarm, stehend, Modell 3/2 Rm 65.-, 4/3 Rm 82.-, 5/3 Rm 96.-

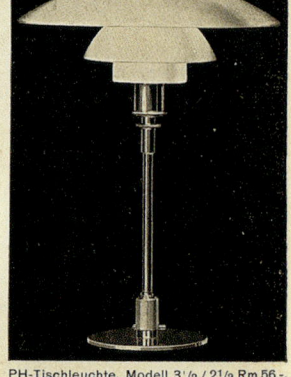
PH-Tischleuchte, Modell 3½ / 2½ Rm 56.-, 4/3 Rm 70.-, 5/3 Rm 83.-

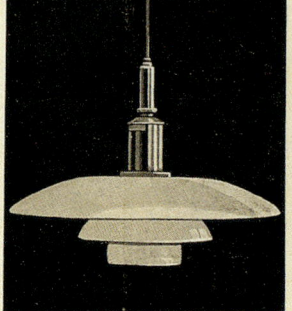
PH-Hängeleuchte, niedrig hängend, Modell 4/3 Rm 38.-, 5/3 Rm 47.-, 6/3 Rm 99.-

PH-Siebenschirm-Leuchte Rm 190.-

typo canis

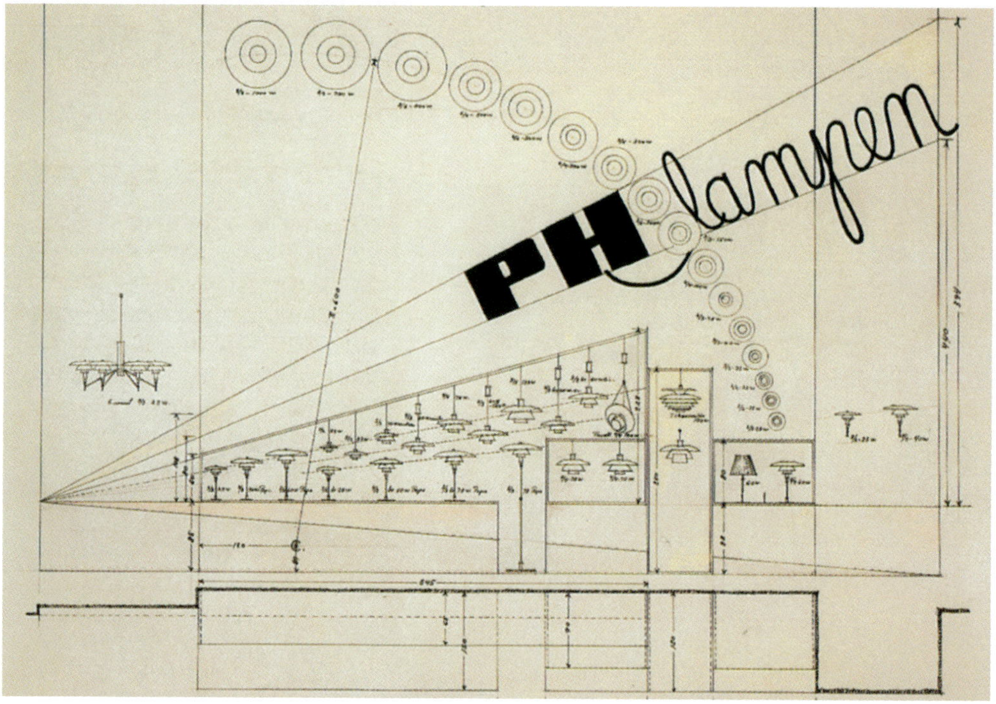

louis poulsen 312

Poul Henningsen, *PH*-Lampe *Louvre*, 1957

Unten links: Auf dem Umschlag des Louis-Poulsen-Katalogs von 1968 sind große *PH*-Spirallampen von Poul Henningsen zu sehen

Unten rechts: Poul Henningsen, Design für die *Type II A PH*-Hängeleuchte, 1924

Gegenüber: Louis-Poulsen-Werbung mit *PH*-Lampen und Ausblick auf die Firmenzentrale am Nyhavn-Kanal in Kopenhagen, 1960er Jahre

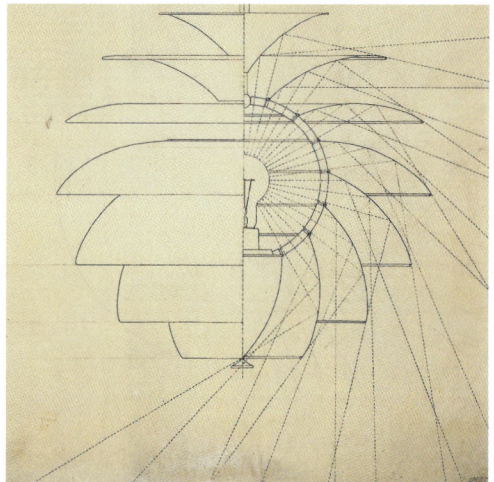

mit einer Goldmedaille ausgezeichnet. Im Jahr darauf entwarf Henningsen die berühmte Leuchtenserie *PH*, die bis heute produziert wird. Die *PH*-Lampen waren für ihre Zeit verblüffend avantgardistisch und fanden besonders bei Architekten und Innenausstattern großen Anklang. So verwendete sie **Alvar Aalto** zum Beispiel für die Einrichtung des von ihm geplanten Veranstaltungssaals im finnischen Turku. Diese Lampen, die „keinen Schatten warfen" und zum Zweck der optimalen Lichtstreuung mit drei Schirmen versehen waren, kamen in großen öffentlichen Gebäuden wie dem Kölner Bahnhof (1929) ebenso zum Einsatz wie in kleineren Privat- oder Geschäftsräumen. Bis 1931 waren weltweit 30 000 Stück der *PH*-Leuchten verkauft worden. Nach dem Zweiten Weltkrieg setzte die Firma Louis Poulsen ihren Erfolgskurs fort, indem sie durch die Gründung von internationalen Tochterunternehmen weiter expandierte und andere bekannte Designer wie **Arne Jacobsen**, King & Miranda und **Alfred Homann** für die Gestaltung ihrer Lampenkollektionen gewann. 1997 beschäftigte Louis Poulsen rund 1000 Mitarbeiter und verfügte über Niederlassungen in Deutschland, Schweden, Norwegen, Finnland, Großbritannien, Holland, Frankreich, der Schweiz, Australien, Japan und den USA. Seit den 2000er Jahren setzte das Unternehmen seine Expansion fort und produziert bis heute die einst revolutionären Entwürfe von Poul Henningsen, außerdem die Klassiker von Arne Jacobsen und **Verner Panton** sowie einige der innovativsten Innenraum- und Straßenleuchten, die es derzeit auf dem Markt gibt.

Schalen für
Holmegaard,
1942 und 1944

per lütken 1916 Kopenhagen – 1998 Kopenhagen, Dänemark

Der dänische Glasdesigner Per Lütken studierte Malerei und technisches Zeichnen an der Kunsthåndværkerskolen (Kunstgewerbeschule) in Kopenhagen. Nachdem er 1937 sein Studium abgeschlossen hatte, arbeitete er als freischaffender Designer und stellte seine Glasentwürfe erstmals auf der 1942 in Stockholm veranstalteten Ausstellung „Danske Kunsthåndværk" (Dänisches Kunsthandwerk) aus. Seine frühen Arbeiten aus farblosem Glas zeichneten sich durch schlichte und klassische Formen aus. Lütken übernahm 1946 als Nachfolger von **Jacob Bang** die künstlerische Leitung bei **Holmegaard** und bei den Kastrup-Glaswerken, wobei er zunächst die klassischmoderne Ästhetik seines Vorgängers weiterführte. Doch nachdem er während einer Studienreise nach Italien die Ausstellung der X. Mailänder Triennale von 1954 gesehen hatte, schlug Lütken in beiden Unternehmen eine neue ästhetische Richtung ein. Fortan schuf er Entwürfe, die sich durch sanfte Farben und frei fließende Formen auszeichneten. In dieser Zeit entstanden etwa seine bekannten Schalen *Provence* (ca. 1956), die Vasen *Beak* (1951) und der Krug *Martini* (1957), die heute als Inbegriff der sanft geschwungenen, organischen Formen des skandinavischen Designs der Nachkriegsjahre gelten. Während der frühen 1960er Jahre experimentierte Lütken mit der Verbindung von transparentem und gefärbtem Glas, woraus sich dramatisch wirbelnde Farbkombinationen ergaben. 1969 führte er seine innovativen Glaswaren *Lava* ein. Das bei ihrer Fertigung in nasse Tonformen geblasene Glas behielt die Unreinheiten bei, wodurch eine Glasur mit rauer Oberfläche entstand, die damals gerade in Mode war. In den 1970er Jahren wurde Lütkens Arbeit zusehends experimenteller, wofür seine bunt gefärbte, eiförmige Glasskulptur *Form* (1970) ein anschauliches Beispiel ist. Die 1978 vorgestellte Serie *Vintergæk* hob sich durch die Kombination von durchsichtigem Glas mit Farbflecken aus grünem und weißem Opalglas hervor. Lütken sagte über die Glasbläserei, dass sie „eine enge, vertraute und anregende Zusammenarbeit zwischen Gestalter und Glasbläser" erfordere. Und er war überzeugt: „Je mehr uns das fertige Glasobjekt über diesen gemeinsamen Prozess erzählt und durch die Lebhaftigkeit seiner Form davon Zeugnis gibt, desto besser." Während seiner langen Laufbahn bei Holmegaard verlieh Lütken der Ästhetik der Glasprodukte eine neue Definition und schuf eine Reihe einzigartiger, experimenteller Objekte, die großen Einfluss auf die für eine Serienproduktion konzipierten Entwürfe hatten. Dieser an der praktischen Erfahrung orientierte Ansatz ist ausgesprochen skandinavisch, und so spielen auch heute noch innovative, im Studio handgefertigte Einzelstücke eine wesentliche Rolle bei der Gestaltung von Artikeln, die in großen Stückzahlen hergestellt werden.

Oben: Flache Schale *Selandia*, Vase *Beak* und selbst geblasene Schüssel für Holmegaard, 1952, 1950 und 1955

Vasen *Menuet* für Holmegaard, 1956. Die sanft geschwungene Formgebung offenbart nicht nur eine natürliche Sensibilität im Umgang mit dem Material, sondern verkörpert auch das im skandinavischen Design häufig anzutreffende Gestaltungskonzept von „lebendigem Glas".

Röda Åttan (Rote Acht) handgewebter Wollteppich, 1928

Gegenüber:
Rutmattan (Karierter Teppich) handgewebter Wolle-auf-Leinen-Teppichläufer, 1931

Märta Måås-Fjetterström

1873 Kimstad – 1941 Båstad, Schweden

Märta Määs-Fjetterström hat mit ihren modernen Entwürfen nicht nur die Weberei in Schweden wiederbelebt, sondern auch eine Textilwerkstatt gegründet, die bis heute in Betrieb ist. Als Vikarsstochter züchtete sie als Kind gerne Blumen im Garten des Pfarrhauses – ein Interesse, das ihre späteren Textilien inspirierte. Sie studierte an der Tekniska skolan (später Konstfack) in Stockholm und wollte ursprünglich Illustratorin und Zeichenlehrerin werden. Nach ihrem Studium fügte sie ihrem Nachnamen das „Måås-" hinzu und wurde 1905 Direktorin des Kunsthandwerksverbands des Bezirks Malmöhus. Sie wurde jedoch aus dieser Position entlassen, weil ein Wandteppich, den sie 1919 auf der Stockholmer Industriekunstausstellung Konstindustriutställningen zeigte, als zu radikal angesehen wurde. Anschließend wurde sie Leiterin einer neuen Webereischule in Vittsjö, die der Textilkünstlerin Lilli Zickerman angegliedert war. Hier entwickelte sie neue Webtechniken und fertigte ihre eigenen unverwechselbaren Muster an. 1914 stellte sie ihre Arbeiten auf der Baltischen Ausstellung in Malmö aus, woraufhin Ludvig Nobel – der Neffe des Chemikers und Philanthropen Alfred Nobel – sie bat, Textilien für sein Hotel Skånegården in Båstad zu entwerfen und sie einlud, dort eine Werkstatt zu eröffnen. Dieses Unternehmen wuchs so stark, dass es über 20 Kunstweberinnen beschäftigte, die Måås-Fjetterströms Entwürfe für Knüpfteppiche und Andrölakan (Flachgewebe), Wandbehänge und Wandteppiche ausführten. Ihre Entwürfe wurden auf der Stockholmer Ausstellung (1930) und der Liljevalchs-Ausstellung (1934) gezeigt, wo sie von der Kritik gelobt wurden. Im Laufe ihres beruflichen Werdegangs schuf sie über 700 Textilentwürfe, doch starb sie leider auf dem Höhepunkt ihrer Karriere wegen chirurgischer Komplikationen. Carl Malmsten gelang es, die Werkstatt mit Hilfe von Erik Wettergren (Direktor des Nationalmuseums), König Gustaf V. und Kronprinz Gustaf Adolf von Schweden zu retten. Die Werkstatt produzierte weiterhin ihre Entwürfe sowie die anderer talentierter Künstlerinnen, darunter **Barbro Nilsson**, die als künstlerische Leiterin auf Måås-Fjetterströms bemerkenswertem Design- und Gestaltungserbe aufbaute.

Teakholzschrank,
Nordisk Staal &
Møbel Central,
ca. 1945 –
Arnold Madsen
zugeschrieben

Gegenüber:
Sessel *Clam*,
Nordisk Staal &
Møbel Central,
1944

arnold madsen   1907 Dänemark – 1989 Dänemark

In den letzten zwei Jahrzehnten nahm das Interesse an nordischem Design unter Sammlern zu, was dazu führte, dass zahlreiche „wiederentdeckte" Entwürfe einen hohen Sammlerwert haben. Einer der berühmtesten ist der unverwechselbare Sessel *Clam*, der in den 1950er Jahren in Massenproduktion hergestellt wurde. Ursprünglich wurde sein Entwurf dem dänischen Designer Viggo Boesen zugeschrieben. Um die Verwirrung dann noch zu vergrößern, schrieb das Nasjonalmuseet (Nationales Kunstmuseum) in Norwegen den Sessel einem norwegischen Designer namens Martin Olsen zu. Vor diesem Hintergrund begann der Sessel *Clam* Anfang der 2010er Jahre auf dem internationalen Auktionsmarkt hohe Wellen zu schlagen, als wohlhabende Norweger miteinander um den Erwerb einer dieser „einheimischen Design-Ikonen" wetteiferten. Ein solcher Kunde meldete jedoch 2013 Zweifel an der Zuschreibung an, was das Auktionshaus Bruun Rasmussen dazu veranlasste, eine gründliche Untersuchung über die Herkunft des Entwurfs durchzuführen. Schließlich stellte sich heraus, dass die Lizenz für die Herstellung des Designs an Vik & Blindheim mit Sitz im norwegischen Sykkylven vergeben worden war, und durch diese Verbindung wurde der Stuhl in den 1950er Jahren in Norwegen populär. Die Experten von Bruun Rasmussen schrieben den Entwurf des Sessels später nach Gesprächen mit einigen seiner Freunde dem dänischen Architekten Philip Arctander zu. Doch damit ist die Geschichte noch nicht zu Ende, denn weitere Nachforschungen ergaben, dass die gestohlene „Muschel" in Wirklichkeit von einem anderen dänischen Designer, Arnold Madsen, entworfen worden war, was nicht nur von Madsens Tochter und seinem ehemaligen Geschäftspartner, sondern auch von dem norwegischen Handelsvertreter, Old Christian Hassing, bestätigt wurde. Tatsächlich handelte es sich um eine spätere Version von Madsens ursprünglichem *Clam*-Stuhl, der von Schubell ausgeführt und von Nordisk Staal & Møbel Central sowie von Vik & Blindheim hergestellt worden war. Dennoch bleibt Arnold Madsen ein wenig rätselhaft, während sein Stuhl *Clam* dank seiner ikonischen organischen Form bei Sammlern nach wie vor sehr begehrt ist.

Wasserkessel
Modell Nr. 140 für
Stelton, 1988

Gegenüber:
Thermoskanne
Thermal (Farbe
950 – Orange) für
Stelton, 1976

erik magnussen

1940 Kopenhagen –
2014 Charlottenlund, Dänemark

Erik Magnussen schloss 1960 seine Ausbildung zum Keramiker an der Kunsthåndværkerskolen (Kunstgewerbeschule) in Kopenhagen ab und arbeitete ab 1962 als Designer für die Porzellanmanufaktur **Bing & Grøndahl**, für die er Tafelgeschirr mit schlichten, geometrischen Formen entwarf, darunter eine Teekanne aus Steingut mit integriertem Teesieb (1963) und das stapelbare Service *Form 25* der *Termo*-Serie (1965). Magnussen versteht es hervorragend, die künstlerische Gestaltung seiner Entwürfe mit einem ausgeprägten technischen Verständnis für die Anforderungen der Industrieproduktion zu kombinieren. Er wurde 1967 mit dem Lunning-Preis ausgezeichnet. Mit dem für Torben Ørskov & Co. entworfenen funktionalen Klappstuhl *Z* (1968) aus Stahlrohr mit Segeltuchbespannung bewies er zudem seine Vielseitigkeit in verschiedenen Produktkategorien. 1969 entwarf er für Bing & Grøndahl eine innovative Teekanne, deren Griff in den Corpus integriert war, und um 1970 gestaltete er zusammen mit Per Kragh-Müller eine Serie von Schulmöbeln, darunter einen Stapelstuhl, dessen Rahmen aus nur einem Stahlrohr bestand, auf den ein elliptisch geformter Sitz aus Formsperrholz und die Rückenlehne montiert waren. Diese Formgebung erinnerte in ihrer außerordentlichen Rationalität an **Poul Henningsens** *Schlangenstuhl* (1932). Ab 1976 arbeitete Magnussen auch für **Stelton**, für die er eine Reihe bekannter Produkte schuf, insbesondere die ebenso elegante wie praktische Isolierkanne *Thermal* (1976). Diese Thermoskanne, die **Arne Jacobsens** berühmte *Cylinda*-Reihe (1967) ergänzen sollte und zum Bestseller wurde, ist exemplarisch für Magnussens Gestaltungsprinzipien. Ab 1978 entwarf Magnussen außerdem für **Georg Jensen**, wobei die Silberschmiede auch eine silberne Version seiner Thermoskanne produzierte. In den 1980er und 1990er Jahren entwickelte er u. a. die Kerosinlampe *Modell Nr. 301* für Harlang & Dreyer (1988), eine Uhr mit Barometer für Georg Christensen sowie einen Tisch und einen wiederum aus einem einzigen gebogenen Stahlrohr konstruierten Stuhl für Paustian (1989). Magnussen war ein Designer, der bis ins Detail um Perfektion bemüht war und dessen Arbeit – insbesondere die für die Massenproduktion konzipierten Gebrauchsgegenstände – beispielhaft für die hohe Produktintegrität des dänischen Designs war.

Salatschüsseln
und Salatbesteck
für Stelton, 1986

Gegenüber:
Klappstuhl Z für
Torben Ørskov,
1968

Sessel *Inka* für Nyvirki Ltd., 1963

Gegenüber: Sessel *Apollo* für Kristján Siggeirsson, 1967

gunnar magnússon 1933 Ólafsfjördur, Island

Gunnar Magnússon, einer der führenden isländischen Möbeldesigner, erlernte bis 1955 das Schreinerhandwerk am Reykjaviker Polytechnikum und arbeitete bis 1959 als Tischler in Reykjavik und Kopenhagen, ehe er an der Kopenhagener Skolen for Brugskunst (Schule für Gebrauchskunst) Möbeldesign und Innenarchitektur studierte. Nach seinem Abschluss 1963 begann Magnússon, für eine Reihe von Herstellern und Architekten in Kopenhagen Möbel zu entwerfen, und entwickelte noch im selben Jahr den Polstersessel *Inka* aus Fichtenholz, der durch seine sichtbaren Konstruktionselemente und eckige Formgebung eine für das isländische Design charakteristische Klarheit und Zweckmäßigkeit ausstrahlte. Aufgrund seiner kompromisslosen geometrischen Formen erwies sich dieses Design außerdem als Vorwegnahme der rationalen Formen, die in Skandinavien in den 1970er Jahren zum Trend werden sollten. In den frühen 1960er Jahren erhielt Magnússon für seine noch während der Studienzeit entworfenen Tische und Stühle von 1962 zahlreiche Auszeichnungen. Mit seiner Schlafzimmereinrichtung, einem wegen seiner starken geometrischen Formen bemerkenswerten Entwurf, belegte er beim ersten „International Furniture Design Competition" des englischen „Daily Mirror" den vierten Platz. 1964 kehrte Magnússon nach Reykjavik zurück und richtete ein Büro ein, das sich auf das Design von Möbeln und die Planung von Innenausstattungen für Büros, Banken und Wohnungen sowie Schiffe und Flugzeuge spezialisierte. 1967 entwarf er den Formsperrholzstuhl *Apollo,* zu dem ihn die Stufen der bei den Apollo-Weltraummissionen der NASA eingesetzten Trägerrakete Saturn V inspiriert hatten. Seine Formgebung beruhte auf dem Konstruktionskonzept der Verbindung eines zentralen Punkts und zweier Kurven. Als führender isländischer Designer der 1970er Jahre erhielt Magnússon 1974 den Auftrag, den Schachtisch für die in Reykjavik abgehaltene Weltmeisterschaft zu entwerfen, an dem das legendäre Spiel zwischen Bobby Fischer und Boris Spasski ausgetragen wurde. Magnússons Möbelentwürfe, in denen sich die isländische Vorliebe für elementare Konstruktionen und funktionale Klarheit widerspiegelt, waren auf zahlreichen Designausstellungen im In- und Ausland zu sehen, unter anderem auch auf den renommierten Schauen der Kopenhagener Kunsttischlergilde.

Silberbrosche
Schmetterling
Modell Nr. 283
für Georg Jensen,
1942

arno malinowski

1899 Kopenhagen –
1976 Kopenhagen, Dänemark

Der Bildhauer und Designer Arno Malinowski ging von 1914 bis 1919 bei dem dänischen Hofgraveur S. Lindahl in die Lehre und studierte anschließend bis 1922 an der Kongelige Danske Kunstakademi (Königliche Dänische Kunstakademie). Von 1921 bis 1935 entwarf er im Auftrag der Porzellanfabrik **Royal Copenhagen** eine Reihe von Keramikobjekten, darunter eine Serie spärlich bekleideter Porzellanfigurinen mit orientalischen Blanc-de-chine-Glasuren. Seine Figuren, wie die bemerkenswert zart modellierten *De fem verdensdele* (Die fünf Kontinente), *Islandsk pige* (Islandmädchen) und *Bruden* (Die Braut), wurden in limitierter Auflage hergestellt. 1925 entwarf er das Dekor für ein von Christian Joachim gestaltetes neoklassizistisches Service, das er im Stil des Art déco mit gemalten und vergoldeten Tiermotiven wie einem springenden Widder und einem reiherähnlichen Vogel verzierte. Dieses Service wurde auf der Pariser „Exposition Internationale des Arts Décoratifs et Industriels Modernes" von 1925 mit einer Silbermedaille ausgezeichnet. Malinowski gestaltete für Royal Copenhagen auch Steingutwaren, die auf abstrahierten Naturformen beruhten und deren Robustheit in völligem Gegensatz zu der Zartheit seiner Porzellangestaltungen stand. 1933 erhielt er die begehrte Eckersberg-Medaille, und drei Jahre später begann er mit seiner Tätigkeit für **Georg Jensen**. Malinowskis durchbrochene Silberbroschen *Faun* und *Schmetterling* (1942) waren ein Höhepunkt nicht nur der ausgeprägten Linearität und grafischen Qualität seiner eigenen Arbeit, sondern auch des Art déco im Allgemeinen. Zudem entwarf Malinowski zu Ehren des 70. Geburtstags von König Christian X. im Jahr 1940 das emaillierte Silberemblem *Kongemærke* (Königszeichen), das im Zweiten Weltkrieg von vielen Dänen als Zeichen ihres Widerstands gegen die deutsche Besatzung getragen wurde. Form und Dekoration der Arbeiten von Malinowski zeugten vom großen Einfluss der Moderne auf das skandinavische Design der 1920er Jahre, während die brillante Ausführung seiner Entwürfe, ob nun aus Porzellan, Steingut oder Silber, sein überragendes handwerkliches Können und den meisterhaften Umgang mit den Materialien unter Beweis stellte.

Christian Joachim & Arno Malinowski, Terrine für Royal Copenhagen, 1925. In Form und Dekor dieses Objekts spiegelt sich der starke Einfluss des Art déco auf das dänische Design Mitte der 1920er Jahre wider. Das Design gewann einen Hauptpreis auf der Pariser „Exposition International des Arts Décoratifs et Industriels Modernes" von 1925. Seine Formgebung stammte von Christian Joachim, während sein Dekor von Arno Malinowski entworfen wurde.

Stuhl aus Walnussholz, hergestellt in der Stockholmer Werkstatt von Carl Malmsten, 1915. Mit diesem Design gewann Malmsten den Wettbewerb für die Innenausstattung des Stockholmer Rathauses, womit er seine bedeutende Stellung im schwedischen Möbeldesign begründete.

Gegenüber: Entwurf für Stühle und einen Schreibtisch, ca. 1912

Gegenüber unten: Esstisch und Stühle, 1943. Diese aus schwedischer Kiefer gefertigte Garnitur sollte zeigen, dass einheimisches Holz anstelle von Mahagoni, Eiche und anderen Harthölzern verwendet werden konnte, die im Zweiten Weltkrieg immer teurer wurden.

carl malmsten 1888 Stockholm – 1972 Öland, Schweden

Der Möbeldesigner Carl Malmsten absolvierte bis 1908 eine Ausbildung am Påhlmann-Handelsinstitut und an Stockholms Högskolan (Universität) und studierte im Jahr 1910 Volkswirtschaftslehre in Lund. Danach ging er bis 1912 bei dem Möbeltischler Per Jönsson in die Lehre, und von 1912 bis 1915 ließ er sich von dem Architekten Carl Bergsten in Architektur und Kunsthandwerk ausbilden. 1916 machte sich Malmsten mit einem eigenen Studio in Stockholm selbstständig und arbeitete von da an als freischaffender Möbeldesigner und Innenarchitekt. Als er noch im selben Jahr am Wettbewerb für die Ausstattung des Stockholmer Rathauses teilnahm, gewann er den ersten und den zweiten Preis. 1917 waren seine Möbelentwürfe auf der Ausstellung des Blanchs Konstsalon in Stockholm zu sehen. In den späten 1910er und 1920er Jahren galt Malmsten als einer der führenden Vertreter der schwedischen Designavantgarde. Seine Gestaltungen waren in erster Linie moderne Überarbeitungen traditioneller Formen und zeichneten sich durch ihre funktionale

Schlichtheit und formale Klarheit aus. Er war zwar von der Notwendigkeit eines modernen Designansatzes überzeugt, vertrat aber zugleich die Ansicht, dass man die kulturellen Wurzeln der schwedischen Volkskunst nicht verleugnen dürfe, da sie den Produkten Wärme und Charakter verliehen. Und wenn er auch mit dem sachlichen Stil seiner Möbel die Moderne bereits vorwegnahm, so lehnte Malmsten den starren und abweisenden Modernismus der Bauwerke und Interieurs ab, die er auf der Stockholm-Ausstellung von 1930 sah. Er sagte dazu: „Mäßigung ist von Dauer. Extremismus verliert irgendwann seinen Reiz … und davon abgesehen, gibt es immer Raum für eine Mischform und jeden nur denkbaren Grad an Variation aus beidem." Als er im Jahr der Stockholm-Ausstellung die Carl Malmstens Verkstadsskola (Carl Malmsten-Kunsthandwerksschule) gründete, tat er dies wohl auch in der Absicht, Designern wie **Erik Gunnar Asplund** und dem von ihnen propagierten puren Funktionalismus etwas entgegenzusetzen. Neben der Arbeit als Designer und Lehrer führte er die Geschäfte seiner beiden Unternehmen, der Firma Carl Malmsten (ab 1933) und der Carl Malmsten AB (ab 1944). Malmsten trat zeit seines Lebens für einen auf den Menschen konzentrierten Designansatz ein und entwarf noch während der späten 1960er und frühen 1970er Jahre gemeinsam mit seinem Sohn Vidar eine Möbelserie, die auf die Bedürfnisse älterer Menschen zugeschnitten war. Dazu gehörte ein Stuhl mit höhenverstellbarem Sitz, gerader Rückenlehne und nach oben gebogenen Armlehnen, der seinen Benutzern das Sitzen und Aufstehen erleichterte. Malmsten, der traditionelle europäische Stile mit typischen Merkmalen der schwedischen Volkskunst zu einer schlichten, funktionalistischen Formgebung verschmolz, legte zugleich großen Wert auf eine hohe Fertigungsqualität, elegante Proportionen und Zweckmäßigkeit. Darin entwickelte er ein Idiom, das die Grundlage der modernen schwedischen Designsprache bilden sollte und auf spätere schwedische Designer wie **Bruno Mathsson** wesentlichen Einfluss ausübte.

Marimekko-Geschäft in Helsinki, Kalevankatu 4, Anfang der 1960er Jahre

marimekko *gegründet 1951 Helsinki, Finnland*

Die Ursprünge des berühmten finnischen Textilunternehmens Marimekko gehen auf die Textilfirma Printex zurück, die 1949 von Viljo Ratia (1911–2006) als Reaktion auf den dringenden Bedarf an Kleidung gegründet wurde, der in den Nachkriegsjahren in Finnland herrschte. Ratias Frau Armi (1912–1979), die an der Ateneum-Kunstschule studiert hatte, wollte Textilien herstellen, die sich von den damals erhältlichen eher langweiligen, mit Blumenmustern bedruckten Stoffen abheben sollten. Armi entwarf zunächst mehrere Muster selbst, die sich auch relativ gut verkauften. Aber da sie sich nicht als Designerin sah, machte sie sich auf die Suche nach jemandem, der diese Funktion übernehmen sollte. Sie wandte sich an ihren langjährigen Freund Arttu Brummer (1891–1951), den damaligen Rektor der Ateneum-Kunstschule, der ihr die junge Textildesignerin **Maija Isola** empfahl. So kam es, dass Isola zur Chefdesignerin der Firma Printex ernannt wurde, wo sie gleich zu Beginn eine Reihe abstrakter Muster entwarf, die im Siebdruckverfahren auf preiswerte Baumwollstoffe gedruckt wurden. Im Mai 1951 gründeten Armi und Viljo Ratia die Firma Marimekko. Der Name bedeutet wörtlich „Maris Kleid" und im übertragenen Sinne „einfache Alltagskleidung ohne Firlefanz". Marimekko sollte die Vermarktung der Möbel- und Bekleidungsstoffe von Printex übernehmen, denn es hatte sich herausgestellt, dass die Leute die Textilien der Firma zwar mochten, aber „nicht so recht wussten, wofür sie sie verwenden sollten". Im offiziellen Eintrag des Handelsregisters stand zu lesen: „Zweck der (neuen) Firma ist es, Kleider und Kleidungsaccessoires aller Art zu erzeugen sowie diese im Groß- und Einzelhandel bzw. als Maßanfertigung zu verkaufen, zu importieren und zu exportieren." Als im Frühjahr 1951 die erste Kollektion von Marimekko, eine für ihre Zeit ungewöhnlich fröhliche und bunte Mode, präsentiert wurde, war das Echo zwar groß, der finanzielle Erfolg blieb jedoch aus. Es sollte noch schlimmer kommen, denn ein paar Jahre später musste das Mutterhaus Printex Konkurs anmelden. Trotz des großen Interesses an den Erzeugnissen musste Marimekko zunächst noch schwer kämpfen, wollte die Firma über Wasser bleiben. Eine Wende zeichnete sich ab, als 1953 Vuokko Eskolin-Nurmesniemi zum Designteam von Marimekko stieß und bald darauf eine Designpolitik der „Antimode" einleitete. Nurmesniemi, die Trends setzte, anstatt ihnen zu folgen, verwirklichte bei der Gestaltung ihrer legendären Kleiderentwürfe ihre Überzeugung vom Primat der Form und deren Verhältnis zum Material. Die Schnitte ihrer Kleider waren

Maija Isola, Stoff *Melooni* (Melone) für Marimekko, 1963

Unten: Fujiwo Ishimoto, Stoff *Korsi,* 1989. Dieses Design ist von Annika Rimalas fröhlich gestreiftem Stoff *Tasaraita* inspiriert, der während der späten 1960er und frühen 1970er Jahre zu einem Synonym für den Namen Marimekko wurde.

ebenso kühn und elementar wie ihre Stoffe. Ähnlich progressiv war das Markenimage, das Marimekko vermittelte – die Models in der Marimekko-Werbung wirkten ausgesprochen natürlich, während die Kleider „in den Hintergrund zu treten schienen". Die Firma war jedoch erst 1955 in der Lage, eigene Nähmaschinen zu kaufen und so endlich auch finanziell die Wende zu schaffen. Der internationale Ruf Marimekkos wurde 1958 begründet, als sich die Firma auf der Brüsseler Weltausstellung präsentierte. Diese Ausstellung führte zu einer Reihe von Ausfuhrverträgen wie etwa mit Benjamin Thompson, der 1959 mit dem Import von Marimekko-Kleidung in die Vereinigten Staaten begann. Während der Präsidentschaftskampagne im darauffolgenden Jahr erwarb Jacqueline Kennedy sieben Kleider in Thompsons Geschäft auf Cape Cod, was der Firma eine beträchtliche Publicity einbrachte. Viljo Ratia erinnerte sich: „Jacqueline wurde häufig wegen ihrer teuren Pariser Modelle kritisiert. Die Presseabteilung der Kennedys war also erfreut, als sie der Öffentlichkeit berichten konnte, dass Mrs Kennedy soeben ein paar preiswerte finnische Baumwollkleider gekauft hatte." Durch die Verwendung von 100 Prozent Baumwolle anstelle des neuen Wundermaterials Nylon erteilte Marimekko dem damaligen Trend eine deutliche Absage. 1959 lernte Armi Ratia die Designerin Annika Rimala (1936–2014) kennen, die im Jahr darauf Vuokko Eskolin-Nurmesniemi – die ihre eigene Firma Vuokko Oy gründete – als künstlerische Leiterin von Marimekko nachfolgte. Rimalas frühe Textildesigns wie der Stoff *Hilla* (Schellbeere) waren mit ihren gedämpften Farben eher zurückhaltend, doch bald folgten ihnen kühnere und buntere Stoffe, die eine auffallende, jugendliche Ausstrahlung besaßen. Auch der schlichte, schicke und zugleich legere Kleidungsstil, den Rimala bei Marimekko einführte, darunter die eher kuriosen, im Rücken gerüschten Latzhosen *Ryppypeppu* (1965), waren ähnlich unkonventionell. Da die Marimekko-Mode vor allem bei Frauen in kreativen Berufen gut ankam, wurde sie von dem einflussreichen amerikanischen Modemagazin „Women's Wear Daily" als „Uniform der Intellektuellen" beschrieben. Als die Swinging Sixties allmählich von den ernsthafteren und konformistischeren 1970er Jahren abgelöst wurden, präsentierte Rimala 1969 ihre vielseitige Kollektion *Tasaraita*. Diese aus den zu ihrem Markenzeichen gewordenen gleichmäßig gestreiften Trikotstoffen gefertigte Bekleidungsserie bestand aus T-Shirts, Nachthemden, Unterwäsche und Hemden und sollte die immer populärer werdende Jeansmode

Annika Rimala, Stoff *Petrooli*, 1965

Unten: Titelseite einer Zeitschrift mit einem von Annika Rimala entworfenen Marimekko-Kleid, Januar 1964

ergänzen. Die pflegeleichten und saloppen Teile der *Tasaraita*-Kollektion mit ihrem einfachen blau-weißen oder rot-weißen Streifenmuster wurden sofort zum Verkaufsschlager und waren in gewisser Weise ein Spiegel der farbenfrohen und dennoch nüchternen Schlichtheit des aufkommenden Hightechstils, dem in Skandinavien Designer wie **Johan Huldt** und **Jan Dranger** den Weg bereiteten. Seit Mitte der 1960er Jahre fertigt Marimekko auch die innovativen Textilien und Kreationen anderer Designer, wie etwa Liisa Suvanto (1910–1983), Fujiwo Ishimoto (geb. 1941), Katsuji Wakisaka (geb. 1944), Pentti Rinta (geb. 1946), Marja Suna (1934–2022), Ristomatti Ratia (geb. 1941), Albert Turick (geb. 1953) und jüngst auch Antti Eklund (geb. 1960). Nach Armi Ratias Tod im Jahr 1979 wurde Marimekko zwar verkauft, doch das Motto der Unternehmensgründerin, wonach „man anders sein muss", wird bis heute in Ehren gehalten – schließlich hat es sich für die Firma seit über 70 Jahren bewährt. Mit bahnbrechenden Textilien und Modedesigns verhalf Marimekko dem finnischen Design nicht nur zu einem breiteren, internationalen Publikum, die Firma trug auch entscheidend zur Definition mancher ihrer wichtigsten Attribute bei: kühne Entwürfe, kräftige Farben und innovative Formen.

Gegenüber: Verschiedene Kleiderentwürfe von Annika Rimala für Marimekko – im Uhrzeigersinn von oben links: *Chickweed* (aus dem Stoff *Buckwheat* – gemeinsam mit Oiva Toikka entworfen), 1961; *Plinth* (aus dem Stoff *Hatch*), 1963; *Zirkus* (aus dem Stoff *Petrooli*), 1963; *Glitter* (aus dem Stoff *Packet*), 1965; *Outfitter* (aus dem Stoff *Big Square*), 1965; *Line Sign* (aus dem 1954 von Vuokko Eskolin-Nurmesniemi entworfenen Stoff *Galerie*), 1965; *Balkon* (aus dem Stoff *Garten*), 1963; *Lupin* (aus dem Stoff *Garten*), 1963; *Seaweed* (aus dem Stoff *Oasis*), 1966

Schreibtisch
für Nordiska
Kompaniet, 1930

sven markelius 1889 Stockholm – 1972 Stockholm, Schweden

Der schwedische Architekt und Designer Sven Markelius studierte von 1909 bis 1913 an der Kungliga Tekniska Högskolan (Königliche Technische Hochschule) in Stockholm und daran anschließend bis 1915 an der Kungliga Akademien för de fria Konstrena (Königliche Akademie der bildenden Künste). Nach seinem Studienabschluss absolvierte er eine Lehre im Architekturbüro von Ragnar Östberg (1866–1945), wo er an der Gestaltung der Fassade des Stockholmer Rathauses mitarbeitete. Markelius' Formensprache war anfangs von der Romantik und später vom Neoklassizismus inspiriert. Erst nachdem er die Architektur von Le Corbusier (1887–1965) und die Ideen der Bauhaus-Gruppe kennengelernt hatte, fand er zur Moderne. Für die Stockholm-Ausstellung von 1930 entwarf er Ausstellungsgebäude und eine Inneneinrichtung, zu der ein innovativer, orange lackierter Schreibtisch aus Buchenholz und Linoleum (1930) gehörte, der von Nordiska Kompaniet hergestellt wurde. Ebenfalls für die Stockholm-Ausstellung gestaltete er einen Klubsessel, der sich durch seine avantgardistische, wellenförmig organische Form auszeichnete. 1932 gestaltete er das Konzerthaus von Helsingborg und entwarf speziell dafür funktionalistische Stapelstühle. Internationale Anerkennung brachte ihm der Schwedische Pavillon auf der New Yorker Weltausstellung von 1939. Von 1938 bis 1944 gehörte er der Stockholmer Bauverwaltung an. Nach dem Zweiten Weltkrieg wurde er in die Bauplanungskommission der Vereinten Nationen gewählt und war Mitglied des Kunst- und Baukomitees der UNESCO. Von 1944 bis 1954 leitete Markelius das Stockholmer Planungsbüro und entwarf einen Stadtentwicklungsplan, der auch Vorortgemeinden einbezog. Im Lauf seiner Karriere realisierte Markelius zahlreiche Architekturprojekte in Schweden, darunter die Zentrale der Bauarbeitergewerkschaft und das Folkets Hus (Kongresszentrum „Haus des Volkes") in Stockholm, und er arbeitete an der Gestaltung und Planung des UN-Gebäudes in New York mit. Daneben entwarf Markelius in den 1950er Jahren gemeinsam mit Astrid Sampe eine Kollektion bedruckter Stoffe für die Nordiska Kompaniet, die von Knoll vertrieben wurden. Sein Stoff *Pythagoras* (1952) zeugte von seiner anhaltenden Vorliebe für kraftvolle, geometrische Formen. Markelius brachte als bedeutender Verfechter eines zeitgemäßen, neuen Designs den weniger dogmatischen skandinavischen Umgang mit der Moderne beispielhaft zum Ausdruck: Auch wenn seine Holzmöbel schlicht und unverziert waren, entsprachen sie nie der funktionalistischen Maschinenästhetik des Bauhaus-Stils, sondern waren stets im Sinne einer humanistischeren Designsprache konzipiert.

Oben: Wohnzimmereinrichtung für Nordiska Kompaniet, die auf der Stockholm-Ausstellung von 1930 gezeigt wurde. Diese legendäre Ausstellung etablierte Markelius als einen der führenden Vertreter des schwedischen Funktionalismus – oder „Funkis" – der 1930er Jahre.

Stoff *Timmer* (Bauholz) für Nordiska Kompaniet, 1958

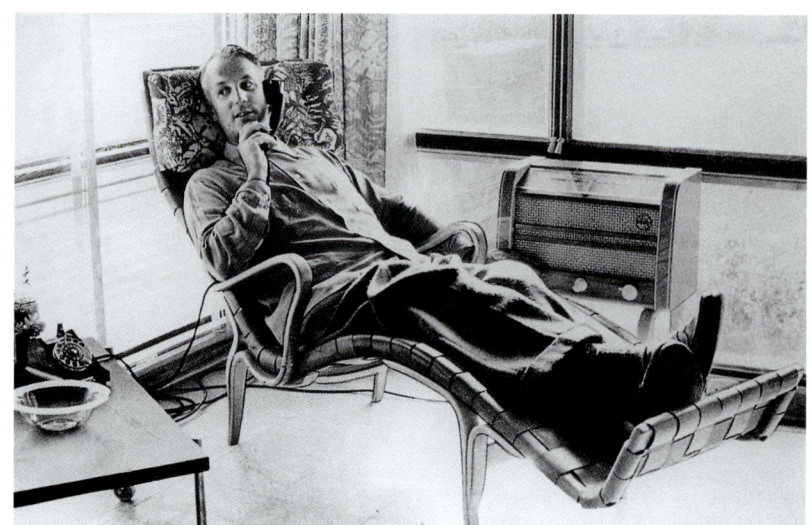

Bruno Mathsson
in seinem
Glashaus in
Värnamo, 1950

Gegenüber:
Klubsessel *Pernilla*
für Karl Mathsson,
ca. 1934

bruno mathsson
1907 Värnamo – 1988 Värnamo, Schweden

Bruno Mathsson, der neben **Carl Malmsten** und **Erik Gunnar Asplund** zu den großen Pionieren des schwedischen Möbeldesigns zählt, wurde in der Möbeltischlerei seines Vaters Karl Mathsson in Värnamo ausgebildet und entwarf ab 1933 hauptsächlich für den Familienbetrieb Einrichtungsgegenstände. Während der frühen 1930er Jahre war die schwedische Designszene von der Funkis-Bewegung und deren Vertretern wie **Axel Larsson** und **Sven Markelius** geprägt, die funktionalistische Holzmöbel mit ausgeprägt geometrischen Formen entwickelten. Im Gegensatz zu diesen vertrat Mathsson einen neuen Ansatz, indem er für Sitzmöbel mit sanft geschwungenen und organischen Formen plädierte, die dem menschlichen Körper und seiner natürlichen Sitzhaltung besser angepasst sein sollten. Daher entwickelte Mathsson seine Möbel nach ergonomischen Gesichtspunkten, wobei er zugunsten von mehr Flexibilität und Bequemlichkeit anstelle einer sperrigen Polsterung lieber geflochtene Gurte aus Jute oder Hanf verwendete. Der erste von Mathsson nach diesen Grundsätzen entworfene Stuhl war der in den Jahren 1933 bis 1936 entwickelte *Arbetsstol* (Arbeitsstuhl), der, abgesehen davon, dass er dem Sitzenden größeren Komfort bot, sowohl in ästhetischer wie auch philosophischer Hinsicht einen bedeutenden Generationswechsel im schwedischen Design vom geometrischen Funktionalismus hin zur organischen Moderne einleitete. Darüber hinaus stehen Mathssons Möbel für ein neues skulpturales Selbstvertrauen im skandinavischen Produktdesign, auch wenn dieses Merkmal heute eher mit dem dänischen und finnischen und weniger mit dem schwedischen Design der Nachkriegszeit in Verbindung gebracht wird. Es wird häufig übersehen, dass Mathssons ausgesprochen organischer *Arbetsstol* und seine Chaiselongue *Pernilla* (ca. 1934), welche beide aus einem gebogenen Rahmen aus Holzlaminat, gewebten Hanfgurten und Sitzrahmen aus Buchenholz gefertigt wurden, zeitlich vor **Alvar Aaltos** ähnlich konstruierter Chaiselongue *Modell Nr. 43* (1936) und dem Stuhl *Modell Nr. 406* (1936–1939) entstanden sind. Mathssons Entwürfe waren zwar weniger utilitaristisch als die von Aalto, dafür aber ergonomisch ausgefeilter und in gewisser Weise sogar fortschrittlicher. 1936 wurde Mathssons Arbeit vom Röhss-Museum für Design

und Kunsthandwerk in Göteborg mit einer Einzelausstellung gewürdigt, und ein Jahr später nahm er an der „Exposition Internationale des Arts et Techniques dans la Vie Moderne" in Paris teil. In der Zeit von 1945 bis 1957 konzentrierte er sich hauptsächlich auf die Architektur und entwarf mehrere einfache Bauten aus Glas, Holz und Beton, die als Ferienhäuser und Schulen genutzt wurden. 1957 übernahm er die Leitung der Firma Karl Mathsson und entwickelte ab 1958 gemeinsam mit dem Mathematiker und Designer Piet Hein Möbel, zu denen der Tisch *Superellipse* (1964) gehörte, der später von **Fritz Hansen** produziert wurde. Mathsson entwarf außerdem Einrichtungsgegenstände für die Firma DUX Industrier in Trelleborg, von denen besonders der Stuhl *Karin* (1968) zu nennen ist – ein Vorläufer des Hightechdesigns, der aus einem Stahlrohrrahmen und Sitzpolster sowie Rückenlehne aus Hanfleinen bestand. Mathsson erhielt 1955 die Gregor-Paulsson-Medaille, und seine Möbel wurden auf zahlreichen Einzelausstellungen sowie auf bedeutenden Gruppenausstellungen wie der New Yorker Weltausstellung von 1939, der „Svenska Form" (Schwedische Form) von 1946 in Kopenhagen, der Helsingborger „H55" von 1955, der Berliner „Interbau" von 1957 sowie der Pariser „Formes Scandinaves" von 1958 gezeigt. Während seiner gesamten Laufbahn widmete sich Mathsson der kontinuierlichen Verfeinerung idealer Möbelmodelle, wobei seine Gestaltungen stets auf den Prinzipien von konstruktionstechnischer Klarheit und auf den Menschen konzentrierter Logik beruhten. Die Tatsache, dass seine Stühle bis heute produziert werden, bestätigt im Grunde nur seine Überzeugung vom Erfolg dieser Werte. 1978 übernahm DUX Industrier die Firma Karl Mathsson und vertreibt bis heute deren klassische Kollektion, darunter den *Arbetsstol,* der nun unter dem Namen *Eva* verkauft wird.

Eva Stühle für Karl Mathsson, 1935

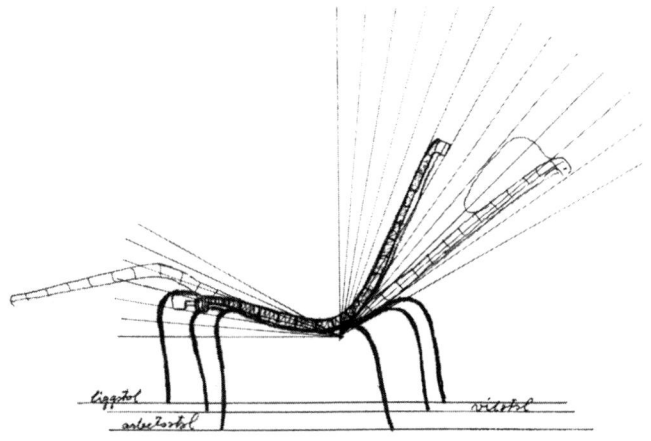

Oben: Wohnraum in Bruno Mathssons Sommerhaus in Frösakull, 1961

Entwurfsskizze von Bruno Mathsson, die die ergonomischen Profile von drei verschiedenen Bestuhlungsmodellen zeigt, Ende der 1930er/Anfang der 1940er Jahre

Steingutgeschirr *Blåkant* (Blauer Rand) für Royal Copenhagen, 1965. Das Service wurde mit einem dänischen ID-Preis ausgezeichnet.

grethe meyer 1918 Svendborg – 2008 Dänemark

Die dänische Architektin und Produktdesignerin Grethe Meyer studierte Architektur an der Kongelige Danske Kunstakademi (Königliche Dänische Kunstakademie) und arbeitete von 1944 bis 1955 als Mitherausgeberin an der mehrbändigen Publikation „Byggebogen" (Bau-Buch). Von 1955 bis 1960 war sie am staatlichen Bauforschungsinstitut tätig, wo sie mit Paul Kjærgaard und Bent Salicath Standardisierungen für das Wohnungs- und Produktdesign entwickelte. In dieser Zeit entwarf sie auch gemeinsam mit **Børge Mogensen** das Schranksystem *Boligens Byggeskabe* für C. Danel und das Möbelprogramm *Öresund* (1957) für Karl Andersson & Söner Möbelfabrik sowie zusammen mit Ibi Trier Mørch Stapelglaswaren (1959) für die Kastrup-Glaswerke. Ihr frühes Gebrauchsglas war von einer praktischen und formalen Schlichtheit, die sich aus ihrer Forschungstätigkeit im Bereich der Produktstandardisierung ableitete. Ab 1960 entwarf sie Tafelgeschirr für **Royal Copenhagen** und richtete noch im selben Jahr ihr eigenes Designstudio ein.

Obwohl sie sich in der Folge vor allem als Architektin betätigte, verdankt sie ihr internationales Ansehen ihren Glaswaren und Keramikdesigns, wobei ihr Steingutservice *Blåkant* (Blauer Rand, 1965) und die feuerfeste Serie *Ildpot* (Feuertopf, 1976) nicht nur ihr ausgeprägtes Verständnis für Form und Masse, sondern auch ihre genaue Kenntnis der industriellen Produktionsmethoden bewiesen. Mit dem Ziel, Dinge zu entwerfen, „die sich die Menschen leisten können", schuf Meyer schlichte Formen und wählte Materialien, die angenehm zu berühren sind – stets darum bemüht, ihre Entwürfe so funktional wie möglich zu gestalten. So waren zum Beispiel die Teile der *Ildpot*-Serie stapelbar, wodurch sie sich leichter verstauen ließen und Platz sparten, während ihre Größe den Dimensionen eines durchschnittlichen Küchenherds angepasst waren. Zudem widerstand das Material größten Temperaturunterschieden, so dass die Töpfe direkt aus dem Tiefkühlfach in den heißen Ofen geschoben werden konnten. Derart hochwertige Haushaltsprodukte stellten die materielle Umsetzung des in ganz Skandinavien verbreiteten „Häuslichkeitskults" dar und reflektierten Meyers Überzeugung, dass „man nur wenige Gegenstände von besserer Qualität kaufen sollte". Um 1982 entwarf sie für Royal

Copenhagen die Geschirrserie *Picnic,* deren überaus klare Formen jedoch von Ole Kortzau (geb. 1939) etwas beeinträchtigt wurden, als er sie mit bunten Fahrrädern, Wellen und gestreiften Sonnenschirmen verzierte. Als eine der führenden Designerinnen ihrer Zeit wurde Meyer 1965 mit dem Dänischen ID-Preis und 1973 mit dem Skandinavischen Industriedesignpreis ausgezeichnet. Meyers zweckmäßige Keramiken waren exemplarisch für ihre genaue Analyse der Gebrauchsmöglichkeiten und bewahrten trotz ihrer industriellen Massenfertigung eine menschliche Qualität, indem sie die für das skandinavische Design so charakteristische weiche und zugleich sparsame Ästhetik ausstrahlten.

Keramikserie
Ildpot (Feuertopf)
für Royal Copenhagen, 1976

Spanischer Stuhl Modell Nr. 2226 für Fredericia, 1959. Das Modell, das einen volkstümlichen Stuhl aus Spanien zum Vorbild hat, bezieht seinen besonderen Reiz aus den natürlichen Qualitäten des Materials.

børge mogensen

1914 Ålborg –
1972 Kopenhagen, Dänemark

Der Möbeldesigner Børge Mogensen studierte von 1936 bis 1938 an der Kunsthåndværkerskolan (Kunstgewerbeschule) in Kopenhagen und anschließend bis 1941 bei **Kaare Klint** an der Möbelschule der Kongelige Danske Kunstakademi (Königliche Dänische Kunstakademie). Unter Klints Anleitung befasste sich Mogensen mit der Übertragung der Formen sogenannter idealer Möbeltypen wie des englischen Windsor-Stuhls in eine moderne Formensprache. Klints bahnbrechende Studien der Anthropometrie – der systematischen Erfassung und Auswertung der menschlichen Körpermaße – hatten ebenfalls einen prägenden Einfluss auf Mogensens Arbeit. Im Jahr 1940 begann er, Möbelserien speziell für junge Leute zu entwerfen – ein damals völlig neuer Ansatz – und unter dem Markennamen „Hansens Dachstube" und später „Peters Zimmer" zu vermarkten. Von 1942 bis 1950 war Mogensen Leiter der Abteilung für Möbeldesign der Vereinigung der dänischen Großhandelskooperativen und entwarf in dieser Zeit praktische Alltagsmöbel. 1944 entwickelte er einen Lehnstuhl, der in der Tradition des englischen Windsor-Stuhls stand, sowie den schlichten und zugleich ausgeklügelten Stuhl *J-39 Shaker* aus Buchenholz, der von der Klarheit und Geradlinigkeit der amerikanischen Shaker-Möbel beeinflusst war. Dieser Stuhl bestand zum Teil aus standardisierten Bauteilen und war somit eines der ersten dänischen Möbel, das im Hinblick auf eine Massenfertigung konstruiert worden war. Ein Jahr später entwarf Mogensen sein bekanntes Sofa *Modell Nr. 1789,* das wiederum von traditionellen Vorläufermodellen inspiriert war. Von 1945 bis 1947 lehrte er als Klints Assistent an der Kongelige Danske Kunstakademi. 1950 eröffnete er sein eigenes Atelier und entwarf Möbel für Søborg Møbelfabrik, Fredericia Furniture und für Karl Andersson & Söner. Im Rahmen seiner gestalterischen Tätigkeit führte Mogensen ergonomische Studien durch, die in den gemeinsam mit **Grethe Meyer** entwickelten Möbelsystemen *Öresund* (1957) und *Boligens Byggeskabe* (1956) resultierten. Wie sein Mentor Kaare Klint verfolgte Mogensen einen Designansatz, der in der Überarbeitung traditioneller Möbelformen bestand, was am deutlichsten an seinem *Spanischen Stuhl* (1959) und dem Stuhl *Asserbo* (1964) zu erkennen ist. Seine Möbel zeichneten sich

durch die häufige Verwendung von hellem Buchenholz, maskuline Proportionen und das hervorragende handwerkliche Können aus, das er sich in der Zusammenarbeit mit zahlreichen dänischen Möbeltischlern, vor allem aber mit Erhard Rasmussen erworben hatte. Ab 1953 entwarf er zusammen mit **Lis Ahlmann** eine Reihe von Möbelstoffen für C. Olesen. In erster Linie sind es aber Mogensens gestalterisch überzeugende und sorgfältig ausgeführte Möbel, die zum Inbegriff der Wesensmerkmale des dänischen Designs wurden: natürliche Materialien, schlichte Formen, konstruktionstechnische Qualität und die Neuinterpretation historisch erfolgreicher Formen.

Oben: Stuhlgruppe *Asserbo* für Karl Andersson & Söner, 1964

Stuhl *Shaker J-39* für FDB, 1944

Wohnzimmereinrichtung mit Teakmöbeln, 1947. Die Sofas sind mit einem von Lis Ahlmann entworfenen Stoff bezogen.

Unten: Zeichnung des Sofas *Modell Nr. 1789*, 1945

Ganz unten links: Entwurf für Teakholzstuhl, 1949

Ganz unten rechts: Stuhl aus Teakholz, ausgeführt von Erhard Rasmussen, 1949. Ein Kritiker schrieb über das neue Design: „Børge Mogensen hat ein Produkt geschaffen, das als Vorbild für zukünftige Stuhlgestaltungen dienen wird."

Gegenüber: *Sprossensofa Modell Nr. 1789* für Fritz Hansen, 1945. Wie viele von Mogensens Designs war auch dieses Sofa die moderne Überarbeitung eines traditionellen Möbels.

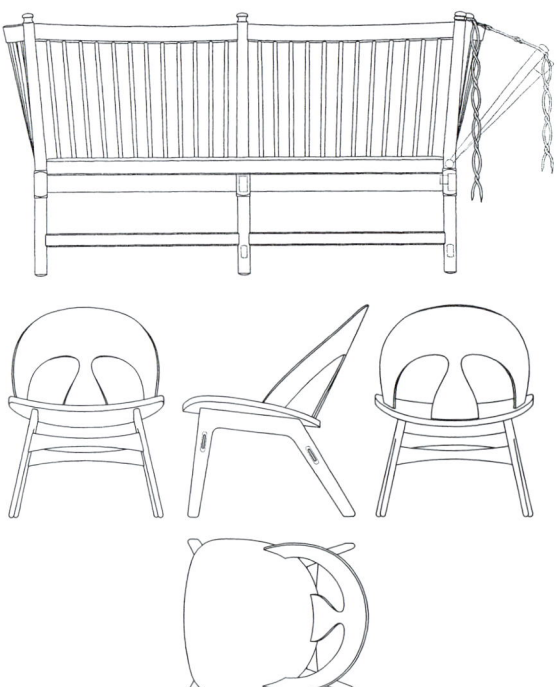

gerhard munthe
1849 Skansehagen – 1929 Bærum, Norwegen

Gerhard Munthe studierte Malerei bei J. F. Eckersberg (1822–1870), Knud Bergslien (1827–1908) und Julius Middlethun in Oslo. 1874 ging er zu Studienzwecken nach Düsseldorf, und von 1877 bis 1882 lebte und arbeitete er in München. 1886 gründete Munthe mit Christian Skredsvig (1854 bis 1924), Harriet Backer (1845–1932), Kitty Kielland (1843–1914), Eilif Petersen (1852–1928) und Erik Werenskiold (1855–1938) ein Künstlerkollektiv, das sich auf dem Fleskum-Hof im 15 Kilometer westlich von Oslo, dem damaligen Christiania, gelegenen Dælivannet niederließ. In dieser Zeit, die als „Sommer von Fleskum" bekannt wurde, entwickelte die Gruppe einen neoromantischen Stil, der Norwegens Wunsch nach einer eigenen kulturellen Identität zum Ausdruck brachte. Nachdem 1885 mit Karl Madsens Buch „Japansk Malerkunst" das erste skandinavische Werk erschienen war, das sich mit japanischer Malerei beschäftigte, bildete die japanische Kunst für die Gruppe eine neue Inspirationsquelle. Das gilt auch für die von Munthe während der späten 1880er und frühen 1890er Jahre entworfenen Textilien und Tapeten, von denen heute viele zur Sammlung des Nasjonalmuseet in Oslo gehören, sowie für seine Keramiken mit Unterglasurdekor – etwa das Service *Blaue Anemone,* das von der Porzellanmanufaktur **Porsgrund** produziert wurde (1892). Dabei führte er manche seiner Motive im japanischen Mon-Stil aus, während andere von wirbelnden Koi-Karpfen und stilisierten Kranichen bevölkert waren. Einerseits von japanischer Kunst und andererseits von der kulturellen Kraft der dänischen Künstlergemeinde inspiriert, entwickelte Munthe im Winter 1890/91 die Idee, die dekorativen Künste seines eigenen Landes zu revitalisieren und ihnen zu einer neuen, spezifisch norwegischen Ästhetik zu verhelfen. Von nun an bezog er seine Anregungen aus den alten norwegischen Sagen und der Flora und Fauna seines Landes. Außerdem ließ er Motive in seine Gestaltungen einfließen, die man in mittelalterlichen Holzschnitzereien im „Drachenstil" und in volkstümlichen Wandteppichen findet. Als seine narrativen und in einem kühnen Neowikingerstil gehaltenen Tapisserien auf der Pariser Weltausstellung von 1900 zu sehen waren, veranlassten sie einen Kritiker der Kunstzeitschrift „Studio", seine und die Arbeiten anderer skandinavischer Designer

Service *Blaue Anemone* für Porsgrund, 1892

Unten: Stuhl aus dem *Märchenzimmer* im Hotel Holmenkollen, 1896

Gegenüber: Wandteppich *Den Klogefugl*, 1903

mit den Worten zu kommentieren: „Im hohen Norden entsteht eine mächtige Kunstbewegung, die entschlossen ist, ihren Einzug in die künstlerische Entwicklung Europas zu halten." Munthe vertrat die Ansicht, dass Tradition nichts mit „altertümlicher Romantik" zu tun habe, sondern ein wesentlicher Bestandteil „der kreativen Kraft einer Nation" sei. Er bemühte sich um eine dynamische Synthese zwischen Vergangenheit und Gegenwart, um Gegenstände zu schaffen, die von einem lebendigen, nationalen Geist durchdrungen waren. Als bedeutendster Vertreter der Erneuerung des Wikingerstils verlieh Munthe seinen Arbeiten einen Symbolismus, der von Norwegens drängendem Wunsch nach kultureller, sozialer und politischer Autonomie zeugte. Seine Ausmalungen in der mittelalterlichen Håkon-Halle in Bergen galten allgemein als Höhepunkt der nationalromantischen Bewegung Norwegens. Unglücklicherweise wurde dieser Saal im Zweiten Weltkrieg zerstört.

Teekanne *Modell Nr. 600B* aus Silber für Georg Jensen, 1930

Gegenüber: Silberbesteck *Pyramide Modell Nr. 15* für Georg Jensen, 1926

harald nielsen   1892 Baarse – 1977 Hellerup, Dänemark

Der dänische Metallwarengestalter Harald Nielsen war der Schwager von **Georg Jensen** und einer seiner engsten Mitarbeiter. Er trat 1909 als Lehrling in die Georg-Jensen-Silberschmiede ein, arbeitete anfangs als Ziseleur und war später für die handwerkliche Übertragung der Entwurfsskizzen von Georg Jensen und **Johan Rohde** in höchst kunstvolle Objekte verantwortlich. Ab der Zwischenkriegszeit arbeitete Nielsen als Designer und entwickelte für die Georg-Jensen-Silberschmiede Küchengeschirr sowie mehrere Besteckmuster. Nielsen zog stilisierte Ornamente einem naturalistischen Dekor vor. Seine Entwürfe im Stil des Art déco bezogen sich häufig auf klassische Vorbilder, waren jedoch stets auch mit Blick auf moderne Entwicklungen entworfen. So besaß sein Silberbesteck *Pyramide* (1927) eine erstaunliche formale Schlichtheit und zeugte ähnlich wie die Arbeit Johan Rohdes vom allmählichen Übergang der Silberschmiede zu moderneren Formen. Als Jensen das Besteck *Pyramide* zum ersten Mal sah, soll er gesagt haben: „Es ist ganz nett, aber es wird sich nicht verkaufen." Da sollte er sich täuschen, denn es wurde einer der erfolgreichsten Entwürfe der Firma. Als Mitarbeiter von Jensen und Rohde leistete Nielsen mit seinen glatten und abgerundeten geometrischen Formen einen wesentlichen Beitrag zur Entwicklung des Georg-Jensen-Stils der 1920er und 1930er Jahre. Nach dem Zweiten Weltkrieg wurde Nielsen zum künstlerischen Leiter der Firma ernannt und zeichnete als solcher für die Einführung skulpturaler und organisch gestalteter Silberwaren verantwortlich, die von einer jüngeren Generation hoch talentierter Designer kreiert wurden. Nielsen führte im Lauf seiner Karriere zahlreiche Entwürfe für Schmuck und Tafelgeschirr aus: Schalen, Tabletts, Teller, Kerzenhalter, Kaffeekannen und Teeservice, die in ihrer Gesamtheit einen Höhepunkt der kühnen Formen und plastisch fließenden Linien des dänischen Art déco darstellten.

Park röd, Korsnäs (Parkrot, Kreuzung) Flachgewebeteppich für AB Märta Måås-Fjetterström, 1957

Gegenüber: Snäckorna (Schnecken) Flachgewebeteppich für AB Märta Måås-Fjetterström, 1943

barbro nilsson
1899 Malmö – 1983 Höganäs, Schweden

Barbro Nilsson (geborene Lundberg) stammte aus einer kunst- und designorientierten Familie – ihre Mutter war Künstlerin, während ihr Vater 1904 zum Manager von Nordiska Kompaniet, Stockholms berühmtem designorientiertem Kaufhaus, ernannt wurde. Im Alter von 14 Jahren schrieb sie sich an der Johanna Brunssons Vävskola (Webschule) in Stockholm ein und verbrachte die nächsten vier Jahre damit, handwerkliche Fertigkeiten im Weben zu erlernen, während sie gleichzeitig unschätzbare theoretische Unterweisungen erhielt. Nach Abschluss ihrer Ausbildung blieb sie von 1918 bis 1920 als Lehrerin an der Schule. Anschließend vertiefte sie ihre Webkenntnisse an der Tekniska skolan (später Konstfack) in Stockholm. In den 1920er Jahren richtete sie in der Mäster Samuelsgatan in Stockholm ein Webereistudio ein. Zu dieser Zeit erhielt sie verschiedene Aufträge von der Konfektionsaktiebolag Salén. 1928 heiratete sie den Künstler Robert Nilsson, und dank eines Stipendiums konnten sie einen dreijährigen Aufenthalt in Übersee verbringen. Nach ihrer Rückkehr nach Schweden nahm Barbro wieder ihre Tätigkeit in der Textilbranche auf. Der Durchbruch gelang ihr, als sie den Auftrag erhielt, einen großen Wandteppich für das Göteborger Konzerthaus anzufertigen, das von Sven X:et Erixson (1899–1970) entworfen worden war. Dies war die erste von mehreren erfolgreichen Kooperationen mit Künstlern, darunter eine mit Bertil Damm (1887–1942) für die MS Kungsholm. Im Jahr 1942 wurde sie nicht nur Vorstandsmitglied der AB Märta Måås-Fjetterström, der renommierten Weberei in Båstad, sondern auch deren künstlerische Leiterin. Sie schuf mit großem Erfolg neue, eigene Kompositionen, die zwar an die früheren Entwürfe von **Måås-Fjetterström** anknüpften, aber dennoch dazu beitrugen, das Oeuvre des Studios zu aktualisieren. Für die Werkstatt schuf sie auch Teppiche, die die Gobeläng-Flachgewebetechnik mit dramatischer Wirkung einsetzten, wie ihr bekannter Teppich *Snäckorna* von 1943 eindrucksvoll beweist. Nilsson holte verschiedene neue Designer ins Haus, um neue Muster zu entwerfen, und sorgte maßgeblich für den Ausbau der Werkstatt, so dass in den 1960er Jahren 60 Kunstweberinnen und Kunstweber beschäftigt waren und weitere 30 von zu Hause aus arbeiteten.

Hängelampen aus weißem opalen Acryl *Lokki* (Möwe) für Stockmann-Orno, ca. 1963

yki nummi
1925 Hunan, China – 1984 Helsinki, Finnland

Yki Nummi gilt als einer der bedeutendsten skandinavischen Leuchtendesigner des 20. Jahrhunderts. Nach dem Zweiten Weltkrieg studierte er Mathematik und Physik in Helsinki und Turku (1945–1947) und schrieb sich von 1946 bis 1950 an der Taideteollinen Korkeakoulo (Hochschule für Kunst und Design) in Helsinki für das Studium der dekorativen Malerei ein. Von 1950 bis 1975 arbeitete Nummi in erster Linie für Stockmann, das größte Kaufhaus Skandinaviens mit Sitz in Helsinki, das viele seiner Lampen und Beleuchtungskörper von Stockmann-Orno herstellen ließ. Seine Lampen, etwa seine bekannteste, die Tischlampe *Modern Art* (1955), deren durchsichtige Acrylröhre als transparente Stütze für den lichtdurchlässigen Schirm konzipiert war, waren deshalb so bemerkenswert, weil er für ihre Konstruktion völlig neue Materialien wie Acrylharz, Opalglas und Aluminium verwendete. Sie zeichneten sich auch durch ihre innovativen Formen aus, die besonders in den futuristischen Hängelampen *Lokki* aus weißem opalen Acryl (ca. 1963) zur Geltung kommen. Nummi war gleichzeitig ein anerkannter Spezialist in Sachen Farbe und leitete ab 1958 die Farbenabteilung des Farbenherstellers Schildt & Hallberg. So führte er für den Dom von Helsinki und die neue Gartenstadt West-Tapiola die farbliche Planung und Gestaltung aus und stellte gemeinsam mit der Leuchtendesignerin **Lisa Johansson-Pape** die Farben für Stockmann-Orno in Kerava zusammen. Seine innovativen Entwürfe wurden auf der X. und XI. Mailänder Triennale von 1954 und 1957 mit einer Goldmedaille ausgezeichnet und auf zahlreichen internationalen Designausstellungen, wie der einflussreichen Schau „Design in Scandinavia", die 1954 bis 1957 durch Kanada und die USA tourte, sowie bei der bahnbrechenden H55-Ausstellung in Helsingborg von 1955 gezeigt. Als äußerst vielseitiger Designer und begabter Zeichner gestaltete Nummi eine große Bandbreite an Produkten, von Tafelsilber und Bodenbelägen bis zu Radiogehäusen und Möbeln. Daneben verfasste er zahlreiche Artikel zu den Themen Leuchtendesign und Farbtheorie sowie über die philosophischen Grundsätze des Designs. Sein innovativer Umgang mit neuen Materialien und Herstellungsverfahren und die ungewöhnlich fortschrittlichen Formen seiner Leuchten waren kennzeichnend für die in Finnland während der 1950er und 1960er Jahre verbreitete, alternative und eher elitäre Annäherung an die Moderne.

Tischleuchte *Modern Art* aus Acryl für Stockmann-Orno, 1955

Hocker *Sauna* für G. Söderström, 1952. Dieser hufeisenförmige Hocker aus Birken- und Teakholz wurde speziell für das Palace Hotel in Helsinki entworfen.

antti nurmesniemi

1927 Hämeenlinna –
2003 Helsinki, Finnland

Bereits als Kind entwarf und konstruierte Antti Aarre Nurmesniemi Modellflugzeuge und lernte später an der Flugschule von Jämijärvi das Segelfliegen. Im Zweiten Weltkrieg arbeitete er zunächst in einer Metallwerkstatt und dann in der Flugzeugfabrik Kuorivesi. Dieser frühen praktischen Erfahrung verdankte Nurmesniemi einen wichtigen Einblick in die Eigenschaften von Holz und Metall, der sich später in seiner Arbeit als Designer niederschlagen sollte. Als **Alvar Aalto** nach dem Krieg die Ausstellung „America Builds" des New Yorker Museum of Modern Art von Stockholm nach Helsinki brachte, öffnete sie laut Kaj Kalin Nurmesniemis Augen für „eine neue, moderne Sicht der Welt". In der Tat hinterließ sie bei ihm einen solchen Eindruck, dass er sich 1947 an der Taideteollinen Korkeakoulu (Hochschule für Kunst und Design) in Helsinki einschrieb. Für Nurmesniemis Entwicklung als Designer war es ebenfalls wichtig, dass die Schule den Designansatz der sogenannten nordischen Linie übernommen hatte, der sich gleichermaßen auf soziale wie technische Fragen konzentrierte. Von 1949 bis 1950 arbeitete er an der Taideteollinen Korkeakoulu und in der Designabteilung des Kaufhauses Stockmann, das damals von Werner West geleitet wurde. Zur Feier seines Hochschulabschlusses im Jahr 1950 unternahm Nurmesniemi seine erste Auslandsreise, die ihn nach Stockholm und Kopenhagen führte, wo ihn die hervorragende Handwerkskunst und die organischen Formen des dänischen Designs faszinierten und nachhaltig inspirierten. Nach seiner Rückkehr nach Helsinki arbeitete er von 1951 bis 1956 im Architekturbüro von Viljo Revell (1910 bis 1964) und Keijö Petäjä (1919–1988), die zu den finnischen Wegbereitern einer neuen rationalistischen und vom anhaltenden Einfluss des Modernismus geprägten Architektur gehörten. Nurmesniemi entwarf für ihre Projekte Interieurs und Möbel, darunter den hufeisenförmigen Hocker *Sauna,* der für die Innenausstattung des Palace Hotels (1951/52) gedacht war. 1953 heiratete er die bekannte Textildesignerin Vuokko Eskolin-Nurmesniemi und arbeitete ein halbes Jahr lang in Giovanni Romanos Designatelier in Mailand, wo er die funktionalen und dennoch eleganten Designs von Gestaltern wie Marco Zanuso (1916–2001) und Roberto Sambonet (1924–1996) kennenlernte. 1956 eröffnete er in Helsinki ein eigenes Designstudio und entwarf

ein Jahr später für Wärtsilä seine berühmten emaillierten Kaffeekannen, deren Farben (Rot, Gelb und Hellblau) seine Frau Vuokko ausgesucht hatte. Dieses Design, das heute zu den „Ikonen" der finnischen Moderne zählt, wies anstelle der barocken runden Formen traditioneller Kaffeekannen eine zeitgenössischere industrielle Ästhetik auf, die noch dazu das farbenfrohe Wesen des skandinavischen Designs der 1960er Jahre vorwegnahm. Nurmesniemi beschrieb seine für den täglichen Gebrauch gedachte Kaffeekanne als einen Haushaltsgegenstand, der „wie nur wenige seiner Zeit von der wachsenden Kluft zwischen Stadt und Land erzählt". Später entwarf er Möbel für **Artek**, Tecta und Cassina, Küchengeschirr für **Arabia** und Kymi sowie die Wagen der Untergrundbahn von Helsinki und Eisenbahnwagen für Valmet. Zu seinen erfolgreichsten und charakteristischsten Designs gehörten die Telefonapparate *Antti* und *Yleispuhelin* (beide 1984) für Fujitsu, die seine Überzeugung widerspiegelten, dass „ein Gegenstand nicht bloß im Hinblick auf seinen Zweck (und schon gar nicht auf seine Fertigung) entworfen werden sollte, sondern einzig und allein auf den Benutzer. ... Ein einfach gestalteter Gegenstand ist falsch, sobald sein Gebrauch kompliziert ist. ... Ein Designobjekt muss kein Spiegel der Zeit sein. Es ist viel besser, wenn es einen Blick in die Zukunft erlaubt." Nurmesniemis raffinierte Designs, die eine Synthese zwischen modernen europäischen Formen und skandinavischer Handwerkskunst darstellten, wurden 1959 mit dem Lunning-Preis ausgezeichnet. Ebenso wie sein Landsmann Alvar Aalto folgte auch Nurmesniemi dem Konzept einer sowohl sozialen wie ökologischen Verantwortung und vertrat einen humanen Modernismus, der in der Schönheit und praktischen Nützlichkeit seiner Produkte zum Ausdruck kommt.

Liege *Modell Nr. 001* für Vuokko, 1968. Die Liege ist mit einem von Vuokko Eskolin-Nurmesniemi entworfenen Stoff bezogen.

Schale *Lumikuru* (Schlucht im Schnee) für Nuutajärvi, 1985

Gegenüber: Glasserie *Lago* für die *Pro-Arte*-Kollektion von Nuutajärvi, 2000

kerttu nurminen *1943 Lahti, Finnland*

Die Glasdesignerin Kerttu Nurminen studierte von 1966 bis 1970 an der Taideteollinen Korkeakoulu (Hochschule für Kunst und Design) in Helsinki. 1972 entwarf sie für **Nuutajärvi** ihre ersten Glaswaren und erhielt 1977 den Coburger Glas-Preis. Im Jahr 1985 entwarf Nurminen die ungefärbte Serie *Lumikuru* (Schlucht im Schnee), die aus verschiedenen Schüsseln und Serviertellern sowie einem kleinen Fondueteller und einem Eierbecher bestand. Diese zum Teil sandgestrahlten Pressglaswaren waren als Ersatz für die von **Kaj Franck** 1971 entworfene *Luna*-Reihe gedacht. Bei der Gestaltung der für die Industrieproduktion konzipierten *Lumikuru*-Glaswaren kombinierte Nurminen schlichte funktionale Formen mit einer durch ein einfaches gläsernes Band nur angedeuteten Dekoration und schuf auf diese Weise einen gelungenen Kontrast zu der beinahe samtenen Qualität der sandgestrahlten Oberfläche. Die Serie wurde unter der Bezeichnung *Kuru* (Schlucht) auch mit glatter Oberfläche produziert. Nach der Zusammenlegung von Nuutajärvi mit **Iittala** arbeitete Nurminen für beide Unternehmen. Für die *Pro-Arte*-Kollektion von Nuutajärvi gestaltete sie die Gläser und Karaffe *Lampi* (1993 und 1995), deren zurückhaltende grüne und blaue Bänder das „helle Licht der nordischen Natur, ihres Wassers und Himmels und bewaldeten Horizonts" verkörperten. Die etwas später entstandenen Glasskulpturen *Milla* und *Poppy* zählten auch zum exklusiven *Pro-Arte*-Studioglas, waren jedoch mit ihren blättrigen Stielen und Blütenformen verspielter in der Darstellung und besaßen eine zarte und fließende Qualität. Im Gegensatz dazu waren Nurminens Arbeiten für Iittala zwar funktionaler, bewiesen aber ebenfalls ihren Sinn für Originalität und Kreativität. Ihre 1988 industriell hergestellte Serie *Mondo*, deren wie Flammen lodernde Streifen aus fließenden Farben einer Weiterentwicklung ihrer Entwürfe aus der Reihe *Lampi* entsprachen, trugen Nurminen internationale Anerkennung ein. Nurminen ist eine Designerin, die die künstlerische Sensibilität der Studioglasproduktion mit „Leidenschaft und Kompromisslosigkeit" in die Sphäre der industrialisierten Massenfertigung überträgt, um unaufdringliche und zugleich qualitativ hochwertige, demokratische und zeitlose Objekte zu schaffen – ein Ansatz, der im Industriedesign als ganz und gar skandinavisch zu bewerten ist.

nuutajärvi *gegründet 1793 Urjala, Finnland*

Nuutajärvi, die älteste noch bestehende Glashütte Finnlands, wurde 1793 von den beiden schwedischen Unternehmern Hauptmann Jakob Wilhelm De Pont und Harald Furuhjelm gegründet. Die Glaswerke gingen zunächst unter dem schwedischen Namen Notsjö in Betrieb (sie wurden erst später in Nuutajärvi Lasi umbenannt) und erzeugten einfaches Haushaltsglas, Flaschen und Fensterglas. Als Adolf Törngren die Fabrik um 1851 erwarb, modernisierte er sie, indem er effizientere Produktionsverfahren einführte, und nachdem er mehrere europäische Glasereien besucht hatte, beschloss er, Pressglas in die Produktion aufzunehmen und verfeinertere Rohstoffe zu verwenden, um die Qualität der Produkte zu verbessern. Außerdem stellte Törngren den französischen Glasbläser Charles Bredgem ein, unter dessen Leitung erstmals Press- und Fadenglas hergestellt wurden. Die Nuutajärvi-Notsjö-Werke entwickelten sich allmählich zu einem der führenden nordischen Glaswarenhersteller und eröffneten 1858 in Helsinki ihr erstes Geschäft, das nach G. F. Stockmann, dem Buchhalter der Glaswerke, benannt und von ihm geführt wurde (heute ist Stockmann das größte und bekannteste Kaufhaus in ganz Skandinavien). Von 1862 bis 1878 stellten die Nuutajärvi-Werke auch Keramiken her. Zu Beginn des 20. Jahrhunderts beschloss das Unternehmen, eigene Entwürfe für zeitgenössische Glaswaren in Auftrag zu geben, und schrieb in den Jahren 1905 und 1906 zwei Wettbewerbe aus, an denen mehrere Vertreter des Art nouveau teilnahmen, so auch Valter Jung (1879–1946), Helena Wilenius, Carl Johan Boman (1883–1969), Gustaf Strengell (1878–1938) und Jussi Paatela. Die ersten wirklich innovativen Industrie- und Studioglaswaren sollte das Unternehmen jedoch erst nach dem Zweiten Weltkrieg hervorbringen. Von 1946 bis 1948 entwarf die Designerin **Gunnel Nyman** eine Reihe einflussreicher Studiogläser, etwa die Vase *Calla* (1946), mit der sie die expressiven Naturformen der späteren Designs von **Timo Sarpaneva** und **Tapio Wirkkala** vorwegnahm. Nyman fing im Glas ihrer dickwandigen Kristallgefäße Luftblasen ein oder versah sie mit Wirbeln aus opakem Glas wie bei ihrer Vase *Serpentiini* (Serpentinen, 1947) oder mit schlichten organischen Formen und facettierten Kanten wie bei dem Teller *Facett 1* (1941). Während ihrer kurzen, durch ihren frühen Tod 1948 abrupt beendeten Karriere bei Nuutajärvi führte Nyman die enge Zusammenarbeit von Designern und erfahrenen Glasbläsern ein, die zur bedeutenden Tradition in

den Nuutajärvi-Werkstätten wurde. Nach einem verheerenden Brand wurden die Glaswerke 1950 neu aufgebaut und von der Wärtsilä-Gruppe übernommen, zu der bereits die **Arabia**-Porzellanfabrik gehörte. Noch im selben Jahr wurde **Kaj Franck**, der Leiter der Designabteilung für Gebrauchswaren bei Arabia, mit der Neugestaltung von Nuutajärvis Glasprodukten beauftragt. Ein Jahr später wurde er zum Chefdesigner der Glaswerke ernannt, und es ist seiner sorgfältigen Leitung zu verdanken, dass der Name der Firma zum Synonym für Glas von hervorragender schöpferischer und handwerklicher Qualität wurde. Davor hatte Franck für **Iittala** gearbeitet, fühlte sich aber von der mangelnden technischen Experimentierfreude des Unternehmens enttäuscht. Bei Nuutajärvi konnte er neue Verfahren ausprobieren, mit Farbpigmenten experimentieren und seiner Suche nach kreativeren Ausdrucksmöglichkeiten nachgehen. Als er zwei venezianische Glasbläser aus Murano einstellte, floss deren technisches Können auch in seine eigene Arbeit ein. So sind Francks bunt gestreifte „gesponnene" Teller unverkennbar vom italienischen Stil der Nachkriegszeit inspiriert. In den 1950er Jahren unterschied sich Nuutajärvi von Iittala und **Riihimäki**, den beiden anderen großen finnischen Glaswerken, durch seine Vorliebe für kräftige Farben und schlichte, jedoch

häufig besonders ausdrucksvolle Formen. 1952 wurde **Saara Hopea** Francks Assistentin und entwarf kurz darauf ihre bekannten Stapelgläser Modell Nr. 1718 und die Karaffe Modell Nr. 1716 (1953), zwei äußerst funktionale Designs, deren helle Farben den Arbeiten jedoch eine lebhafte Ästhetik verliehen. Ebenfalls in dieser Zeit belebte Franck die Produktion von Fadenglas wieder und entwarf simplere Stücke aus Glas mit Luftblasen. Daneben entwickelte Franck auch experimentelle Kunstglasobjekte, zum Beispiel seine kleinen Vogelskulpturen. In den 1960er Jahren verlagerte sich der Schwerpunkt der Fabrik allmählich auf hochwertige Pressglasprodukte, insbesondere nachdem 1968 modernste Pressmaschinen gekauft worden waren. Dieser Richtungswandel kommt in Oiva Toikkas Serie Kastehelmi (Tautropfen) besonders deutlich zum Ausdruck, während seine kuriosen Lollipop-Skulpturen und seine Kerzenhalter vom anhaltenden Interesse der Fabrik an expressivem Kunstglas in kühnen Farben zeugten. 1968 trat Heikki Orvola in die Dienste der Glaswerke und entwarf mehrere bedeutende Produkte, von denen besonders seine eleganten Gläser Aurora (1972) zu nennen sind. Ebenfalls in dieser Zeit begann **Kerttu Nurminen,** Kunst- und Gebrauchsglas für Nuutajärvi zu gestalten, wobei sie häufig die

Technik des Sandstrahlens einsetzte, wie bei ihrer Serie *Lumikuru* (Schlucht im Schnee, 1985). Ab 1981 wurden die Studioglasobjekte von Nuutajärvi unter dem Markennamen *Pro Arte* verkauft, und von 1988 bis 1990 waren die Glaswerke eine Tochtergesellschaft von Iittala. Seit 1990 gehört Nuutajärvi ebenso wie Iittala zur **Hackman**-Gruppe, und 1993 wurde mit der *Pro-Arte*-Kollektion eine neue Kunstglasserie zu Ehren des 200-jährigen Bestehens der Fabrik eingeführt. In den frühen 2000er Jahren erzeugte Nuutajärvi ausschließlich exklusives Kunstglas in limitierter Stückzahl, das von Designern wie Sami Lahtinen (geb. 1967), Tiina Nordström (geb. 1957), Markku Salo (geb. 1954), Rolf Svartström (geb. 1966), Harri Koskinen und Oiva Toikka (1931–2019) entworfen wird. Die Produkte der Fabrik zeugten weiter von der erfolgreichen Zusammenarbeit zwischen talentierten Designern und erfahrenen Handwerkern, wobei dieses Merkmal inzwischen seit Jahrzehnten für das finnische Design bezeichnend ist. Diese kreative Synergie zwischen Künstler und Kunsthandwerker brachte eine technische und ästhetische Qualität von höchstem Niveau hervor, die besonders überzeugend in der *Pro-Arte*-Kollektion zum Ausdruck kommt. 2013 kündigte die Fiskars-Gruppe, Nuutajärvis damaliger Besitzer, jedoch an, sie sei dabei, ihre Glasherstellungsanstrengungen auf das Iittala-Werk zu konsolidieren, und infolgedessen wurde die Glasarbeitenabteilung des Unternehmens trauriger weise geschlossen.

Kaj Franck, Vasen *Prisma*, 1954

Gegenüber links: Kaj Franck, Kelchglas *Pop*, ca. 1974

Gegenüber rechts: Kaj Franck, Glasvase mit geschweiften Henkeln, Anfang der 1970er Jahre

Seite 358: Kaj Franck, formgeblasener Glasteller *Ring*, 1966

Seite 359: Kerttu Nurminen, Glasserie *Palazzo* für die *Pro-Arte*-Kollektion von Nuutajärvi, 1998. Die Kollektion ist eine Hommage an die italienische Tradition der Glasbläserkunst, von der sich die finnischen Glasdesigner bei Nuutajärvi seit den 1950er Jahren immer wieder inspirieren ließen.

Glaskrug *Modell Nr. GN7* und Gläser *Modell Nr. GN23* für Nuutajärvi, 1947

Gegenüber: Vase *Calla* für Riihimäki, 1946

gunnel nyman

1909 Turku – 1948 Helsinki, Finnland

Die Glasgestalterin Gunnel Gustafson Nyman studierte von 1928 bis 1932 Möbeldesign bei Arttu Brummer (1891–1951) an der Taideteollinen Korkeakoulu (Hochschule für Kunst und Design) in Helsinki und begann 1932 mit ihrer Tätigkeit in der Designabteilung von **Riihimäki**. 1933 belegte sie beim ersten von der Firma ausgeschriebenen Glaswarenwettbewerb den dritten Platz und bei der zweiten Ausschreibung von 1936 den zweiten und dritten Platz. In den 1930er Jahren befasste sie sich eingehend mit den gestalterischen Möglichkeiten, die das Einfangen von Luftblasen im Rohglas bot. Damit arbeiteten zu jener Zeit auch zahlreiche andere Designer, besonders der französische Glasbläser Maurice Marinot (1882–1960), dessen massive Glasgefäße mit ihren eingeschlossenen Luftblasen großen Einfluss auf die jüngere Designergeneration ausübten. In den frühen 1930er Jahren erfand Nyman ein Verfahren, mit dem es ihr gelang, regelmäßige Blasenmuster im Glas zu erzeugen: Hierbei blies sie das Glas in eine mit Nägeln beschlagene Gussform und ummantelte es nach der Entnahme aus der Gussform mit einer weiteren Glasschicht. Ihre dickwandigen Objekte aus den 1940er Jahren waren nicht nur durch das für sie zum Markenzeichen gewordene Muster eng aneinanderliegender Bläschen gekennzeichnet, sie hoben sich auch durch ihre weichen und fließenden Formen hervor. In gewisser Weise nahm sie mit den sanften Wellenkonturen ihrer Glaswaren bereits die kühneren und asymmetrischeren Formen vorweg, die zehn Jahre später in Mode kamen. Da sich Nymans innovative und zugleich einfache Technik relativ kostengünstig umsetzen ließ, eignete sie sich auch für Alltagsgeschirr wie Krüge und Trinkgläser. Obwohl viele Gestalter ihre Technik kopierten, wurde Nymans virtuose Handhabung des Materials von niemandem erreicht. Als sie 1946 ihre berühmte Vase *Calla* entwarf, schlug sie damit eine stilistisch neue Richtung ein und signalisierte gleichzeitig den Übergang im finnischen Design zu expressiveren, abstrakten und organischen Formen. Neben ihrer Tätigkeit für Riihimäki entwarf Nyman außerdem Leuchten für Taito (1932–1936) und Glaswaren für Karhula (1935–1937). Nach dem Zweiten Weltkrieg arbeitete sie für kurze Zeit auch für **Iittala** (1946/47) und die **Nuutajärvi**-Notsjö-Glaswerke (1946–1948) und entwickelte Möbel für Idman (1946–1948).

Obwohl Nymans Karriere durch ihren frühen Tod im Alter von nur 39 Jahren abrupt beendet wurde, hatte ihre Arbeit großen Einfluss auf spätere Generationen skandinavischer Glasdesigner. Auf der IX. Mailänder Triennale von 1951 wurden ihr Wirken posthum mit einer Goldmedaille gewürdigt.

Vase *Serpentiini*
für Nuutajärvi,
1947

Gegenüber:
Glasvasen mit
Ummantelung und
Vase *Perlenkette*
für Nuutajärvi,
1947 und ca. 1950

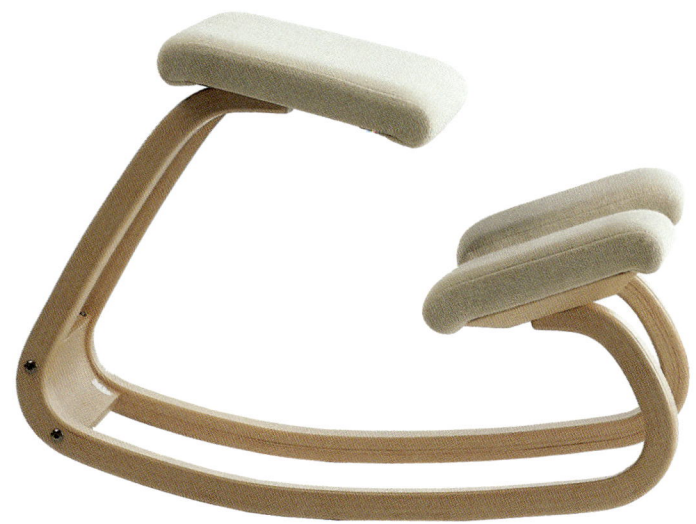

Sitzgerät *Balans Variable* für Stokke, 1979

peter opsvik *1939 Stranda, Norwegen*

Einer der bedeutendsten Möbeldesigner Norwegens, Peter Opsvik, studierte von 1959 bis 1963 an der Hochschule für Angewandte Kunst in Bergen und von 1963 bis 1964 an der Staatlichen Hochschule für Angewandte Kunst in Oslo. Anschließend arbeitete er von 1965 bis 1970 als Industriedesigner für die Tandberg Radiofabrik in Oslo. 1967 erhielt er ein Stipendium von der norwegischen Credit Bank und zwei Jahre später ein weiteres vom norwegischen Designzentrum. 1970 begann er als freischaffender Möbeldesigner zu arbeiten und entwarf die innovative Schreibtisch- und Stuhlkombination *Mini Max,* die in der Höhe verstellbar war, um den Bedürfnissen von Erwachsenen und Kindern gleichermaßen entgegenzukommen, und die von Stokke hergestellt wurden. 1972 entwarf Opsvik den Verkaufsschlager *Tripp Trapp,* der auf dem revolutionären Konzept des „Generationenstuhls" (ein Stuhl, der mit dem Kind wächst) beruhte und eine Kombination aus Hochstuhl und gewöhnlichem Stuhl war. Dieser bemerkenswerte Entwurf hob das Kind nicht nur auf normale Tischhöhe, er sorgte durch die Fußstütze auch für den nötigen Halt und somit für genügend Bewegungsfreiheit, um „die Welt bequem und sicher zu erforschen". 1974 entwarf Opsvik für Håg den Bürostuhl *2010.* Fünf Jahre später, nachdem er gemeinsam mit Hans Christian Mengshoel (geb. 1946) an der Entwicklung einer besseren und ergonomischeren Sitzlösung gearbeitet hatte, stellte er sein revolutionäres Sitzgerät *Balans Variable* vor. Die Wippe des *Balans Variable* und die Stütze für die ergonomisch vorteilhafte kniende Haltung sorgten dafür, dass der Benutzer bei der Arbeit am Schreibtisch oder Tisch eine gerade und für den Rücken gesunde Haltung einnahm. In den 1980er Jahren gestaltete Opsvik für Stokke und Håg noch weitere ergonomische Sitzmöbel, so auch die beiden postmodernen Produkte *Balans Supporter* (1983), ein Sitzmöbel, bei dem eine halb sitzende Haltung unterstützt wird, und die *Garden Seating Sculpture* (1984), die weniger eine funktionale Sitzlösung als eine ästhetische Stilübung darstellte. Seit Mitte der 1980er Jahre hat Opsvik neben konventionellen ergonomischen Sitzmöbeln wie dem Kinderstuhl *Sitti* (1993) und dem Schaukelstuhl *Actulum* (1995) auch experimentellere und expressivere Möbel entworfen, die 1986 auf der Ausstellung „Dimension

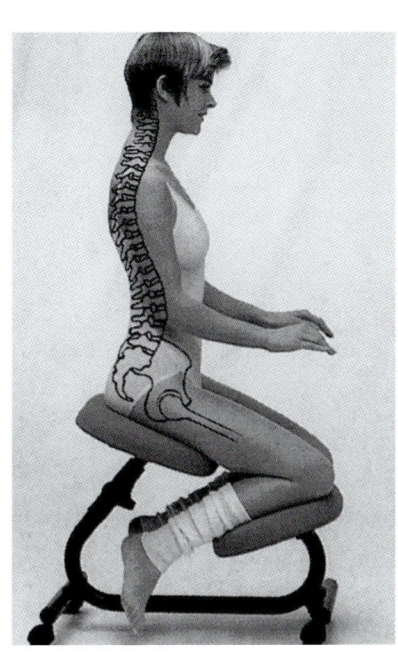

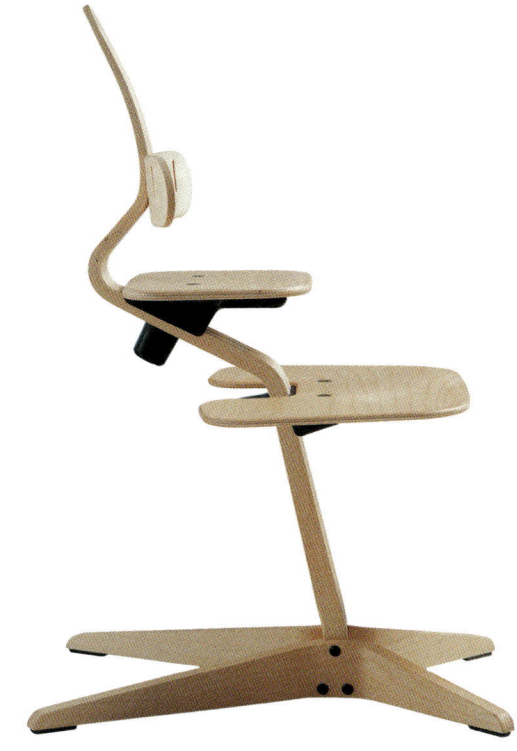

aus Holz – Skulptur oder Möbel?" im Museum für Angewandte Kunst in Oslo zu sehen waren. Einige dieser Möbelobjekte, die durch ihre eigenwilligen Formen und ihre uneindeutige Funktion auffielen, wurden von Cylindra in limitierter Stückzahl hergestellt. Obwohl Opsviks Möbel primär dem skandinavischen Grundsatz von sozialer Gerechtigkeit (Kindermöbel) und einem gesunden Leben (ergonomische Produkte) gerecht werden, wohnt seiner Arbeit häufig noch eine zusätzliche, der expressiven Form zugewandte Dimension inne, in der sich wohl auch die norwegische Vorliebe für witzige Verschrobenheit in der Kunst ausdrückt.

Oben links: Auf dem Stuhl *Balans Variable* wird die ergonomisch korrekte Sitzhaltung erreicht, 1979. Das innovative Möbel wurde unter Mitarbeit von Hans Christian Mengshoel entwickelt und bildete die Vorlage für die späteren ergonomischen Designs von Peter Opsvik.

Oben rechts: Höhenverstellbarer Kinderstuhl *Sitti* für Stokke, 1993

Höhenverstellbarer Kinderstuhl *Tripp Trapp* für Stokke, 1972

Lars Hellsten,
Dala Schüsseln,
1973

Gegenüber: Simon
Gate, *Parispokalen*
(Parispokal), 1925.
Dieses Glasobjekt
wurde im schwedischen Pavillon auf
der Pariser „Exposition Internationale
des Arts Décoratifs
et Industriels
Modernes" von
1925 ausgestellt.

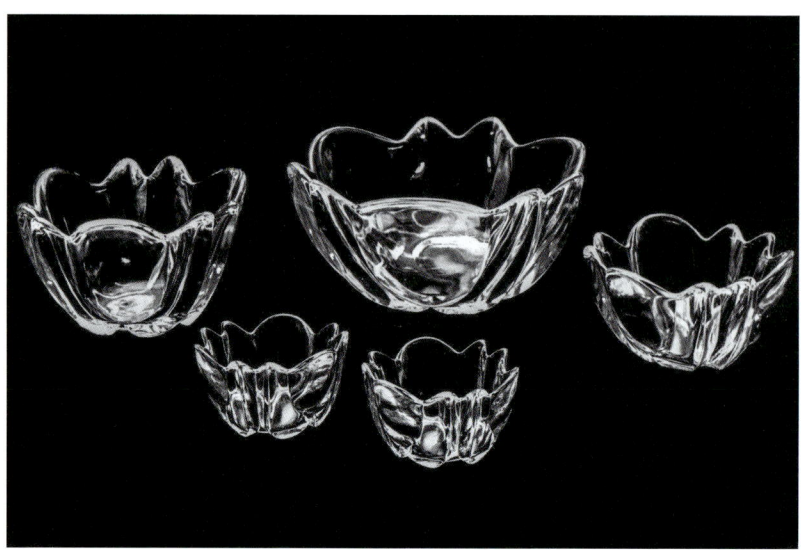

orrefors *gegründet 1898 Småland, Schweden*

Die Orrefors-Glaswerke wurden 1898 auf dem Betriebsgelände einer bereits seit 1726 bestehenden Eisenhütte gegründet. Zunächst wurden in den Glaswerken Produkte für den medizinischen und häuslichen Gebrauch produziert, also Glasflaschen und -behälter. Im Jahr 1913 verkaufte Johan August Samuelsson die Orrefors-Glashütte an den Göteborger Industriellen Konsul Johan Ekman, der Albert Ahlin zu ihrem Geschäftsführer ernannte und damit eine neue Ära für das Unternehmen einleitete. Im Jahr darauf begann Orrefors, Kristallglas zu produzieren. Es stellte sich aber bald heraus, dass neue Formen und Muster von ausgebildeten Künstlern beigesteuert werden mussten. Also wurde 1916 **Simon Gate** und ein Jahr später Edward Hald eingestellt. Gate führte sofort eine grundlegende Verfeinerung der Oberflächengestaltungen und der Ätzverfahren ein und entwickelte zusammen mit dem Glasbläsermeister Knut Bergkvist eine neue Technik, die er „Graal" nannte. Hierbei wurde das Rohglas mit geschliffenen, geätzten oder gravierten Verzierungen versehen, anschließend noch einmal erhitzt und mit einer äußeren Glasschicht ummantelt, ehe es in die endgültige Form geblasen wurde. Im Jahr 1917 entwarfen Gate wie auch Hald erstmals figurative Muster, darunter auch eine Serie von Akten, die eine völlige Abkehr von den traditionellen Gravurmotiven bedeutete. Zur Mitte der 1920er Jahre hatten beide Designer die Kunst des Gravierens perfektioniert und erzeugten exquisite Stücke, die 1925 von Orrefors bei der „Exposition Internationale des Arts Décoratifs et Industriels Modernes" in Paris ausgestellt wurden. Gate und Hald verfolgten bei ihren Dekors jedoch ziemlich unterschiedliche Ansätze – so wurde Gate als „überschwänglich figurativer Künstler" beschrieben, der seine Motive aus der Barockkunst bezog, während es von Hald hieß, er sei „ein energischer Modernist" gewesen, der sich von der Kunst seines Mentors Henri Matisse (1869–1954) inspirieren ließ. Neben den künstlerisch gestalteten Glasprodukten dieser frühen Periode erzeugte Orrefors auch Haushaltsglas, das ebenfalls von Hald und Gate entworfen wurde und eine Antwort auf den Aufruf des Svenska Slöjdföreningen (Schwedischer Kunstgewerbeverband) zur Herstellung schöner und praktischer Alltagsgegenstände war. Ebenfalls in dieser Zeit begann das Unternehmen mit der Produktion von Glaslampen für öffentliche Gebäude und später auch für Wohnräume, was sich in beiden Fällen als kommerzieller

Per B. Sundberg,
Vasen *Move*,
ca. 1998

Gegenüber: Glasbläser bei der Arbeit in der Orrefors Glasbruk, 1986

Erfolg erwies. 1928 trat **Vicke Lindstrand** in die Dienste der Orrefors-Werke und gab zwei Jahre später sein Debüt bei der Stockholm-Ausstellung von 1930 mit einer Reihe dickwandiger Art-déco-Stücke in moderner Form, verziert mit figurativen und geometrischen Gravuren. Diese neuen Entwürfe von Lindstrand signalisierten einen allgemeinen Übergang zur Moderne und sowie eine neue und plastischere Richtung für die Produkte von Orrefors. In den 1930er Jahren entwickelten **Sven Palmqvist** und Edvin Öhrström die innovativen und als Kraka bzw. Ariel bekannt gewordenen Techniken. Beim Kraka-Verfahren wurde ein netzartiges Muster aus weißem oder gefärbtem Glas zwischen Schichten aus durchsichtigem Glas gelegt, während beim Ariel-Verfahren die Rohglasoberfläche sandgestrahlt und anschließend mit einer oder mehreren transparenten äußeren Glasschichten ummantelt wurde, so dass zwischen den einzelnen Schichten Luftblasenmuster entstanden. Im Zweiten Weltkrieg herrschte großer Rohstoffmangel, der die Orrefors-Gestalter jedoch nicht davon abhielt, weiter mit neuen Techniken wie dem Slip-Graal- und dem wegen seiner Meeresmotive beliebten Fish-Graal-Verfahren zu experimentieren. 1947 stieß Ingeborg Lundin zu der Firma, und im Jahr darauf stellten die Glaswerke ihre bemerkenswerten Objekte in schlichten weichen Formen und dezenter Farbgebung zusammen mit denen von **Nils Landberg** und Edward Hald im Stockholmer Kaufhaus NK aus. Während der 1950er Jahre waren die neuen Orrefors-Produkte auf zahlreichen Ausstellungen in ganz Europa zu sehen, so auch auf der X. Mailänder Triennale von 1954 und der H55-Ausstellung in Helsingborg von 1955, wo Sven Palmqvist seine Gebrauchsglasreihe *Fuga* vorstellte, die unter Einsatz einer neuen, auf der Zentrifugalkraft beruhenden Fertigungsmethode hergestellt worden waren. Waren die 1950er Jahre bei Orrefors noch von weichen wellenartigen Formen solcher Schöpfungen wie der Vase *Äpple* von Ingeborg Lundin gekennzeichnet, so verkörperten die unkonventionellen, bunt gestreiften *Pop*-Gläser von Gunnar Cyrén (1931–2013) den neuen Geist der 1960er Jahre. In den frühen 1970er Jahren warb Orrefors für eine rustikale Ästhetik, während das in den 1980er Jahren wiedererwachte Interesse an Studioglaswaren in limitierter Auflage das Unternehmen veranlasste, keine Entwürfe mehr aus seinem früheren Katalog zu produzieren und sich stattdessen nur noch auf die Herstellung

neuer Objekte zu konzentrieren. Ein Jahr später ging das Unternehmen noch einen Schritt weiter und beschloss, nur noch die Arbeiten seines eigenen Designteams zu produzieren, zu dem Eva Englund (1937–1998), Anne Nilsson (geb. 1953), Erika Lagerbielke (geb. 1960) und Helén Krantz (geb. 1953) gehörten. In dieser Phase wurden die Orrefors-Gestalter für ihre stilistisch vielfältigen Arbeiten gleich mehrmals mit einem neuen Designpreis, dem Utmärkt Svenska Form, ausgezeichnet. Die 1990er Jahre erlebten ein Revival schlichter und zugleich eleganter Tafelgläser nach den Entwürfen von Gunnar Cyrén und Erika Lagerbielke. Mitte der 1990er Jahre traten neue Designer in die Firma ein, darunter Lena Bergström (geb. 1961), Martti Rytkönen (geb. 1960) und Per B. Sundberg (geb. 1964). Sie gestalten ausgesprochen skulpturale und technisch innovative Produkte, die der künstlerischen Tradition von Orrefors zwar treu bleiben, zugleich aber neuen Formen und Fertigungstechniken für Kunst- wie auch Gebrauchsglas den Weg bereiten. 1999 kam die Glaskünstlerin und Keramikerin **Ingegerd Råman** in die Firma und schuf seitdem zahlreiche technisch interessante Glaswarenserien, die zu einer starken grafischen Präsenz neigen. Orrefors verfolgt seit über 120 Jahren das Ziel, „die Ausdruckskraft von Glas im Künstlerischen wie im Technischen weiterzuentwickeln", und setzt sich dafür ein, „dass schwedisches Glas seine Eleganz, Schönheit und erstklassige Qualität in sowohl handwerklicher als auch gestalterischer Hinsicht bewahrt".

Stapelstuhl *Cado 290* für Poul Cadovius (Cado), 1968

Gegenüber: Stapelstuhl *Cado 290* mit Lehnstuhl *Cado 291,* Klubsessel *Cado 265* und Klubsessel mit Fußschemel aus spritzgegossenem Kunststoff für Poul Cadovius (Cado), ca. 1970

steen østergaard 1935 Ageebæk, Dänemark

Steen Østergaard ging als Tischler in die Lehre und wurde 1957 mit einer Silbermedaille ausgezeichnet. 1960 schloss er seine Ausbildung an der Kopenhagener Kunsthåndværkerskolen (Kunstgewerbeschule) ab und gewann noch im selben Jahr einen Wettbewerb, den die Innung der Sattler und Polsterer anlässlich ihres Jahrestages ausgeschrieben hatte. Von 1962 bis 1965 arbeitete er im Designbüro von **Finn Juhl**, wo er an der Entwicklung mehrerer Stühle mitarbeitete, deren Holzrahmen eine außerordentlich hohe Stabilität und Robustheit aufwiesen. 1965 eröffnete Østergaard ein eigenes Designstudio und entwarf wenig später sein erstes Kunststoffprodukt, den Stuhl *Cado 290* (1968), der seit ungefähr 1970 von Poul Cadovius hergestellt wird. Das entscheidende Merkmal dieses Entwurfs bestand darin, dass es einer der ersten Plastikstühle war, der aus einer Form und mit nur einem Material, nämlich Polyamid (Nylon), spritzgegossen war. Die elegante freitragende Form dieses Stuhls war offensichtlich von **Verner Pantons** Stapelstuhl *Panton* (1959/60) inspiriert, der 1968 aus spritzgegossenem Baydur (einem harten Zellpolyurethan) und ab 1970 aus spritzgegossenem Luran-S (einem Nylonthermoplast) gefertigt wurde. Im Unterschied zu Pantons Stuhl war der *Cado 290* auf Wunsch auch mit Sitzkissen erhältlich, die direkt auf den Rahmen geschraubt wurden. Østergaards Stuhl ließ sich außerdem zu ganzen Sitzreihen verbinden und in Stapeln von je 25 Stück auf einen eigens zu diesem Zweck konstruierten Transportwagen verladen. Darüber hinaus war er auch als Lehnstuhl und mit hoher Rückenlehne erhältlich. Verglichen mit Pantons Stuhl, war der *Cado 290* auch das ökonomischere Design, da die Sitzschale weniger Material erforderte und die geringere Dicke seiner Wände das Gesamtgewicht des Stuhls auf ein Minimum reduzierte. Østergaard hat seither zahlreiche andere Stühle entworfen, von denen jedoch keiner an den *Cado 290* herankam – ein funktional und ästhetisch aufregendes Design, das die von der Kunststoffindustrie neu entwickelten Hightechverfahren optimal zu nutzen wusste.

sven palmqvist
1906 Lenhovda – 1984 Orrefors, Schweden

Oben: Schalen aus der Serie *Fuga* für Orrefors, 1954

Gegenüber: Vase in Kraka-Technik für Orrefors, 1944

Sven Ernst Robert Palmqvist absolvierte ab 1928 an der Glasgravurschule der **Orrefors**-Glaswerke eine Ausbildung. Anschließend besuchte er von 1931 bis 1933 in Stockholm die Konstfackskolan (Hochschule für Kunst, Kunsthandwerk und Design) und die Tekniska Skolan (Technische Hochschule) und von 1934 bis 1936 die Kungliga Konsthögskolan (Königliche Kunsthochschule). In dieser Zeit studierte er auch bei Paul Cornet und Aristide Maillol (1861–1944) an der Académie Ranson in Paris sowie in Deutschland, der Tschechoslowakei, Italien und den Vereinigten Staaten. 1936 kehrte Palmqvist zu Orrefors zurück und entwickelte dort die Kraka-Technik, bei der ein netzartiges Muster aus weißem oder buntem Glas zwischen Transparentglasschichten eingefügt wird. Seine Arbeiten wurden 1937 auf der „Exposition Internationale des Arts et Techniques dans la Vie Moderne" in Paris und der New Yorker Weltausstellung von 1939 ausgestellt. 1954 erfand Palmqvist eine Methode, mit der geschmolzenes Glas in einer Gussform mittels Zentrifuge geschleudert wurde, wodurch das Objekt nicht mehr von Hand nachgearbeitet werden musste. Auf der XI. Mailänder Triennale von 1957 wurden seine mit diesem Verfahren hergestellten Haushaltsglaswaren *Fuga* mit einer Goldmedaille und einem Großen Preis ausgezeichnet. In den späten 1940er und frühen 1950er Jahren entwickelte er Ravenna-Glasobjekte, bei denen bunte geometrische Glassegmente in mit Sand bestreuten Luftkanälen eingelagert wurden, wodurch ein mosaikähnlicher Effekt erzielt wurde. Er nutzte diese Technik auch für die frei stehende Glaswand *Licht und Dunkel* für die Union Internationale des Télécommunications in Genf, die er aus 200 Ravenna-Glasblöcken ausführte. Palmqvist, der auch exquisites „industrielles Studioglas" entwarf, verließ Orrefors 1972 und arbeitete danach als freischaffender Designer für die Glaswerke. Sein Kunstglas wurde ein Inbegriff der funktionalistischen, für das schwedische Design so charakteristischen Anmut. Mit seinen bahnbrechenden Verfahren erzeugte er ungemein schöpferische und innovative Produkte. Fasziniert von der dem Glas eigenen visuellen Poesie, sagte Palmqvist: „Mit Glas

kann man Lichtskulpturen schaffen und diese mit Spektralfarben bemalen, die von der Sonne verstärkt werden. Glas drückt so viel mehr aus als jedes andere Material. Glas lässt sich niemals auslöschen – es ist ewig, unveränderlich."

Oben und gegenüber: Schale *Ravenna* für Orrefors, ca. 1948

Entwurf für
Marmeladenglas
für WMF, 1991

Gegenüber:
Thermoskanne
Classic Nr. 1 für
Alfi, 1985

Gegenüber unten:
Thermoskanne
Classic Nr. 1 für
Alfi, 1985

ole palsby 1935 Kopenhagen – 2010 Kopenhagen, Dänemark

Obgleich Ole Palsby zu den produktivsten dänischen Industriedesignern zählt, war er ursprünglich im Bank- und internationalen Finanzwesen tätig. 1960 beschloss er, seinen künstlerischen Neigungen nachzugehen, und produzierte Möbel, die er gemeinsam mit einigen der führenden dänischen Designern entwarf. Vier Jahre später eröffnete er eine Galerie, die sich auf den Verkauf von modernen Designobjekten, Möbeln, zeitgenössischer Malerei, Bildhauerei und Fotografie spezialisierte. Wirklich ernst mit einer Karriere als Designer wurde es ihm jedoch erst im Jahr 1968, als er in Kopenhagen ein zweites Geschäft eröffnete, das qualitativ hochwertige Küchenausstattungen verkaufte. Zu dieser Zeit wurde er nämlich eingeladen, eine Reihe von Gartengrillgeräten zu entwerfen, mit denen er 1971 den prestigeträchtigen dänischen ID-Preis gewann. Von diesem Erfolg bestärkt, beschloss Palsby 1975, die Laufbahn als unabhängiger Designer einzuschlagen. In der Folge spezialisierte er sich fast ausschließlich auf die Gestaltung von Haushaltswaren, angefangen von Kochgeräten aus Edelstahl über Porzellangeschirr bis hin zu Küchenutensilien aus Nylon und Thermosflaschen aus Kunststoff. Palsby besaß im Unterschied zu den meisten Industriedesignern kein eigenes Studio und verfügte auch über keinen Mitarbeiterstab, sondern arbeitete immer allein und stets dort, wo er sich gerade befand. Skizzen bildeten zwar einen wichtigen Teil seiner Arbeitsmethode, doch er vertrat die Ansicht, dass „niemand die richtige Lösung einfach zeichnen kann". Seiner Erfahrung nach setzt der kreative Prozess oft erst dann richtig ein, wenn er in der Fabrik ist und das Material in Händen hat. Angeleitet von dem zentralen Grundsatz, dass „Design für das Auge und die Hand gedacht ist", beschränkte er sich auf essenzielle Formen, deren Schlichtheit und Schönheit von innen heraus wirken. 1977 erhielt er für sein berühmtes Kochgeschirr *Eva Trio* ein weiteres Mal den dänischen ID-Preis. Als Palsby 1980 zum ersten Mal Japan bereiste, hatte dies einen großen Einfluss auf seine spätere Arbeit. Fünf Jahre später entwarf er für Alfi sein bekanntestes Produkt, die Thermoskanne *Classic,* deren Form an einen traditionellen, auf den Kanalinseln benutzten Sahnekrug aus Silber erinnerte. Diesem kommerziell erfolgreichen Entwurf folgte das klassische weiße Speiseservice *Eva Trio,* mit dem er seiner Überzeugung Ausdruck verlieh, dass die Präsentation von Speisen nicht durch unnötige Verzierungen gestört werden sollte. Später entwickelte er unterschiedliche Produkte für WMF, darunter die Besteckreihe *CombiNation,* die aus 58 verschiedenen Elementen besteht. Sein Erfolg, der in Deutschland besonders groß ist, lässt sich wohl auf die Verwendung klassisch geometrischer Formen und den logischen Designansatz zurückführen, mit dem er seinen Produkten ein „Erscheinungsbild verleihen" wollte, das „so natürlich sein soll, als wäre das Design aus eigenem Antrieb entstanden". Palsby ließ sich bei seiner Arbeit von den alten Traditionen des skandinavischen Designs leiten und vertrat die Ansicht, dass „Design ein politisches Statement" ist, das um der Entstehung natürlicher und optimaler Lösungen willen einen Ausgleich zwischen Ästhetik und Funktion anstrebt.

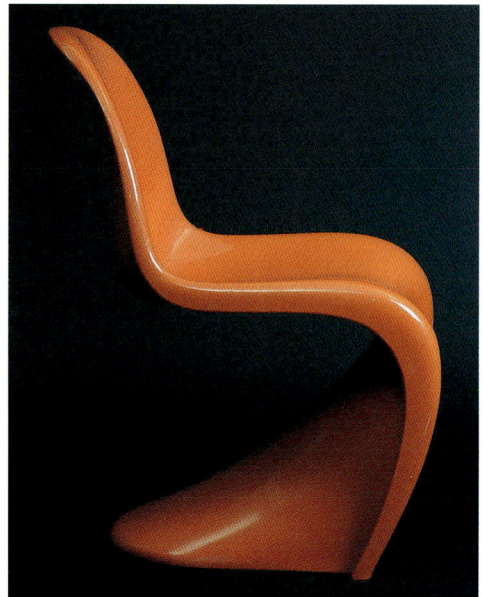

Stuhl *Panton*, 1959/60, hergestellt von Vitra

Gegenüber: Marianne Panton auf einem *Panton*-Stuhl mit passendem Tisch, ca. 1970

verner panton 1926 Gamtofte – 1998 Kopenhagen, Dänemark

Die satten kräftigen Regenbogenfarben und futuristischen skulpturalen Formen Verner Pantons veränderten das Design nicht nur in Skandinavien auf spielerische und zugleich radikale Weise, sondern auch in großen Teilen der westlichen Welt. Als Sohn eines Gastwirts verbrachte Panton seine Kindheit auf der dänischen Insel Funen und ging dann an die Tekniske Skole (Technische Hochschule) in Odense. Später studierte er Architektur an der Kongelige Danske Kunstakademi (Königliche Dänische Kunstakademie) in Kopenhagen, wo er sein Studium 1951 abschloss. Von 1950 bis 1952 arbeitete er im Büro des gefeierten dänischen Architekten und Designers **Arne Jacobsen**, dem er bei der Entwicklung mehrerer experimenteller Möbel assistierte, darunter auch bei dem bekannten Stuhl *Ant* (Ameise, 1951/52). Nachdem er Jacobsens Studio verlassen hatte, begann Panton, eigene Möbelmodelle zu bauen, Autoausstattungen zu entwerfen und Ausstellungen zu gestalten. 1955 richtete er ein eigenes Studio ein und machte sich mit seinen innovativen architektonischen Konzepten, etwa mit seinem zusammenlegbaren Haus (1955), dem *Cardboard House* (1957) und dem *Plastic House* (1960), bald einen Namen. Die 1950er Jahre waren für Panton eine Phase der fantasievollen Erkundungen und der spielerischen Experimente. Er entwarf zahlreiche Sitzmöbel, Lampen, Textilien und Teppiche und gestaltete mehrere Ausstellungen, was sein öffentliches Ansehen erhöhte. 1958 erhielt er von Baron Berner Schilden Holsten seinen ersten großen Auftrag für ein Architektur- und Einrichtungsprojekt. Panton sollte das dem Baron gehörende Gasthaus Komigen Kro (Komm wieder) in der kleinen Stadt Langesø auf der Insel Funen umbauen und erweitern, das dessen Vater gepachtet hatte und führte. Panton brach mit allen Konventionen und entwarf ein durchgängig rot gehaltenes Interieur, zu dem auch sein berühmter Stuhl *Cone* (Kegel, 1958) gehörte. Dessen auffallende Eistütenform war so ungewöhnlich, dass Panton damit auch international berühmt wurde: Als der Stuhl in New York in einem Schaufenster an einer Straßenecke präsentiert wurde, lenkte er die vorbeifahrenden Autofahrer dermaßen ab, dass die Verkehrspolizei aus Angst vor weiteren Unfällen die Zurschaustellung des ungewöhnlichen Möbels an diesem Ort

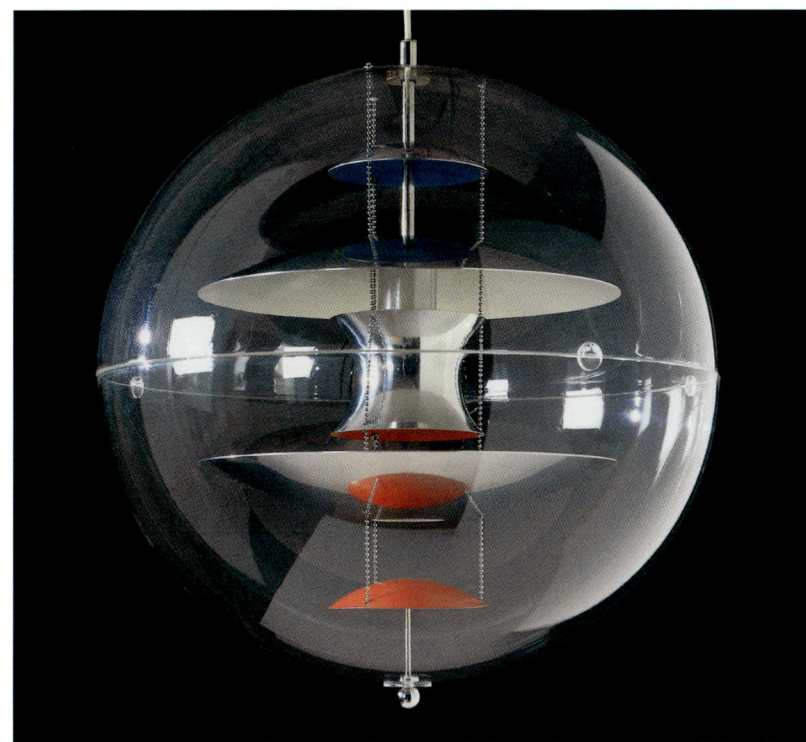

Lampe *VP-Globe* für Louis Poulsen, 1969

Gegenüber: Vorraum des Restaurants Varna in Århus, 1971

untersagte. Der *Cone* und der etwas später entstandene Stuhl *Heart* (1959), eine „Eistüte mit Engelsflügeln", wurden schließlich von Percy von Halling-Kochs neu gegründeter Firma Plus-Linje produziert. Panton verblüffte Presse und Öffentlichkeit erneut, als er 1959 auf der Fachmesse Købestævnet die Welt buchstäblich auf den Kopf stellte: Die Decke war mit Teppichboden ausgelegt, auf dem sämtliche Möbel und Leuchten verkehrt herum angebracht waren. Er begründete diese unkonventionelle Gestaltung damit, dass die Messe gewöhnlich so überlaufen sei, dass die Besucher lediglich den Rücken der Person vor sich sähen. Wenn sich nun aber die Möbel und Lampen über ihren Köpfen befänden, hätte jeder eine bessere Sicht auf die Ausstellungsstücke. 1960 entwarf er für die Kölner Möbelmesse eine ähnlich verblüffende Installation, wobei er diesmal die Decke mit Silberfolie überzog. Im selben Jahr erhielt er den Auftrag, das Restaurant Astoria in Trondheim umzugestalten. Seine Innenausstattung erregte nicht nur wegen ihrer ungewöhnlichen Formen, sondern auch aufgrund der kräftigen Farben großes Aufsehen. **Poul Henningsen** bemerkte zu dem Projekt: „Verner Pantons Restaurant Astoria lässt alles bisher Gesehene weit hinter sich. Das, was daran so anders ist, ist die Kombination aus Sturheit in der Umsetzung der Idee und Rücksichtnahme auf das Wohlbefinden der Gäste. ... Ich habe das Gefühl, hier zum ersten Mal eine Antwort auf die große Frage vor mir zu haben, die uns quält, seit der Funktionalismus seinen Durchbruch erlebt hat: Wie machen wir aus einem Restaurant einen angenehmen Ort für die Gäste?" Eines steht fest: Das Interieur mit seinen von der Op-Art inspirierten Tapeten und den globusartigen Lampen versetzte die Gäste in eine futuristische Fantasiewelt. Neben seinen außergewöhnlichen Innenausstattungen beschäftigte Panton die Entwicklung des ersten aus einem Guss bestehenden Plastikstuhls. 1955 bis 1956 hatte er in Zusammenarbeit mit Thonet den *S-Stuhl,* einen aus einem Stück geformten Freischwinger aus Sperrholz, entworfen und in den folgenden Jahren versucht, dieses Design auf Kunststoff zu übertragen. Von 1957 bis 1960 arbeitete er an der Verfeinerung seiner Ideen, Skizzen und Modelle, und im Jahr 1962 hatte er schließlich das fertige Konzept für den revolutionären *Panton*-Stuhl. Im selben Jahr verließ Panton Dänemark und lebte für kurze Zeit in Paris, bevor er ein Büro in Cannes eröffnete. Die Suche nach einem Hersteller für seinen bahnbrechenden Entwurf erwies sich zunächst als vergeblich, bis er schließlich mit dem Basler

Gegenüber, oben links: Sessel Herz *Kegel K3* für Plus-Linje, 1959

Gegenüber, oben rechts: Sessel *Pfau T5* für Plus-Linje, 1960

Gegenüber, unten links: Sessel *Pyramide K4* für Plus-Linje, 1960

Gegenüber, unten rechts: *Cone K1* chair for Plus-Linje, 1958

Sessel *Kegel K2* in Draht für Plus-Linje, 1960

Unten: Sessel *Pantonova* der 100er-Serie *(Modell Nr. 125T)* und Ottomane *(Modell Nr. 126S)* für Fritz Hansen, 1971

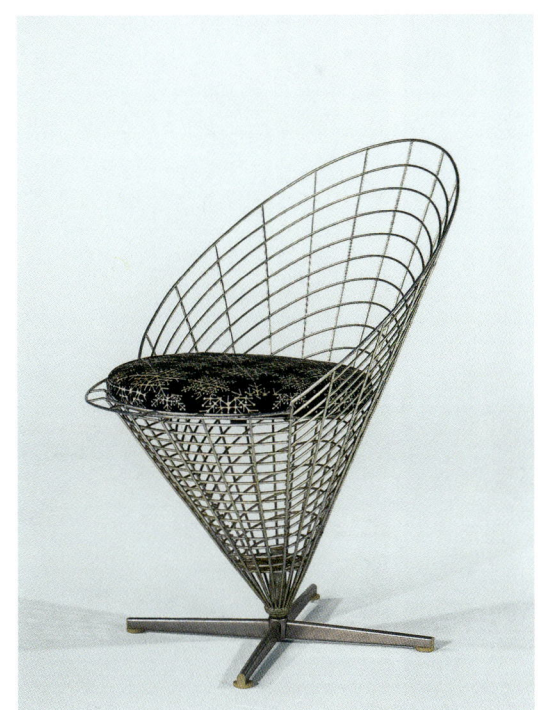

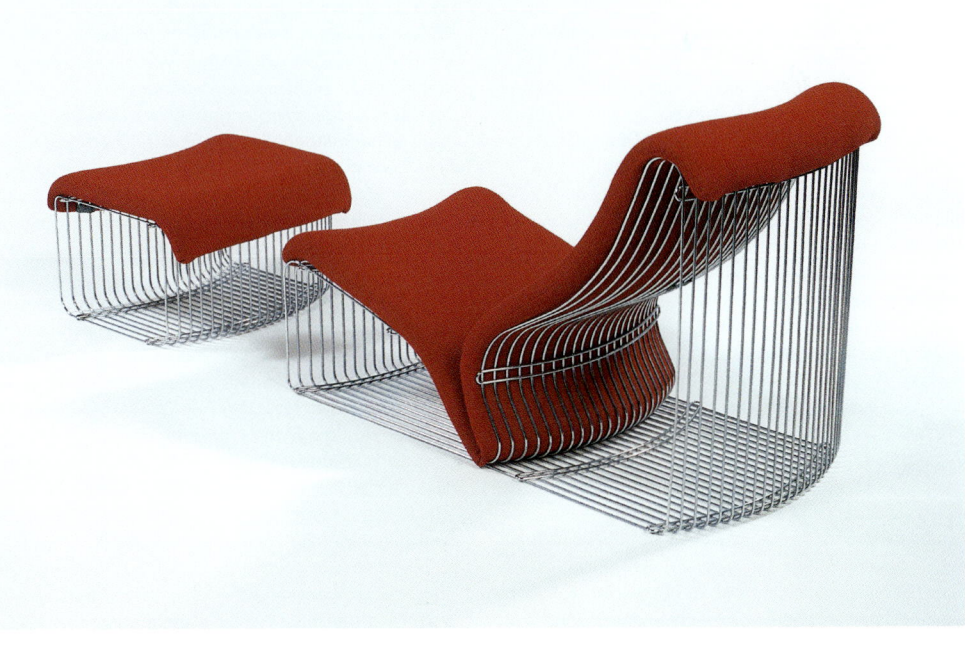

Plus-Linje Kollektion, Verkaufsausstellung in der Firma des Züricher Möbelherstellers Pfister, 1960

Möbelhersteller Willy Fehlbaum in Kontakt kam, der Herman-Miller-Produkte in Lizenz herstellte. Obwohl George Nelson, der Chefdesigner von Herman Miller, von den Erfolgschancen des Entwurfs nicht überzeugt war, beschloss Fehlbaum, das Risiko einzugehen und den Stuhl in seiner Firma Vitra zu entwickeln. Panton übersiedelte schließlich nach Basel, um Willy Fehlbaum bei den fünf Jahre dauernden Vorarbeiten zu unterstützen. 1967 produzierte die Firma den Stuhl in einer begrenzten Auflage von 100 bis 150 Stück aus kalt gepresstem, mit Glasfaser verstärktem Polyester (FRP), und im Jahr darauf wurde der Stuhl auf der Kölner Möbelmesse unter großem internationalen Beifall vorgestellt. Noch im selben Jahr wurde der neue Kunststoff Baydur (ein harter Polyurethanschaum) verwendet und mit dem *Panton*-Stuhl der erste aus einem Material und einem Stück im Spritzgussverfahren gefertigte Stuhl produziert. Mit dem neuen Material konnte der Stuhl zwar in größeren Stückzahlen hergestellt werden, erforderte aber immer noch erheblichen Aufwand bei der Fertigstellung (einschließlich der Lackierung). Als er 1971 mit dem wiederum neuen Kunststoff Luran-S (einem Polystyrolthermoplast) produziert wurde, ließ sich zwar eine glänzende Oberfläche erzielen, der Kunststoff erwies sich jedoch als nicht bruchfest. 1979 wurde die Herstellung eingestellt, um 1990 von Vitra wieder aufgenommen zu werden, wobei Polypropylen sowie harter Polyurethanschaum verwendet wurden. Panton blieb in Basel und baute sich eine umfangreiche Klientel auf, zu der A. Sommer, Kaufeld, Haiges, Schöner Wohnen, Nordlys, Kill, Wega Radio, Thonet, Knoll International, Lüber und Bayer gehörten. Im Auftrag von Bayer entwarf Panton für die Kölner Ausstellungen Visiona 0 von 1968 und Visiona II von 1970 psychedelische *Phantasy Landscapes* (Fantasielandschaften), bei denen er fantastische Formen mit satten Farben kombinierte. Jeder Raum der bei Visiona 0 gezeigten Installation war mit anderen Möbeln und „Sitzskulpturen" eingerichtet: So enthielt ein Raum große, mit orangefarbenem Dralon überzogene Schaumstoffbälle, während in einem anderen die Decke mit „dreidimensionalen" Teppichen verkleidet war. Bei einem Kommentator hieß es dazu: „Jedes Zimmer besaß seine eigenen Geräusche und Gerüche, so dass die von fast allen Sinnesorganen wahrgenommenen Empfindungen der einzigartigen Raumwirkung zusätzliche Würze verliehen. … Man ging durch die Ausstellung und vergaß Zeit und Raum." Die für Visiona II entworfenen Installationen gingen sogar noch weiter: Hier verschmolzen die Wände, der Boden und die Möbel zu futuristischen Grotten. Diese fantasievollen und die Sinne verwirrenden Räume brachten den experimentellen Charakter der psychedelischen Ära und ihre kaleidoskopartige Sicht von Form, Farbe und Textur auf den Punkt. Von 1969 bis 1985 entwarf Panton geometrisch gemusterte Stoffe für Mira-X, für die er ebenfalls seine typischen knalligen Regenbogenfarben verwendete. In den späten 1960er und frühen 1970er Jahren entwickelte er mehrere

Sitzmöbel und ein Ablagesystem für **Fritz Hansen** sowie Steh- und Schreibtischlampen aus verchromten Drahtkonstruktionen für Lüber. Diese von der Op-Art inspirierten Entwürfe waren Weiterentwicklungen seiner früheren, von 1959 bis 1960 entstandenen Sitzmöbel aus Draht. 1973 entwarf er für Fritz Hansen das Sitzsystem *1-2-3,* das aus 20 unterschiedlichen Modellen in vier verschiedenen Sitzhöhen bestand, je nachdem, ob man darauf ruhen, essen oder arbeiten wollte. Sein Interesse an zusammenhängenden Designlösungen schlug sich auch in dem bunten Baukastensystem *Pantonaef* (1975) für das schweizerische Unternehmen Naef nieder. In den 1970er Jahren entwickelte Panton für **Louis Poulsen** mehrere Leuchten, darunter die sphärischen Lampen *VP-Globe* und *Panto* (1975). In den 1980er Jahren schuf er die Serie *Art Chairs – Chair Art* (1981), die aus 16 jeweils aus Sperrholz geschnittenen Stühlen mit ungewöhnlich amorphen Formen bestand. Für eine 1985 entworfene Sitzgruppe experimentierte er außerdem mit rein geometrischen Formen – Würfeln, Kugeln und Kegeln. Im Gegensatz zu vielen anderen dänischen Designern verfolgte Panton einen revolutionären und nicht evolutionären Designansatz. Er schuf – häufig unter Einsatz modernster Technologien – höchst innovative, gewagte und mutige Formen, die sowohl seinen Optimismus als auch seine verspielte Fantasie widerspiegelten. Mit seiner einzigartig bunten und synthetischen Zukunftsvision erteilte Panton der dänischen Tradition, bereits vorhandene Möbeltypen zu überarbeiten und natürliche Materialien zu verwenden, eine Absage, ohne aber je den skandinavischen Grundsatz aufzugeben, dass Design vor allem Dauerhaftigkeit, Einheitlichkeit und Integrität bedeutet.

Von links nach rechts: Hängelampen (Verner Panton zugeschrieben), 1960er Jahre; Hängelampe *Big Flowerpot* für Louis Poulsen, ca. 1971; und Hängelampe *Moon-Lamp* für Louis Poulsen, 1960. Dieses Design offenbart den starken Einfluss der Op-Art auf Pantons Arbeit.

Sessel aus der Serie System *1-2-3* für Fritz Hansen, 1973

Unten:
Polsterelement *Living Tower* in Pantons Haus, ca. 1970

Fantasielandschaft für die Bayer AG auf der Kölner Ausstellung Visiona II, 1970. Der Wohnungsmangel während der 1960er Jahre war für viele avantgardistische Designer und Designgruppen (von Joe Colombo bis Archizoom Associati) ein Ansporn, um mit der zukunftweisenden Idee komprimierter Wohneinheiten zu experimentieren. Auch in Pantons visionären Installationen für die Ausstellung Visiona II drückt sich diese Faszination für alternative Raumgestaltung und futuristische Formen aus. Aber Pantons skulpturale 3-D-Teppiche und Polsterelemente, die zu höhlenartigen Sitzlandschaften zu verschmelzen scheinen, erprobten nicht nur auf spielerische Weise die Möglichkeiten von Form, Funktion, Farbe und Raum, sondern stellten darüber hinaus auch eine Aufhebung der Grenzen zwischen Möbeldesign und Architektur dar.

Links und links unten: Baumwollvelours *Kurve* aus der Kollektion *Décor (I)* für Mira-X, 1969

Unten: Baumwollvelours *Quadrat* aus der Kollektion *Décor (I)* für Mira-X, 1969

Oben: Baumwollvelours *Karos* aus der Kollektion *Décor (I)* für Mira-X, 1969

Gegenüber: Baumwollvelours *Zwiebel* aus der Kollektion *Décor (I)* für Mira-X, 1976

Henrik Bull,
Teller mit nordischen Motiven,
ca. 1900–1905

porsgrund *gegründet 1885 Porsgrunn, Norwegen*

1886 gründete Johan Jeremiaessen mit finanzieller Unterstützung der Familie seiner Frau in Porsgrunn die Keramikfabrik Porsgrund und ernannte den deutschen Keramiker Carl Maria Bauer zum ersten technischen Leiter der Firma. Nachdem im Jahr darauf die Brennöfen in Betrieb gegangen waren, erzeugte die Fabrik anfangs Keramiken mit Unterglasurmalereien und im Umdruckverfahren, wobei sich die Motive stark an den traditionellen Mustern der Porzellanfabrik **Royal Copenhagen** und des Meißener Porzellans orientierten. Zu Beginn des 20. Jahrhunderts, als sich das Unternehmen etabliert hatte und mit dem Verkauf seiner Keramikwaren Gewinne erzielte, sah sich Porsgrund in der Lage, erste eigene Muster im nordischen Stil herzustellen. Diese Produkte wurden nicht nur in der Absicht konzipiert, sich von den Erzeugnissen anderer skandinavischer Hersteller abzuheben, sondern auch um Norwegens Streben nach Unabhängigkeit von Dänemark einen materiellen Ausdruck zu verleihen und eine eigenständige künstlerische Identität geltend zu machen. Es ist daher von einer gewissen Ironie, dass die Fabrik 1901 den Dänen Rose Martin zu ihrem neuen technischen Leiter ernannte, der eine ursprünglich in Dänemark entwickelte Form der Unterglasurmalerei einführte. Die in dieser Zeit von der Fabrik im nordischen Stil erzeugten Waren stammten u. a. von den Designern **Gerhard Munthe** und Henrik Bull (1864–1953), die im Neowikingerstil arbeiteten und komplexe, ineinander verschlungene Muster schufen. Damals entwarf auch der wegen seiner Darstellungen von Feen und Trollen berühmte Illustrator Theodor Kittelsen (1857–1914) Keramiken für Porsgrund und verzierte diese mit nordischen Landschaftsbildern. Thorolf Holmboe (1866–1935) gestaltete für das Unternehmen Entwürfe im Art-nouveau-Stil, die schlichte, in blauer Unterglasur gemalte Blumenmotive aufwiesen. Nach dieser frühen Blütezeit künstlerischen Schaffens brachte die Fabrik eine Zeit lang keine bemerkenswerten Entwürfe mehr hervor. Das änderte sich erst wieder 1920, als der dänische Designer Hans Flygenring (1881–1958), der in der Porzellanfabrik Royal Copenhagen bei **Johan Rohde** und **Arnold Krog** gelernt hatte, die künstlerische Leitung übernahm. In den sieben Jahren, die er bei Porsgrund blieb, entwarf er eine umfangreiche Palette an dekorativen und funktionalen Waren, die durch orientalisch geprägte Blumenmotive und lineare Muster geprägt waren. Von 1928 bis 1945 hatte die norwegische Designerin Nora Gulbrandsen (1894–1978) die künstlerische Leitung der Fabrik inne und leitete

eine deutliche Modernisierung des Designkonzepts und der Herstellung von Gebrauchskeramiken ein. Ihre geometrischen und eher architektonisch aufgebauten Produktentwürfe zeugten von ihrem Interesse an der internationalen Avantgarde, besonders an den russischen Konstruktivisten und den deutschen Funktionalisten. Die Farben, wie etwa feuriges Orange, Gold und Schwarz, die sie für ihre mit Streifen dekorierten Objekte verwendete, standen unter dem Einfluss des Art-déco-Stils. In den späten 1930er Jahren verloren Gulbrandsens Produkte allmählich ihre harten Kanten und näherten sich einer weicheren und humaneren Form der Moderne. Nach dem Zweiten Weltkrieg gestaltete Tias Eckhoff für Porsgrund eine Reihe von Geschirrserien, zu denen das Kaffee- und Teeservice *Det Riflede* (Das Gerillte, 1949) und das hitzebeständige Geschirr *Glohane* (1951) zählen. Beide Entwürfe wurden auf den Ausstellungen der Mailänder Triennale von 1954 und 1957 jeweils mit einer Goldmedaille ausgezeichnet. Ein anderes bekanntes Design der „goldenen Ära" Porsgrunds in der Nachkriegszeit war das Tafelgeschirr *Spire* (1953) von Konrad Galaaen (1923–2004). Während der 1960er, 1970er und 1980er Jahre produzierte das Unternehmen neben den Entwürfen von Eckhoff auch die Porzellan- und Steingutwaren von Eystein Sandnes (1924–2006), Leif Helge Enger (geb. 1934) und Grete Rønning (geb. 1937), die sich vor allem durch ihre weichen funktionalen Formen auszeichneten. Porsgrund ist bis heute der größte Keramikhersteller Norwegens und erzeugt ein umfangreiches Sortiment an Qualitätsprodukten, angefangen von Tafelgeschirr bis hin zu Sanitäreinrichtungen.

Hans Flygenring, Terrine *Blaaveis*, ca. 1921

Oben: Nora
Gulbrandsen,
Kaffeeservice
Modell Nr. 1848,
1930er Jahre

Nora Gulbrandsen,
Porzellanterrine,
1927

Nora Gulbrandsen,
glanzglasierte
Porzellanvase,
ca. 1931–1933

Unten:
Konrad Galaaen,
Porzellanservice
Spire, 1952

Feuerfestes
Kochgeschirr
Liekki (Flamme)
für Arabia, 1957

Gegenüber:
Kaarna Teekanne
für Arabia, ca. 1961
– gemeinsam
mit Göran Bäck
entworfen

ulla procopé
1921 Helsinki, Finnland – 1968 Teneriffa, Spanien

Die finnische Keramikkünstlerin Ulla Procopé studierte an der Taideteollinen Korkeakoulu (Hochschule für Kunst und Design) in Helsinki. 1948 trat sie in die Designabteilung von **Arabia** ein, die damals von **Kaj Franck** geleitet wurde. Während sie Seite an Seite mit **Saara Hopea** und Kaarina Aho (1925–1990) arbeitete, entwarf sie Gebrauchskeramiken wie die im orientalischen Stil gehaltene Teekanne *GA* (1953) und ein Marmeladengefäß (ca. 1957), die zwar industriell erzeugt wurden, aber eindeutig die Qualitäten manueller Fertigung aufwiesen. 1957 entwarf sie das beliebte hitzebeständige, stapelbare und multifunktionale Kochgeschirr *Liekki* (Flamme). Diese dunkelbraune Steingutreihe war insofern äußerst innovativ, als die Deckel der Töpfe auch als Servierteller benutzt werden konnten. 1960 entwickelte Procopé das spülmaschinengeeignete Service *Ruska*, mit dem direkt vom Herd an den Tisch serviert werden konnte. Dieses industriell produzierte Geschirr war mit einer gesprenkelten braunen Glasur versehen, die ihm das Aussehen manuell getöpferter Keramik anstelle von Massenware verlieh. Ungefähr zur selben Zeit entwarf Procopé ihr bekanntes Tafelgeschirr *Valencia* (ca. 1960), eine von der traditionell blauweißen Studiokeramik Spaniens inspirierte Steingutreihe. Diese folkloristischen Steingutwaren, die dekorativer waren als ihre früheren Designs, wurden über vierzig Jahre lang produziert und gelten als klassisches Arabia-Design. Bei Arabia galt Procopé gleich nach Franck als prominenteste Gestalterin industriell erzeugter Keramiken und wurde als solche auf der XI. Mailänder Triennale von 1957 mit einem Ehrendiplom ausgezeichnet. Mit ihren kommerziell höchst erfolgreichen Produktentwürfen bewies Procopé, dass industriell gefertigte Keramik nicht unbedingt eine unpersönliche Maschinenästhetik ausstrahlen muss, sondern durch den Einsatz von Erdfarben, halbmatten Glasuren und weichen, aber dennoch funktionalen Formen ihren eigenen Reiz haben kann. Mit diesem Ansatz prägte sie ganz wesentlich die öffentliche Wahrnehmung von skandinavischem Design.

Kochtopf *Kobenstyle* für Dansk International Designs, 1954

Gegenüber: Teekanne aus Steingut für Palshus Pottery, 1949/50

jens quistgaard

1919 Kopenhagen – 2008 Vordingborg, Dänemark

Jens H. Quistgaard ist der Sohn des Bildhauers Harald Quistgaard, der Professor an der Kongelige Danske Kunstakademi (Königliche Dänische Kunstakademie) in Kopenhagen war. Bereits in jungen Jahren erlernte er die Kunst der Holzbildhauerei und erinnerte sich: „Holz faszinierte mich so, dass ich nicht davon lassen konnte." Später befasste er sich auch mit Bildhauerei, Möbeltischlerei, Keramikhandwerk und Zeichenkunst. Auch wenn er mit den verschiedensten Materialien wie Ton, Silber, Bronze, Eisen und Stahl arbeitete, blieb Holz stets das von ihm bevorzugte Material. Quistgaard absolvierte auch eine Lehre bei **Georg Jensen**. Nach dem Zweiten Weltkrieg machte er sich als Designer selbstständig und entwarf zum Beispiel eine Teekanne aus Steingut mit einem Griff aus Messing und Bambusrohr (1949), die sich auf orientalische Vorbilder bezog. 1954 wurde Quistgaard mit dem Lunning-Preis ausgezeichnet und gründete mit dem amerikanischen Unternehmer Ted Nierenberg das Unternehmen Dansk International Designs. Bis 1984 leiteten sie die Firma gemeinsam. Quistgaard war während dieser 30-jährigen Partnerschaft für die Mehrzahl der produzierten Entwürfe verantwortlich. Sein Kochgeschirr *Kobenstyle* (1954) aus emailliertem Stahl oder das aus Teakholz und Stahl gefertigte Besteck *Fjord* (1954) sind beispielhaft dafür, wie er die den Werkstoffen eigenen Qualitäten herausarbeiten und optimal zur Geltung bringen konnte. Die skulpturale Form seines berühmten Eisbehälters Congo (1960) war von Wikingerschiffen inspiriert, während der brückenähnliche Griff an traditionelle japanische Keramikgefäße erinnerte. Ab 1984 war er in seinem eigenen Studio in Kopenhagen tätig und entwarf für europäische und amerikanische Firmen Gebäude, Möbel und Schmuck. Quistgaards sowohl im Design als auch in der Ausführung hervorragende Produkte waren typisch für die dänische Moderne und offenbarten sein Interesse an traditionellen Handwerkskünsten und historischen Vorläufern. Die weichen und fließenden Konturen seiner Entwürfe, die oft kopiert, jedoch nur selten erreicht wurden, waren zudem Ausdruck seiner Überzeugung, dass „der Handwerker, der für die Massenfertigung entwirft, zuallererst sein Material kennen und schätzen

Unten: Gusseiserner Kerzenhalter für Dansk International Designs, ca. 1955

Seite 400: Besteck *Fjord* für Dansk International Designs, 1953

Seite 401: Eisbehälter aus Teakholz für Dansk International Designs, 1960

muss. Außerdem muss das Ergebnis vom Menschen und nicht von der Maschine verarbeitet werden. ... Er ist es, der ein Objekt von plastischem Wert und guten Proportionen schaffen sollte."

Steingutserie
Domino für
Gustavsberg,
1998

Gegenüber:
Glasvasen *Slowfox*
für Orrefors, 2000

ingegerd råman 1943 Stockholm, Schweden

Ingegerd Råman ist eine der einflussreichsten Glasdesignerinnen Schwedens. Sie studierte von 1962 bis 1968 an der Konstfackskolan (Hochschule für Kunst, Kunsthandwerk und Design) in Stockholm und am Istituto statale d'Arte per la Ceramica im italienischen Faenza. Nach ihrem Studium arbeitete sie von 1968 bis 1972 als Designerin bei dem Glashersteller Johansfors, bevor sie ihr eigenes Keramikstudio einrichtete. Von 1981 bis 1998 war sie Designerin der Skruf-Glaswerke, für die sie bemerkenswerte Produkte entwickelte, so auch ihre *Bellman*-Serie (1992), die kleine Schnapsgläser wieder populär machte, sowie ihre Wasserkaraffe *Mamsell* von 1990. Die auffallende formale Schlichtheit ihrer für Skruf entworfenen Designs brachte das dem Glas eigene Wesen voll zur Geltung und strahlte ein Gefühl von Leichtigkeit und Fragilität aus. Råmans Arbeit ist ähnlich wie die Glaswaren skandinavischer Designer der 1930er und 1940er Jahre unprätentiös. Ihre Überzeugung, dass Design eine Synthese zwischen „Schlichtheit, Funktion und ästhetischen Werten" herstellen sollte, kommt in ihrer *Oil Bottle* (1990) zum Ausdruck. Diese wird mit einer Kugel verschlossen, die an einer Stelle leicht abgeflacht ist, damit sie nicht vom Tisch rollt. Indem Råman ihre Produktentwürfe kontinuierlich variiert, entstanden ganze „Objektfamilien", bestehend aus Vasen, Flaschen, Schalen und Krügen. Seit 1999 entwirft sie künstlerische Arbeiten für **Orrefors**, die sich wie ihre früheren Designs für Skruf durch die Klarheit ihrer Formen auszeichnen. Im Unterschied zu diesen sind einige der für Orrefors entworfenen Stücke wie etwa die Vasen *Tantarella, Skyline* und *Slowfox* (2000) oder ihre spätere Serie Pond (2006) jedoch mit einfachen, nicht figurativen, geätzten Motiven verziert, welche die inhärenten Qualitäten des Materials unterstreichen. Darüber hinaus entwarf sie Keramiken für **Gustavsberg**, war als Beraterin für Trussardi in Mailand und für die portugiesische Regierung in Sachen Designausbildung tätig und entwarf Kollektionen für IKEA. Råman gilt in Schweden als nationales Kulturgut und erhielt zahlreiche Auszeichnungen, wie etwa die begehrte Prinz-Eugen-Medaille sowie zahlreiche Preise für Hervorragendes Schwedisches Design.

Nanny Still McKinney, Karaffe und Gläser, ca. 1970

riihimäki *gegründet 1910 Riihimäki, Finnland*

Die Glasmanufaktur Osakeyhtiö Riihimäki (Riihimäki Aktiengesellschaft) wurde 1910 von M. A. Kolehmainen und H. G. Paloheimo gegründet. Zunächst konzentrierte sich das Unternehmen auf die Produktion von Gebrauchsglas, wobei der Betrieb 1911 durch eine zweite Fabrik für die Herstellung von Transportglas (Flaschen und Behälter) erweitert wurde. Ab 1919 wurde dort geblasenes Fensterglas hergestellt, und in den 1920er Jahren war die Firma zum größten Glaswarenhersteller Finnlands aufgestiegen. Um diese Zeit begannen die Glaswerke, Produktdesigner mit der Gestaltung ihrer Haushaltsglaswaren zu beauftragen, zum Beispiel Tyra Lundgren (1897–1979) und Eva Gyldén (1885–1973). 1928 finanzierte Riihimäki einen Wettbewerb, den Henry Ericsson (1898–1933) gewann, der ein enger Freund **Alvar Aaltos** war und mit diesem ein Atelier geteilt hatte. Die von Ericsson für Riihimäki entworfenen und gravierten Glaswaren wurden bei der Weltausstellung in Barcelona von 1929/30 und bei der „Exposition Internationale, Coloniale, Maritime et d'Art Flamand" in Antwerpen von 1930 ausgestellt. 1932 stellte das Unternehmen auf Betreiben von Ericsson **Gunnel Nyman** ein, die bis 1947 bei den Glaswerken blieb und in dieser Zeit sowohl Gebrauchsglas wie auch Kunstglas entwarf.

In den Jahren 1933 und 1936 trat Riihimäki erneut als Sponsor für zwei öffentliche Designwettbewerbe auf, an denen auch Alvar Aalto und Arttu Brummer (1891–1951) teilnahmen, die beide später für das Unternehmen arbeiteten. Nachdem die Fabrik Mitte der 1930er Jahre modernisiert worden war, wurde sie 1937 in Riihimäki Lasi Oy umbenannt. 1939 begann das Unternehmen, Kristallglaswaren herzustellen und fusionierte 1941 mit den Kauklahti- und Ryttylä-Glaswerken. 1945 entwarf Brummer seine Vase *Finlandia,* deren wie gebrochenes Eis wirkende Form den expressiveren Designansatz vorwegnahm, der in Finnlands Nachkriegszeit eine Blütezeit erlebte. Im Jahr darauf schloss sich Helena Tynell (1918–2016) dem Unternehmen an, die ähnlich wie Brummer mittels plastisch gestalteter, asymmetrischer Formen die expressiven und optischen Qualitäten des Glases herauszuarbeiten suchte. 1949 begann auch **Nanny Still McKinney,** für Riihimäki u. a. geblasenes Kunstglas sowie geformtes Gebrauchsglas zu entwerfen, das sich durch ungewöhnliche Formen und eine strukturierte Oberflächendekoration auszeichnete. Still McKinney verließ Riihimäki im Jahr 1976, als die Glaswerke ihre Produktion geblasenen Glases aufgaben und sich ausschließlich auf die Massenproduktion

Aino & Alvar Aalto, Schalen *Blume*, 1933

Unten: Arttu Brummer, *Finlandia-Vase*, 1945

von kommerziellem Glas wie Flaschen und Glasbehältern konzentrierten. Obwohl das Unternehmen von den 1920er bis in die 1960er Jahre der größte finnische Hersteller von Haushaltsglaswaren war und außerdem das erste nordische Unternehmen, das ab 1983 Leichtflaschen herstellte, fusionierte Riihimäki 1988 mit den Karhula-Glaswerken und wurde 1995 schließlich stillgelegt. In Würdigung des stolzen Erbes von Riihimäki wurde in einem der ehemaligen Fabrikgebäude das von **Tapio Wirkkala** gestaltete Suomen Lasimuseo (Finnisches Glasmuseum) eingerichtet.

Besteck *Eichel* Modell Nr. 62 für Georg Jensen, 1915

Gegenüber oben: Sofa, hergestellt von H. P. & L. Larsen, ca. 1900

Gegenüber unten: Teeservice *Modell Nr. 45* aus Silber für Georg Jensen, 1915

johan rohde 1856 Randers – 1935 Hellerup, Dänemark

Johan Rohde, der in jungen Jahren zunächst Medizin studiert hatte, entwickelte ein so ausgeprägtes Kunstinteresse, dass er sich 1881 an der Kongelige Danske Kunstakademi (Königliche Dänische Kunstakademie) in Kopenhagen einschrieb, um Malerei und Grafik zu studieren. Im Jahr darauf gründete er die Kunstnernes Studieskole (Künstleratelierschule), an der er Kunststudenten Unterricht im anatomischen Zeichnen erteilte. Sechs Jahre später wurden seine Bilder in der Königlichen Dänischen Kunstakademie zum ersten Mal ausgestellt. Als er Mitte der 1890er Jahre als Vorarbeiter in der Metallwerkstatt von Mogens Ballin (1871 bis 1914) beschäftigt war, lernte er **Georg Jensen** kennen. Rohde beauftragte Jensen im Jahr 1903 mit der Herstellung mehrerer Objekte, die er für seinen persönlichen Gebrauch entworfen hatte. Zwischen den beiden Männern entwickelte sich mit der Zeit eine Freundschaft, und 1906 konnte Jensen Rohde dazu überreden, für seine neu eröffnete Silberschmiede mehrere Entwürfe vorzulegen. Im Jahr darauf veranstaltete das Danske Kunstindustrimuseum (Dänisches Kunstgewerbemuseum) in Kopenhagen eine Einzelausstellung seiner Arbeiten, und von 1908 bis 1912 leitete Rohde die Kunstnernes Studieskole. 1915 stellte Georg Jensen Rohdes berühmtestes Besteck vor, das *Eichel* heißt und bis heute eines der kommerziell erfolgreichsten Produkte der Silberschmiede ist. Das hochstilisierte *Eichel*-Muster kann als eine Weiterentwicklung der naturalistischeren Arts-&-Crafts-Designs von Jensen angesehen werden. Rohde war zwar Jensens engster Mitarbeiter, es dauerte jedoch bis 1917, bis sie ein offizielles Vertragsverhältnis miteinander eingingen. In den 1920er und 1930er Jahren wurden Rohdes Silberwaren – etwa sein exquisiter Krug (um 1925) oder seine Teekanne aus Silbergarn mit Elfenbeingriff (1933–1936) – zusehends schlichter und organischer in der Form. Neben seinem bekannten, für Georg Jensen entworfenen Tafelsilber gestaltete Rohde auch Textilien und Möbel, die von seinem sehr persönlichen und eigenwilligen Stil geprägt waren. Ein Großteil seiner frühen Möbel, darunter sein üppiges Sofa von 1897/98, zeichnete sich durch eine vereinfachte geometrische Formensprache aus. Wie viele skandinavische Designer der Jahrhundertwende erlernte Rohde den Umgang mit vielen Materialien, indem er

zunächst Stücke für den eigenen Gebrauch entwarf und herstellte. Sein Schaffen markierte nicht nur den wichtigen Übergang vom Stil der Arts-&-Crafts-Bewegung zur skandinavischen Moderne, sie nahm auch die weichen organischen Formen vorweg, die für die Arbeit der nächsten Generation dänischer Designer so charakteristisch werden sollte.

Oben: Teeservice *Modell Nr. 787* aus Silber für Georg Jensen, ca. 1933–1936

Gegenüber: Silberkrug *Modell Nr. 432* für Georg Jensen, 1920

Silberbehälter für Karten und Spielmarken *Modell Nr. 478* für Georg Jensen, 1926

Inger Persson,
Teekanne *Pop*
aus Steingut für
Rörstrand, 1969

rörstrand *gegründet 1726 Stockholm, Schweden*

Mit der Fabrikgründung durch die Schwedische Handelskammer 1726 im Stockholmer Stadtteil Rörstrand entstand die erste staatlich geförderte Keramikmanufaktur Skandinaviens. Zum ersten Leiter der Fabrik wurde Johann Wolff ernannt, der zuvor in den Kopenhagener Töpfereien gearbeitet hatte. Während seiner zweijährigen Geschäftsführung begann das Unternehmen, kobaltblaue und weiße Fayencen herzustellen. Im frühen 18. Jahrhundert machte sich Rörstrand vor allem mit seiner „bianco sopra bianco"-Malerei (Weiß-auf-Weiß-Malerei) einen Namen. Ab etwa 1790 begann die Fabrik mit der Herstellung cremeglasierter Steingutwaren im englischen Stil, die als Flint-porslin bekannt wurden. Im Jahr 1782 kaufte die Fabrik ihren wichtigsten Konkurrenten, die Mariebergs Porslinfabrik, auf und errichtete 1873 in Finnland die **Arabia**-Fabrik, um vom aufstrebenden russischen Markt zu profitieren. Rörstrand produzierte fast das ganze 19. Jahrhundert hindurch Entwürfe, die auf erfolgreichen, von anderen Fabriken entwickelten Modellen beruhten, so etwa auch das bekannte Service *Blå Blom* (1870), das auf eine traditionelle englische Gestaltung zurückging. Erst mit der Ernennung Alf Wallanders (1862–1914) zum künstlerischen Leiter im Jahr 1895 begann die Fabrik, auch vollkommen eigenständige und innovative Keramiken zu produzieren. Wallander, der in erster Linie für die Einführung des Art-nouveau-Stils bei Rörstrand verantwortlich war, entwarf zahlreiche Vasen, die er mit hochgradig stilisierten Blumen und Blättern oder abstrakten weiblichen Figuren verzierte und mit gedämpften Unterglasurschattierungen in den Farben Rosa, Blau und Braun bemalte. Diese Art-nouveau-Entwürfe zeichneten sich durch ihre weiche Modellierung und ineinander verschmelzenden organischen Formen aus. Wallander entwarf außerdem eine Reihe skulpturaler Hochreliefvasen wie etwa die Vase *Elster auf einem Baum* (1897, heute im Stockholmer Nationalmuseum), die stilistisch von japanischen Keramiken beeinflusst waren. Seine für Rörstrand entwickelten Entwürfe wurden auf der Pariser Weltausstellung von 1900 mit einem Großen Preis ausgezeichnet und von Siegfried Bing (1838–1905) in seiner berühmten Pariser Kunsthandlung L'Art Nouveau verkauft. Zu den anderen Designern, die ebenfalls für das Unternehmen Vasen im Art-nouveau-Stil entwarfen, zählten Anna Katarina Boberg (1864–1935), Karl Lindström (1865–1936) und Nils Erik Lundström (1865–1960). In dieser Zeit weitete Rörstrand seine Produktion aus und begann nun, auch diverse Kunstkeramiken herzustellen, darunter

Tier- und Vogelfigurinen. Von 1917 bis 1927 arbeitete Edward Hald als freischaffender Designer für die Fabrik und entwarf zahlreiche Steingutwaren, die rustikale Motive mit klassischen Formen verbanden.

Im Jahr 1926 wurde Rörstrand von Stockholm nach Göteborg verlegt und stellte vier Jahre später auf der Stockholm-Ausstellung von 1930 aus. Das wohl bemerkenswerteste Ausstellungsstück der Fabrik präsentiert. Sein schlichtes und dennoch elegantes Design wurde beispielhaft für den anlässlich der Ausstellung 1925 von einem britischen Kritiker der „Architectural Review" geprägten Begriff „Swedish Grace".

Oben: Louise Adelborg, Tafelgeschirr *Swedish Grace*, 1930. Das Geschirrr mit seinem einfachen, regelmäßigen Pressmuster, das Weizenähren und damit menschliche Nahrung symbolisieren soll, wurde zum ersten Mal auf der legendären Stockholm-Ausstellung von 1930

Service *Ostindia*, 1931

Alf Wallander,
Porzellanvase,
1901

Gegenüber: Per
Algot Eriksson,
Vase *Zyklamen*,
ca. 1900

stammte von Louise Adelborg (1885–1971) und war ein Tafelgeschirr, das mit einem schlichten, sich wiederholenden, gepressten Ährenmuster verziert war. 1931 wurde Gunnar Nylund (1904–1989) zum künstlerischen Leiter bei Rörstrand ernannt, und im Jahr darauf wurde das Unternehmen um eine neue Fabrik in Lidköping erweitert. Fünf Jahre später wurde die gesamte Fabrik dorthin verlegt. In den Jahren nach dem Zweiten Weltkrieg produzierte Rörstrand schlichte Steingutwaren, entworfen von Gunnar Nylund, Hertha Bengtson (1921–1995) und anderen, die mit ihren Arbeiten dem zeitgenössischen Geschmack für abstrakte organische Formen entgegenkamen. In den 1950er Jahren stellte die Fabrik auch mehrere Serien von Alltagsgeschirr her, entworfen von Marianne Westman (1928–2017), darunter die Kollektionen *Mon Amie* (1951), *Pomona* (1956) und *Picknick* (1956), die mit bunten Mustern aus stilisierten Blumen, verschiedenen Gemüsearten und Fischen bedruckt waren. In den 1960er Jahren produzierte Rörstrand das Porzellanservice *Pop* (1968) von Inger Persson (1936–2021), das in mehreren Farben erhältlich war, wobei die beliebteste das leuchtende Orangerot war. Später gewann Persson einen Design-Plus-Preis für das Service *Spisa* (ca. 1978–1980), einer unter hohen Temperaturen gebrannten Steingutreihe. Mit ihrer braunen erdfarbenen Glasur und dem einfachen, gerippten Dekor war sie für die damalige funktionale und zugleich anheimelnde Ästhetik der skandinavischen Keramik aus industrieller Produktion exemplarisch. 1985 brachte Rörstrand Teekannen in limitierter Stückzahl heraus, die in den Rosenthal-Studio-House-Geschäften erhältlich waren. Diese Kollektion bestand aus 80 Variationen, die von vier verschiedenen Designern entworfen waren, unter ihnen Signe Persson-Melin (1925–2022), der von 1980 bis 1987 für Rörstrand als Designer arbeitete. 1983 wurde Rörstrand von **Arabia** gekauft, vier Jahre später fusionierte das Unternehmen mit **Gustavsberg,** und 1990 wurde es von der **Hackman**-Gruppe übernommen. Seither hat Rörstrand die innovativen Keramiken zahlreicher skandinavischer Designer in die Produktion genommen, insbesondere aber jene von Jonas Bohlin (geb. 1953) und Pia Törnell (geb. 1963), in deren Entwürfen sich die anhaltende schwedische Vorliebe für funktionale Schlichtheit und schöne Formen ausdrückt. Heute gehört Rörstrand zur Fiskars-Gruppe und produziert neben jüngeren Entwürfen, die eine ähnliche praktische und zugleich attraktive nordische Designsprache teilen, weiter viele seiner Klassiker aus der Mitte des Jahrhunderts.

Tabakdose aus Steingut, 1925

Gegenüber: Detail eines speziell für das Kopenhagener Palace Hotel entworfenen Stuhls, ca. 1909/10

anton rosen 1859 Horsens – 1928 Kopenhagen, Dänemark

Der Architekt und Designer Anton Rosen leitete die architektonische Gestaltung der in Århus 1909 veranstalteten Landsudstillingen (Dänische Landesausstellung) und entwarf außerdem das Design für das Palace Hotel in Kopenhagen (1907–1910), das als Luxushotel für die offiziellen Besucher des nahe gelegenen Rathauses gedacht war. Für dieses Projekt gestaltete er auch die Einrichtung, unter anderem einen Lehnstuhl aus Mahagoni (heute in der Sammlung des Dänischen Designmuseums in Kopenhagen). Die verzierenden Metallornamente wiesen eine ähnliche Ästhetik auf wie **Johan Rohde**s stilisierte Blumendesigns für **Georg Jensen**. Rosen muss die von Georg Jensen produzierten Metallwaren gekannt haben, denn im Jahr 1917 entwarf er für die Fleischerinnung einen Silberpokal, der anschließend in der Georg-Jensen-Silberschmiede für ihn ausgeführt wurde. Dieses einzigartige Objekt war mit handgefertigten figurativen Elementen reich bestückt und enthielt dekorative, von stilisierten Widderköpfen hängende Siegel sowie ein im Arts-&-Crafts-Stil gehaltenes, mit Segelschiffen geschmücktes Band. In dieser Zeit entwarf Rosen für Georg Jensen noch weitere Silberobjekte, die er mit Koralle, Bernstein, Malachit und anderen Halbedelsteinen verzierte. In den 1920er Jahren ging er zu einem weniger üppigen Stil über, was sich besonders deutlich an seiner seegrün glasierten Tabakdose aus dem Jahr 1925 zeigt. Rosen war ebenso wie viele andere dänische Designer seiner Zeit sowohl von der in Westeuropa aufkommenden Moderne als auch von der japanischen Kunst beeinflusst. Mit seiner handwerklich hervorragenden und bis ins Detail sorgfältig ausgeführten Arbeit, die eine Brücke zwischen der Kunst des frühen 20. Jahrhunderts und der Moderne bildete, ging es Rosen in erster Linie darum, zu einer Verschönerung des Alltags und zugleich zu einer nationalen dänischen Identität in Kunsthandwerk und Design beizutragen.

royal copenhagen
gegründet 1775 Kopenhagen, Dänemark

Als Royal Copenhagen 1775 gegründet wurde, war sie die erste Porzellanmanufaktur Dänemarks unter königlichem Patronat. In den ersten vier Jahren ihres Bestehens experimentierte der Chemiker der Fabrik, Frantz Heinrich Müller (1732–1820), mit Bornholmer Kaolin, um hochwertiges Biskuitporzellan herzustellen, was ihm allerdings nicht gelang. Inzwischen hatten die finanziellen Rückstände der Fabrik solche Ausmaße erreicht, dass König Frederick V. im Jahr 1779 einschritt und die Schulden übernahm. Er rettete die Fabrik in der Hoffnung, Dänemark als eines der führenden kulturellen Zentren in Europa zu etablieren, und die Herstellung feinen Porzellans – damals als „weißes Gold" bezeichnet – war einer der sichersten Wege, um dieses Ziel zu erreichen. Die Fabrik wurde nun in Den Kongelige Danske Porcelains Fabrik umbenannt, und sämtliche Porzellanimporte aus Europa wurden per Erlass untersagt. In den 1780er und 1790er Jahren produzierte die Fabrik vor allem blau bemaltes Tafelgeschirr für den täglichen Gebrauch, wobei man sich in der Formgebung und Musterung an Meißen und anderen europäischen Herstellern orientierte oder diese kopierte. Es wurden auch mehrfarbige Waren im Rokokostil hergestellt, die in technischer und künstlerischer Hinsicht schon etwas experimenteller waren. Der bekannteste von Royal Copenhagen in jener Zeit produzierte Entwurf war das exquisite Porzellanservice *Flora Danica* (Dänische Blumen), das vom dänischen Hof um 1798 als Geschenk für Katharina die Große von Russland in Auftrag gegeben worden war. Dieses berühmte Service, das schließlich doch im Besitz des dänischen Königs blieb, war mit den botanischen Stichen aus G. C. Oeders Buch „Flora des Dänischen Königreichs" dekoriert, die mit penibelster Genauigkeit auf das Geschirr übertragen wurden. Die Entwürfe für die Gravuren stammten von einem in Kopenhagen lebenden Nürnberger Künstler namens J. C. Bayer, der seit 1776 in der Fabrik beschäftigt war. Bayer bemalte das Tafelgeschirr praktisch im Alleingang und Stück für Stück mit den detailgetreuen naturalistischen Blumenmotiven, während die Formen von F. L. Bradt stammten. Als der dänische Hof die Produktion des Service im Jahr 1802 schließlich einstellte, bestand es aus beachtlichen 1802 Teilen (von denen 1530 bis heute erhalten sind) und ist damit eines der umfangreichsten Service der Welt. Zu Beginn des 19. Jahrhunderts

Service *Blå Blomst* (Blaue Blume), 1779

Gegenüber:
Service *Flora Danica*, ca. 1790

wurde die Musterung des blau bemalten Porzellans schlichter, um seine Produktion einfacher und günstiger zu machen. Im Jahr 1813 befand sich Dänemark mitten in einer schweren Wirtschaftskrise, und als es im Jahr darauf Norwegen an Schweden abtreten musste, erlitt das nationale Selbstbewusstsein einen zusätzlichen Dämpfer. Die Entwicklung neuer Produkte wurde vorläufig eingestellt und die Fertigung auf die im Rokokostil gehaltenen Speise-, Kaffee-, Tee- und Schokoladeservice mit den berühmten Musterungen *Blau gerippt* und *Blaue Blume* beschränkt. In den 1820er Jahren nahm die Fabrik auf Drängen des Architekten und Designers G. F. Hetsch (1788–1864) neoklassizistische Waren im damals neuartigen Empirestil in die Produktion auf, und in den 1830er und 1840er Jahren stellte sie auch eine Reihe von Figurinen und Reliefs aus Biskuitporzellan her, die nach den Arbeiten des dänischen neoklassizistischen Bildhauers Bertel Thorvaldsen (1770–1844) modelliert waren. Die unerreichte Qualität der Biskuitporzellanprodukte von Royal Copenhagen hatte zur Folge, dass die Fabrik zur angesehensten Porzellanmanufaktur

Europas wurde. Im Jahr 1868 ging das Unternehmen in privaten Besitz über, und im Laufe der nächsten Jahre entwickelte sich die einst staatlich subventionierte Firma zu einem kommerziell erfolgreichen Unternehmen. 1882 wurde Royal Copenhagen von dem Ingenieur Philip Schou erworben, der bereits 1863 die erfolgreichen Steingutwerke Aluminia gegründet hatte. Zwei Jahre später wurde die Fabrik von ihrem Werksgelände in Købmagergade auf ein größeres und zweckmäßiger bebautes Areal in Frederiksberg, damals ein Vorort von Kopenhagen, verlegt. Nachdem die produktionstechnischen Fragen gelöst waren, machte sich Schou daran, die künstlerischen Elemente der Manufaktur wiederzubeleben. Zu diesem Zweck stellte er 1884 den Gestalter **Arnold Krog** an und ernannte ihn im folgenden Jahr zum künstlerischen Leiter der Firma. Krog und Schou begaben sich noch im selben Jahr auf eine gemeinsame Studienreise nach Holland, Belgien, England und Frankreich. In Paris lernten sie Siegfried Bing (1838 bis 1905) kennen, der mit orientalischer Kunst handelte, die zur Jahrhundertwende besonders begehrt war. Nach seiner Rückkehr nach Kopenhagen veranlasste Krog eine Modernisierung des Dekors *Blau gerippt* und führte die neue Technik der Unterglasur ein. Hierbei wird kobaltblaues Pigment mit Glasur vermischt und anschließend auf ungebranntes Rohporzellan aufgetragen. Dann wird das Pigment mit einem Messer stellenweise vorsichtig abgekratzt und das darunterliegende weiße Material zum Vorschein gebracht. Diese in Schichten aufgetragene Unterglasurmalerei wurde in erster Linie für Objekte angewandt, deren Dekors den in Siegfried Bings Zeitschrift „Le Japon Artistique" abgebildeten japanischen Gravuren und Holzschnitzereien nachempfunden waren. Arnold Krog war auch für die Einführung anderer eklektischer und wiederbelebter Stilrichtungen verantwortlich, darunter Rokoko, Renaissance und Wikingerstil sowie persischer, chinesischer und russischer Stil. Den größten Einfluss hatten jedoch die formale Schlichtheit und fein abstrahierte Dekoration der in den 1880er Jahren nach japanischen Vorbildern gestalteten Waren. Neben dem hellen Kobaltblau wurden andere dezente Pigmente, darunter ein mattes Rosa, ein dunkles Grün und ein nebeliges Grau, entwickelt, die den hohen Temperaturen standhielten, mit denen Krogs innovative Unterglasurdekors gebrannt wurden. Krog beauftragte im Lauf der Jahre eine Reihe progressiver Künstler mit

Entwürfen für die Fabrik, darunter Carl Frederick Liisberg (1860–1909), Carl Mortensen (1866 bis 1945), Marianne Høst (1865–1943), V. T. Fischer (1857–1928), Gotfred Rode (1830–1878) und Bertha Nathanielsen (1869–1914). Zu Beginn des 20. Jahrhunderts richtete Royal Copenhagen neue Werkstätten ein, die eigens für die Gestaltung und Herstellung von Steingutwaren wie Krogs Vase *Kobra* (1914) und die Entwicklung spezieller Glasuren konzipiert waren. In der Zwischenkriegszeit wurde die Fabrik mit den plastisch gestalteten Figuren von Künstlern wie **Arno Malinowski**, Jais Nielsen (1895–1961), Gerhard Henning (1880 bis 1967) und Knud Kyhn (1880–1969) international bekannt. Ab 1933 gehörte **Axel Salto** dem Designteam von Royal Copenhagen an und entwickelte zahlreiche Kunstobjekte aus Steingut, deren expressive skulpturale Formen die skandinavische Faszination der Nachkriegszeit für organische Formen vorwegnahmen. In dieser Zeit arbeitete auch Nils Thorsson (1898–1975) für das Unternehmen und gestaltete mehrere Steingutprodukte sowie praktisches Tafelgeschirr. Royal Copenhagen produziert bis heute die Serien aus der historischen Produktion wie *Flora Danica* und *Blau gerippt* sowie Entwürfe wie das Service *Blåkant* (Blauer Rand, 1965) von **Grethe Meyer**, das Service in Muschelform *Konkylle* (1977) von Arje Griegst (1938–2016) und das Fayencegeschirr *Ursula* (1993) von Ursula Munch-Petersen (geb. 1937). Im Lauf der Zeit fusionierte Royal Copenhagen mit den **Holmegaard**-Glaswerken (1975), der **Georg-Jensen**-Silberschmiede (1986) und der Porzellanfabrik **Bing & Grøndahl** (1987) und ist heute Teil der Royal Scandinavia Group. Diese Firmengruppe gehört teilweise der Brauerei Carlsberg, die seit über 170 Jahren ein beherrschender Faktor im dänischen Kulturleben ist. Wie so viele andere designinteressierte skandinavische Hersteller produziert Royal Copenhagen neben industriell gefertigten, qualitativ hochwertigen Gebrauchsgegenständen wie etwa den Küchenutensilien der Serie *Ole* (1997) von Ole Jensen und den *Blue Fluted Mega*-Serien (2000) von Karen Kjældgård-Larsen auch exklusive Kunstobjekte in limitierter Auflage. Das Unternehmen spielt seit über zweihundertfünfzig Jahren eine führende Rolle in der skandinavischen Industrie und hat die dänische Identität im Bereich der angewandten Kunst entscheidend geprägt.

Seite 418: Service *Blau gerippt* (einfache Version). Das um 1775 eingeführte Muster war von orientalischen Vorbildern und speziell von einem Meißen-Dekor inspiriert. In den 1880er Jahren wurde es von Arnold Krog überarbeitet.

Seite 419: Wandteller mit einem Dekor von Bertha Nathanielsen, 1903

Oben links: Patrick Nordström, Steingutgefäß, ca. 1915

Oben rechts: Ole Jensen, Zitronenpresse/ Krug *Ole*, 1995

Gegenüber: Ursula Munch-Petersen, Geschirr *Ursula*, 1993

Aquarellentwurf für die Bibliothek von Suur-Merijoki, 1903

Gegenüber: Entwurf für den Ryjiy-Teppich *Ruusu* (Rose), 1904

eliel saarinen

1873 Rantasalmi, Finnland –
1950 Bloomfield Hills, Michigan, USA

Gottlieb Eliel Saarinen, eine der großen finnischen Designpersönlichkeiten, studierte Kunst an der Universität von Helsinki und später Architektur an der Technischen Hochschule in Helsinki, wo Herman Gesellius (1874–1916) und Armas Lindgren (1874–1929) zu seinen Kommilitonen zählten. Nach ihrem Abschluss im Jahr 1898 gründeten die drei jungen Architekten eine Partnerschaft und erhielten kurz darauf den Auftrag, den finnischen Pavillon für die Pariser Weltausstellung von 1900 zu gestalten. Das fertige Gebäude, das mit einem Dach im karelischen Stil und einem Deckengemälde von Akseli Gallén-Kallela (1865–1931) ausgestattet war, lässt sich als beispielhaft für die aufkommende nationalromantische Bewegung in Finnland betrachten. Saarinen und anderen Protagonisten dieser Bewegung ging es infolge der Unterdrückung Finnlands durch Russland und angesichts der immer intensiveren „Russifizierung" der finnischen Kultur darum, im Rahmen der Kunst ein autonomes nationales Wesen zu definieren und zu verbreiten. Auf der Suche nach einer rein finnischen Identität orientierten sie sich an der uralten Kultur Kareliens im heutigen Grenzgebiet zwischen Finnland und Russland und schufen unter Beschönigung und Romantisierung der historischen Fakten den Mythos vom „Karelianismus", der im Grunde eine Projektion ihrer eigenen nationalistischen Bestrebungen war. Gesellius, Lindgren und Saarinen waren außerdem stark von der Glasgower Schule und der Wiener Sezession beeinflusst, wie aus der kühnen Anhäufung von Details in den von ihnen geplanten Bauwerken, etwa dem finnischen Nationalmuseum (1902–1912) und dem von Saarinen allein geplanten Bahnhof von Helsinki (1904 bis 1919), deutlich hervorgeht. Als zur Jahrhundertwende die drei Architekten der Auftragsflut kaum noch Herr werden konnten, beschlossen sie, Helsinki zu verlassen und sich aufs Land zurückzuziehen. Sie fanden ein 16 Hektar großes Grundstück an den bewaldeten Ufern des Hvitträsk-Sees, wo sie rund um einen grasbewachsenen Innenhof für jeden ein eigenes Haus sowie ein großes gemeinsames Atelier bauten, das Saarinens und Lindgrens Häuser miteinander verband. Jedes der Häuser stellte ein sehr persönliches Gesamtkunstwerk dar – so entwarf Saarinen eigens für sein neues Domizil Möbel, Leuchten, Stoffe, Wandmalereien und Teppiche. 1905 erwarb Saarinen Lindgrens

Gruppe I No. 46 "Rauen"

Eliel Saarinen

Holzstuhl mit Herzmotiven, 1909. Der Stuhl ist ein Beispiel für den starken Einfluss der britischen Arts-&-Crafts-Bewegung, insbesondere der Arbeiten von Charles Rennie Mackintosh und Charles Voysey.

Unten: Das Atelier von Hvitträsk; Eliel Saarinen glaubte, dass „Arbeit der Schlüssel zur kreativen Entfaltung des Geistes" sei.

Gegenüber oben: Blick vom Hvitträsk-See auf Eliel Saarinens Haus, 1906/07

Gegenüber unten: Wohnraum im Haus Saarinen auf Hvitträsk

Anteil an dem Grundstück und 1916 schließlich auch den von Gesellius. Saarinen war in dieser Zeit nach wie vor ein Anhänger der nationalromantischen Bewegung und schloss sich 1912 dem Deutschen Werkbund an. 1922 gewann er beim Wettbewerb für die Gestaltung des Chicago Tribune Tower den zweiten Platz, woraufhin die Familie Saarinen in die Vereinigten Staaten auswanderte, jedoch bis 1949 fast jeden Sommer in Hvitträsk verbrachte. Zu Beginn, als Saarinen an der Bebauung entlang des Ufers von Lake Michigan arbeitete, wohnten sie in Evanston im Bundesstaat Illinois. Später, als Eliel Saarinen eine Gastprofessur für Architektur an der University of Michigan erhielt, ließ sich die Familie in Ann Arbor nieder. 1923 lernte er den Zeitungsmagnaten und Philanthropen George C. Booth kennen, der ihn mit der Planung der Cranbrook Educational Community beauftragte. Deshalb zog Saarinen 1925 nach Bloomfield Hills, Michigan, 1932 kam es zur offiziellen Gründung der Cranbrook Academy of Art, der Saarinen als erster Präsident vorstand.

Unter seiner Leitung entwickelte sich die Akademie zur bedeutendsten Designinstitution Amerikas, die einige der talentiertesten Gestalter des Landes hervorbrachte, unter ihnen Charles und Ray Eames. Als Präsident und Direktor der Cranbrook Academy trat Saarinen für das humanistische Ethos des skandinavischen Designs ein und übte insgesamt einen enormen Einfluss auf die Entwicklung des modernen Designs in den USA aus. Saarinens einziger Sohn Eero (1910–1961) wurde ebenfalls Architekt und gilt als einer der bedeutendsten Vertreter der amerikanischen Nachkriegsarchitektur.

Aquarell eines Interieurs für ein Landhaus in Kirkkonummi, 1902

Gegenüber: Stuhl aus der Kollektion *Koti* (Heim), 1903. Der ungewöhnliche Entwurf bezieht sich auf die künstlerische Tradition der karelischen Volksstämme und kann damit als Ausdruck der finnischen Nationalromantik gelten

Unglasierte Steingutgefäße, ausgekleidet mit verschiedenfarbigem Schamotte für Royal Copenhagen, ca. 1950

axel salto 1889 Kopenhagen – 1961 Frederiksberg, Dänemark

Der dänische Keramikkünstler Axel Salto studierte Malerei an der Kongelige Danske Kunstakademi (Königliche Dänische Kunstakademie) in Kopenhagen, bevor er 1917 gemeinsam mit anderen die Kunstzeitschrift „Klingen" gründete. Von 1923 bis 1925 war er gleichzeitig mit Jean Gauguin (1881 bis 1961), dem Sohn des berühmten französischen Malers, als Designer bei **Bing & Grøndahl** beschäftigt. Seine für Bing & Grøndahl mit Emaildekorationen verzierten Biskuitporzellane wurden auf der „Exposition Internationale des Arts Décoratifs et Industriels Modernes" in Paris von 1925 im Schwedischen Pavillon ausgestellt und vor allem von der französischen Presse mit großem Interesse aufgenommen. In diesen Zeitraum fiel auch der Beginn seiner Zusammenarbeit mit der Keramikkünstlerin Nathalie Krebs (1895–1978), mit der er Kunstobjekte aus Steingut entwickelte, die von Saxbo – einer kleinen, von Krebs 1930 gegründeten, unabhängigen Töpferei – hergestellt wurden. Diese Steingutgefäße waren für die Entwicklung des Saxbo-Stils mit seinen schlichten Formen und im orientalischen Stil gesprenkelten Glasuren von entscheidender Bedeutung. Salto stand wie andere dänische Designer unter dem Einfluss der formalen und ästhetischen Merkmale antiker chinesischer Keramiken. 1933 trat er in die Designabteilung der Porzellanfabrik **Royal Copenhagen** ein, wo er mit dem versierten Töpfermeister Carl Halier zusammenarbeitete und im Laufe der nächsten Jahre eine Reihe besonders ausdrucksstarker und sowohl in formaler als auch dekorativer Hinsicht herausragender Steingutwaren modellierte. Seine kühnen Keramiken zeichneten sich durch schlichte und zugleich skulpturale, häufig auch organische Formen aus. Manche erinnerten an stilisierte Kiefernzapfen und Samenkapseln und wiesen gesprenkelte Solfatara-Glasuren auf, die an die moosbedeckten, feuchten nordischen Wälder denken ließen. Wieder andere verfügten über weiche „ideale" Formen, die mit sich wiederholenden geriffelten Mustern verziert waren. Neben seiner Tätigkeit als einer der führenden Keramikdesigner Dänemarks in der Zwischenkriegszeit entwarf Salto außerdem Bucheinbände (1934) sowie mehrere bedruckte Textilien für L. F. Foght (1944). Außerdem leitete er die Restaurierung des

von Jørgen Sonne 1846 geschaffenen Frieses im Thorvaldsen-Museum in Kopenhagen. Seine Arbeiten wurden häufig ausgestellt und mit zahlreichen renommierten Preisen ausgezeichnet, darunter mit zwei Großen Preisen auf der Pariser „Exposition Internationale des Arts Décoratifs et Industriels Modernes" von 1925 und der Pariser „Exposition Internationale des Arts et Techniques dans la Vie Moderne" von 1937 und einem weiteren Großen Preis auf der IX. Mailänder Triennale von 1951. Darüber hinaus schrieb und gestaltete er mehrere Bücher, etwa „Axel Salto's Keramik" (1930), und illustrierte zahlreiche Bücher anderer Autoren. Die organischen Formen und gesprenkelten Glasuren der Steingutwaren von Salto brachten das abstrakte Wesen der Natur zum Ausdruck und signalisierten eine Wiederbelebung der Studiotöpferei im skandinavischen Keramikdesign.

Steingutvase mit Solfatara-Glasur für Royal Copenhagen, ca. 1943

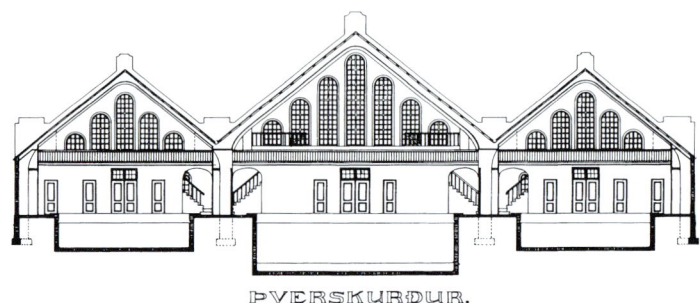

Architekturzeichnung für Yfirbygd Sundlang in Reykjavik, 1925

Gegenüber: Weiß gestrichener Stuhl, 1926–1930

gudjón samúelsson

1887 Reykjavik –
1950 Reykjavik, Island

Gudjón Samúelsson, der bedeutendste Vertreter der Moderne in Island, studierte Architektur an der Kongelige Danske Kunstakademi (Königliche Dänische Kunstakademie) in Kopenhagen, wo er ein Schüler Martin Nyrops (1849–1921) war, des Protagonisten der dänischen nationalromantischen Bewegung. Im Jahr 1919 wurde Samúelsson zum ersten Staatsarchitekten Islands ernannt und plante in der Folge mehrere bedeutende öffentliche Gebäude, die hauptsächlich mit Stahlbeton gebaut wurden, einem Material, das infolge des örtlichen Mangels an Baumaterialien ab der Jahrhundertwende nach Island importiert wurde. Samúelssons Gebäude waren in einem modernen Stil gebaut, der in Island unter der Bezeichnung Steinsteypuklassík (Betonklassizismus) bekannt ist. Für seine Architekturprojekte, darunter die Landsbankinn (Nationalbank, 1922–1924) und das Landsspítalinn (Nationalkrankenhaus, 1925–1930), entwarf Samúelsson auch die Einrichtung, unter anderem den weiß lackierten Stuhl aus importiertem Fichtenholz (1930). Dieses Möbel verkörpert Samúelssons eigenwillige Synthese zwischen neoklassizistischen Formen und dem Funktionalismus der Moderne. Mitte der 1930er Jahre entwarf Samúelsson außerdem die Einrichtung für das isländische Parlamentsgebäude, darunter Stühle, deren nüchterne Formen durch feine, von der traditionellen isländischen Holzverarbeitung inspirierte Details belebt wurden. Samúelssons Möbel wurden von lokalen Herstellern produziert und waren aufgrund des Materialmangels stilistisch mitunter eher zurückhaltend. Seine Bauwerke und Möbel, die auf rationalistischen Prinzipien beruhen, müssen als spezifisch isländische Interpretationen der Moderne gesehen werden. Samúelsson war von einem funktionalistischen Designansatz inspiriert und gilt neben einigen anderen Designern wie dem Architekten Sigurdur Gudmundsson (1885–1958) als einer der Wegbereiter für eine neue und moderne Identität des isländischen Designs, die auf subtile Weise das nationale volkstümliche Erbe und den skandinavischen Klassizismus in sich vereint.

Kerzenhalter *Festivo* für Iittala, 1966

Gegenüber:
Karaffen *Modell Nr. i-401* und *Modell Nr. i-403* aus der *i-Glas*-Serie für Iittala, ca. 1955 und ca. 1956

timo sarpaneva   1926 Helsinki – 2006 Helsinki, Finnland

Timo Sarpaneva studierte von 1941 bis 1948 an der Taideteollinen Korkeakoulu (Hochschule für Kunst und Design) in Helsinki. 1949 errang er bei einem Wettbewerb der **Riihimäki**-Glaswerke den zweiten Platz, und im Jahr darauf stellten ihn die Karhula-**Iittala**-Glaswerke als Produktdesigner und Leiter der Ausstellungsabteilung ein. In den 1950er Jahren war Sarpaneva auch als Textildesigner tätig und erhielt für seine Stoffe auf der IX. Mailänder Triennale von 1951 eine Silbermedaille. Von 1953 bis 1957 lehrte er Textildruck und -design an der Taideteollinen Korkeakoulu und hatte 1955/56 die künstlerische Leitung der Baumwollspinnerei Porin Puuvilla inne. International bekannt wurde er mit seinen bahnbrechenden Glasgestaltungen. Eine seiner ersten technischen Neuerungen bei Iittala bestand in der Einführung eines Dampfblasverfahrens, das er bei seinen frühen plastischen Gefäßen anwendete, darunter *Kajakki* (1953), *Maailmankaunein* (1954) und *Linnunsilmä* (1953), sowie bei seinen zart getönten, dünnwandigen Glasplatten *Aquarelle*. Diese bemerkenswerten Kunstobjekte reflektierten ein neues skulpturales Selbstvertrauen und schöpferische Energie im finnischen Design. Mitte der 1950er Jahre stellte Sarpaneva seine Serie *i-kollektion* vor, mit der er versuchte, die Kluft zwischen Kunstglas und Gebrauchsglas zu überbrücken. Diese industriell gefertigte Glaskollektion bestand aus 17 Einzelteilen, die in Fliedergrau, Blaugrau, Rauchgrau und Grüngrau erhältlich waren und mit unterschiedlicher Wirkung zusammengestellt werden konnten. In den 1950er und 1960er Jahren erlebte Iittala eine beachtliche dynamische Phase, für die vor allem Sarpaneva und **Tapio Wirkkala** sorgten, indem sie freundschaftlich in einen Wettstreit um die Schaffung neuer Formen und Techniken traten. Einer der interessantesten und einflussreichsten Entwürfe Sarpanevas aus dieser Zeit war seine Vasenkollektion *Finlandia* (ca. 1964), die in einem neuartigen Verfahren hergestellt wurde. Bei dieser Technik werden Gussformen aus grob behauenem und geschnitztem Erlenholz durch das rot glühende Glas verkohlt. Das Holz hinterlässt Muster auf der Glasoberfläche, die an die rohe Struktur von Eis erinnern. Jedes so erzeugte Objekt ist ein Unikat, da die Gussform mit jedem Einsatz stärker verkohlte und

Kasserolle aus emailliertem Gusseisen mit Teakholzgriff für W. Rosenlew & Co., 1960

somit jedes Mal ein anderes Muster entstand. Auch Sarpanevas bekannter Kerzenständer *Festivo* (1966) entstand in diesem Verfahren. Aufgrund der hohen Kosten, die der ständige Austausch der hölzernen Gussformen verursachte, wurden schließlich Metallgussformen verwendet. Sowohl die *Finlandia*- wie auch die *Festivo*-Serie waren äußerst einflussreich und leiteten in den 1970er Jahren den Trend zu industriell erzeugten mattierten Glaswaren ein. Sarpaneva entwickelte weitere neue Glastechniken, wie jene, die er für seine Serie *Arkipelago* (1978) einsetzte. Hierbei erzielten unterschiedlich große, im Glas eingeschlossene Luftblasen den Eindruck, es handele sich um massives Eis. Für seine Vasenserie *Claritas* (1984) arbeitete er mit einer ähnlich innovativen Technik, die im Inneren einer durchsichtigen Glasummantelung große Blasen einfing und in der Schwebe hielt. Seine eleganten *Marcel*-Vasen (1990) entstanden dagegen im neuen Blasformverfahren, mit dem das Material an die äußersten Grenzen seiner Belastbarkeit getrieben wurde. Sarpaneva verwendete für viele seiner Entwürfe geschlossene „rund-eckige" Formen, die auf die glatten Kieselsteine des indischen Tantrakults zurückgehen, was vor allem für seine *Claritas*-Vasen für Iittala und seinen gusseisernen Kochtopf mit Holzgriff (1960) für W. Rosenlew & Co. zutrifft. Wieder andere Entwürfe, etwa seine großen Glasskulpturen *Lasiaika*, wiesen offenere und expressivere Formen auf. 1963 wurde er von der Londoner Vereinigung Royal Designers for Industry zum Ehrenmitglied und 1967 vom Royal College of Art in London zum Ehrendoktor ernannt. In Anerkennung seiner Leistungen wurde er 1985 von der finnischen Regierung mit einem Staatspreis für Kunstgewerbe ausgezeichnet. Neben seinen erlesenen Glasobjekten für Iittala entwarf Sarpaneva auch Keramiken für Rosenthal, Metallwaren für W. Rosenlew & Co. und Opa, Textilien für Kinnasand, Finlayson Forssa und Tampella, Kunststoffprodukte für Ensto sowie Glaswaren für Corning und Venini. Darüber hinaus gestaltete er Bücher und Bühnenbilder. Wie so viele andere finnische Designer beherrschte Sarpaneva sowohl die Kunst der Studioglasproduktion wie die Entwicklung industrieller Massenartikel. Dank Sarpanevas meisterhafter Handhabung des Materials und seines künstlerischen Feingefühls verkörperten seine Entwürfe das spirituelle Wesen und die unberührte Schönheit der Natur und übten damit seit über 50 Jahren einen wesentlichen Einfluss auf die Entwicklung des finnischen Glasdesigns aus.

Teekanne *Suomi*
für Rosenthal, 1974

Vase *Finlandia* für Iittala, 1964

Unten: Vasen *Finlandia* für Iittala, 1964. Für die Herstellung dieser außergewöhnlichen Vasen wurden hölzerne Gussformen verwendet, die von dem geschmolzenen Glas verkohlt wurden. Daraus entstanden „lebendige" Muster, die das Wesen der Natur einfingen und einen großen Einfluss auf das Glasdesign der 1970er Jahre ausübten.

Gegenüber: Vase *Orkidea* (Orchidee) für Iittala, 1953

Unten: Schale/Skulptur *Kajakki* (Kajak) für Iittala, 1953

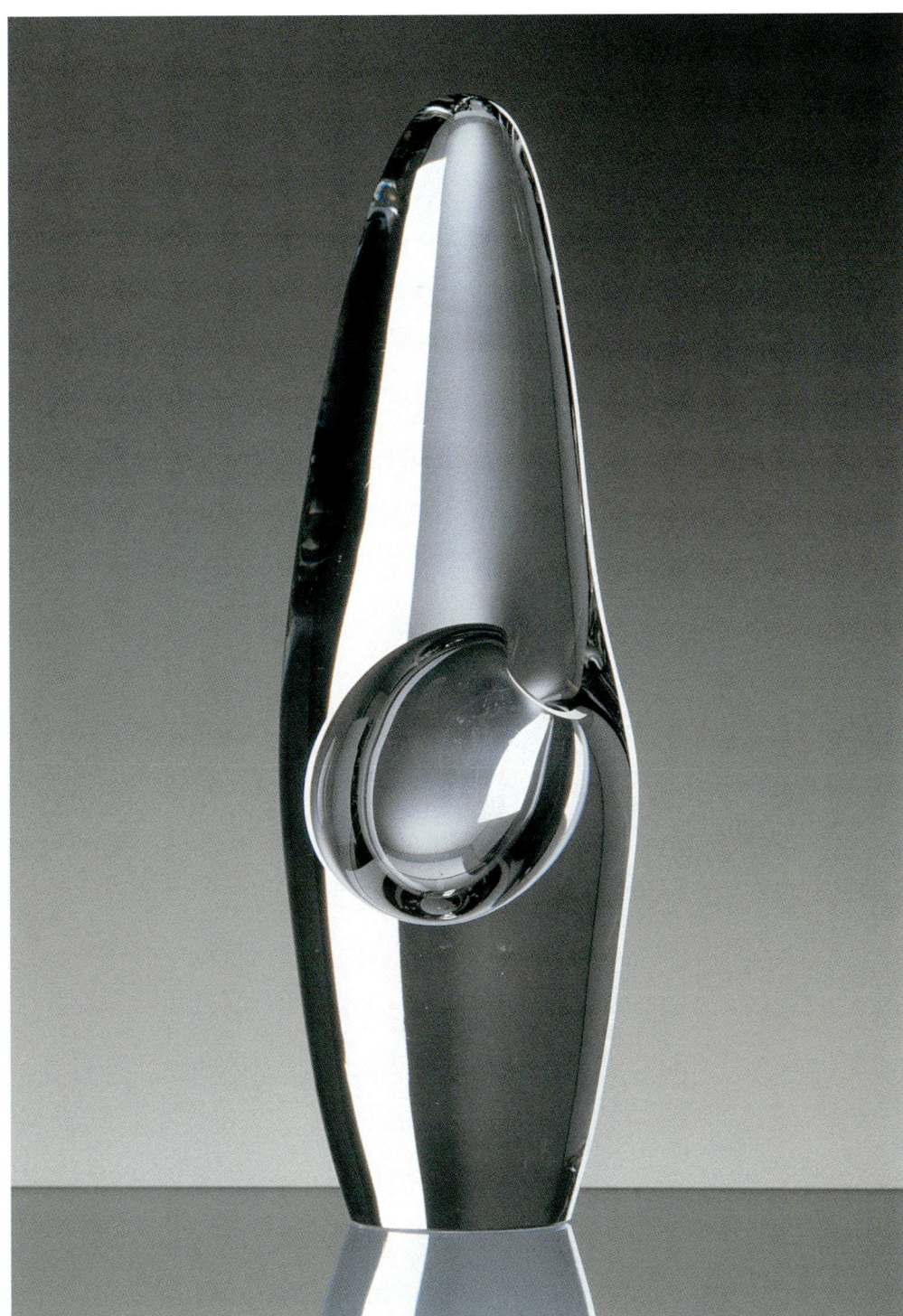

Vase aus glasiertem Steingut
für Rörstrand,
ca. 1948

Gegenüber:
Vasen *Unic* aus
glasiertem Steingut
für Rörstrand,
ca. 1950

carl-harry stålhane

1920 Mariestad –
1990 Lidköping, Schweden

Der Keramikkünstler Carl-Harry Stålhane studierte Bildhauerei bei Ossip Zadkine (1890–1967) an der Académie Colarossi in Paris. Seine Studien führten ihn außerdem nach Spanien, Griechenland, in die Türkei, nach Ägypten, Mexiko und in die USA. 1939 nahm er seine Arbeit für die **Rörstrand**-Porzellanfabrik auf. Anfangs assistierte er dem Maler Isaac Grünewald (1889–1946) bei der Herstellung farbiger zinnglasierter Steingutwaren, die mit fauvistischen Motiven verziert waren; ab 1948 entwarf er eigene Keramiken, die unter dem Einfluss orientalischer Kunst standen und ähnlich wie die Arbeiten anderer zeitgenössischer Keramikdesigner, so etwa jene von Berndt Friberg, die Grenzen „archetypischer" Töpferformen ausloteten. Die weichen Kanten seiner Gefäße und ihre gesprenkelten Mattglasuren leiteten bei Rörstrand eine Wende ein und waren typisch für die neue stilistische Zurückhaltung des skandinavischen Keramikdesigns der Nachkriegszeit. 1951 wurde seine inzwischen äußerst einflussreiche Arbeit auf der IX. Mailänder Triennale mit einer Goldmedaille ausgezeichnet. In den frühen 1950er Jahren entwarf Stålhane auch mit geometrischen Mustern verzierte Keramiken, etwa die Serie *Abstrakt,* die von der zeitgenössischen abstrakten Kunst Frankreichs und Italiens wie auch der japanischen Raku-Töpferei und Kalligrafie inspiriert war. Er entwickelte neben Studiokeramik aber auch für die Massenfertigung konzipiertes Geschirr, darunter das Tafelgeschirr der Serien *SB, Blanca* und *Vieta*. In den 1960er Jahren wurden seine Entwürfe zusehends plastischer und großformatiger und waren eher Skulpturen als Gebrauchskeramiken. Von 1963 bis 1971 lehrte er an der Konstindustriskolan (Kunstgewerbeschule) in Göteborg. 1973 eröffnete er in Lidköping sein eigenes Studio Designhuset und stellte Töpfermeister Kent Ericsson als seinen Assistenten ein. Neben seiner Arbeit für Rörstrand entwarf Stålhane auch ein schlichtes handgemaltes Dekor für das von **Bing & Grøndahl** produzierte und von Martin Hunt (1942–2018) gestaltete Tafelgeschirr *Delfi*. Wie so viele andere skandinavische Designer verband Stålhane geschickt die Welt des Kunsthandwerks und die der industriellen Massenfertigung, um zu „idealen" Formen zu gelangen.

Arne Jacobsen,
Cylinda-Teekanne
aus Edelstahl,
1967

stelton *gegründet 1960 Hellerup, Dänemark*

Die namhafte Produktionsfirma Stelton, berühmt für ihre eleganten, aus Metall und Kunststoff gefertigten Haushaltswaren und Küchengeräte, wurde 1960 zum Vertrieb des aus Edelstahl gefertigten Geschirrs – Saucieren, Servierteller, Salatschüsseln usw. – der Firma Dansk Rustfrit gegründet, die in Fårevejle, einer Kleinstadt im nordwestlichen Seeland, ihren Sitz hatte. Stelton beabsichtigte, mit den Produkten, die von mittelmäßiger Designqualität waren, die Grundlage für eine Produktpalette zeitgenössischer, in erster Linie für den dänischen Markt gedachter Haushaltswaren zu schaffen. 1964 konnte Peter Holmblad (geb. 1934), der mit der Vermarktung der Produkte betraut war und das Profil der Firma verbessern wollte, den bekannten Architekten und Designer **Arne Jacobsen** dafür gewinnen, Schüsseln, Vorratsgefäße und Ähnliches für das Unternehmen zu entwerfen. Jacobsen legte mehrere Entwurfszeichnungen von zylindrischer Formgebung vor, die zwar „knapp, logisch und funktional" waren, für deren Umsetzung die technologischen Voraussetzungen jedoch noch nicht vorhanden waren. Edelstahl ist ein in der Bearbeitung höchst anspruchsvolles Material, dessen Oberfläche sich bei der geringsten Ungenauigkeit sofort verformt. Stelton musste also zuerst neue Maschinen und Schweißtechniken entwickeln, ehe man Jacobsens Produktreihe *Cylinda* 1967 schließlich herstellen und auf den Markt bringen konnte. Die überragende Designqualität der *Cylinda*-Serie wurde noch im selben Jahr von der Dänischen Gesellschaft für Industriedesign mit einem ID-Preis und 1968 vom American Institute of Interior Designers mit dem International Design Award gewürdigt. Die ursprünglich aus 18 Teilen bestehende Serie wurde von Jacobsen bis 1971 laufend erweitert und nach seinem Tod anhand seiner hinterlassenen Zeichnungen weiter ausgebaut. Heute umfasst die Kollektion 34 Stücke. *Cylinda* wurde als eine Produktlinie beschrieben, „die dem Wunsch nach einer schönen, funktionalen und praktischen Geschirrkollektion in einem modernen Design gerecht wird", und ihr Erfolg ist vor allem Jacobsens Fähigkeit zuzuschreiben, die dem Edelstahl innewohnenden Qualitäten durch rationale, jedoch ästhetisch ansprechende und zeitlose Formen zur Geltung zu bringen. Ab 1976 arbeitete auch **Erik Magnussen** im Auftrag von Stelton und entwarf mehrere populäre Haushaltsgegenstände aus Edelstahl und Kunststoff, darunter sein aus drei Teilen bestehendes Set von Thermoskannen aus dem Jahr 1977. Dank ihrer zurückhaltenden Eleganz und hochwertigen Qualität blieben die Produkte von Magnussen ebenso

Eisbehälter und Aschenbecher der *Cylinda*-Reihe aus Edelstahl, 1967

Unten: Tortenheber *Modell Nr. 460,* Pizzaheber *Modell Nr. 462* und Fischheber *Modell Nr. 463*, 1980, 1990 und 1990

wie jene von Jacobsen von den Launen der Mode vollkommen unberührt. Heute umfasst die Produktpalette des Unternehmens auch Entwürfe von Peter Holmblad (dem Geschäftsführer und seit den späten 1970er Jahren bis 2004 Eigentümer von Stelton), so zum Beispiel seine Gießkanne für Topfpflanzen *Modell Nr. 100-15,* die von einer ähnlich rationalen Ästhetik ist wie die *Cylinda*-Reihe. Die Qualitätsprodukte von Stelton finden sich heute in den Sammlungen zahlreicher Museen auf der ganzen Welt, unter anderem im Museum of Modern Art und im Cooper-Hewitt Museum in New York, im Victoria & Albert Museum in London, in der Neuen Sammlung in München und im Danske Kunstindustrimuseet in Kopenhagen.

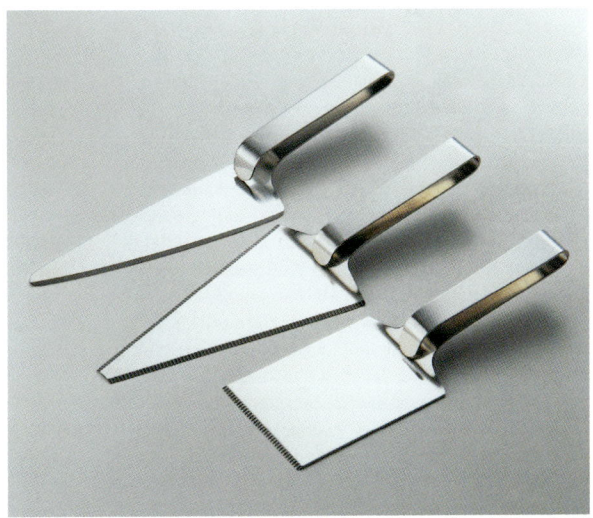

Lehnstuhl für Fritz
Hansen, 1932

magnus stephensen

1903 Holte –
1984 Helsingør, Dänemark

Magnus Stephensen schloss 1924 seine Ausbildung an der Teknisk Skole (Technische Hochschule) in Kopenhagen ab und studierte danach bis 1931 Architektur an der Kongelige Danske Kunstakademi (Königliche Dänische Kunstakademie). Für kurze Zeit studierte er außerdem Architektur an der Französischen Schule in Athen. Nach seiner Ausbildung plante er mehrere Gebäude, wobei er sich hauptsächlich auf den Wohnungsbau konzentrierte. Seine Bauten offenbarten seine Vorliebe für präzise und klare Linien. Von 1938 bis 1952 entwarf er Tafelgeschirr für die Werkstatt von **Kay Bojesen**, darunter auch mehrere Bestecke und eine Teekanne, die sich gleichermaßen durch stilistische Raffinesse wie funktionale Zweckmäßigkeit auszeichneten. Ab 1950 arbeitete er für die Silberschmiede **Georg Jensen**. Für diese gestaltete er die Besteckserien *Tanaquil* und *Frigate,* eine elegante Warmhalteschale aus Sterlingsilber mit besonders praktischen Griffen sowie ein Kaffeeservice aus Edelstahl und mehrere, ebenfalls aus Edelstahl hergestellte hochwertige Kasserollen und Kochtöpfe. Diese handwerklich schön ausgeführten Objekte wurden in einem Verfahren gefertigt, bei dem man das Stahlblech über rotierende Stahlwalzen zog, bevor die Formen manuell geschliffen wurden, um eine Politur von allerhöchster Qualität zu erhalten. Da die Stahlbleche ausreichend dick waren, mussten die Ränder der aus ihnen gefertigten Stücke nicht zusätzlich verstärkt oder weiterverarbeitet werden. 1957 entwarf Stephensen für **Royal Copenhagen** das hitzebeständige Kochgeschirr *Patella,* das eine gesprenkelte braune Glasur aufwies, zu der ihn der Anblick eines verwelkten Eichenblatts inspiriert hatte. Diese Glasur hatte den Vorteil, dass sie die im Zuge der Fertigung im Steingut eventuell entstehenden Eisenspuren verdeckte und somit die Anzahl der Waren zweiter Wahl reduzierte. Ähnlich wie sein für Georg Jensen gestaltetes Edelstahlgeschirr zeichnete sich *Patella* durch weiche und dennoch rationale Formen aus. Es leitete den Trend zu beliebig miteinander kombinierbarem und multifunktionalem Tafelgeschirr ein. Da Stephensen wie viele dänische Designer seiner Zeit stark von der japanischen Kunst beeinflusst war (er schrieb sogar ein Buch zu diesem Thema), verfügten viele seiner Produkte über eine stille und zurückhaltende Schönheit. Darüber hinaus

Kaffeekanne und Zuckerdose aus Silber mit Griffen aus Flechtweide für die Werkstatt von Kay Bojesen, 1938

Unten: Teekanne aus Silber mit Griffen aus Flechtweide für die Werkstatt von Kay Bojesen, 1938

zeugten seine Haushaltswaren von der in Dänemark gepflegten Tradition höchster Handwerkskunst ebenso wie vom Anspruch an eine präzise technische Umsetzung und Zweckmäßigkeit der Objekte. Stephensen wurde im Lauf seiner langen Karriere mit zahlreichen Preisen für sein hervorragendes Produktdesign bedacht, darunter mit drei Goldmedaillen und zwei Großen Preisen auf den Ausstellungen der X. und XI. Mailänder Triennale von 1954 und 1957.

Salatbestecke
aus Teakholz und
Bambusrohr,
Eigenproduktion,
1954

Gegenüber: Glasserie *Harlekiini* (Harlekin) für Riihimäki, 1958

nanny still mckinney

1926 Helsinki, Finnland –
2009 Brüssel, Belgien

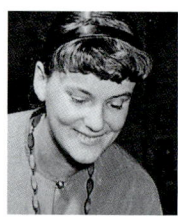

Die finnische Designerin Nanny Still McKinney studierte von 1945 bis 1949 an der Taideteollinen Korkeakoulu (Hochschule für Kunst und Design) in Helsinki. Nach dem Abschluss ihrer Ausbildung arbeitete sie für die **Riihimäki**-Glaswerke. Sie entwarf sowohl geblasenes Studioglas wie auch industriell erzeugte Pressglaswaren, die sich durch ungewöhnliche Formen, eine strukturierte Oberflächengestaltung und ihre funktionale Zweckmäßigkeit hervorhoben. Still McKinney sagte selbst einmal: „Die praktische Verwendbarkeit war für mich immer von größter Bedeutung. Ich kann keine unpraktischen Dinge erzeugen. Man muss das Glas abwaschen können, und ein Bierglas muss angenehm in der Hand liegen." Bei Riihimäki verspürte sie außerdem „den starken Wunsch, Farben zu schaffen"; also entwickelte sie in Zusammenarbeit mit dem chemischen Labor der Fabrik eine Reihe bemerkenswerter Farben, darunter ein leuchtendes Türkis, zu dem sie eine am Strand von Capri gefundene Glasscherbe inspiriert hatte. Entwürfe wie die türkisblaue, aus Kannen mit Deckeln,

Krügen und Trinkgläsern bestehende Kollektion *Harlekiini* (1958) und die warmen bernsteinfarbenen Kerzenhalter *Ambra* (1961), die Teil der in ganz Europa gezeigten Wanderausstellung „Finlandia" (1961/62) waren, leiteten für die finnische Glaserzeugung eine neue und von leuchtenden Farben geprägte Phase ein. Manche ihrer späteren bemerkenswerten Stücke wie die Vasen *Fantasma* (1968–1971) und die mit einem Gänseblümchenmuster verzierte Karaffe samt Schnapsgläsern (ca. 1970) hatten stark strukturierte Oberflächen und kühne, für die Zwanglosigkeit der damaligen Zeit bezeichnende Reliefdekors. Als Riihimäki im Jahr 1976 die Produktion mundgeblasenen Glases einstellte und sich fortan auf die Herstellung massengefertigter kommerzieller Glaswaren wie Flaschen und Gläser beschränkte, verließ Still McKinney die Glaswerke. Sie arbeitete zwar am liebsten mit Glas, da es, wie sie sagte, „über ungleich mehr Facetten verfügt als jedes andere Material, sei es Stein, Marmor oder Bronze". Als Gestalterin war sie aber außerordentlich vielseitig und arbeitete auch mit anderen Werkstoffen, darunter Metall, Email, Kunststoff und Holz, sowie in anderen Disziplinen, etwa als Keramikkünstlerin, Grafikerin oder Schmuck- und Leuchtendesignerin. So offenbart ihr Salatbesteck aus poliertem Teakholz und Bambusrohr (1954) ihr erstaunliches Gespür für Linien und ihren meisterhaften Umgang mit Materialien, während ihr für La Porcelaine de Baudour entworfenes Frühstücksgeschirr *Good Morning* (ca. 1964) einen innovativen Ansatz für funktionale Problemlösungen lieferte: Seine Kannen hatten Deckel, die während des Eingießens nicht herunterfallen konnten. Still McKinney entwarf außerdem Keramiken für Cerabel-Porcelain, Heinrich Porzellan und Rosenthal, Glaswaren für Val Saint-Lambert, Plastikprodukte für Sarvis und Kochgeschirr für **Hackman**. 1972 erhielt sie die Finlandia-Medaille für ihre originellen Entwürfe, die „geradewegs aus dem Herzen kommen". Darüber hinaus sind sie exemplarisch für einen spezifisch finnischen Designansatz, der bei allem Styling stets etwas Zwangloses hat.

Oben: Hitzebeständiges Frühstücksgeschirr *Good Morning* für La Porcelaine de Baudour, ca. 1964

Ein Paar Stühle *Pirkka* aus ebonisierter Birke und Kiefer für Laukaan Puu, 1955

Gegenüber: Stapelstuhl *Domus* für Keravan Puuteollisuus, 1946

ilmari tapiovaara *1914 Tampere – 1999 Helsinki, Finnland*

Ilmari Tapiovaara widmete seine gesamte künstlerische Laufbahn der Gestaltung und Entwicklung des „idealen" Mehrzweckstuhls. Von 1935 bis 1936 arbeitete er in der Londoner Niederlassung von **Artek**, der von **Alvar** und **Aino Aalto** gegründeten Designfirma. Anschließend studierte er an der Taideteollisuuskeskuskoulu (Institut für Industriedesign) in Helsinki, wo er 1937 seine Ausbildung zum Industriedesigner und Innenarchitekten abschloss. Danach assistierte er im Pariser Architekturbüro von Le Corbusier (1887–1965), bevor er von 1937 bis 1940 die künstlerische Leitung von Asko (einer Möbelfabrik mit Sitz im finnischen Lahti) übernahm. 1946 entwarf er für das Studentenwohnheim Domus Academica in Helsinki seinen bekannten Stuhl *Domus*, einen zerlegbaren Formsperrholzstuhl aus massiver Birke. Dieser Entwurf wurde von Keravan Puuteollisuus hergestellt, einer von Tapiovaara gegründeten und geleiteten Möbelfirma. Um 1950 richtete er gemeinsam mit seiner Frau, der Architektin Annikki Tapiovaara

(1910–1972), in Helsinki ein Designstudio ein und widmete sich von da an als freischaffender Designer der Entwicklung „universeller" Sitzmöbel. Der Funktionalist Tapiovaara, einer der frühen Verfechter der Idee, zerlegbare Möbel herzustellen, war ein überzeugter Vertreter des Prinzips der sichtbaren Konstruktion. Angesichts des rasant wachsenden Exportmarktes für Möbel konzentrierte er sich in den 1940er und frühen 1950er Jahren auf die Entwicklung kostengünstiger, effizient konstruierter Stühle, die sich rasch in ihre Bestandteile zerlegen und für den Versand ins Ausland verpacken ließen – eines dieser Modelle reichte er 1948 beim „Internationalen Wettbewerb für preiswertes Möbeldesign" des Museum of Modern Art in New York ein. Sein späterer Stapelstuhl *Lukki I* (1952) für Lukkiseppo, der aus Stahlrohr und Sperrholz konstruiert war und erstmals im Olivetti-Schauraum in Helsinki präsentiert wurde, war mit Armlehnen ausgestattet, die Tapiovaara mit einer Plastikschnur umwickelt hatte, um dem Benutzer mehr Komfort zu bieten und den Stuhl zugleich vor Schäden zu schützen, die beim Stapeln entstehen konnten. Sein für Wilhelm Schauman entworfener Stuhl *Wilhelmiina* (1959), ein elegantes Modell mit Sitzfläche und

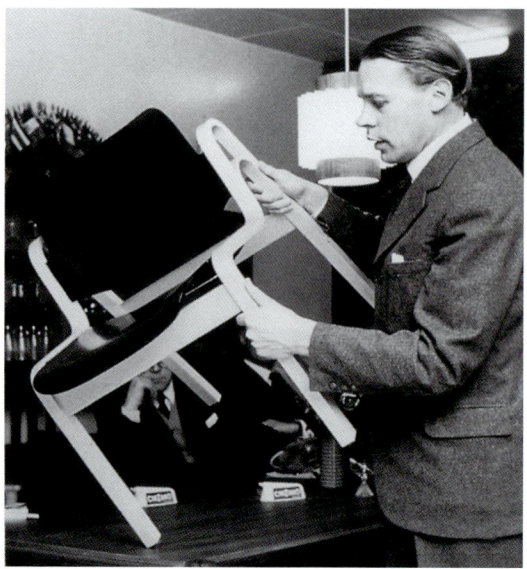 

Oben links: Ilmari Tapiovaara bei der Präsentation seines Stapelstuhls *Wilhelmiina* für Wilhelm Schauman, ca. 1959

Oben rechts: Stapelstuhl *Domus* für Keravan Puuteollisuus, 1946. Der später von Wilhelm Schauman produzierte Stuhl wurde in Großbritannien und den Vereinigten Staaten unter den Namen *Stax* bzw. *Finnchair* verkauft.

Gegenüber: Stapelstuhl *Wilhelmiina* für Wilhelm Schauman, 1959

Rückenlehne aus Sperrholz, war ein ähnlich innovativer Stapelstuhl. Tapiovaaras Stühle wurden auf den Mailänder Triennalen von 1951 bis 1960 mit insgesamt sechs Goldmedaillen ausgezeichnet und erhielten 1950 in Chicago einen Good Design Award. Während Tapiovaara höchst rationale Möbel für Knoll International, Thonet, Asko und andere entwarf, war er auch als Innenarchitekt tätig und weitete sein Betätigungsfeld auf die Gestaltung von Lampen, Glaswaren, Edelstahlbesteck (**Hackman**), Stereoanlagen, Teppichen, Textilien, Tapeten und Spielzeug aus. Von 1950 bis 1952 lehrte er an der Taideteollinen Korkeakoulu (Hochschule für Kunst und Design) in Helsinki, und von 1952 bis 1953 hatte er eine Gastprofessur am Institute of Design des Illinois Institute of Technology in Chicago inne. Während dieser Zeit arbeitete er auch im Büro von Ludwig Mies van der Rohe (1886–1969) in Chicago. 1971 erhielt er den Finnischen Staatspreis für Design und 1986 eine Auszeichnung der Finnischen Stiftung für Kultur. Tapiovaara war einer der ersten Designer seines Landes, die auch immer wieder im Ausland tätig waren, wozu er einmal bemerkte: „Einen Designer kann man in gewisser Weise mit einem Arzt vergleichen. Sobald man den Beruf beherrscht, kann man ihn überall ausüben. Wenn man seine Arbeit gut macht, wird sie überall gleich gut sein." Tapiovaara, der sich von einigen der wichtigsten Vertreter der Moderne inspirieren ließ, entwickelte seine eigene charakteristische Formsprache, die seinen Objekten – obwohl sie ihre Wurzeln in der Tradition der Moderne hatten – ein Gefühl von Zeitlosigkeit und Charakter verlieh.

paavo tynell 1890 Helsinki – 1973 Tuusula, Finnland

Paavo Tynell studierte Metallverarbeitung an der Taideteollinen Korkeakoulu (Hochschule für Kunst und Design) in Helsinki, wo er nach dem Abschluss seiner Ausbildung von 1917 bis 1923 im Bereich Eisenblech-, Zinn- und Kupferverarbeitung unterrichtete und größten Wert auf die Vermittlung handwerklichen Könnens legte. 1918 gründete er das Unternehmen Taito Oy, das in den nächsten Jahren viele Metallobjekte herstellen sollte, unter anderem die riesigen Bronzetüren des finnischen Parlamentsgebäudes in Helsinki. Unter Tynells Leitung beschäftigte die Firma in den 1920er und 1930er Jahren eine Reihe junger Talente, unter ihnen auch **Alvar Aalto**, **Gunnel Nyman** und **Kaj Franck**, die später zu den bedeutendsten Vertretern des finnischen Designs zählen sollten. In den 1940er Jahren produzierte Taito Oy nach den Entwürfen Tynells innovative Lampen, etwa eine aus Messing und Leder konstruierte Tischlampe (1941) mit einem Schirm in Form einer Jakobsmuschel und einen außerordentlich dekorativen Kronleuchter (1946), von dessen filigranen Bögen aus Draht kleine Messingelemente kaskadenartig herabfielen. Inspiriert von Kristallleuchtern früherer Jahrhunderte und den traditionellen finnischen Himmeli-Mobiles, die zur Weihnachtszeit aus Stroh gebastelt werden, verfolgte Tynell bei der Gestaltung seines Kronleuchters die Idee, dramatische Schatteneffekte und ein schimmerndes Licht zu erzeugen, das an Kerzen- oder Gaslicht erinnern sollte. 1948 exportierte Taito Oy seine Leuchten erstmals in die USA, wo sie von der finnischen Firma Finland House in New York im Einzelhandel vertrieben wurden. Als Taito Oy 1950 aus wirtschaftlichen Gründen mit Idman Osakeyhtiö fusionierte, wurden Tynells bis dahin üppigen und fantasievollen Entwürfe schlichter, um den Erfordernissen der Industrieproduktion gerecht zu werden. In dieser Zeit entwarf er unter dem Taito-Label Lampen mit perforierten Schirmen in schwungvollen Formen. Tynells Leuchten waren in konstruktionstechnischer Hinsicht zwar von einer erstaunlichen Schlichtheit, da sie jedoch häufig unter Einsatz unkonventioneller Materialkombinationen – etwa Messing und Glas – gestaltet waren, wirkten sie opulent und elegant zugleich. Viele seiner Leuchten waren manuell gefertigt, weshalb es von vielen Entwürfen nur wenige Exemplare gibt. Tynell erhielt zahlreiche Auszeichnungen, einschließlich des Goldenen Ehrenabzeichens von Ornamo im Jahr 1961.

Seite 450:
Verschiedene Beleuchtungslösungen, ausgestellt im Finland House Showroom in Manhattan, New York, Anfang der 1950er Jahre

Seite 451: Messingkronleuchter *Modell Nr. 10137 Snowflake* aus der „Fantasia"-Reihe für Taito, 1946

Oben links:
Tischleuchte aus Messing und Leder *Modell Nr. 5321* für Taito, 1938/39

Oben rechts:
Tischleuchte *Modell Nr. 9227* für Idman Oy, 1950er Jahre

Seite 452:
Stehlampenpaar
Modell Nr. 9602
Stehlampen aus
Messing und
Korbgeflecht mit
Weidenschirmen
für Taito, 1950er
Jahre

Seite 453, unten:
Paavo Tynell und
seine Frau, die
Glasdesignerin
Helena, mit ihren
Kindern, 1950er
Jahre – mit einer
seiner als „Chinesi-
scher Hut" bekann-
ten Stehlampen
Modell Nr. 9602

Oben:
Kronleuchter
Modell Nr. 9029/5
aus Messing
mit getönten
Glasschirmen mit
Schirm für Taito
Oy, 1950er Jahre

Entwurfsskizze für
Kronleuchter,
1940er Jahre

Gegenüber: Große
Deckenleuchte,
speziell für das
Kino in Heinola
entworfen und von
Taito Oy herge-
stellt, 1940er Jahre

Oben: Messinghängelampe *Modell Nr. 1965A* für Taito, 1940er Jahre

Von Paavo Tynell entworfene Kronleuchter beleuchten die elegante Bar im Finland House, New York, 1946 – seine Inneneinrichtung wurde von Aarne Ervi entworfen

Gegenüber: Kronleuchter *Schneeball* aus Messing, lackiertem Messing, Messingdraht und Opalglas für Taito Oy, 1950. Von diesem Modell wurden vermutlich nur vier Exemplare hergestellt.

Klubsessel und
Ottomane *Aurora*
für Fritz Hansen
(später Trio Line),
1968

jørn utzon 1918 Kopenhagen – 2008 Kopenhagen, Dänemark

Der dänische Architekt und Industriedesigner Jørn Utzon ist vor allem für die dynamische und höchst innovative, jedoch auch problematische Gestaltung des Opernhauses von Sydney (1957–1973) bekannt, das zu den berühmtesten Bauwerken der Welt zählt. Utzon studierte von 1937 bis 1942 bei **Kay Fisker** und Steen Eiler Rasmussen (1898–1990) an der Kongelige Danske Kunstakademi (Königliche Dänische Kunstakademie) und arbeitete anschließend drei Jahre lang im Büro des großen schwedischen Funktionalisten **Erik Gunnar Asplund**. Den größten Einfluss übte die ganzheitliche Architektur der beiden großen Vertreter des organischen Stils, **Alvar Aalto** und Frank Lloyd Wright (1867–1959), auf ihn aus. 1947 machte er sich mit eigenen Büros in Zürich und in Ålsgarde selbstständig und gewann in der Folge mehrere Wettbewerbe. Der bedeutendste unter ihnen war der zur Gestaltung der Oper und des Konzerthauses von Sydney im Jahr 1956, bei dem er den ersten Preis erhielt. Das fertige Bauwerk mit seinen beeindruckend gewölbten Dachsegmenten, die wie Segel wirken, brachte ihm internationalen Ruhm, war aber von Anfang an von heftigen Kontroversen begleitet. Die Konstruktion der vorgefertigten Dachschalen, zu der ihn die nach eigenen Worten „additive Architektur" der Zellgefüge der Natur inspiriert hatte, war in vielerlei Hinsicht problematisch. Obwohl er die bautechnischen Probleme schließlich löste, indem er einige Rechenkunststücke in sphärischer Geometrie absolvierte, wurde er 1966 zum Ausstieg aus dem Projekt gezwungen. Das Gebäude und die Innenausstattung wurden von einer australischen Architektenfirma fertiggestellt. Neben seinen Architekturprojekten entwarf Utzon in den 1960er und 1970er Jahren auch Leuchten für Nordisk Solar sowie Glas und Möbel. Mit seiner Möbelkollektion *Floating Dock* (1967) für das dänische Möbelhaus **Fritz Hansen** folgte er wiederum seinem Konzept der additiven Architektur. Die Konstruktion dieser aus mehreren unterschiedlich großen Tischen und Stühlen – einschließlich eines auffallenden Sessels im Stil eines Schlafsofas – bestehenden Möbelserien beruhte auf einem innovativen System bogenartiger Elemente aus Dreikantaluminium, die in einem

Winkel von 45 Grad zueinander befestigt werden. Sein wellenförmiger Stuhl *8101* (1969), dem ein ähnliches Konstruktionsprinzip zugrunde lag, konnte mit zusätzlichen Elementen zu einer größeren Sitzeinheit oder zu einem Sofa verbunden werden. Er offenbarte Utzons Faszination für völlig neuartige Konstruktionsweisen, die sich „an der Grenze des Machbaren" bewegen. Utzon ließ sich auch von Bauwerken anderer Zeitalter und Kulturen wie denen des alten China, des Islams und der Maya-Kultur in Mexiko inspirieren. Im Lauf seiner Karriere erhielt er zahlreiche Auszeichnungen, darunter die Eckersberg-Medaille (1957), die Medaille des Deutschen Architekturinstituts (1965), den Dänischen Möbelpreis (1970) sowie eine Goldmedaille des Royal Institute of British Architects (1978).

Oben: *Floating-Dock*-Sitzmöbel mit passendem Tisch für Fritz Hansen, 1968

Unten: Sofa der Kollektion *Floating Dock* für Fritz Hansen, 1968

Kindermöbel, 1949. Die von I. Christiansen ausgeführten Möbel sollten mit dem Kind „mitwachsen".

kristian vedel

1923 – 2003 Humlebæk, Dänemark

Der dänische Möbeldesigner Kristian Vedel absolvierte eine Lehre zum Möbeltischler und erhielt 1942 seinen Gesellenbrief. Danach studierte er von 1944 bis 1945 Möbeldesign bei **Kaare Klint** an der Kongelige Danske Kunstakademi (Königliche Dänische Kunstakademie) und schloss anschließend seine Ausbildung an der Kunsthåndværkerskolen (Kunstgewerbeschule) ab. Von 1946 bis 1949 arbeitete er als Assistent im Büro für Architektur- und Möbeldesign des Ehepaars Tove und Edvard Kindt-Larsen (1906–1994 und 1901–1982). Von 1949 bis 1955 war er für Palle Suenson (1904 bis 1987) tätig und lehrte von 1953 bis 1956 an der Kopenhagener Kunsthåndværkerskolen. In dieser Zeit entwickelte Vedel, der unter dem Einfluss des von Klint propagierten ökonomischen, schlichten und funktionalen Designkonzepts stand, einen innovativen Kinderstuhl. Dieser bestand aus einer gebogenen Sperrholzschale und war mit Schlitzen versehen, um die Sitzhöhe der Größe der Kinder anpassen zu können.

Die Stühle ließen sich paarweise verbinden und bildeten so eine Kombination aus Stuhl und Esstisch zum Füttern. Dieser enorm praktische Entwurf wurde von Torben Ørskov hergestellt und entsprach Vedels Überzeugung, dass „die Arbeit eines Industriekünstlers stets davon auszugehen hat, aus seiner Sicht und dabei so objektiv wie möglich zu den Bedürfnissen der Gesellschaft und seiner Mitmenschen Stellung zu beziehen. Er muss einen persönlichen Standpunkt zu den bestehenden Möglichkeiten und Verantwortlichkeiten vertreten." 1955 richtete er ein eigenes Designstudio ein und produzierte im Jahr darauf eine Serie multifunktionaler Melaminküchenutensilien, zu der Gefäße, Schüsseln, Kännchen, ein Salatbesteck und ein Eierbecher gehörten und die von bemerkenswerter konstruktionstechnischer Schlichtheit war. Fünf Jahre später entwarf er sein bekanntes Möbelsystem Modus, eine Einrichtung aus Klubsesseln mit niedriger oder hoher Rückenlehne, Esszimmerstühlen ohne Armlehnen und dazu passenden Couchtischen mit Glasplatten und Esstischen mit Massivholzplatten. Die Modus-Möbel wurden ab 1963 von Søren Willadsen hergestellt. Die bemerkenswerte Konstruktion bestand aus gepolsterten Lederschlingen, die in einen

Rosenholzrahmen eingehängt wurden und so die Arm- und Rückenlehnen bildeten. 1962 erhielt Vedel den Lunning-Preis für seine Kunststoffprodukte, mit denen er „seine Akzeptanz neuer Werkstoffe über das übliche Material des Möbeltischlers hinaus demonstrierte". Von 1966 bis 1968 hatte er den Vorsitz der IDD (Industrial Designers of Denmark) inne. Danach ging er von 1969 bis 1972 an die Universität von Nairobi in Kenia, wo er die Abteilung für Industriedesign aufbaute und diese mit dem Ziel leitete, „den Bedürfnissen der Bevölkerung als Ganzes" entgegenzukommen. Nach seiner Rückkehr nach Dänemark im Jahr 1972 eröffneten Vedel und seine Frau Ane in Thyholm ein Designstudio, in dem sie sich der Erforschung der Einsatzmöglichkeiten von Wolle widmeten. Als einer der führenden dänischen Möbeldesigner der späten 1950er und der 1960er Jahre wurde Vedel auf der XI. und XII. Mailänder Triennale von 1957 und 1960 mit Silber- und Goldmedaillen ausgezeichnet.

Oben: Esstisch und Stühle der *Modus*-Serie für Søren Willadsen, 1963

Unten: Verstellbarer Kinderstuhl für Torben Ørskov & Co., 1957

Esszimmerstuhl
aus Teakholz für
FDB, 1951

Gegenüber:
Sessel *Corona*
Modell Nr. EJ 605
für Erik Jørgensen,
1961

poul volther *1923 Århus – 2001 Dänemark*

Der Architekt und Möbeldesigner Poul Volther arbeitete als Tischlergeselle, bevor er an der Kunsthåndværkerskolen (Kunstgewerbeschule) in Kopenhagen studierte. Nach seinem Studienabschluss im Jahr 1949 eröffnete er ein eigenes Architektur- und Designstudio, das er bis 1985 führte. Unter den zahlreichen Möbeln, die Volther im Lauf seiner Karriere entwarf, findet sich ein eleganter Speisezimmerstuhl aus Teakholz (1951), den er für den dänischen Genossenschaftsverband FDB (Föreningen af Danske Brugsforeniger) entwickelte und mit dem er eine radikale Neuinterpretation des traditionellen Stuhlmodells mit leiterförmiger Rückenlehne präsentierte. Für seinen zehn Jahre später entstandenen bekannten Sessel *Corona* (1961) setzte er ähnliche fließende Elemente ein, die an die sichtbaren Formen der Sonne im Verlauf einer Sonnenfinsternis erinnerten. Die elliptischen Sitzpolster des aus Formsperrholz gebauten und mit kaltvulkanisiertem Zellpolyurethan gepolsterten Sessels ließen sich auch als Armlehnen benutzen. Der Rahmen, an dem sie befestigt waren, bestand anfangs aus Eichenvollholz, ab 1962 aus verchromtem Federstahl. Ähnlich wie die Polstermöbel von **Arne Jacobsen** und **Verner Panton** machte *Corona,* der ursprünglich von Erik Jørgensen hergestellt wurde und jetzt von Fredericia produziert wird, den Trend der dänischen Avantgarde zu einer plastischeren und „synthetischeren" Designsprache sowie die allmähliche Abkehr von der Überarbeitung traditioneller Möbelformen deutlich. Auch wenn fortschrittliche Entwürfe dieser Art die optimistische Geisteshaltung jener Zeit verkörperten, verschrieben sie sich deshalb noch lange nicht einem Popkulturethos der Kurzlebigkeit und der Wegwerfphilosophie. Sie waren im Gegenteil qualitativ hochwertige Produkte, die dem Wandel der Zeit und der Mode standhalten sollten. Neben seiner Arbeit als Architekt und Designer lehrte Volther an der Kunsthåndværkerskolen (bis 1953) und von 1955 bis 1980 an der Kopenhagener Möbelschule und der Technischen Hochschule. Als führender dänischer Architekt gehörte er ab 1955 der Gesellschaft der akademischen Architekten an. Volther, der das traditionelle Kunsthandwerk mit modernen Technologien kombinierte, schuf Möbel, die nicht nur beständig und bequem, sondern auch visuell anregend waren.

Satz aus
Rosenholztischen
für A. J. Iversen,
1953

ole wanscher
1903 Frederiksberg – 1985 Charlottenlund, Dänemark

Der Möbeldesigner und Historiker Ole Wanscher studierte bei **Kaare Klint** an der Kongelige Danske Kunstakademi (Königliche Dänische Kunstakademie) in Kopenhagen. Sein Vater, Kunsthistoriker von Beruf, war prägend für sein lebenslanges Interesse an der Geschichte des Möbeldesigns. Wanscher unternahm mehrere Reisen nach Europa und Ägypten, um volkstümliche und historische Möbeltypen zu studieren, und nutzte seine Forschungen als Grundlage für die zahlreichen Bücher, die er zu diesem Thema verfasste, darunter „Möbeltypen" (1932), „Allgemeine Geschichte des Möbels" (1941), „Englische Möbel ca. 1680–1800" (1944) und „Geschichte des Möbels" (1946–1956). Wanscher war einer der Initiatoren der einflussreichen Jahresausstellungen der Kopenhagener Kunsttischlerinnung und entwarf klassisch elegante Einrichtungsobjekte für zahlreiche Möbelhersteller, unter anderem für P. Jeppesen, Rudolf Rasmussen, France & Son und A.J. Iversen. Wie sein Lehrer Kaare Klint war auch er der Überzeugung, dass jeder Gestalter die historischen Möbeltypen studieren sollte, wobei seine Arbeit besonders unter dem Einfluss von englischen Stilmöbeln aus dem 18. Jahrhundert sowie chinesischen, ägyptischen und griechischen Vorbildern stand. So beruhte die Form seines *Ägyptischen Hockers* (1960) aus Mahagoni und Leder beispielsweise auf einem in der Sammlung der Staatlichen Museen zu Berlin befindlichen antiken Modell. 1955 folgte er Klint als Professor für Möbeldesign an der Kongelige Danske Kunstakademi nach (1955–1973). 1960 wurde er auf der Mailänder Triennale mit einer Goldmedaille ausgezeichnet und erhielt den auf der Jahresausstellung der Kopenhagener Kunsttischler vergebenen Preis. Er nahm an zahlreichen Ausstellungen teil, so auch an der „Design in Scandinavia" (USA 1954–1957) und der „Neue Form aus Dänemark" (Deutschland 1956–1959). Obwohl Wanschers Möbel von herausragender Handwerkskunst zeugten und unter Verwendung kostbarer Materialien gefertigt waren, waren sie nicht nur für zahlungskräftige Kunden gedacht. Tatsächlich zählte er zu den ersten dänischen Designern, die ihre Entwürfe für eine serielle Massenproduktion anfertigten. Die erlesene Feinheit in allen Details seiner Entwürfe offenbarte seine meisterhafte Kenntnis der Fertigungsmethoden, während die eleganten und zeitlosen Formen seine wissenschaftlichen Studien über Stilmöbel reflektierten.

Lehnstuhl aus Eiche und Rohrgeflecht für Rud. Rasmussen, 1951

Unten: *Ägyptischer Hocker* für A. J. Iversen, 1960

Einrichtung in
Hans Wegners
1962 erbautem
Haus, Tinglevvej

Gegenüber: Stuhl
*Pfau Modell Nr.
550* für Johannes
Hansen, 1947

hans wegner 1914 Tønder – 2007 Kopenhagen, Dänemark

Hans Wegner, einer der bedeutendsten dänischen Designer aller Zeiten, war der Sohn eines Schustermeisters und lernte bereits als Kind die Handwerkskunst und den Umgang mit den besonderen Qualitäten der Werkstoffe zu schätzen. Und da er auch in jungen Jahren schon eine echte Liebe zu Holz und ein ausgeprägtes Verständnis für das Material entwickelte, machte er eine Tischlerlehre in der Werkstatt von H. F. Stahlberg. Nachdem er seine Ausbildung als Möbeltischler erfolgreich abgeschlossen hatte, blieb er bis zu seiner Einberufung in den Militärdienst noch drei weitere Jahre in der Werkstatt. Später studierte er Möbeltischlerei an der Technischen Hochschule in Kopenhagen, wo er sich u. a. mit der Vermessung von Stilmöbeln befasste, die im Kopenhagener Museum für dekorative Kunst (heute Dänisches Designmuseum) ausgestellt waren. Diese Erfahrung und die Jahresausstellungen der Kopenhagener Kunsttischler waren für den jungen Wegner so prägend, dass er beschloss, Designer zu werden. Zu diesem Zweck begann er 1936 eine Ausbildung bei dem Möbelgestalter **Orla Mølgaard-Nielsen** an der Kunsthåndværkerskolen (Kunstgewerbeschule). Zwei Jahre später war Wegner im Planungsbüro von Erik Møller und Flemming Lassen in Århus tätig und arbeitete ab 1940 in dem von Møller und **Arne Jacobsen** für die Gestaltung des Rathauses von Århus gegründeten Büro. Für dieses Projekt entwarf Wegner schlichte, aber sorgfältig gearbeitete Möbel, die exemplarisch waren für seinen damaligen Ansatz, „den alten Stühlen ihren äußeren Stil zu nehmen und sie in ihrer puren Konstruktion sichtbar werden zu lassen". Von 1943 bis 1946 leitete Wegner sein eigenes Studio in Århus und entwickelte mit **Børge Mogensen** für Frederik Nielsen, den Direktor des dänischen Genossenschaftsverbands, eine Möbelserie (1945/46) für die Ausstattung von Kleinwohnungen, die von guter Qualität und dennoch preiswert war. Im Anschluss arbeitete Wegner in Kopenhagen mit dem Architekten Palle Suenson (1904–1987) zusammen, bevor er 1948 sein eigenes Büro in der dänischen Hauptstadt eröffnete. Seit 1940 hatte er immer wieder mit dem Möbeltischler und Vorsitzenden der Tischlergilde, Johannes Hansen, zusammengearbeitet und für dessen Herstellungsfirma zahlreiche Stühle entworfen, darunter

Oben: *Modell Nr. CH24* für Carl Hansen & Søn, 1950

Gegenüber: *De runde stol* (Der runde Stuhl) Modell Nr. 501 für Johannes Hansen, 1949

Oben rechts: *Chinesischer Stuhl* für Fritz Hansen, 1943

Unten links: Der Fernsehsender CBS erwarb 1960 zwölf Exemplare des *Runden Stuhls* für die berühmte Fernsehdebatte zwischen den Präsidentschaftskandidaten John F. Kennedy und Richard Nixon

Unten rechts: Entwurf für den *Runden Stuhl,* 1949

 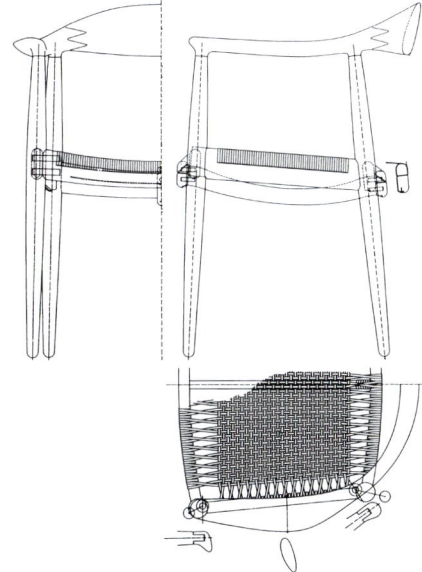

Einrichtung in Hans Wegners 1962 erbautem Haus, Tinglevvej

den berühmten *De runde stol* (Der runde Stuhl, 1949), der unter dem Namen *Der Stuhl* beziehungsweise *Klassischer Stuhl* bekannt wurde. In den 1950er Jahren galt Wegner als einer der führenden Vertreter des skandinavischen Designs und machte sich mit seinen meist aus Massivholz bestehenden Stühlen von meisterhafter Kunstfertigkeit und Ausgewogenheit auch international einen Namen. Wegners Möbel wurden von Johannes Hansen, **Fritz Hansen**, Andreas Tuck, Getama, A. P. Stolen, Carl Hansen & Søn und PP Møbler hergestellt. Sie sollten, wie er selbst sagte, „so schlicht und unverfälscht wie möglich sein, um zu zeigen, was wir mit unseren Händen machen können, um das Holz zum Leben zu erwecken, ihm Seele und Vitalität zu verleihen und die Dinge so natürlich zu gestalten, dass sie nur von uns gemacht sein können". Wegners typisch skandinavisches, organisches Gestaltungskonzept, das besonders in dem *Chinesischen Stuhl* (1943), dem Stuhl *Pfau* (1947), dem *Y-Stuhl* (1950) und der Kombination aus Stuhl und stummem Diener (1953) zum Ausdruck kommt, beruhte auf der Bedeutung der physischen, psychologischen und emotionalen Verbindungen zwischen den Benutzern und ihren Gebrauchsgegenständen. Er erhielt zahlreiche

Auszeichnungen, darunter 1951 den erstmals verliehenen Lunning-Preis. Wegner schuf durch die Vereinfachung und Verfeinerung von Form und Konstruktion zeitlose und faszinierend schöne moderne Überarbeitungen traditioneller Möbel, mit denen er dem dänischen Design zu Weltruhm verhalf.

Klappstuhl *Modell Nr. PP512* für PP Møbler, 1949

Unten: Sessel *Modell Nr. 27* für Carl Hansen & Søn, 1949

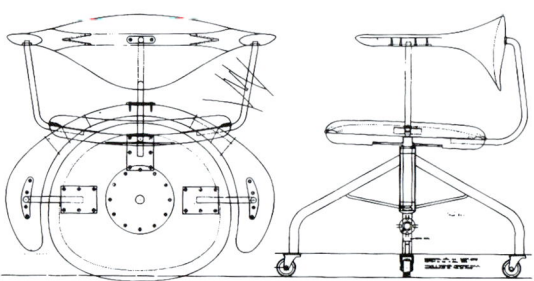

Oben links:
Konstruktions-
zeichnung für den
Kontordrejestol
(Bürodrehstuhl),
ca. 1955

Oben rechts:
Kontordrejestol
(Bürodrehstuhl)
für PP Mobler,
1955

Unten:
Ausstellungsraum
mit Stühlen *Flag
Halyard* Stühlen für
Getama, ca. 1955

Gegenüber:
Sessel *Flagline*
(Flaggleinen)
Modell Nr. GE225
für Getama, 1950

Stuhl *Stummer Diener Modell Nr. PP250* für PP Møbler, 1953

Unten: *3-benet skalstol* (3-beiniger Schalenstuhl) für Johannes Hansen, 1963

Gegenüber: Sessel *Pølle* (Ochse) *Modell Nr. EJ100* mit passender Ottomane für Erik Jørgensen, 1960

Teller *Gullviva*
(Schlüsselblume)
und *Liljekonvalje*
(Maiglöckchen) für
Gustavsberg, 1897

Gegenüber:
Vase *Iris* für
Gustavsberg, 1897

gunnar wennerberg

1863 Skara, Schweden –
1914 Paris, Frankreich

Der schwedische Maler, Keramiker, Glas- und Textildesigner Gunnar Wennerberg studierte ab 1886 Malerei bei François Bonnat (1811–1994) und Henri Gervex (1852–1929) in Paris und wurde außerdem in der Porzellanfabrik Sèvres ausgebildet. Als er 1895 nach Schweden zurückkehrte, wurde er zum künstlerischen Leiter der **Gustavsberg**-Keramikfabrik ernannt und führte während seiner 13-jährigen Tätigkeit eine neue Stilrichtung ein, zu der er sich von der Natur inspirieren ließ. Als talentierter Blumenmaler schuf Wennerberg eine Reihe erlesener Entwürfe, die mit floralen Motiven im Art-nouveau-Stil verziert waren. Seine mit sanften Naturfarben handbemalten Teller *Gullviva* (Schlüsselblume) und *Liljekonvalje* (Maiglöckchen) zeigten stilisierte Darstellungen schwedischer Wildblumen. Sie wurden 1897 auf der Stockholmer „Konst- och Industriutställningen" (Kunst- und Industrieausstellung) gezeigt und offenbarten neben dem wachsenden Einfluss der „Neuen Kunst" auch den in Schweden allgemein verbreiteten Respekt vor der Natur. Zwar waren die von Wennerberg gemalten Blumen stilisiert, es fehlten ihnen jedoch die wirbelnde Hektik und angestrengte Manier ähnlicher Motive, wie sie im französischen Art nouveau oder im deutschen Jugendstil zu finden waren. Wennerberg gestaltete außerdem mehrere Objekte mit Hochreliefs, darunter die Vase *Iris* (1897). Von 1898 bis 1909 entwarf er Kameenglas für die **Kosta**-Werke, die eine starke Ähnlichkeit mit den Entwürfen von Émile Gallé (1846–1904) aufwiesen, allerdings waren die Blumenmotive, mit denen Wennerberg sie verzierte, wesentlich naturalistischer ausgeführt. Von 1902 bis 1908 lehrte Wennerberg Malerei an der Konstfackskolan (Hochschule für Kunst, Kunsthandwerk und Design) und entwarf ab 1908 Keramiken für Sèvres sowie Webstoffe für Handarbetets Vänner. 1909 kehrte er nach Paris zurück, wo er bis zu seinem Tod lebte. Wennerberg, einer der führenden schwedischen Designer der Jahrhundertwende, übte mit seiner vereinfachten und poetischen Interpretation des Art nouveau großen Einfluss auf das skandinavische Design aus.

Besteck *Lotus* für Rosenthal, 1964

Gegenüber: Weihnachtsteller für Rosenthal. Von 1971 bis 1983 erschien jedes Jahr ein neuer Teller mit einem anderen Motiv.

bjørn wiinblad
1918 Kopenhagen – 2006 Lyngby, Dänemark

Bjørn Wiinblad arbeitete zwar in zahlreichen Bereichen, wie etwa als Textil-, Glas- und Silberwarendesigner und Grafiker, am bekanntesten ist er aber für seine außergewöhnlich dekorativen, mit stark stilisierten, poetischen Motiven verzierten Keramiken. Wiinblad absolvierte von 1936 bis 1939 eine Ausbildung an der Technischen Hochschule in Kopenhagen und studierte von 1940 bis 1943 Illustration an der Kongelige Danske Kunstakademi (Königliche dänische Kunstakademie). Danach war er bis 1946 als Keramiker unter Lars Syberg bei Taastrup tätig und anschließend bis 1956 als Mitarbeiter von **Jacob Bang** bei den Nymølle-Fayencewerken. 1952 richtete er in Kongens Lyngby ein eigenes Studio ein, in dem er im ersten Jahr mit Gutte Eriksen (1918–2008) zusammenarbeitete. Seit 1957 hat Wiinblad für den renommierten deutschen Porzellanhersteller Rosenthal zahlreiche Keramiken entworfen, die sich durch eine eigenständige, an mittelalterliche Kunst erinnernde Üppigkeit auszeichnen. Manche seiner Entwürfe besitzen eine für die skandinavische Volkskunst typische Verspieltheit, während andere mit ihren häufig religiösen Darstellungen die feierliche Schönheit und Mystik der byzantinischen Kunst einfangen. Wiinblads eigenwillige Kreuzung aus dem Jahrhundertealten und dem Modernen wurde zum Inbegriff des skandinavischen Designs der 1960er Jahre mit seiner ornamentalen Wiederbelebung vergangener Perioden. Neben seiner Tätigkeit als Produktdesigner erhielt Wiinblad auch zahlreiche Aufträge zur Dekoration von Restaurants und Hotels und er arbeitete als Bühnenbildner für das Dallas Theater Center und das Pantomimentheater im Kopenhagener Vergnügungspark Tivoli.

Gläserserie *Tapio* für Iittala, 1954. Die Luftblase in den Stielen entstand unter Verwendung eines nassen Stabes.

Gegenüber: Glasvasen, die von beiden Seiten genutzt werden können, für Iittala, 1955/56

tapio wirkkala *1915 Hanko – 1985 Helsinki, Finnland*

Tapio Veli Ilmaari Wirkkala, eine der großen Persönlichkeiten des finnischen Designs, vermittelte mit seinen Entwürfen ein starkes Gefühl von nationaler Identität, indem er traditionelle finnische Handwerksmethoden und -materialen mit den verführerischen Formen der nordischen Natur verband. Als ungemein vielseitiger und produktiver Designer arbeitete er mit Glas, Porzellan und Metall und gestaltete Möbel, Leuchten, Schmuck, Ausstellungen, Grafiken und Verpackungen. Von Gebrauchsgegenständen bis hin zu exklusiven Einzelstücken entwarf er die unterschiedlichsten Produkte, wobei er oft die Grenzen zwischen Kunst, Kunstgewerbe und Design verwischte. Der bärtige Pfeifenraucher Wirkkala hatte einen vorwiegend handwerklichen Zugang zum Design und verspürte häufig das Bedürfnis, „den Zeichentisch zu verlassen, um zu sehen, wie ein Produkt gemacht wird, und mit den Leuten zu reden, die es herstellen … [um] … mit der Arbeit auf Tuchfühlung zu sein". Neben seiner technischen Virtuosität verfügte Wirkkala auch über eine bemerkenswerte Sensibilität für die von ihm verwendeten Materialien. Dazu sagte er: „Jedes Material hat seine eigenen ungeschriebenen Gesetze. Das wird leider viel zu oft vergessen. Man sollte niemals mit Gewalt gegen ein Material vorgehen, vielmehr sollte zwischen dem Designer und seinem Material Harmonie herrschen." Wirkkala, der das formale Potenzial seiner Werkstoffe – ob nun Metall, Holz, Glas, Porzellan oder Kunststoff – stets mit großer Sorgfalt erkundete und deren jeweils spezifische Eigenschaften auf elegante Weise zum Ausdruck brachte, schuf innovative Designs von einer fast lyrischen Qualität. Mit seinem umfassenden Werk bereitete er einer expressiven und organischen Formsprache den Weg, die erstaunlich modern und zugleich von einer zeitlosen Schönheit war. Dabei war dieser Aspekt das Resultat seiner unendlichen Geduld: Oft zeichnete er Hunderte von Skizzen, um ein einziges Modell zu perfektionieren. Wirkkala, der sich stark von seiner natürlichen Umgebung inspirieren ließ und in einer spirituellen Verbindung zu ihr stand, entwickelte Formen, die von Vögeln, Blättern oder Eismustern angeregt waren und das abstrakte Wesen der Natur einfingen. Er interessierte sich außerdem für die Kultur der Samen (Lappen) und fand in ihr eine reiche Inspirationsquelle. So war zum Beispiel der traditionelle lappländische Kurska, ein hölzerner Trinkbecher, Vorbild für eine Serie

von Keramiktassen. Geleitet von einem Dialog zwischen „Auge, Hand und Gedanken", erzeugte Wirkkala Gegenstände, von denen man sagen kann, dass sie Gegensätze miteinander versöhnten – das Traditionelle mit dem Innovativen, das Rationale mit dem Romantischen, das Organische mit der Geometrie, das Künstlerische mit dem Funktionalen, das Nationale mit dem Internationalen. Er verlieh dem Design moderner massengefertigter Objekte oftmals eine Qualität, als wären sie unter Einsatz uralter Handwerkskünste entstanden, und zwar auch dann, wenn es sich um billiges Pressglas oder ein Jagdmesser mit Plastikgriff handelte. Wirkkala, der von 1933 bis 1936 Bildhauerei

Oben: Gläser *Ultima Thule* für Iittala, 1968

Vase *Pinus 2784* für Iittala, 1973

Gegenüber: Vase *Kantarelli* (Pfifferling) für Iittala, 1947. Diese ursprünglich für einen Wettbewerb der Iittala-Glaswerke entworfene Vase wurde später auf der Mailänder Triennale von 1951 ausgestellt.

*Papiertütenvase
Modell Nr. 3851*
für Rosenthal,
1977

Unten:
Vasen *Pollo* für
Rosenthal, 1970

Teeservice *Century*
für Rosenthal, 1979

an der Taideteollinen Korkeakoulu (Hochschule für Kunst und Design) in Helsinki studiert hatte, arbeitete zu Beginn seiner Karriere als Bildhauer und Grafikdesigner. 1947 teilte er sich mit **Kaj Franck** den ersten Preis eines von **Iittala** ausgeschriebenen Wettbewerbs für Glaswarengestaltung und arbeitete von da an bis zu seinem Tod als freischaffender Designer für die Glaswerke. Seine Vasen *Kantarelli* aus mundgeblasenem Glas, deren Form von Pfifferlingen inspiriert war, sind in ihrer fließenden organischen Abstraktion beispielhaft für das skandinavische Design der Nachkriegszeit. Diese von 1947 bis 1960 produzierte Vasenkollektion verhalf ihm zu internationaler Anerkennung. Zudem war Wirkkala für seine blattförmigen Schalen und Möbel aus laminiertem Holz berühmt. Sie bestanden zwar im Wesentlichen aus einem künstlichen Material, wiesen aber dennoch eine außergewöhnliche natürliche Schönheit auf. Ihre bemerkenswerten Streifeneffekte entstanden, indem er bunte Schichtholzlaminate anfertigte, die er schnitt und aushöhlte. Mit dieser Technik schuf er auch eine Reihe herausragender Sperrholzskulpturen und Reliefs, die sein überragendes Können im Umgang mit ausdrucksstarken, abstrakten Formen unter Beweis stellten. Er stellte auf der IX. und X. Mailänder Triennale von 1951 und 1954 aus und

wurde insgesamt sechsmal mit dem Großen Preis ausgezeichnet. Die Liste der Auszeichnungen, die er im Lauf seiner Karriere erhielt, ist lang. Als wichtigste sind zu nennen der Lunning-Preis (1951), der Goldene Obelisk, der Domus Italia (1963) und die Prinz-Eugen-Medaille (1980). Von 1951 bis 1954 leitete Wirkkala die Taideteollinen Korkeakoulu in Helsinki und ging 1955 für ein Jahr nach New York, um bei Raymond Loewy (1893–1986) zu arbeiten. Wirkkala war in erster Linie für Iittala tätig, für die er viele überragende und einflussreiche Entwürfe schuf – etwa die Kollektion *Ultima Thule* (1968), mit der er die in den 1970er Jahren weit verbreiteten Vorliebe für Mattglas initiierte. Er entwarf auch bunte Glaswaren für Venini, Porzellan für Rosenthal, Messer für **Hackman**, Möbel für Asko und Lampen für Airam. Darüber hinaus gestaltete er außergewöhnliche Schmuckstücke, die von mexikanischen Silberschmieden handgefertigt wurden, Verpackungen (darunter die bekannte Wodkaflasche Finlandia), elektrische Haushaltsgeräte und Armaturen und sogar einen Toilettensitz. Von 2000 bis 2001 führte eine als Werkschau konzipierte Blockbuster-Wanderausstellung zu einer grundlegenden Neubewertung von Wirkkalas Arbeit, die die Ausstellungsbesucher aufgrund ihrer unglaublichen Bandbreite und künstlerischen

Ausdruckskraft begeisterte und faszinierte. Wirkkala meinte zwar einmal: „Niemand hat je neue Formen erfunden. Es geht bloß um die Frage, wie Linie und Form eingesetzt werden." Seine herausragenden gestalterischen Fähigkeiten ermöglichten es ihm dennoch, Objekte von außerordentlicher Originalität zu schaffen, die von Intelligenz, Schlichtheit und bezaubernder Schönheit durchdrungen sind und im Betrachter den Wunsch auslösen, sie zu berühren. Mehr als alle anderen Designer verkörpert Wirkkala mit seinem umfangreichen Werk das grundlegende humanistische Ethos, von dem das skandinavische Design geprägt wurde und bis heute bestimmt wird.

Oben: Tisch *Modell Nr. 9016* (laminiertes Paduk-, Ahorn- und Nussholz) für Asko, 1958

Gegenüber: Stuhl *Nikke 9019* aus laminiertem Sperrholz für Asko, 1958

Schale aus laminiertem Birkenholz, ausgeführt von Martti Lindqvist, 1951

Glühbirnen aus Opaleszentglas und Verpackung für Airam, 1959

Unten links: Hängelampe aus der *K2*-Serie, produziert von Iittala und Idman, 1960

Unten rechts: Hängelampe aus der *K2*-Serie, produziert von Idman, 1960

Gegenüber: Hängelampe *Modell Nr. 66-057*, produziert von Iittala für Stockmann, 1961

Glashütte **Kosta**, gegründet 1742

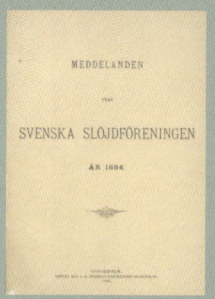
Svenska Slöjdföreningen Manifest, 1897

Porzellanfabrik **Bing & Grøndahl**, gegründet 1853

Porzellanfabrik **Royal Copenhagen**, gegründet 1775

Keramikfabrik **Gustavsberg**, gegründet 1825

Vor 1800 — 1850er Jahre

1649
Gründung der Fiskars-Eisenwerke in Fiskars, Finnland

1689
Gründung der Waffenfabrik Husqvarna im schwedischen Husqvarna

1742
Gründung der Glashütte **Kosta** im schwedischen Ort Kosta

1754
Gründung der Königlich Dänischen Kunstakademie in Kopenhagen

1762
Gründung der Glashütte Hadeland in Jevnaker, Norwegen

1775
Gründung der **Royal Copenhagen** Porzellanfabrik in Kopenhagen

1790
Gründung der Fabrik **Hackman** in Viipuri, Finnland

1793
Gründung der Glashütte Notsjö in Urjala (später Nuutajärvi), Finnland

1809
Mit dem Friedensvertrag von Fredrikshamn tritt Schweden Finnland an Russland ab. Finnland wird zum Großherzogtum im Reich des Zaren.

1812
Helsinki wird anstelle von Turku zur Hauptstadt Finnlands.

1814
Dänemark tritt Norwegen an Schweden ab (Kieler Abkommen).

1825
Gründung der Keramikfabrik **Gustavsberg** im schwedischen Gustavsberg. Gründung der Glashütte Holmegaard im gleic×amigen Ort in Dänemark

1835
Elias Lönnrot veröffentlicht die erste Version des finnischen Nationalepos „Kalevala" (Erscheinungsjahr der endgültigen Version: 1849). Der dänische Schriftsteller Hans Christian Andersen veröffentlicht sein erstes Büchlein mit vier Märchen und Geschichten, gefolgt von 152 Märchen bis 1873.

1836
Der schwedisch-stämmige Amerikaner Jo× Ericsson lässt seinen Schraubenpropeller patentieren.

1843
In Kopenhagen öffnen die Tivoli-Gärten ihre Pforten. In Reykjavik wird das erste demokratische Parlament der Welt, der im Jahr 930 etablierte Althing, neu konstituiert.

1845
Gründung der **Svenska Slöjdföreningen** – der weltweit ersten Vereinigung zur Förderung des Kunsthandwerks

1849
Abschaffung der königlichen Alleinherrschaft in Dänemark und Errichtung der konstitutionellen Monarchie

1853
Gründung der Porzellanfabrik **Bing & Grøndahl** in Kopenhagen

Keramikfabrik **Arabia**, gegründet 1873

Gerhard Munthe
Stuhl für das Holmenkollen Hotel, 1896

Keramikfabrik **Porsgrund**, gegründet 1886

Gerhard Munthe
Geschirr *Blue Anemone*, 1892

Iris-Werkstätten, gegründet 1897

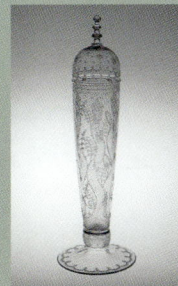
Glashütte **Orrefors**, gegründet 1898

1860er — 1890er Jahre

1865
Gründung der Holzschleiferei Nokia am Fluss Emäkoski in Finnland

1866
Der schwedische Chemiker Alfred Nobel erfindet das Dynamit.

1871
Der Kopf der britischen Arts-&-Crafts-Bewegung, William Morris, reist zum ersten Mal nach Island.

1872
Gründung der Firma Fritz Hansen in Kopenhagen.

1873
Gründung der Keramikfabrik **Arabia** in Helsinki als Tochterfirma der schwedischen Firma Rörstrand. William Morris stattet Island einen zweiten Besuch ab und nennt es sein „Heiliges Land".

1874
Gründung von Louis Poulsen & Co. in Kopenhagen. Edvard Grieg komponiert seine Peer-Gynt-Suite, die in ihrer endgültigen Fassung 1875 uraufgeführt wird.

1876
Gründung der Goldschmiedewerkstatt David-Andersen in Christiania (später Oslo), Norwegen. Gründung von L. M. Ericsson in Stockholm

1879
Der Norweger Henrik Ibsen schreibt sein umstrittenes Theaterstück „Nora oder ein Puppenheim".

1881
Gründung der Glashütte Iittala im gleichnamigen Ort in Finnland

1886
Gründung der Keramikfabrik **Porsgrund** im norwegischen Porsgrunn

1888
Der Schwede August Strindberg schreibt sein damals als skandalös empfundenes Theaterstück „Fräulein Julie".

1892
Gerhard Munthe entwirft das Geschirr *Blaue Anemone* für Porsgrund.

1893
Der norwegische Maler Edvard Munch malt sein berühmtestes Bild „Der Schrei".

1896
Gerhard Munthe gestaltet das *Märchenzimmer* – zur Einrichtung zählt auch ein Stuhl – für das Holmenkollen Tourist Hotel.

1897
Gründung der **Iris-Werkstätten** in Porvoo, Finnland

1898
Der Erfinder Valdemar Poulsen lässt sein Magnettonbandgerät patentieren. Gründung der Glashütte **Orrefors** in Småland, Schweden

1899
Der Finne Jean Sibelius komponiert seine Finlandia-Symphonie; er wird gezwungen, sie unter dem Titel „Opus 26, Nr. 7" zu publizieren (1900). Der Schwede Carl Larsson veröffentlicht „Ett Hem" (Unser Heim), um „Geschmack und Familienleben zu reformieren". Ellen Key publiziert ihre Schrift „Skönhet at alla" (Schönheit für alle) mit dem Ziel, das

Georg Jensen in seiner Silberschmiede, 1904

Glashütte **Riihimäki**, gegründet 1910

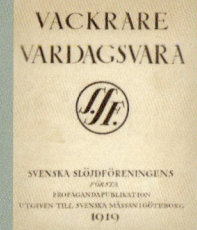
Gregor Paulsson
Vackrare Vardagsvara, 1919

Frida Hansen
Stoff, 1900

Gustav Gaudernack
Schale *Libelle*, 1909

1900er — 1910er Jahre

schwedische Kunsthandwerk zu reformieren.

1900
Frida Hansens Textilien werden auf der „Exposition Universelle et Internationale" in Paris mit einer Goldmedaille ausgezeicxet. Saarinen, Gesellius & Lindgren bauen den Finnischen Pavillon im karelischen Stil auf derselben Pariser Weltausstellung.
Ellen Key publiziert ihre einflussreiche Schrift „Barnets arhundrade" (Das Jahrhundert des Kindes).

1901
Verleihung der ersten Nobelpreise an „diejenigen, die im vorangegangenen Jahr der Menschheit den größten Nutzen gebracht haben".

1902
Saarinen, Gesellius & Lindgren entwerfen das Finnische Nationalmuseum in Helsinki.

1904
Georg Jensen gründet seine Silberschmiede in Kopenhagen. Dänemark gewährt Island eine Teilautonomie, gefolgt von der völligen Unabhängigkeit vom dänischen Königreich im Jahr 1918. Eliel Saarinen entwirft den Hauptbaxhof von Helsinki, der 1919 fertiggestellt wird.

1905
Mit dem Karlstader Vertrag wird die schwedisch-norwegische Union aufgelöst. Das nun unabhängige Norwegen rekonstituiert die Monarchie.

1906
Als erstes europäisches Land führt Finnland das Frauenwahlrecht ein, 1913 gefolgt von Norwegen, 1915 von Dänemark und Island und 1921 von Schweden.

1909
Gustav Gaudernack entwirft die Schale *Libelle* für David-Andersen.

1910
Gründung der Glashütte **Riihimäki** im finnischen Ort gleichen Namens.

1912
Stockholm ist Austragungsort der Olympischen Sommerspiele.

1914
Markteinführung des ersten Husqvarna-Motorrads. Dänemark, Island, Norwegen, Schweden bleiben im Weltkrieg neutral. Finnland, mit Russland verbündet, nimmt nicht an Kampfhandlungen teil.

1915
Ein Großteil von Reykjaviks alten Holzhäusern wird durch Brand zerstört. Die Svenska Slöjdföreningen gründet eine Vermittlungsagentur zur Förderung der Zusammenarbeit von Künstlern und Industrieunternehmen.

1916
Simon Gate entwickelt bei Orrefors die Graal-Tecxik.

1917
Nach der Russischen Revolution erklärt Finnland seine Unabhängigkeit in allen Bereichen außer der Außenpolitik und Verteidigung. Wilhelm Kåge entwirft sein Geschirr *Liljeblå*

Gustaf Dalén
Aga-Kochherd, 1922

Simon Gate
Parispokalen, 1925

Aino Aalto
Glaswaren *Bölgeblick*, 1932

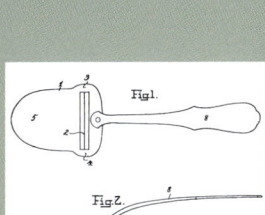
Thor Bjørklund
Käsehobel *Spar*, 1925

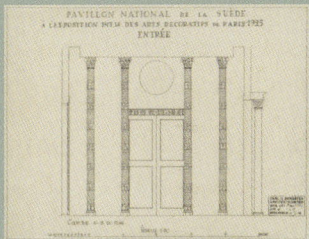
Schwedischer Pavillon
„Exposition Internationale des Arts", Paris 1925

1910er — 1930er Jahre

für Gustavsberg. Die erste Hemutställning (Einrichtungsausstellung) findet in der Stockholmer Kunstgalerie Liljevalchs statt.

1918
Die neue bolschewistische Regierung Russlands gewährt Finnland die Unabhängigkeit, das Land erhält eine republikanische Verfassung. Bürgerkrieg in Finnland zwischen den „roten" und „weißen" Garderegimentern, den Letztere gewinnen. Island wird ein unabhängiges Königreich in Personalunion mit Dänemark.

1919
Gudjón Samúelsson wird zum ersten Chefarchitekten Islands ernannt und hat diese Stellung bis 1950 inne. Gründung von Electrolux in Stockholm. Veröffentlichung von **Gregor Paulssons** einflussreicher Schrift „Vackrare Vardagsvara" (Schönere Gegenstände des täglichen Gebrauchs)

1920
Hjalmar Branting bildet Schwedens erste sozialdemokratische Regierung, die jedoch nur vom 10. März bis zum 27. Oktober besteht. Dänemark, Norwegen und Schweden gehören zu den Gründungsmitgliedern des Völkerbundes; Finnland tritt ihm noch im selben Jahr bei.

1922
Gustaf Dalén entwirft den ersten *Aga*-Kochherd, der seit 1929 bis heute produziert wird.

1925
Simon Gate entwirft den *Parispokal* für Orrefors, speziell für den Schwedischen Pavillon auf der Pariser „Exposition Internationale des Arts Décoratifs et Industriels Modernes". **Thor Bjørklund** entwirft den Käsehobel *Spar* für Thor Bjørklund & Sønner. Gründung von Bang & Olufsen in Quistrup bei Struer, Dänemark. Der britische Designkritiker Morton Shand prägt den Begriff „Swedish Grace" (Schwedische Anmut).

1927
Gründung von Volvo in Göteborg, Schweden.

1930
Sören Hansen entwirft den Stuhl *DAN* für Fritz Hansen. Die Svenska Slöjdföreningen veranstaltet die Stockholmsutställningen (Stockholm-Ausstellung), mit der die skandinavische Moderne zum ersten Mal einer breiten Öffentlichkeit vorgestellt wird. Jean Heiberg entwirft das Telefon *DHB 1001* für die Koproduzenten Norsk Elektrisk Bureau und L. M. Ericsson.

1932
Tod des schwedischen Industriellen Ivar Kreuger. Der Zusammenbruch seines Firmenimperiums infolge der Weltwirtschaftskrise (1931) stürzt das Land in eine Wirtschaftskrise. Die Sozialdemokraten gewinnen die vorgezogenen Wahlen und bleiben bis 1976 an der Macht. Gründung der ersten LEGO-Fabrik in Billund, Dänemark. Steen Eiler Rasmussen veröffentlicht sein Buch „Britisk Brugskunst" (Britisches Kunsthandwerk) und veranstaltet

Kaare Klint
Stuhl *Safari*, 1933

Jacob Jacobsen
Lampe *L-1*, 1937

Le Klint
Gegründet 1943

Bruno Mathsson
Stuhl *Eva*, 1936

Alvar Aalto
Vase *Savoy*, 1936

1930er — 1940er Jahre

eine gleic×amige Ausstellung im Museum für Industriedesign in Kopenhagen. Der Einfluss auf das dänische Design ist enorm. **Aino Aalto** gewinnt den 2. Preis beim Karhula-Iittala-Wettbewerb für ihre Pressglasserie *Bölgeblick* (ab 1934 von Iittala hergestellt).

1933
Wilhelm Kåge entwirft das Geschirr *Praktika* für Gustavsberg. **Kaare Klint** entwirft den Stuhl *Safari* und den *Liegestuhl* für Rud. Rasmussen.

1934
Thorbjørn Lie-Jørgensen entwirft eine Silberkanne mit Ebenholzgriff für David-Andersen. Alva und Gunnar Myrdal veröffentlichen ihr Buch „Kris i befolkningsfrågan" (Krise in der Bevölkerungsfrage), dessen Folge die weitreichende „angewandte sozialwissenschaftliche" Politik der Sozialdemokraten ist, die die schwedische Gesellschaft entscheidend prägt.

1935
Gründung der Firma Artek Oy in Helsinki. Ihr Geschäftszweck ist die Produktion und Vermarktung der Möbel von Aino und Alvar Aalto.

1936
Bruno Mathsson entwirft den Stuhl, der später unter dem Produktnamen *Eva* bekannt wird, für Karl Mathsson. **Alvar Aalto** entwirft die Vase *Savoy* für Karhula.

1937
Edvin Öhrström entwickelt bei Orrefors die Ariel-Tec×ik. Gudjón Samúelsson erhält den Auftrag zum Entwurf und Bau der Hallgrimskirkja (Hallgrims-Kirche) in Reykjavik, die 1986 fertiggestellt wird. Gründung von Saab in Linköping in Schweden. **Jacob Jacobsen** entwirft die Lampe *L-1* für Luxo.

1939
Beginn des Zweiten Weltkriegs. Die Sowjetunion fällt in Finnland ein. Wilhelm Kåge entwirft das Geschirr *Grå ränder* für Gustavsberg. Alvar Aalto baut den Finnischen Pavillon für die New Yorker Weltausstellung. Island, das zu Dänemark gehört, wird von 1939 bis 1945 von britischen und amerikanischen Truppen besetzt.

1940
Deutsche Truppen besetzen Dänemark und Norwegen; der norwegische König flieht nach Großbritannien, der dänische bleibt in Kopenhagen. Nach dem Waffenstillstand zwischen Finnland und der Sowjetunion muss Finnland einen Teil seines Territoriums an die UdSSR abtreten. Schweden wahrt während des gesamten Weltkrieges seine Neutralität, macht den deutschen Interessen aber eine Reihe von Konzessionen.

1941
Nachdem Deutschland, Italien und Rumänien der Sowjetunion den Krieg erklärt haben, tritt auch Finnland in den Krieg gegen die UdSSR ein.

Hans Wegner
Chinesischer Stuhl, 1944

Peter Hvidt und
Orla Mølgaard-Nielsen
Stuhl *AX*, 1947

Marimekko
Gegründet 1951

Finn Juhl
Sessel *Nr. NV-44*, 1944

Tapio Wirkkala
Vase *Kantarelli*, 1947

Kaj Franck
Geschirr *Teema*, 1977–1980
– basierend auf dem
Kilta-Design von 1952

1940er — 1950er Jahre

1943
Gründung von **Le Klint** in Odense, Dänemark. Sixten Sason entwirft den Staubsauger *Modell 248* für Electrolux. Gründung des Möbelhauses IKEA im schwedischen Älmhult. Der Isländer Halldór Laxness veröffentlicht den ersten Band seiner Romantrilogie „Íslandsklukkan" (Islandglocke, letzter Band 1946).

1944
Finnland und die Alliierten schließen einen Waffenstillstand. Ausrufung der autonomen Republik Island, die 1945 von Dänemark anerkannt wird. **Hans Wegner** entwirft den *Chinesischen Stuhl* für Fritz Hansen. **Finn Juhl** entwickelt den Sessel *Modell Nr. NV-44* für Niels Vodder.

1945
Mit dem Ende des Zweiten Weltkriegs im Mai endet die deutsche Besetzung Dänemarks und Norwegens. Astrid Lindgren veröffentlicht „Pippi Långstrump" (Pippi Langstrumpf), das meistgelesene Buch eines schwedischen Autors im 20. Jahrhundert.

1946
Norwegen und Dänemark ratifizieren die Charta der Vereinten Nationen. Island und Schweden werden noch im selben Jahr UN-Mitglieder. Ilmari Tapiovaara entwirft den Stuhl *Domus* für Keravan Puuteollisuus/ Wilhelm Schauman. Henning Koppel entwirft die biomorphen Schmuckstücke *Modell Nr. 89* für Georg Jensen.

1947
Markteinführung des ersten schwedischen Kleinwagens, des stromlinienförmigen *Saab 92* von Sixten Sason. **Tapio Wirkkala** entwirft die Vasen *Kantarelli* für Iittala. **Peter Hvidt** und **Orla Mølgaard-Nielsen** gestalten den Stuhl *AX* für Fritz Hansen.

1948
Markteinführung der Hasselblad-Kamera *1600F* von Sixten Sason in New York.

1949
Dänemark, Island und Norwegen zählen zu den zwölf Gründungsmitgliedern des westlichen Verteidigungsbündnisses NATO. Arne Korsmo entwirft das Tafelsilber *Korsmo,* das ab 1953 von Jacob Tostrup produziert wird. Hans Wegner entwirft den *Runden Stuhl* (später *Der Stuhl* oder *Klassischer Stuhl*) für Johannes Hansen.

1950
Gründung von Sigvard Bernadotte & Acton Bjørn Industridesign/Merkantil Grafik – der ersten Industriedesign- und Werbegrafikfirma Dänemarks in Kopenhagen. Die Firma entwirft die Melaminschüssel *Margrethe* für Rosti.

1951
Gründung von **Marimekko** in Helsinki. Gründung von Tetra Pak in Lund.

1952
Oslo ist Austragungsort der Olympischen Winterspiele. Die Olympischen Sommerspiele finden in Helsinki statt.

Arne Jacobsen
Stuhl *Serie 7*, 1955

Poul Henningsen
Hängelampe *PH Artichoke*,
1957

Jens Quistgaard
Eisbehälter aus Teakholz
Congo, 1960

Ingeborg Lundin
Vase *Äpple* (Apfel),
1955

Nils Landberg
Gläser *Tulpan* (Tulpe),
1957

Verner Panton
Stuhl *Kegel*, 1958

1950er — 1960er Jahre

Der Lunning-Preis (in Form eines Reisestipendiums), gestiftet von Frederik Lunning, Inhaber von Georg Jensen Inc. in New York, wird zum ersten Mal verliehen. In den folgenden 20 Jahren wird er jährlich an mindestens zwei skandinavische Designer für herausragende Leistungen vergeben (insgesamt an 13 Dänen, 10 Finnen, 7 Norweger und 14 Schweden). **Kaj Franck** entwirft das Geschirr *Kilta* für Arabia. Dänemark, Norwegen und Schweden bilden den Nordiska Rådet (Nordischen Rat) zur Förderung der Zusammenarbeit zwischen den skandinavischen Ländern. Island schließt sich dem Rat Ende 1952, Finnland 1955 an.

1953
Konrad Galaaen entwirft das Geschirr *Spire* für Porsgrund.

1955
Finnland wird Mitglied der Vereinten Nationen. In Helsingborg findet die einflussreiche Architektur- und Innenarchitekturausstellung H55 statt. **Ingeborg Lundin** entwirft die Vase *Äpple* (Apfel) für Orrefors. **Arne Jacobsen** kreiert den Stuhl *3107* der *Serie 7* für Fritz Hansen.

1956
L. M. Ericsson lanciert das *Ericofon*, entworfen 1954 von Hugo Blomberg, Ralph Lysell und Gösta Thames. Volvo bringt den klassischen Volvo *P120* – die *Amazone* – auf den Markt.

1957
Arne Jacobsen entwirft die Stühle *Ei* und *Schwan* für das SAS-Flughafengebäude und das Royal Hotel in Kopenhagen. Vuokko Eskolin-Nurmesniemi entwirft das Hemd *Jokapoika* (Jeder Junge) für Marimekko. Antti Nurmesniemi entwirft eine Emailkaffeekanne für Wärtsilä. Arabia produziert das Koch- und Tafelgeschirr *Liekki* (Flamme) von Ulla Procopé. **Nils Landberg** entwirft seine *Tulpen*-Gläser für Orrefors. **Poul Henningsen** entwirft die Hängelampe *PH Artischocke* für Louis Poulsen.

1958
Verner Panton entwirft den *Kegel*-Stuhl für Plus-Linje. Patentierung und Markteinführung der „genoppten" LEGO-Bausteine

1959
Nils Bohlin erfindet den Dreipunktsicherheitsgurt für Volvo.

1960
Gründung der Schmuckfirma Lapponia in Helsinki. **Jens Quistgaard** entwirft einen Eisbehälter aus Teakholz für Dansk International Designs. Gründung der Firma Stelton in Hellerup, Dänemark

1961
Tias Eckhoff entwirft das Essbesteck *Maya* für Norsk Stålpress. Poul Voulther entwirft den Stuhl *Corona* für Erik Jørgensen. Tapio Wirkkala entwirft das Messer *Puukko* für Hackman.

1962
Verner Panton erstellt die endgültige Version seines

Eero Aarnio
Stuhl *Globe*, 1962

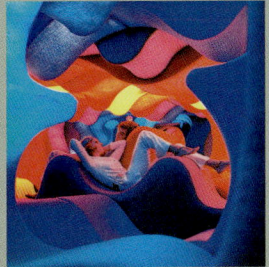
Verner Panton
Installation *Phantasielandschaften* für Visiona II, 1970

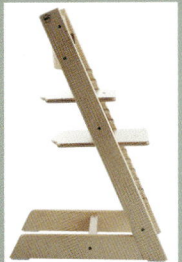
Peter Opsvik
Kinderstuhl *Tripp Trapp*, 1972

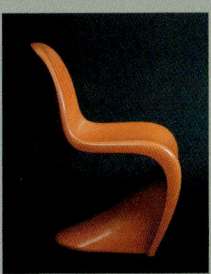
Verner Panton
Stuhl *Panton*, 1962

Maija Isola
Stoff *Kaivo*, 1964

Arne Jacobsen
Cylinda-Serie, 1967

Yrjö Kukkapuro
Stuhl *Karuselli* (Karussell), 1965

1960er — 1970er Jahre

seit 1957 skizzierten *Panton*-Stuhls, den Vitra 1967 produziert. Eero Aarnio entwirft den Stuhl *Globe* für Asko.

1963
Volvo ist der erste Autohersteller, der alle seine Fahrzeugmodelle serienmäßig mit Sicherheitsgurten ausstattet.

1964
Timo Sarpaneva entwirft die Vasen *Finlandia* aus Mattglas für Iittala. **Maija Isola** entwirft den Stoff *Kaivo* für Marimekko.

1965
Poul Kjærholm entwirft den Liegesessel *Hammock* (Hängematte) *PK24* für E. Kold Christensen. **Yrjö Kukkapuro** entwirft den Sessel *Karuselli* für Haimi.

1967
Stelton bringt die *Cylinda*-Serie von **Arne Jacobsen** auf den Markt. Fiskars lanciert Olof Bäckströms Scheren der *O-Serie*. Gunnar Magnússon entwirft den Sessel *Apollo* für Kristjan Siggeirsson.

1968
Bei Studentenunruhen kommt es auch in den skandinavischen Ländern zu Zusammenstößen zwischen Demonstranten und der Polizei; die Jugend wendet sich gegen das Establishment. Tapio Wirkkala entwirft die Glaserie *Ultima Thule* für Iittala. Gründung der Industriedesignagentur A&E Design in Stockholm. Johan Huldt und Jan Dranger gründen ihr Büro Innovator Design in Stockholm.

1969
Birger Kaipiainen entwirft das Tafelgeschirr *Paratiisi* (Paradies) für Arabia.

1970
Verner Panton kreiert seine *Fantasielandschaften* aus Schaumstoff für die Visiona II in Köln. Kompan lanciert die Wippe *M100/Classic*.

1971
10-Gruppen stellt in Paris die erste Stoffkollektion vor. In Kopenhagen wird der auch heute noch bestehende „Freistaat Christiania" ausgerufen.

1972
Knud Holscher entwirft die Türgriffe der *d-Serie*. Heikki Orvola entwirft die Glaserie *Aurora* für Nuutajärvi. **Peter Opsvik** entwirft den Stuhl *Tripp Trapp* für Stokke. Jakob

Jensen entwirft den Plattenspieler *Beogram 4000* für Bang & Olufsen.

1973
Die Schlussakte der Konferenz für Sicherheit und Zusammenarbeit (KSZE) wird in Helsinki unterzeichnet. Dänemark wird Mitglied der Europäischen Wirtschaftsgemeinschaft. Norwegen schließt mit der EWG ein Freihandelsabkommen.

1975
Norwegen wird zum bedeutenden Exporteur von Erdöl aus der Nordsee.

1976
In Schweden geht zum ersten Mal seit 44 Jahren eine ausschließlich nichtsozialistische Regierung aus den Nationalwahlen hervor.

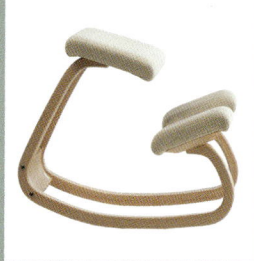

Peter Opsvik
Sitz *Balans Variable*, 1979

Grethe Meyer
Serie *Feuertopf*, 1976

Erik Magnussen
Thermoskanne *Thermal*, 1976

Timo Sarpaneva
Vase *Claritas*, 1984

Yrjö Kukkapuro
Bürostuhl *Fysio*, 1978

1970er — 1990er Jahre

Erik Magnussen entwirft die Thermoskanne *Thermal* für Stelton. Die 1845 gegründete Svenska Slöjdföreningen ändert ihren Namen und nennt sich nun Svensk Form. 1983 verleiht sie zum ersten Mal ihren jährlichen Preis „Utmärkt Svensk Form" (ausgezeic×ete schwedische Form). **Grethe Meyer** entwirft *Ildpot* (Feuertopf), eine Serie feuerfester Schüsseln und Terrinen, für Royal Copenhagen.

1978
Sigurd Persson entwirft eine Serie Edelstahlpfannen für Kooperativa Förbundet. Avarte bringt **Yrjö Kukkapuro**s Bürostuhl *Fysio* auf den Markt.

1979
Stokke bringt **Peter Opsvik**s ergonomischen Sitz *Balans Variable* heraus. Gründung der Ergonomi Design Gruppen in Stockholm.

1980
Ergonomi Design Gruppen entwirft die Produktserie *Eat/Drink* für RFSU Rehab.

1981
Jonas Bohlin entwirft den Stuhl *Beton*.

1982
Nokia bringt das allererste Mobiltelefon auf den Markt: das Autotelefon *Mobira Senator Talkman*. In Schweden gewinnen die Sozialdemokraten nach sechs Jahren erneut die Wahlen.

1984
Timo Sarpaneva entwirft die Vasen *Claritas* für Iittala. Ulf Hanses entwirft das Spielzeugauto *Streamliner* für Playsam.

1985
Ole Palsby entwirft die Thermoskanne *Classic Nr. 1* für Alfi.

1986
Der schwedische Premierminister Olof Palme wird in Stockholm ermordet.

1988
Stefan Lindfors entwirft die Tischlampe *Scaragoo*, die später von Ingo Maurer produziert wird.

1990
In Stockholm wird die Asplund-Galerie eröffnet. Die in Malmö stattfindende Messe NordForm90 zeigt Architektur, Industriedesign und Kunsthandwerk aus den skandinavischen Ländern. Mats Theselius gestaltet den Bücherschrank *National Geographic Magazine* für Källemo.

1992
Das Büro InterDesign entwickelt eine preisgekrönte Mehrweg-Milchflasche für Arla. Pia Wallén entwirft *Filzpantoffeln* für Cappellini/Asplund.

1994
Ilkka Suppanen entwirft den Stuhl *Nomade*. Die norwegische Stadt Lillehammer ist Austragungsort der Olympischen Winterspiele. In einem Referendum stimmen die Norweger gegen den Beitritt ihres Landes zur Europäischen Union.

1995
Schweden und Finnland werden EU-Mitglieder.

Louise Campbell
Stuhl *Prince*, 2001

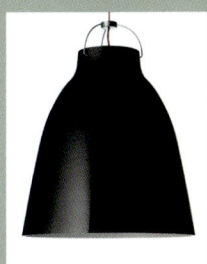
Cecilie Manz
Caravaggio, 2005

Ingegerd Råman
Viktigt, 2016

Matthias Bengtson
Stuhl *Slice*, 1999

HAY
Läufer *Pinocchio*, 2002

Cecilie Manz
Lautsprecher *A1 Beosound*, 2016

1990er — 2020er Jahre

1996
Timo Salli entwirft den Stuhl *Tramp* für Cappellini. Kopenhagen ist Europäische Kulturhauptstadt des Jahres.

1997
Harri Koskinen entwirft die später von Design House produzierte *Block Lamp*. Hrafnkell Birgisson entwickelt die Schlafkabine *Sleep & Go*.

1998
Björn Dahlström entwirft Kochtöpfe für die *Tools*-Serie von Hackman. Stockholm ist Europäische Kulturhauptstadt des Jahres.

1999
Gründung des Büros für Produktdesign Norway Says in Oslo. Harri Koskinen entwirft das Windlicht *Relations* für Iittala.

Mathias Bengtsson entwirft seinen ersten Stuhl *Slice*.

2000
Helsinki, Reykjavik und Bergen (Norwegen) sind drei der neun Europäischen Kulturhauptstädte des Jahres. Das Kunstmuseum Reykjavik zeigt die Ausstellung „Design in Island". Die Designer von Norway Says stellen auf der Mailänder Möbelmesse und im Designers Block in London aus.

2001
Louis Campbells Stuhl *Prince* gewinnt einen Wettbewerb um den Entwurf eines Stuhls für Seine Majestät den Kronprinzen Frederik von Dänemark.

2002
Die Möbelfirma **HAY** wird von Mette und Rolf Hay in Kopenhagen gegründet, im selben Jahr wird der Läufer *Pinoccchio* auf den Markt gebracht.

2005
Cecilie Manz entwirft ihre Bestseller-Hängelampe *Caravaggio* für Lightyears.

2006
Das Möbel- und Beleuchtungsunternehmen Muuto wird außerhalb von Kopenhagen gegründet.

2008
Mattias Stahlbom entwirft die einflussreiche Pendelleuchte *E27* „nackte Glühbirne" für Muuto.

2010
Claesson Koivisto Rune entwirft das Aufbewahrungssystem *Kilt* für Asplund.

2016
Ingegerd Raman entwirft die Haushaltswaren-Kollektion *Viktigt* für IKEA.
Cecilie Manz entwirft ihren innovativen tragbaren Lautsprecher *A1 Beosound* für Bang & Olufsen.

2019
KiBiSi entwirft die Porzellankollektion *Hav* für Royal Copenhagen.

2022
Simon Legald entwirft die Serie *Bit Stool* aus 100% recyceltem Kunststoff für Normann Copenhagen.

register

A. Alm 31
A. J. Iversen 464, 465
A. Michelsen 9, 20, 102, 124, 126, 174, 175, 216, 226
A. P. Stolen 470
A. Sommer 386
Aalto, Aino 33, 64, **66**, 67, 94, 97, 194, 446, 493,
Aalto, Alvar 6, 13, 28, 32, 33, 66, 67, **68**, 70, 72, 73, 76, 77, 94, 97, 194, 313, 336, 354, 355, 404, 405, 446, 450, 458, 494
Aarnio, Eero 35, **80**, 81, 496, 497
Abrahamsson, Per Magnus 194
Acking, Carl-Axel **84**, 85
Acton Bjørn Tegnestue **495**
Adelborg, Louise 54, 410, 411
Adelta 80
Åfors 278
Aga-Rayburn 116, 117
Ahlin, Jan 188
Ahlmann, Lis **86**, 264, 343, 344
Ahlström, Tom
Aho, Kaarina 396
Ahrenberg, Jacob 88
Airam 485, 489
Albertus, Gundorph 226
Alfi 378, 498
Aluminia 222, 418
Andersen, Gunnar Aagaard 46, 47, 48, 118, 120, 150, 223, 490, 491, 492, 494
Andreas Tuck 470
Annebergfabrikerna 92
Arabia 12, 15, 31, 33, 36, **88**, 90, 91, 128, 130, 161, 180, 186, 197, 252, 253, 355, 360, 396, 410, 412, 491, 495, 496, 497
Archizoom Associati 389
Arctic Circle 28, 38
Arla 498
Arström, Folke **92**

Artek 28, 32, 36, 67, 70, 73, **94**, 96, 97, 355, 446, 494
Ásgeirsson, Einar Þorsteinn 41, 42
Asko 28, 80, 81, 83, 446, 448, 485, 487, 496
Asplund, Christian
Asplund, Erik Gunnar 56, 58, 84, **98**, 208, 236, 328, 336, 458, 498, 499
August Millech 216
Avarte 35, 287, 498
Backer, Harriet 346
Backström, Monica 280
Bäckström, Olof 497
Bahco 92
Baker Furniture 241, 244
Ballin, Mogens 222, 406
Bang, Jacob **100**, 176, 177, 178, 179, 314, 478
Bang, Michael
Bang, Peter
Bauer, Carl Maria 392
Bayer 386, 389
Bayer, J. C. 416
Bell, Alexander Graham
Bengtson, Hertha 412,
Bengtson, Matthias 499
Bergh, Elis 278, 279
Bergkvist, Gustav 148
Bergkvist, Knut 368
Bergöö, Karin 292
Bergslien, Gro 163,
Bergslien, Knud 346
Bergsten, Carl 328
Bergström, Lena 371
Berlin, Boris
Bernadotte, Sigvard 60, 226, 495
Bianconi, Fulvio 306
Bindesbøll, M. G. 102
Bindesbøll, Thorvald **102**, 108
Bing & Grøndahl **106**, 108, 110, 222, 268, 273, 320, 420, 428, 438, 490
Bing, Jacob Herman 106
Bing, Meyer Herman 106
Bing, Siegfried 106, 204, 284, 410, 418
Bjørklund, Thor 46, 493

Björklund, Tord 200
Björquist, Karin 157
Blå Station 62
Blomberg, Hugo 60, 496
Boberg, Anna Katarina 411
Bobergs Fajansfabrik 114, 115
Boda
Bøggild, Mogens 106
Bohlin, Jonas 62, 412, 498
Bohlin, Nils 496
Bojesen, Kay 10, 22, 23, 24, 106, **110**, 113, 223, 238, 241, 442, 443
Boldt, Ove 140
Boman, Carl Johan 358
Bongard, Hermann 13, 48, 49, 162
Bradt, F. L. 416
Brandt, Peter 62
Bredgem, Charles 358
Breger, Carl-Arne 60, 61, 159
Brummer, Arttu 33, 34, 128, 184, 330, 362, 404, 405
Bryk, Rut 90
Bugge, Maud 163
Bull, Henrik 46, 392
C. Danel 340
C. Olesen 86, 216, 264, 343
Cappellini 498
Carl Hansen & Søn 469, 470, 471
Carlsberg 168, 420
Carlsson, Daniel Johan 156
Carwardine, George 218
Cassina 355
Cathrineholm 275
Cerabel-Porcelain 445
Christiania Glasmagasin 150, 162, 232
Christiansen, Poul 121, 298, 299
Citterio, Antonio 161
Colombo, Joe 389
Consul 368
Corning 435

Cotil 86
Cranbrook Academy of Art 426
Cylindra 367
Dahlskog, Ewald **114**, 279
Dahlström, Björn 62, 160, 161, 499
Dalén, Gustaf **116**, 117, 493
Danish CWS 266
Danish Post Office 273
Dansk Aluminium Industri 174
Dansk International Designs 24, 398, 399, 496
Dansk Kattuntrykkeri 300
Dansk Rustfrit 440
David-Andersen 46, 47, 48, **118**, 150, 491, 492, 494
David-Andersen, Arthur 118
David-Andersen, Ivar 118
Day, Lucienne 274
Day, Robin 199
Den Permanente 23, 110, 166
Designor 161
Det Norske Billedvæveri 164
Deutscher Werkbund 132, 156, 426
Ditzel, Jørgen 120, 179
Ditzel, Nanna 24, 26, **120**, 122, 179, 226
Domus Italia 485
Dranger, Jan 61, 62, **188**, 189, 333, 497
DUX Industrier 338
Dux4yra 188
E. Kold Christensen 254, 255, 256, 257, 258, 497
Eames, Charles and Ray 75, 254, 274, 426
Eckhoff, Tias 49, 226, 393, 395, 496
Ehrner, Anna 280
Ehrström, Eric 88
Eiserman, Martin 188
Ekholm, Kurt 33, 88, 90
Eklund, Antti 333

Elsa Gullberg Textilier 154
Engebøe, Theodor 47
Engelhardt, Valdemar 284
Enger, Leif Helge 393
Englund, Eva 371
Engman, Kjell 280
Ensto 435
Ergonomi Design 61, 157, 498
Erhard Rasmussen 343, 344
Ericson, Estrid 58, 138
Ericsson, Henry 404
Ericsson, Kent 438
Ericsson, Lars Magnus 491, 493, 496
Erik Jørgensen 462, 475, 496,
Eriksen, Gutte 478
Eriksson, Nils Einar 290
Eriksson, Per Algot 412
Erlendsson, Einar 41
Eskolin-Nurmesniemi, Vuokko 35, 332, 355, 496
F. Hingelberg 100
FFH (Friends of Finnish Handicraft) 234
FHI 40
Figgjo 13
Finch, Alfred William 204, 205
Finlandia 180, 196, 252, 404, 405, 432, 434, 436, 444, 445, 485, 491, 496
Finlayson Forssa 435
Firma Carl Malmsten 328
Firma Karl Mathsson 59, 336, 338
Fischer, V. T. 420
Fisker, Kay 20, **124**, 126, 236, 458
Flygenring, Hans 392, 393
Foreningen for Møbelexport 190
Forseth, Einar 155
Forsström, Gunnar 184
Fortnum & Mason 94
France & Son 192, 220, 221, 244, 464

Franck, Kaj 12, 36, 90, **128**, 130, 160, 186, 194, 196, 356, 360, 361, 396, 450, 482, 495
Frank, Josef 55, 59, **132**, 135, 138, 458, 495
Fredericia Furniture 121, 122, 342
Friberg, Berndt 157, 438
Fritz Hansen 16, 23, **140**, 142, 166, 167, 182, 183, 190, 192, 208, 210, 214, 216, 220, 254, 255, 256, 257, 258, 259, 260, 338, 344, 385, 387, 388, 442, 458, 459, 469, 470, 491, 493, 495, 496
Fujitsu 355
G. Eifrig 102
G. Söderström 354
Galaaen, Konrad 393, 496
Gallé, Émile 278, 476
Gallén-Kallela, Akseli 204, 205, 422
Gardberg, Bertel **144**, 160
Gate, Simon **146**, 148, 288, 368, 370, 492, 493
Gaudernack, Gustav 47, 118, **150**, 152, 492
Gauguin, Jean René 108, 428
Gefle Porslinsfabrik 114
General Electric 241
Gense 92
Georg Christensen 21, 214, 323
Georg Jensen 21, 25, 102, 108, 110, 120, 122, 174, 220, 222, 223, 224, 226, 241, 268, 269, 270, 273, 320, 326, 348, 398, 406, 409, 414, 420, 442, 492, 495
Gesellius, Herman 88, 205, 422, 426, 492
Getama 470, 472
Giersing, Harald 86
Gjerlöv-Knudsen, Olle 200

Golden Obelisk 485
Graucob Textilen 216
Grcic, Konstantin 197
Griegst, Arje 179, 420
Grøndahl, Frederik Vilhelm 106, 108, 110, 222, 241, 268, 273, 320, 420, 428, 438, 490
Gropius, Walter 248
Grünewald, Isaac 438
Gudme Leth, Marie **300**
Gudmundsson, Ludvig 42
Gudmundsson, Sigurdur 430
Guild of Handicraft 204
Gulbrandsen, Nora 48, 393, 394, 395
GuldsmedsAktie-Bolaget 92
Gullberg, Elsa **154**
Gullberg, Elsa-Marie 154
Gullichsen, Maire 67, 94
Gustafsson, Alfred 194
Gustavsberg 56, 60, 61, 91, **156**, 157, 248, 250, 302, 304, 402, 412, 476, 490, 492, 494
Gyldén, Eva 404
H. P. & L. Larsen 406
Habitat 189
Hackman 91, 144, **160**, 161, 197, 361, 412, 445, 448, 485, 490, 496, 499
Hadeland 49, 50, **162**, 163, 176, 232, 233, 490
Häg 366
Hagberg, Knut and Marianne 200, 202
Hageman, Henrik 284
Hahl, Nils-Gustav 67, 94
Haiges 386
Haimi 34, 287, 497
Halier, Carl 428
Hallgrímsson, Helgi 40, 42
Hallin, F. A. 106
Handarbetets Vänner 476
Hansen, Andreas 299

Hansen, Frida 44, 47, **164**, 492
Hansen, Fritz 140
Hansen, Fritz, Jr. 140
Hansen, Søren 140, **166**, 167, 493
Hanses, Ulf 498
Hansson, Lena 163
Harlang & Dreyer 323
Harrysdóttir, Valdis 38
Hasselblad, Victor 60, 495
Haugesen, Niels Jørgen 25
Hauglum, Kjerstina 164
Haus & Garten 132
Hegermann-Lindencrone, Effie 106
Heiberg, Bernt 48
Heiberg, Jean 493
Hein, Piet 16, 142, 338
Heinrich Porzellan 445
Hellsten, Lars 368
Henning, Gerda 86, 264
Henning, Gerhard 420
Henningsen, Poul 15, 22, **168**, 170, 172, 308, 310, 312, 313, 320, 383, 496
Herløw, Erik **174**
Herman Miller 386
Hetsch, G. F. 20, 417
Hinz, Darryle 179
Hiorth & Østlyngen 48
Hjørth, Axel Einar 57
Höglund, Erik 279
Holm, Frederik 46
Holmblad, Peter 440, 441
Holmboe, Thorolf 47, 118, 392
Holmegaard 100, **176**, 177, 178, 179, 304, 314, 315, 420, 490
Holsøe, Paul 208
Holzer-Kjellberg, Friedl **180**
Homann, Alfred 26, **182**, 183, 313
Hongell, Göran **184**, 185
Hopea, Saara **186**, 360, 396
Hopeatehdas 144
Horn, Søren 15, 220

Høst, Marianne 420
Høvelskov, Jørgen 18
Høyer, Bizzie 268
Huldt, Johan 61, 62, **188**, 189, 333, 497
Hunt, Martin 438
Huonekaluja Rakennustyötehdas 73, 77
Hvidt, Peter 24, 120, 142, **190**, 192, 298, 495
Hydman-Vallien, Ulrica 280
I. Christiansen 460
Idman Osakeyhtiö 365, 450, 453, 489,
Iittala 15, 31, 33, 36, 66, 67, 70, 91, 128, 130, 161, 185, **194**, 196, 197, 234, 356, 360, 361, 365, 432, 434, 435, 436, 480, 482, 485, 489, 491, 493, 495, 496, 497, 498, 499
Ikea 13, 62, 189, **198**, 199, 200, 202, 203, 295, 402, 494, 499
Ingo Maurer 36, 498
Innovator Design 61, 188, 189, 497
Interna 266
Iris Workshops **204**, 205, 491
Irvine, James 91
Isäus, Magnus 156
Isbrand, Victor 120
Ishimoto, Fujiwo 207, 331, 333
Isola, Maija 34, 35, **206**, 330, 331, 496, 497
J. H. Johansen 221
J. P. Mørck 102
J. Walmann Pottery 102
Jacob Tostrup 44, 274, 275, 276, 495
Jacobsen, Arne 13, 16, 21, 24, 140, 142, 190, **208**, 210, 214, 216, 226, 313, 380, 440, 462, 466, 496, 497
Jacobsen, Jacob **218**, 494

Jäderholm-Snellman, Greta-Lisa 88
Jalk, Grete 23, 120, **220**, 221
Jensen-Klint, Peder Vilhelm 260, 298, 299
Jensen, Georg 21, 25, 102, 108, 110, 120, 122, 174, 220, **222**, 223, 224, 241, 268, 269, 270, 273, 320, 326, 348, 398, 406, 409, 414, 420, 442, 492, 495,
Jensen, Henning 220
Jensen, Jakob 497
Jensen, Jørgen 226
Jensen, Ole 420
Joachim, Christian 222, 326, 327
Jobs, Gocken **228**, 230
Jobs, Lisbet **228**, 230
Johannes Hansen 15, 466, 469, 470, 475, 495
Johansfors 280, 402
Johansson, Willy 49, 50, 162, **232**, 234, 352
Johansson-Pape, Lisa **234**, 352
Jónsson, Einar 41
Jönsson, Per 328
Jørgensen, Torben 179
Juhl, Finn 6, 10, 24, 108, 110, 226, **236**, 238, 240, 241, 242, 244, 372, 495
Juhlin, Sven-Eric 157, 159
Jung, Dora **246**
Jung, Valter 358
Jutrem, Arne Jon 49, 162, 163
Kaastrup-Olsen, Sophus 308
Kåge, Wilhelm 156, 157, **248**, 250, 302, 492, 494
Kaipiainen, Birger 90, 91, **252**, 497
Kalevala 32, 490
Kamprad, Ingvar 198
Karhula 6, 66, 67, 184, 185, 194, 365, 405, 494

Karhula-Iittala 66, 67, 194, 432, 493
Karl Andersson & Söner 61, 340, 342, 343
Karlskrona Porslinsfabrik 306
Kastrup 100, 314, 340
Kaufeld 386
Kauklahti 404
Keravan Puuteollisuus 446, 448, 495
Kielland, Kitty 346
Kilkenny Design Workshop 144
Kill 386
Kindt-Larsen, Tove and Edvard 460
King & Miranda 313
Kinnasand 435
Kittelsen, Theodor 392
Kjær, Anja 179
Kjærgaard, Paul 340
Kjærholm, Poul 25, 142, **254**, 257, 258, 259, 497
Kjelstrup, Morten 203
Klint, Esben 298, 299
Klint, Jan 298
Klint, Kaare 21, 86, 120, 140, 190, 220, 236, 254, **260**, 266, 298, 342, 343, 460, 464, 494
Klint, Tage 298
Klint, Vibeke **264**
Knoll International 386, 448
Knoll Textiles 334
Knud Willadsen Møbelsnedkeri 120
Københavns Lervarefabrik 102
Koch, Mogens 86, **266**
Koch, Peter 120
Kolds Savværk 122
Kooperativa Förbundet 157, 498
Koppel, Henning 108, 179, 226, **268**, 270, 272, 273, 495
Korhonen, Otto 68, 70
Korsmo, Arne 232, **274**, 275, 276, 495
Koskinen, Harri 36, 91, 161, 197, 361, 499

Kosta 114, 115, 279, 304, 306, 476, 490
Kosta Boda **278**, 280, 306
Kragh-Müller, Per 320
Krantz, Helén 371
Krebs, Nathalie 428
Krenchel, Herbert **282**
Kristensen, Hans 192
Kristian Hestens 47
Kristjan Siggeirsson 38, 324, 497,
Krog, Arnold 21, **284**, 393, 418, 420
Krohn, Pietro 106
Kukkapuro, Yrjö 34, **286**, 287, 497, 498
Kyhn, Knud 106, 420
Kyllingstad, Ståle 162, 232
Kymäkoski 234
Kymi 355
L. F. Foght 428
La Porcelaine de Baudour 445
Labofa 183
Lagerbielke, Erika 371
Lahtinen, Sami 361
Landberg, Nils **288**, 370, 496
Landgren, Per-Olof 159
Landqvist, Jan 157
Lapponia Jewelry 496
Larsen, Ejner 120
Larsson, Axel **290**, 336
Larsson, Carl 55, **292**, 295, 296, 297, 491
Larsson, Karin 55, **292**, 295, 296
Lassen, Flemming 208, 466
Lassen, Mogens 22, 140, 142
Lauritzen, Vilhelm 236
Le Corbusier 208, 248, 254, 446
Le Klint 261, **298**, 299, 494
Lenning, Alvar 60
Lie-Jørgensen, Thorbjørn 118, 494
Liisberg, Carl Frederick 420
Lind, Torben 200
Lindberg, Stig 157, **302**, 304

Lindfors, Stefan 36, 91, 161, 498
Lindgren, Armas 88, 205, 422, 492, 495
Lindqvist, Martti 487
Lindstrand, Vicke 52, 279, 280, **306**, 370
Lindström, Karl 411
Ljungbergs Textiltryck 62, 228, 230
Loewy, Raymond 485
Louis Poulsen & Co **308**, 491
Lovegrove, Ross 161
Lüber 26, 386, 387
Lukkiseppo 446
Lund, Johan 118
Lundgren, Gillis 198, 199
Lundgren, Tyra 279, 404
Lundin, Ingeborg 370, 496
Lundström, Nils Erik 411
Lurçat, Jean 264
Lütken, Per 176, 178, **314**, 315
Luxo 218, 494
Lysell, Ralph 60, 496
Måås-Fjetterström, Märta 154, **316**, 350
Madsen, Aksel Bender 120
Madsen, Arnold **318**
Madsen, Sten Lykke 108
Magistretti, Vico 199
Magnus, Inger 162
Magnussen, Erik 108, **320**, 323, 440, 497, 498
Magnússon, Gunnar 38, **324**, 497
Mäkiniemi, Elissa 75
Måleräs 302
Malinowski, Arno **326**, 327, 420
Malmsten, Carl 61, 132, 316, **328**, 329, 336
Malmström, August 156
Maples & Co. 260
Mariebergs Porslinfabrik 410
Marimekko 35, 206, 207, 300, **330**, 331, 332, 333, 495, 496
Marinot, Maurice 362
Markelius, Sven 62, 290, **334**, 335, 336

Marsio, Aino 68
Martin, Rose 392
Mathsson, Bruno 16, 59, 132, 142, 329, **336**, 338, 339, 494
Mathsson, Karl 59, 336, 338, 494
Matisse, Henri 368
Mawa Design 21
Mengshoel, Hans Christian 366, 367
Meyer, Grethe 106, **340**, 341, 343, 420, 498
Mies van der Rohe, Ludwig 208, 448
Mira-X 26, 387, 390
Mobring, Karin 202
Mogensen, Børge 20, 23, 86, 140, 261, 340, **342**, 344, 466
Mølgaard-Nielsen, Orla 120, 142, **190**, 192, 298, 466, 495
Møller, Erik 216, 466
Møller, Jørgen Juul 174
Morales-Schildt, Mona 280
Mørch, Ibi Trier 340
Mortensen, Carl 420
Motala Verkstad 110
Munch-Petersen, Ursula 420
Munthe-Kaas, Herman 48
Munthe, Gerhard 164, **346**, 347, 392, 491
Muona, Toini 90
N. C. Jensen Kjær 266, 267
Naef 387
Nakamura, Noboru 202
Nathanielsen, Bertha 418, 420
National Association of Swedish Interior Architects 189
Nelson, George 386
News Design DFE 189
Newson, Marc 197
Niels Vodder 6, 236, 237, 238, 240, 241, 242, 244, 495
Nielsen, Frederik 466
Nielsen, Harald 226, **348**

Nielsen, Jais 420
Nielsen, Kai 108, 260
Nielsen, Orla Juul 176
Nierenberg, Ted 398
Nils Westerback 16
Nilsson, Anne 371
Nilsson, Barbro 316, **350**
Nissen 8
Nokia 491, 498
Noormarkun Kotiteollisuus 144
Nordisk Solar 458
Nordiska Kompaniet 57, 62, 84, 85, 98, 154, 302, 334, 335, 350
Nordlys 386
Nordström, Patrick 420
Nordström, Tiina 197, 361
Norsk Stålpress 49, 174, 496
Norway Says 51, 499
Nummi, Yki **352**, 353
Nurmesniemi, Antti 34, **354**, 355, 496
Nurminen, Kerttu **356**, 360, 361
Nuutajärvi 36, 128, 130, 186, 356, **358**, 360, 361, 362, 365, 490
Nylund, Gunnar 60, 108, 411, 412
Nyman, Gunnel 358, 360, **362**, 365, 404, 450
Nymølle 100, 478
Nyvirki 324
Öberg, Thure 88
Öhrström, Edvin 52, 370, 494
Ólína Pétursdóttir, Katrin 43
Olivetti 446
Ollers, Edvin 278, 279
Olufsen, Svend 25, 493, 497, 499
Opa 435
Opponents 292
Opsvik, Peter 50, **366**, 367, 497, 498
Ornamo 184, 450
Orrefors 52, 62, 146, 148, 268, 273, 279, 280, 288, 306, **368**, 370, 371, 374, 377,

402, 491, 492, 493, 494, 496
Ossian-Hopea 186
Östberg, Ragnar 334
Østergaard, Steen **372**
Østgaard, Allan 203
Paatela, Jussi 358
Paikkari, Pekka 90
Palmqvist, Sven 288, 370, **374**, 377
Palsby, Ole **378**, 379, 498
Palshus Pottery 398
Pan Aluminium 100
Panton, Verner 25, 26, 66, 142, 313, 372, **380**, 383, 384, 386, 387, 388, 389, 390, 462, 496, 497
Paulsson, Gregor 56, 57, 58, 60, 92, 338, 492, 493
Paustian 323
Percy, Arthur Carlsson 154, 155
Persson-Melin, Signe 412
Persson, Inger 410, 412
Petäjä, Keijö 354
Peters, C. C. 222
Petersen, Carl 260, 266
Petersen, Eilif 346
Petterson, Sverre 162
Pia Wallén 498
Piano, Renzo 161
Plus-Linje 383, 385, 386, 496
Porin Puuvilla 432
Porsgrund 46, 48, 346, 347, **392**, 393, 394, 395, 491, 496,
Potter and Mellen 186
Poul Cadovius (Cado) 372
Poul Jeppesen 23, 220, 221, 464
Poulsen, Louis 15, 21, 66, 168, 170, 182, 183, 213, 214, 216, 273, 308, 310, 312, 313, 383, 387, 491, 496
Poulsen, Ludwig R. 308
PP Møbler 470, 471, 472, 475

Primusfabrikerna 92
Printex 206, 330
Procopé, Ulla 91, **396**, 496
Prytz, Grete 49, **274**, 275, 276
Prytz, Jacob Tostrup 274
Prytz, Torolf 44
Quistgaard, Harald 398
Quistgaard, Jens 3, 8, 13, 24, **398**, 496
R. Wengler 120, 122
Raadvad 22
Råman, Ingegerd 62, 371, **402**, 499
Rasmussen, Steen Eiler 458, 493
Ratia, Armi 206, 330, 332, 333
Ratia, Ristomatti 333
Ratia, Viljo 206, 330, 332
Revell, Viljo 354
Riihimäki 67, 70, 128, 184, 206, 360, 362, **404**, 405, 432, 444, 445, 492
Rimala, Annika 331, 332, 333
Rinta, Pentti 333
Rionor 144
Roche Bobois 189
Rode, Gotfred 420
Rødovre City Hall 21
Rohde, Johan 222, 226, 248, 348, 393, **406**, 409, 414
Romano, Giovanni 355
Romme, Ann-Sofi 179
Rønning, Grete 393
Rörstrand 54, 60, 88, 91, 108, 161, 197, 252, **410**, 411, 412, 438, 491
Rosen, Anton 124, **414**
Rosenberg, Valle 31
Rosendahl 214
Rosenthal 11, 412, 435, 445, 478, 484, 485
Rosti 495
Royal Copenhagen 20, 106, 108, 174, 176, 226, 284, 326, 327, 340, 341, 392, 393, **416**, 418, 420, 428, 429, 442, 490, 498, 499

Royal Scandinavia group 226, 420
Rud. Rasmussen 260, 261, 263, 266, 267, 464, 465
Ruda, Bengt 198
Rudd International USA 183
Rytkönen, Martti 371
Ryttylä 404
Saarinen, Eliel 31, 32, 88, 205, **422**, 424, 426, 492
Sadolin, Ebbe 106
Sahlin, Gunnel 280
Salicath, Bent 340
Salo, Markku 197, 361
Salto, Axel 20, 108, 420, **428**, 429
Sambonet, Roberto 355
Samúelsson, Gudjón 41, **430**, 493, 494
Sandell, Thomas 203
Sandnes, Eystein 393
Sandvik 146
Sarpaneva, Timo 34, 185, 194, 196, 358, **432**, 434, 435, 436, 496, 498
Sarvis 445
SAS 25, 174, 208, 210, 212, 216, 496
Sass, Søren 9
Saxbo 428
Scania 154
Scharff, Allan 179
Scharff, William 264
Schauman, Wilhelm 446, 448, 495
Schildt & Hallberg 352
Schilkin, Michael 90
Schlegel, Fritz 120, 140, 166
Schöner Wohnen 386
Schou, Philip 418
Schultén, Ben af 97
Seth-Andersson, Carina 161
Sevaldsen, Heilmann 140
Severin, Bent 179
Sèvres 476
Sigvard Bernadotte & Acton Bjørn, Industridesign, Merkantil Grafik 495

Siimes, Aune 90
Sirnes, Johan 118
Sissi Bjønnes 276
Skandinavisk Holding Company 142
Skånska Ättiksfabriken 92
Skawonius, Sven Erik 279
Skredsvig, Christian 346
Skruf 402
Søborg Møbelfabrik 192, 342
Sólmundsson, Jónas 41
Sonne, Jørgen 429
Sørby, Harry 118
Søren Willadsen 24, 460, 461
Sorsakoski 160
Sparre, Louis 204, 205
Stahlberg, H. F. 466
Stålhane, Carl-Harry 108, **438**
Stelton 24, 25, 216, 320, 323, **440**, 441, 496, 497
Stendig 80, 83
Stephensen, Magnus 110, **442**, 443
Still McKinney, Nanny 35, 161, 404, 405, **444**, 445
Støbejern 18
Stockmann 234, 352, 354, 489
Stockmann-Orno 234, 352, 353
Stockmann, G. F. 358
Stokke 50, 366, 367, 497, 498
Strengell, Gustaf 358
Strömberg, Edvard 279
Sture, Alf 48
Suenson, Palle 190, 460, 466
Suna, Marja 333
Sundberg, Per B. 370, 371
Suvanto, Liisa 333
Svarrer, Peter 179
Svartström, Rolf 361
Svedberg, Elias 189
Svenska Form 189, 338, 371

Svenska Möbelfabrikerna 84, 85, 290
Svenska Slöjdföreningen 9, 54, 56, 58, 60, 154, 156, 184, 248, 278, 282, 370, 490, 492, 493, 497
Svenskt Tenn 55, 58, 132, 135, 137, 138, 268
Swedish Furniture Research Unit 189
Syberg, Lars 478
Taito 128, 362, 450, 453, 454, 457
Tampella 246, 435
Tandberg Radio Factory 366
Tapiovaara, Annikki 446
Tapiovaara, Ilmari 34, 161, 286, **446**, 448, 495
Te-Ma Oy 128
Tecta 355
Tegner, Hans 108
Terry & Son 218
Tessin, Carl Gustav 278
Thames, Gösta 496
Theodor Olsen 47
Theselius, Mats 62, 498
Thiersen, Louis G. 120
Thonet 199, 383, 386, 448
Thonet, Michael 140, 166
Thor Bjørklund & Sønner 46, 493
Thorsson, Nils 420
Thorvaldsen, Bertel 106, 418
Toikka, Oiva 35, 332, 361
Torben Ørskov & Co 282, 283, 320, 323, 460, 461
Törnell, Pia 412
Trussardi 402
Tuominen-Niitylä, Kati 88
Turick, Albert 333
Tynell, Helena 404
Tynell, Paavo **450**, 453, 454, 457
Unika-Væv 241
United Wool Factory 128

Universal Steel
  Company 110
Untracht, Oppi 186
Upsala-Ekeby 306
Utzon, Jørn 254, **458**,
  459
V. A. Høffding 170,
Väestöliition 128
Val Saint-Lambert 445
Valli & Valli 80
Vallien, Bertil 280
Valmet 355
Vasegaard, Myre 108
Vedel, Kristian 120, **460**,
  461
Venini 435, 485
Vennola, Jorma 197
Viking 18, 38, 41, 44,
  46, 146, 156, 346,
  347, 392, 398, 420

Vitra 380, 386, 496
Vodder, Niels 6, 236,
  237, 238, 240, 241,
  242, 244, 495
Volther, Poul **462**, 496
Voysey, Charles 424
Vuokko 35, 332, 354,
  355, 496
W. Rosenlew & Co. 434,
  435
Wåhlström, Ann 280
Wakisaka, Katsuji 333
Wallander, Alf 278, 410,
  412
Wanscher, Ole 110, 140,
  464
Wärff, Ann and Göran
  280
Wärtsilä 90, 130, 157,
  355, 360, 496

Wega Radio 386
Wegner, Hans 15, 20,
  23, 24, 140, 261, **466**,
  470, 472, 495
Wemaire, Jean 264
Wendt, Christian 176
Wennerberg, Gunnar
  55, 156, 278, **476**
Werenskiold, Erik 346
West, Werner 354
Westman, Marianne
  412
Wiener Werkstätte 132,
  204
Wiinblad, Bjørn **478**
Wilenius, Helena 358
Wilhelm Schauman
  446, 448, 495
Wilhelmsson, Carl 248
Willumsen, Jens F. 106

Wirkkala, Tapio 11, 13,
  16, 28, 33, 34, 64,
  161, 185, 194, 196,
  197, 358, 405, 432,
  480, 482, 484, 485,
  487, 495, 496, 497
Wittmann, Ludwig 118
Wlach, Oskar 132
WMF 378, 379
Wohlert, Vilhelm 182
Wørts, Erik 189, 198
Wright, Frank Lloyd 458
Young, Michael 43
Zadkine, Ossip 438
Zanuso, Marco 355

bibliografie

Aars, Ferdinand *Norwegian Arts and Crafts, Industrial Design*, Dreyers Forlag, Oslo ca. 1963

Aav, Marianne/ Stritzler-Levine, Nina *Finnish Modern Design; Utopian Ideals and Everyday Realities 1930–1997*, The Bard Graduate Center for Studies in the Decorative Arts & Yale University Press, New Haven & London 1998

Abrecht, Birgit *Arkitektúr á Íslandi*, Mál og Menning, Reykjavik 2000

Bang, Jens *Bang & Olufsen, From Vision to Legend*, Vidsyn, Kopenhagen 2000

Bröhan, Torsten/Berg, Thomas *Design Classics 1880–1930*, TASCHEN Verlag, 2001

Christiansen, Povl/ Stephensen, Hakon *40 – Håndværket viser vejen (The Craftsmen Show the Way)*, Uffe Petersen Schmidt, Kopenhagen 1966

Colombo, Florencia/ Kokkonen, Ville (eds.) *Iittala*, Phaidon Press, London 2021

Daun, Åke *Swedish Mentality*, Pennsylvania State University Press, Pennsylvania 1996

Drucker, Janet *Georg Jensen, A Tradition of Splendid Silver*, Schiffer, Atglen 1997

Fiell, Charlotte and Peter *Design of the 20th Century*, TASCHEN Verlag, Köln 1999

Fiell, Charlotte and Peter *Modern Scandinavian Design*, Laurence King, London 2017

Hald, Arthur/Skawonius, Sven Erik *Contemporary Swedish Design*, Nordisk Rotogravyr, Stockholm 1951

Hard af Segerstad, Ulf *Scandinavian Design*, Lyle Stuart, New York 1961

Hard af Segerstad, Ulf *Modern Scandinavian Furniture*, Bedminster Press, Totowa, New Jersey 1963

Harlang, C./Helmer-Petersen, K./ Kjærholm, K. (eds.) *Poul Kjærholm*, Arkitektens Forlag, Kopenhagen 1999

Harrison Beer, Eileene *Scandinavian Design, Objects of a Life Style*, Farrar Straus Giroux/The American-Scandinavian Foundation, New York 1975

Helgeson, Susanne/ Nyberg, Kent *Svenska Former*, Stockholm 2000

Hiort, Esbjørn *Finn Juhl – Furniture, Architecture, Applied Art*, The Danish Architectural Press, Kopenhagen 1990

Holte, Elisabeth *Living in Norway*, Flammarion, Paris 1993

Huldt, Ake H./Bendikts, Eva (eds.) *Design in Sweden Today*, Swedish Institute in collaboration with Svenska Slojdforeningen (Swedish Society of Industrial Design), Stockholm 1948

Ikea *Democratic Design*, IKEA of Sweden, Älmhult 1995

Jalk, Grete (ed.) *Forty Years of Danish Furniture Design*, The Copenhagen Cabinet-makers' Guild Exhibitions 1927–1966, Teknologisk Instituts Forlag, Kopenhagen 1987

Jørstian, Tina/Munk Nielsen, Poul, Erik *Light Years Ahead, The Story of the PH Lamp*, Louis Poulsen, Kopenhagen 1994

Karlsson, Gunnar *A Brief History of Iceland*, Mál og Menning, Reykjavik 2000

Kent, Neil *The Soul of the North – A Social, Architectural and Cultural History of the Nordic Countries 1700–1940*, Reaktion Books, London 2000

Korvenmaa, Pekka/ Koivisto, Kaisa *Glass from Finland: In the Bischofberger Collection*, Skira Editore, Mailand 2015

Marimekko *Phenomenon Marimekko*, Helsinki 1986

Møller, Henrik Sten (ed.) *Danish Design*, Det Danske Selskab, Kopenhagen 1974

Møller, Henrik Sten *Motion and Beauty, The Book of Nanna Ditzel*, Rhodos, Kopenhagen 1998

Nordstrom, Byron J. *Scandinavia Since 1500*, University of Minnesota Press, Minneapolis 2000

Oda, Noritsugu *Danish Chairs*, Korinsha Press, Kyoto 1996

Opie, Jennifer *Scandinavian Ceramics & Glass in the Twentieth Century*, Victoria & Albert Museum, London 1989

Pallaasmaa, Juhani *Hvitträsk – The Home as a Work of Art*, Otava Publishing Company, Helsinki 2000

Polster, Bernd *Design Directory Scandinavia*, Pavilion, London 1999

Remlov, Arne (ed.) *Design in Scandinavia: An Exhibition of Objects for the Home*, Kirstes Boktrykkeri, Oslo 1954

Schildt, Göran *Alvar Aalto, The Decisive Years*, Rizzoli, New York 1986

Sieck, Frederik *Contemporary Danish Furniture Design – A Short Illustrated Review*, Nyt Nordisk Forlag Arnold Busck, Dänemark 1990

Thau, Carsten/Vindum, Kjeld *Arne Jacobsen*, The Danish Architectural Press, Kopenhagen 2001

Turner, Barry (ed.) *Scandinavia Profiled*, St. Martin's Press, New York 2000

Weston, Richard *Alvar Aalto*, Phaidon, London 1995

Wollin, Nils G. *Modern Swedish Decorative Art*, The Architectural Press, London 1931

Zahle, Erik (ed.) *Scandinavian Domestic Design*, Methuen, London 1963

Ausstellungskataloge

Amos Anderson Art Museum *Oiva Toikka, Glass from Nuutajärvi*, Helsinki 1996

Bard Graduate Center for Studies in the Decorative Arts *Utopia & Reality – Modernity in Sweden 1900–1960*, Yale University Press, New Haven/London 2002

Cooper-Hewitt Museum *Scandinavian Modern Design 1880–1980*, New York 1982

Cosmit *Alvar Aalto*, Mailand 1998

Danish Design Center *Arne Jacobsen, Architect & Designer*, Kopenhagen 1999

Danish Design Center *Hans J Wegner on Design*, Kopenhagen 1994

Danish Society of Arts & Crafts and Industrial Design *The Arts of Denmark, Viking to Modern*, America 1960/61

The Design Council *Svenska Form, A Conference about Swedish Design*, London 1981

Design Forum Finland *Finnish Design 125*, Helsinki 2000

Det Danske Kunstindustrimuseet *Børge Mogensen – Møbler, Lis Ahlmann – Tekstiler*, Kopenhagen 1974

Det Danske Kunstindustrimuseet *Dansk Design 1910–1945, Art Déco & Funktionalisme*, Kopenhagen 1997

Det Danske Kunstindustrimuseet *Marie Gudme Leth*, Kopenhagen 1995

Det Danske Kunstindustrimuseet *Mesterværker 100 års dansk møbelsnedkeri*, Kopenhagen 2000

Det Danske Kunstindustrimuseet *Små Størrelser, Børns Møbler*, Kopenhagen 1999

Haslam & Whiteway *Alvar Aalto, Furniture 1929–1939*, London 1987

Iittala Glass Museum *Alvar and Aino Aalto as Glass Designers*, Iittala 1996

Kaupungin Taidemuseo *Antti Nurmesniemi*, Helsinki 1992

Kjarvalsstadir *Design in Iceland*, Reykjavik 2000

Musée des Arts Decoratifs *Tapio Wirkkala*, Paris 1983

Museum of Art & Design *Annika Rimala 1960–2000*, Helsinki 2000

Museum of Art & Design *Kaj Franck – Muotoilija, Formgivare, Designer*, Helsinki 1992

Museum of Art & Design *Tapio Wirkkala – Eye, Hand and Thought*, Helsinki 2000

Museum of Finnish Architecture *The Language of Wood: Wood in Finnish Sculpture, Design and Architecture*, Helsinki 1987

Nationalmuseum Stockholm *A Swedish Legacy, Decorative Arts 1700–1960*, Scala Books, Stockholm/London 1998

Nationalmuseum Stockholm *The Lunning Prize*, Stockholm 1986

Nuutajärvi Glass Museum *Kaj Franck, Theme & Variations*, Heinolan Town Museum Publications, Lahti 1997

Renwick Gallery of the National Collection of Fine Arts *Georg Jensen Silversmithy – 77 Artists – 77 Years*, Smithsonian Institution Press, Washington 1980

Röhss Museum of Arts & Crafts *1900-tal*, Götheborg 1987

Röhss Museum of Arts & Crafts *From Ellen Key to Ikea*, Götheborg 1991

Stedelijk Museum *The Nordic Transparency*, Amsterdam 1999

Suomen Lasimuseo *Make Glass Not War*, Riihimaki 1991

Suomen Lasimuseo *Tapio Wirkkala*, Venini, Riihimaki 1988

Tada Architectural Studio *Finn Juhl Memorial Exhibition*, Osaka 1990

The Swedish Institute *Design in Sweden*, Uddevalla 1985

Vitra Design Museum *Verner Panton, The Collected Works*, Weil am Rhein 2000

Fachzeitschriften (verschiedene Ausgaben)

Design from Denmark World Pictures, Kopenhagen

Design from Scandinavia World Pictures, Kopenhagen

FORM, Magazine for Nordic Architecture and Design

Kontur (No. 3) Svenska Slojdforeningen (Swedish Society of Industrial Design), Ake H. Huldt, Stockholm 1953

Mobilia (No. 131/132) *Georg Jensen 1866–1966*, Kopenhagen 1966

Scandinavian Design Council *Scandinavian Design 1990 – Towards 2000*, Malmö 1990

dank

Wir möchten all jenen unseren großen Dank aussprechen, die uns bei der erfolgreichen Realisierung dieses Projekts geholfen haben, insbesondere Sacha Davison für ihre hervorragende grafische Gestaltung und ihre außerordentliche Geduld, Thomas Berg für seinen Enthusiasmus und seine praktischen redaktionellen Ratschläge, unserer wissenschaftlichen Mitarbeiterin Eszter Karpati für ihr unermüdliches Engagement, Paul Chave für seine wunderschöne Fotografie, Jane Hastrup, verantwortlich für die dänische Übersetzung, John-Henri Holmberg, verantwortlich für die schwedische Übersetzung, und natürlich Susanne Husemann, Kathrin Murr, Sonja Altmeppen, Ute Wachendorf und Anne Gerlinger sowie alle anderen Mitglieder des „Team TASCHEN". Unser besonderer Dank gilt auch den zahlreichen Institutionen, Unternehmen und Einzelpersonen, die uns mit Bildmaterial und Informationen unterstützt haben, darunter:

Alvar Aalto Foundation – Marjaana Launonen | Alvar Aalto Museo – Katariina Pakoma | Kim Ahm (Fotograf) | Annmaris Auctions | Arabia – Maikki Kattilakoski | Artcurial | Artek – Tytti Forsgård | Asplund – Thomas Asplund | Avarte Oy – Marita Almiala | Kay Bojesen Aps | Torsten Bröhan | Bruno Mathsson International – Mr Thelander | Bukowskis | Carl Hansen & Søn – Jørgen Gerner Hansen | Carl Larsson-gården – Marianne Nilsson | Christie's Images – Charlotte Grant | Danish Design Center – Jette Knudsen | Dansk Møbelkunst – Ole Hoestbo | Designmuseo (Museum of Art & Design), Helsinki | Designor Oy – Maikki Kattilakoski & Päivi Jantunen | Designmuseum Danemark | Det Danske Kunstindustrimuseet – Aase Sylow | Digitalmuseum SE | Ergonomi Design Gruppen – Maria Benktzon | Tor Alex Erichsen | Erik Jørgensen / Fredericia – Kirsten Lørup | Eva Denmark A/S – Jacob Mohr Hansen | Finlands Arkitekturmuseum – Timo Keinänen | Figgjo | Fredericia – Mette Lund | Fritz Hansen – Maianne Gulløv | Georg Jensen Museum – Michael von Essen | Hackman | Hadeland Glassverk – Odd-Arne Mikkelsen | IKEA of Sweden AB – Linda Wikstrom & Eivor Paulsson | Iittala Glass Museum – Tiina Tervaniemi | Jackson Design | John Jesse Decorative Arts | Källemo – Ago Kubar & Karin Lundh | Kosta Boda | Kunstindustrimuseet, Oslo – Wenche Thiis-Evensen | Lapponia Jewelry – Alf Larsson | Le Klint – Kim Jensen | Ursula & Rainer Losch | Louis Poulsen – Vibeke Munk Jensen | Søren Matz | Midmod Design | Modernity | Musée des Beaux-Arts de Montreal – Linda-Anne D'Anjou | Museum of Finnish Architecture | Nasjonalmuseet fo Kunst, Arkitektur og Design, Oslo | Nationalmuseum Stockholmpo – Elisabeth Hoier | Noritsuga Oda | Norsk Stålpress – Finn Henriksen | Orrefors/Kosta Boda – Karin Lindahl | Ole Palsby Ltd. – Ole Palsby | Daniel Ostroff | Fridrik Orn (Fotograf) | Marianne Panton | Phillips, de Pury & Luxembourg – Alexander Payne | Marimekko – Riika Finni | Porsgrund – Annette Misje | Porsgrunn Bymuseum – Aasmund Beier | Reykjavik Art Museum – Pétur Ármannsson | Simo Rista (Fotograf) | Rörstrand – Mr Linde | Royal Scandinavia – Lisbeth Sørensen | Rud. Rasmussens Snedkerier | Søbogaard | Stelton – Nina Sylvest | Stiftelsen Kunstindustrimuseet | Stokke – Lars Olausen | Svenskt Tenn – Annika Hauaf | Taideteollisuusmuseo, Helsinki – Merja Vilhunen | Victoria & Albert Museum – Nick Wise | Vuokko Oy – Vuokko Eskolin-Nurmesniemi | Paavotynell.org | Wright Auctions – Richard Wright & Todd Simeone | Michael Young & Katrin Petursdottir

S. 506: Marjatta Metsovaara, *Shell* Rya Teppich für Finnrya, 1965

Grafische Darstellung des *Bubble* Stuhls von Eero Aarnio für Asko, 1968

abbildungsnachweis

Aga Rayburn: 116, 117 | **Alamy Stock Foto / Nick Harrison:** 78–79 | **Alvar Aalto Museum/Photo Collection:** 67 (o.; Foto: Maija Holma), 68 (Foto: Gustav Welin), 69 (Foto: Martti Kapanen), 75 (Foto: Maija Holma) | **Arabia:** 88 (o.), 88 (u.), 89, 90, 91 (l.), 97 (o.; Foto: Studio Henry de Sarian Pariisi), 131, 253 (o.) | **Arne Jacobsen:** 214 (o. l.) | **Artcurial:** 2 | **Artek:** 94, 95 (Courtesy of Artek, Finland; Foto: Alatalo), 97 (u. l.), 97 (u. r.) | **Asko Oy Archives:** 81 (u.) | **Asplund:** 98 | **Avarte Oy:** 287 | **Barry Friedman Gallery:** 70 | **Bonhams:** 81 (o.), 384 (u. l.) | **Archiv Torsten Bröhan:** 20, 124, 127, 175 (u.), 277 | **Bruno Mathsson International:** 336 (o.), 337, 338, 339 (o.), 339 (u.) | **Bukowskis:** 43, 57, 61, 138 (u.), 139, 147, 194, 196 (r.), 208, 350 (o.), 351, 453 (o. r.), 454 (o.), 508 | **Butterfields:** 463 | **Carl Hansen & Søn:** 469 (o. l.) | **Carl Larsson-gården,** Sundborn: 292, 297 (u.) | **Christie's Images:** 26, 50, 83 (o.), 115, 123, 175 (o.), 211, 219, 220, 240 (u.), 244 (o.), 257 (o.), 261 (o.), 263, 281, 303, 309, 311, 335 (u.), 355, 383, 384 (o. l.), 384 (o. r.), 385 (u.), 387, 390, 391, 400, 406, 436 (o. l.), 461 (o.), 461 (u.), 471 (u.), 475 (u.), 487 (u.) | **Collection H. A. Dietze and H. Bergmann,** Köln: 419 | **Danish Design Center:** 466, 470 | **Dansk Møbelkunst:** 142 (l.), 170 (o. l.), 260, 262, 342, 343 (u.), 380, 384 (u. r.), 429, 464, 467, 468, 471 (o.), 472 (o. r.) | **Designmuseum Danmark:** 259 (u.; Foto: Pernille Klemp) | **Det Danske Kunstindustrimuseum,** Kopenhagen: 86, 87, 100, 101, 102, 103, 104, 105, 106, 109, 112, 113 (o. l.), 125, 166, 170 (Foto: Ole Woldbye), 174, 191 (Foto: Ole Woldbye), 264, 265, 283, 284, 285, 300, 301, 322, 327 (Foto: Ole Woldbye), 398, 399 (o.), 407 (o.), 414, 415, 420 (l.) | **Digitaltmuseum:** 56 | **Ezra Stoller © Esto.** All rights reserved: 77 | **Nanna Ditzel:** 121 (o.), 122 (r.) | **Fiell Design and Image Archive:** Foto: Paul Chave: 11, 12, 19, 21, 27, 29, 35, 38, 42, 46, 49, 54, 62, 67 (u.), 73 (o. l.; Fischer Fine Art), 82, 110, 118, 163 (u.), 189, 196 (l.), 197 (r.), 213 (u.; Collection of Ross & Miska Lovegrove), 215 (Collection of Sacha Davison), 218, 229, 257 (u.), 258 (u.), 321, 329 (u.), 356, 399 (u.), 404, 475 (o.; Collection of Ross & Miska Lovegrove), 482 (u.) | Foto: Fridrik Örn Hjaltested Photography: 40, 41, 325, 431 | Foto: Jerry Sarapochiello: 488 (Collection of Sam Kaufman), 489 (o.; Collection of Sam Kaufman), 489 (u. l.; Collection of Sam Kaufman), 489 (u. r.; Collection of Daniel Ostroff) | Foto: Nicholas Toyne: 190 | **Finlans Arkiekturmuseum:** 422, 424 (l.), 425 (o.), 425 (u.) | **Fischer Fine Art:** 96 (o.), 334 | **Fredericia Furniture A/S:** 121 (u.) | **Fritz Hansen:** 140, 141, 142 (r.), 143, 167, 182, 192 (l.), 192 (r.), 209, 210 (u.), 254, 255, 256, 259 (o.), 345, 442, 458, 459 (o.), 459 (u.), 469 (o. r.) | **Galerie THE-LOSCHs,** Bonn: 375, 377 | **Galerie Thomas Berg:** 169 | **Georg Jensen Museum:** 120, 217, 222, 223 (o.), 223 (u.), 224 (Coll. Japan), 225 (Coll. Japan), 226 (Coll. Japan), 227, 270 (u.), 272, 273, 326, 348, 349, 379 (u.), 407 (u.), 408, 409 (o.), 409 (u.) | **Getama:** 472 (u.) | **Gustavsberg:** 251 | **Hackman:** 160, 161 (o. l.), 161 (o. r.), 161 (m. r.), 161 (u. l.) | **Hadeland:** 162, 163 (o.), 232, 233 (o. r.), 233 (u.) | **Haslam & Whiteway:** 73 (u.) | **Holmegaard:** 176, 177 (o.), 177 (u.), 178 (o.) 178 (u.), 179, 314 (o.), 315 (o.), 315 (u.) | **Iittala Museum:** 37, 66, 128, 130, 185 (o.), 185 (u.), 186, 187 (o.), 187 (u.), 195, 197 (l.), 197 (u.; Foto: Timo Kauppila), 357, 359, 360 (l.), 360 (r.), 361, 364, 365, 405 (u.), 432, 436 (o. r.), 436 (u.), 437, 480 (Foto: Markku Alatalo), 481, 482 (o.; Foto: Markku Alatalo), 512 | **House of Finn Juhl:** 239, 242 (u.) | **IKEA of Sweden:** 198, 199 (o.), 200 (o.), 200 (u.), 201, 202 (o. l.), 202 (o. r.), 202 (u.), 203 (o. l.), 203 (o. r.), 203 (u.) | **Jackson Design:** 59, 213 (o.), 266 (o.), 456 | **John Jesse Decorative Arts:** 9 | **Källemo:** 85 (o. l.), 98 | **Karl Andersson & Söner:** 343 (o.) | **Kay Bojesen:** 1 | **Kim Ahm Photography:** 212 | **Kosta Boda:** 278, 279, 280 (o.), 306 | **Kunstindustrimuseet,** Oslo: 44, 45, 119, 150, 151 (o.), 151 (u.), 152, 153, 164, 165, 233 (o. l.), 274, 275, 276 (u.), 346, 347 (o.), 347 (u.), 395 (o.) | **Le Klint:** 298, 299 (o.), 299 (u.) | **Louis Poulsen:** 14, 171, 182 (Fotos: Udo Kowalski), 214 (o. r.), 308, 310, 312, 313 | **Gunnar Magnússon:** 39, 324 (Foto: Vigfus Birgisson) | **Marimekko:** 206, 207 (o.), 207 (u.), 330, 331, 332, 333 (l.), 333 (r.) | **MIDMOD DESIGN:** 446 (o.) | **Modernity:** 16, 172 | **The Montreal Museum of Fine Arts:** 7 (Liliane & David M. Stewart Collection, Foto: Schecter Lee), 36 (Liliane & David M. Stewart Collection, Foto: Denis Farley, Montreal), 47 (Liliane & David M. Stewart Collection, Foto: Giles Rivest, Montreal), 63 (Liliane & David M. Stewart Collection, Foto: Richard P. Goodbody, New York), 89 (Liliane & David M. Stewart Collection, Foto: Schecter Lee), 93 (Liliane & David M. Stewart Collection, Foto: Richard P. Goodbody, New York), 96 (u.; Liliane & David M. Stewart Collection, Foto: Richard P. Goodbody, New York), 129 (Liliane & David M. Stewart Collection, Foto: Denis Farley, Montreal), 250 (Liliane & David M. Stewart Collection, Foto: Giles Rivest, Montreal), 252 (o.; Liliane & David M. Stewart Collection, Foto: Schecter Lee), 252 (u.; gift of Andrea & Charles Bronfman, Foto: Giles Rivest, Montreal), 253 (u.; Liliane & David M. Stewart Collection, Foto: Schecter Lee), 269 (o.; Liliane & David M. Stewart Collection, Foto: Richard P. Goodbody, New York), 269 (m.; Liliane & David M. Stewart Collection, Foto: Richard P. Goodbody, New York), 269 (u.; Liliane & David M. Stewart Collection, gift of Lynn Brows [by exchange] Foto: Richard P. Goodbody, New York), 271 (Liliane & David M. Stewart Collection, Foto: Schecter Lee), 280 (u.; Liliane & David M. Stewart Collection, Foto: Giles Rivest, Montreal), 281 (Foto: Giles Rivest, Montreal), 304 (Anonymous gift, Foto: Giles Rivest, Montreal), 305 (Liliane & David M. Stewart Collection, gift of Geoffrey N. Bradfield, Foto: Richard P. Goodbody, New York), 307 (Liliane & David M. Stewart Collection, Foto: Giles Rivest, Montreal), 401 (Liliane & David M. Stewart Collection, gift of Geoffrey N. Bradfield, Foto: Denis Farley, Montreal), 413 (purchase Horsley & Annie Townsend Bequest, Foto: Brian Meret), 433 (Liliane & David M. Stewart Collection, gift of Geoffrey N. Bradfield, Foto: Richard P. Goodbody, New York), 438 (Liliane & David M. Stewart Collection, gift of Geoffrey N. Bradfield, Foto: Giles Rivest, Montreal), 451 (Liliane & David M. Stewart Collection, Foto: Richard P. Goodbody, New York) | **Museum of Art & Design,** Helsinki: 30 (Foto: Rauno Träskelin), 76 (u. r.; Foto: MuseoKuva – courtesy of The Bard Graduate Center for Studies in the Decorative Arts, New York), 91 (r.; Foto: MuseoKuva – courtesy of The Bard Graduate

Center for Studies in the Decorative Arts, New York), 144 (Foto: MuseoKuva – courtesy of The Bard Graduate Center for Studies in the Decorative Arts, New York), 145 (Foto: Rauno Träskelin), 161 (u. r.), 180 (Foto: MuseoKuva – courtesy of The Bard Graduate Center for Studies in the Decorative Arts, New York), 181 (Foto: Jean Barbieri), 184 (Foto: Rauno Träskelin), 204, 205 (o.; Foto: Ulla Paakkunainen), 205 (u.; Foto: Ulla Paakkunainen), 234 (Foto: Rauno Träskelin), 235 (Foto: MuseoKuva – courtesy of The Bard Graduate Center for Studies in the Decorative Arts, New York), 247 (Foto: MuseoKuva – courtesy of The Bard Graduate Center for Studies in the Decorative Arts, New York), 353 (Foto: MuseoKuva – courtesy of The Bard Graduate Center for Studies in the Decorative Arts, New York), 358, 362 (Foto: MuseoKuva – courtesy of The Bard Graduate Center for Studies in the Decorative Arts, New York), 363 (Foto: Bruce White – courtesy of The Bard Graduate Center for Studies in the Decorative Arts, New York), 396 (Foto: MuseoKuva – courtesy of The Bard Graduate Center for Studies in the Decorative Arts, New York), 423 (Foto: Rauno Träskelin), 424 (o.; Foto: Jean Barbier), 427 (Foto: Niclas Warius), 434 (Foto: MuseoKuva – courtesy of The Bard Graduate Center for Studies in the Decorative Arts, New York), 444 (o.; Foto: MuseoKuva – courtesy of The Bard Graduate Center for Studies in the Decorative Arts, New York), 445 (o.), 445 (u.), 447 (Foto: Jean Barbier), 449 (Foto: MuseoKuva – courtesy of The Bard Graduate Center for Studies in the Decorative Arts, New York), 455 (o. l.; Foto: MuseoKuva – courtesy of The Bard Graduate Center for Studies in the Decorative Arts, New York), 483, 487 (u.; Foto: Bruce White – courtesy of The Bard Graduate Center for Studies in the Decorative Arts, New York) | **Museum of Finnish Architecture:** 71 (o.; Foto: Gustaf Welin), 71 (u.; Foto: Gustaf Welin), 76 (Foto: Gustaf Welin) | **Nasjonalmuseet for kunst, arkitektur og design:** 48 (The Design Collections, Foto: Frode Larsen), 51 (The Design Collections, Foto: Andreas Harvik) | **Nationalmuseum,** Stockholm: 60, 85 (o. r.), 92, 99, 148, 155, 158 (Foto: Hans Thorwid), 159 (o.; Foto: Hans Thorwid), 159 (u.; Foto: Hans Thorwid), 188 (Foto: Hans Thorwid), 228, 231, 248, 289, 291, 295, 296 (o.), 296 (u.), 302, 328 (Foto: Hans Thorwid), 410, 412, 476, 477 | **Antti Nurmesniemi Archive**: 73 | **Collection of Noritsuga Oda:** 10 (Foto: Yoshio Hayashi), 18 (Foto: Yoshio Hayashi), 122 (l.; Foto: Yoshio Hayashi), 193 (Foto: Yoshio Hayashi), 221 (o.), 236, 237 (u.), 238 (u.), 240 (o.), 241, 244 (u.), 372, 462, 465 (o.), 465 (u.) | **Orrefors:** 53, 146, 147, 149, 288, 370, 374, 376, 402 (Foto: Bengt Wanselius), 403 | **Ole Palsby:** 378, 379 (o.) | **Paavo Tynell:** 450 (o.), 453 (u.), 454, 457 | **Panton Archiv,** Basel: 64/65, 381, 382, 386, 388 (u.), 389 | **Philadelphia Museum of Art:** 76 (u. l.) | **Phillips:** 317, 451, 455 | **Porsgrunnsmuseene:** 392, 393, 394 (o.), 395 (u.) | **Rauno Träskelin:** 74 | **Rörstrand:** 411 | **Rosenthal AG:** 435, 478, 479, 484 (o.), 484 (u.), 485 | **Royal Copenhagen Museum:** 108, 268 | **Royal Scandinavia:** 340, 341, 416, 417, 418, 420 (r.), 421 | **Rud. Rasmussen:** 267 | **Stelton:** 216, 320, 323, 440, 441 (o.), 441 (u.) | **Stendig Archive:** 83 (u. l.) | **Stiftelsen Kunstindustrimuseet,** The Design Collections: 13 (Foto: Anne Hansteen), 15 (Foto: Børre Høstland), 32 (Foto: Annar Bjørgli), 33 (Foto: Frode Larsen), 34 (Foto: Frode Larsen) | **Stokke:** 366, 367 | **Svenskt Tenn:** 55, 58, 132, 133, 134, 135 (o.), 137 (o.), 137 (u.), 138 (o.) | **Taschen Archiv:** 293 (Fotos: Barbara & René Stoeltie), 294 | **Victoria & Albert Museum:** 107 | **Vin-Mag Archive:** 202 (r.) | **Wright:** 6, 8, 22, 23, 25, 28, 83 (u. r.), 214 (u.), 242 (o.), 243, 258 (o.), 316 (o.), 318 (o.), 319, 385 (u.), 388 (o.), 473, 474 | **Yrjö Kukkapuro:** 286 (o.)

r. = rechts; l. = links; o. = oben; o. l. = oben links; o. r. = oben rechts; u. = unten; u. l. = unten links; u. r. = unten rechts; m = Mitte.

impressum

TASCHEN ARBEITET KLIMANEUTRAL.
Unseren jährlichen Ausstoß an Kohlenstoffdioxid kompensieren wir mit Emissionszertifikaten des Instituto Terra, einem Regenwaldaufforstungsprogramm im brasilianischen Minas Gerais, gegründet von Lélia und Sebastião Salgado. Mehr über diese ökologische Partnerschaft erfahren Sie unter: www.taschen.com/zerocarbon.
Inspiration: grenzenlos. CO_2-Bilanz: null.

Stets gut informiert sein: Fordern Sie bitte unser Magazin an unter www.taschen.com/magazine, folgen Sie uns auf Instagram und Facebook oder schreiben Sie an contact@taschen.com.

© 2024 TASCHEN GmbH
Hohenzollernring 53, D–50672 Köln
www.taschen.com

Originalausgabe: © 2002 TASCHEN GmbH

© VG Bild-Kunst, Bonn 2024 für die Werke von Carl Axel Acking, Hermann Bongard, Kaj Franck, Wilhelm Kåge, Birger Kaipiainen, Vibeke Klint, Stig Lindberg, Ingeborg Lundin, Arno Malinowski, Barbro Nilsson, Markku Juhani Salo, Axel Salto, Per B. Sundberg, Tapio Wirkkala

Printed in Bosnia-Herzegovina
ISBN 978–3–8365–9839–2

S. 1: Kay Bojesen, *Affe* für die Werkstatt von Kay Bojesen, 1951

S. 2: Paavo Tynell, *9041 Snowflake* Kronleuchter mit 40 „Schneeflocken", eigens für das Finland House in New York geschaffen, 1948

Verner Panton, Stuhl *Panton*, 1959/60, hergestellt von Vitra

Vorsatz: Saara Hopea, Gläser Modell Nr. *1718* für Nuutajärvi, ca. 1951